1000 Uniformen

1000 Uniformen

© Naumann & Göbel Verlagsgesellschaft mbH, Köln
Autor: Dr. Klaus-Ulrich Keubke, Schwerin
Projektbetreuung: Mendlewitsch + Meiser, Düsseldorf
Gestaltung: Kommunikationsdesign Petra Soeltzer, Düsseldorf
Gesamtherstellung: Naumann & Göbel Verlagsgesellschaft mbH, Köln
Alle Rechte vorbehalten
ISBN 978-3-625-11629-5
www.naumann-goebel.de

Inhalt

Die faszinierende Welt der Uniformen

Uniform – die meisten Menschen denken bei diesem Wort sofort an die Bekleidung von Soldaten aus den verschiedenen Armeen der Welt. Doch woher stammt das Wort „Uniform"? Wie hat sich seine Bedeutung im Lauf der Jahrhunderte verändert? Welche Entwicklungen hat die militärische Einheitsbekleidung bis heute durchlaufen? Und warum beschäftigten sich auch berühmte Künstler mit Uniformen?

Auf diese und manche andere Fragen möchte ich dem interessierten Laien, aber auch Kennern sowie Sammlern kulturhistorischer Zinnfiguren antworten und die eine oder andere Anregung geben.

Wie schon in Dr. Walter Transfeldts „Militärisches Allerlei was mancher nicht weiß" aus dem Jahr 1927 nachzulesen, wurde „der Ausdruck vestitura uniformis (= einheitliche Kleidung) zum ersten Male 1309 gebraucht für die 400 Ritter, die Herzog Friedrich von Österreich zum Reichstage nach Speyer begleiteten" (2. Auflage, Berlin 1927, S. 95).

In Frankreich bezeichnete das Wort „l'uniforme" schon unter Ludwig XII., der von 1498 bis 1515 regierte, eine besondere Dienstkleidung gleicher Art und Farbe für Soldaten oder Bedienstete. Sie diente unter anderem dazu, möglichst schnell festzustellen, zu welcher Kompanie Soldaten gehörten, die Gewalttaten gegen die eigene Bevölkerung, zum Beispiel Plünderung, begangen hatten. Erst 1533 wurde ein weiterer Vorteil der einheitlichen Kleidung erkannt: So konnten sich die Truppen – während oder nach der Schlacht – wieder besser sammeln und das Risiko, im Eifer des Gefechts Freund und Feind zu verwechseln, wurde geringer.

In Deutschland wurde das Wort „Uniform" im 18. Jahrhundert erstmalig verwendet und setzte sich in Preußen unter Friedrich dem Großen, der von 1740 bis 1786 regierte, als Bezeichnung für die Bekleidung der Soldaten durch. Diese hatte man zuvor „Libereyen" oder „Livreen", später „Montierungen" genannt.

Eine der ersten schriftlich fixierten Definitionen von „Uniform" gab das „Handwörterbuch der gesamten Militärwissenschaften" im Jahr 1880. Der Artikel ging neben der äußeren Beschaffenheit der Bekleidung auch auf deren Zweck ein. So sollte die Uniform zum einen die Zugehörigkeit der Träger zu einem bestimmten Heer kenntlich machen, zum anderen das Gefühl der Zusammengehörigkeit unter den Soldaten sowie deren Standesbewusstsein stärken.

Ähnliches liest man auch heute noch in der Anzugordnung für Soldaten der Bundeswehr vom Juli 1996 (ZDv 37/10): „Die Anzugordnung ist Teil der soldatischen Ordnung und trägt zur Identität und Verhaltenssicherheit der Soldaten bei. Ein vorbildliches Erscheinungsbild der Truppe ist Ausdruck ihres Selbstverständnisses." An anderer Stelle wird ergänzt: „Die Uniform der Bundeswehr weist den Soldaten im Frieden wie im Einsatz als Angehörigen der deutschen Streitkräfte aus. Sie bezieht ihren Träger sowohl in hoheitliche Rechte wie in einen besonderen völkerrechtlichen Status ein." Die Festlegung der Anzugordnung selbst erfolgt auf der Grundlage der Anordnung des Bundespräsidenten über die Dienstgradbezeichnungen und die Uniform des Soldaten (ZDv 14/5 „Soldatengesetz – Soldatenbeteiligungsgesetz" B 181).

Neben Historikern befassen sich auch zahlreiche Künstler mit Uniformen. Einer der bedeutendsten unter ihnen war Adolph von Menzel (1815–1905), dessen Ansehen bis heute unverändert hoch ist. Zu seinen bekanntesten Werken zählen das „Flötenkonzert" aus dem Jahr 1852 sowie das „Eisenwalzwerk" von 1875. Gleich mehrfach widmete er sich außerdem den preußischen Uniformen des 18. Jahrhunderts. In den Jahren 1842 bis 1857 schuf er 436 Lithografien, die in den drei Bänden des berühmten „Armeewerks" erschienen. Schon davor lieferte Menzel 32 Holzschnitte zu Eduard Langes „Die Soldaten Friedrichs des Großen" (Leipzig 1850–1852), von denen einige in diesem Band gezeigt werden. Mit seiner Darstellungsweise prägte Menzel die Konzeption der Uniformdarstellung in der Kunst nachhaltig.

In diesem Buch wird die Entwicklung der Uniform von den farbigen Kriegstrachten des Altertums bis zum gedeckten Kampfanzug der Gegenwart dargestellt. Das Verhältnis von technisch-wirtschaftlicher Entwicklung und Uniform wird dabei ebenso berücksichtigt wie der Einfluss fortschreitender Militärtechnik und Taktik auf die Bekleidung der Soldaten sowie die bestehenden Beziehungen zwischen Politik, Religion und Uniformgestaltung. Zu den über hundert Ländern, deren Uniformen hier vertreten sind, zählen neben zahlreichen europäischen Staaten beispielsweise auch Japan, Mexiko, Türkei oder der Kirchenstaat. Des Weiteren finden historische Länder wie etwa Mecklenburg-Schwerin, Alt-Württemberg oder die Konföderierten Staaten von Amerika ihren Platz. Aus der großen Materialfülle wurden über 800 Abbildungen mit rund 1200 Uniformen, Abzeichen und anderen interessanten Details ausgewählt, die die Beschreibungen veranschaulichen.

Die Schreibweise der Eigennamen einzelner Truppenteile und Rangbezeichnungen folgt in der Regel den historischen amtlichen Bezeichnungen aus Stammlisten und Ähnlichem. Das betrifft vor allem Bindestriche bei zusammengesetzten Namen. Aus Gründen der insgesamt besseren Lesbarkeit wurde in den allgemeinen Erläuterungen jedoch die neue Rechtschreibung verwendet, sodass es zu Abweichungen kommen kann.

Ich hoffe, dass Einiges von der Faszination, die die Entwicklung der Uniformen ausstrahlt, sich auch dem Leser mitteilt, und wünsche eine interessante und spannende Lektüre.

Klaus-Ulrich Keubke

Von der Kriegstracht zur Uniform –
1400 v. Chr. bis 1710

Als Vorläufer der Uniformen können die von den Kriegern altorientalischer und antiker Heere getragenen Trachten angesehen werden. Nach Art der Fuß- oder Reiterkrieger gab es schon besondere Bekleidungsstücke bzw. Teile der Schutzbewaffnung mit relativ einheitlichen Formen, nach denen sich die Heere äußerlich unterschieden. Vor allem das Römische Reich war in der Lage, seine Legionen weitgehend einheitlich zu bekleiden. Mit seinem Niedergang verschwanden diese Vorläufer einer Uniformierung. Die Krieger der germanischen, slawischen und keltischen Stämme trugen ihre Stammeskleidung.

Auch die mittelalterlichen Ritterheere kannten noch keine Uniformen. Die relative Einheitlichkeit der Rüstung und Bekleidung wurde durch eine Vielfalt schmückenden Beiwerks wie Schildbilder, Helmzierrat, Wappenmäntel und Schärpen sowie Fahnen wieder aufgehoben. Nur fürstliche Leibwachen, Ordensritter und städtische Söldner trugen zuweilen einheitliche Bekleidungsstücke. Die Fuß- und Reiterkrieger der im 15./16. Jahrhundert aufkommenden Söldnerheere mussten meist ihre Bekleidung und Waffen selbst mitbringen; nach ihrer Qualität richtete sich der Sold. Mit den Söldnern entstand jene charakteristische Tracht, die am deutlichsten die Landsknechte zeigten. Im römisch-deutschen Reich begannen einige Landesherrscher im 17. Jahrhundert, ihre Truppenaufgebote mit einheitlichen Bekleidungsstücken auszurüsten. Trotzdem blieben einigermaßen gleich gekleidete Regimenter bis Mitte des Jahrhunderts noch eine Seltenheit.

Wesentliche Grundlagen für die Uniformierung der Truppen entstanden dann aber mit dem Aufschwung der Manufakturproduktion und der Bildung stehender Heere in den meisten europäischen Staaten. Die Textilmanufakturen konnten schneller und billiger als die Handwerkerzünfte große Mengen einheitlicher Bekleidungsstücke für die zahlenmäßig starken Heere herstellen. Diese Uniformierung der Truppen erstreckte sich von der Mitte des 17. Jahrhunderts bis in das 18. Jahrhundert. Zunächst bestimmten noch die jeweiligen Regimentsinhaber Schnitt, Farbe und Ausstattungsstücke der Uniformen. Nachdem sich die Fürsten zumeist in ihren Ländern als Herrscher durchge-setzt hatten, prägten sie das Aussehen ihrer Truppen. Sie erließen für die Herstellung, das Tragen und die Ergänzung der Uniformen gesonderte Vorschriften. Regimentsinhaber und dann auch die Landesfürsten hatten durchaus auch die Bedeutung einer Uniform für das Zusammengehörigkeitsgefühl der Truppen erkannt. Grundzüge einer einheitlichen Bekleidung innerhalb eines Heers setzten sich nahezu zeitgleich in vielen europäischen Staaten durch. Zu nennen ist die englische Revolutionsarmee Oliver Cromwells (1599–1658), die die später für Großbritannien typische rote Grundfarbe der Uniformen annahm, aber auch Frankreich, wo zwischen 1670 und 1700 Uniformen für das Heer eingeführt wurden. Die kleineren deutschen Heere wie beispielsweise die von Brandenburg, Bayern und Hessen zogen in jenen Jahrzehnten nach. Letztlich waren um 1710 wohl alle europäischen Armeen uniformiert.

Anfangs lehnte sich die Uniformierung, vor allem bei der Infanterie, noch sehr an die zivile bürgerliche und bäuerliche Mode an. Kennzeichnend für die Uniformen war aber schon das Vorherrschen einer bestimmten Grundfarbe, so Grau (später Weiß, noch später Blau) für Frankreich und Österreich, Rot für Großbritannien, Grün für Russland, Dunkelblau für Brandenburg-Preußen und Hellblau für Bayern sowie Blau-Gelb für Schweden. Die Truppen kleinerer Länder passten sich – früher wie heute – meist in ihren Uniformen den stärkeren Verbündeten an. Damals folgten katholische Staaten dem Beispiel Österreichs und Frankreichs, protestantische Länder dem Vorbild Großbritanniens oder Preußens.

Deutsche
Landsknechte,
16. Jahrhundert

Ägypten,
Feldzeichenträger,
Krieger, Pharao
und Wagenlenker,
1400–1100 v. Chr.

Ägyptische Krieger Ursprünglich trugen die ägyptischen Krieger dem warmen Klima angemessen nur leichte Kleidung (Lendenschurz, Überwurf und Hemden), dann erhielten die schwerbewaffneten Fußtruppen zusätzlich Brustharnische aus Lederstreifen oder gar richtige Panzer aus Metallschuppen. Offiziere und insbesondere die Pharaonen (hier als Wagenkämpfer) legten rüstungsartige Gewänder in prunkvoller Ausführung an.

Assyrische Krieger Assyrische Krieger zu Fuß und zu Pferd schützten sich überwiegend mit Panzerhemden sowie Helmen aus Bronze oder Eisen. Zu ihrer Bewaffnung gehörten neben Lanzen und kurzen Schwertern vor allem große Bogen. Ebenfalls dem Schutz des Kriegers im Kampf dienten die Bogenschilde. Fürsten und Offiziere ließen sich von speziellen Schildträgern, ausgestattet mit mannshohen Standschildern, decken.

Assyrien,
Krieger und
Bogenschütze,
1100–600 v. Chr.

Griechenland,
gepanzerte
Krieger,
1200–800 v. Chr.

Griechische Krieger Die griechischen Krieger jener Zeit kämpften mit langen Stoßlanzen, Dolchen und Beilen sowie Schwertern. Sie schützten sich mit bronzenen oder ledernen Helmen, einem Brustharnisch aus Bronzebändern, einem mit Metallplatten versehenen Rock, Metallschienen oder Ledergamaschen an den Beinen und Schilden aus mehrfach über einen Holzrahmen gespannten Lederlagen.

Persien,
Krieger und
vornehmer Perser,
500 v. Chr.

Persische Krieger Zur ursprünglichen Bekleidung der Perser aus eng anliegendem Leder (Rock mit Gürtel, Hosen und Schuhe) kamen Röcke und Mäntel aus Stoff hinzu. Fußvolk und Reiterei waren annähernd gleich mit Bogen, Spieß und Schwert bewaffnet. Die Kriegstracht der Reiterei, die sich aus dem persischen Adel zusammensetzte, war allerdings sehr viel prächtiger und bestand aus Helmen, Leinwand- oder Schuppenpanzern, Arm- und Beinschienen.

Römische Legionäre Umfangreich sind die Angaben zum Aussehen der römischen Legionäre. Zwei jener Krieger sind hier dargestellt. Wichtig für das disziplinierte römische Heer waren die Hornbläser, die mittels Tuba oder Horn (Cornu) Signale gaben. An den Füßen trugen die Legionäre leichte Sandalen.

Römisches Reich,
Hornbläser und
Legionär,
1./2. Jahrhundert

Germanische
Krieger,
1. Jahrhundert

Germanische Krieger Bei einigen germanischen Stämmen wurden bis in das 1. Jahrhundert hinein noch Kleidung aus Fellen, Schuhe aus Lederbandagen und grobe Überwürfe getragen. Nahezu gleichzeitig kamen im Zusammenhang mit einer verfeinerten Spinn- und Webtechnik langärmlige Hemden und Hosen auf. Die Bewaffnung bestand aus Lanzen, kurzen Schwertern, Streitäxten und Bogen.

Byzantinische Krieger Die Bekleidung, Ausrüstung und Bewaffnung dieser oströmischen Krieger ähnelte nur noch wenig der im alten Rom. Ein das Gesicht freilassender Helm, kurzer Harnisch, meist runder Schild und ein langes Schwert wurden typisch. Harnische und Helme wurden sogar schon einheitlich in großen Staatswerkstätten hergestellt. Diese Krieger zogen Hosen an.

Ritter des Deutschen Ordens und des Schwertbrüderordens Hier ist schon ein Merkmal uniformer Bekleidung zu erkennen: der weite weiße Mantel mit den stilisierten Kreuzen. Seine unterschiedliche Gestaltung identifiziert einmal den höchsten Ritter als Hochmeister des 1190 in Akka gestifteten Deutschen Ordens; zum anderen erkennt man einen Angehörigen eines Ordensteils, des Schwertbrüderordens (1202 in Riga gestiftet).

Deutscher Orden, Hochmeister, und Schwertbrüderorden, Ritter, 12./13. Jahrhundert

Italien,
Admiral Venedigs,
Edelknappe
und neapolitanischer Ritter,
zweite Hälfte
14. Jahrhundert

Italienische Kriegstrachten Ein weiteres Beispiel für die Kriegstrachten der mittelalterlichen Ritter sind diese italienischen Adligen. Der Admiral Venedigs ist Viktor Pisani. Die Abbildung zeigt die Weiterentwicklung der Schutzbekleidung zum ganzen Harnisch.

Burgund,
Ritter und
Büchsenmeister,
um 1470

Burgundischer Ritter und Büchsenmeister Karl der Kühne (geb. 1433) regierte seit 1467 einen Großstaat zwischen Frankreich und Deutschland, der sich in zahlreichen Kriegen zu behaupten suchte. Er fiel in der Schlacht bei Nancy am 5. Januar 1477; damit endete die eigenständige Geschichte Burgunds, das zu Frankreich kam. Während der Büchsenmeister seinen Kopf mit einer Beckenhaube und den Oberkörper mit einem Ringpanzerhemd schützte, waren die Ritter vollständig von ihrer Rüstung umgeben. Insbesondere der Kopf war durch die Schallern – einen Helm mit hochgetriebener Glocke, flachem Kamm und Nackenschutz – geschützt, Kinn und Hals durch den sogenannten Bart.

Deutschland,
Trommler und
Fahnenträger,
erste Hälfte
16. Jahrhundert

Deutsche Landsknechte Als Landsknechte wurden deutsche Söldner zu Fuß seit Ende des 15. bis zum Anfang des 17. Jahrhunderts bezeichnet. Als „Vater der Landsknechte" galt der römisch-deutsche Kaiser Maximilian I. (1459–1519). Die ersten Landsknechte trugen keine Schutzkleidung, später kamen leichte Brustpanzer, vorwiegend Lederharnische, sowie Eisenhüte hinzu.

Deutschland,
Landsknechte
(Büchsenschützen),
erste Hälfte
16. Jahrhundert

Deutsche Büchsenschützen Mit Spießen und Schwertern sowie bald auch mit Arkebusen (Luntenschlossgewehren) bewaffnet, trugen die Landsknechte noch keine einheitliche Kleidung, sondern erschienen in einer sehr farbenfreudigen, uneinheitlichen Tracht, die durch das geschlitzte Wams, eine ebensolche Pluderhose und ein mit Federn geschmücktes Barett gekennzeichnet war. Insgesamt kann man vermuten, dass die Landsknechte untereinander wetteiferten, wer die extravagantesten Kleidungsstücke trug.

Augsburg,
Fuhrmann und
Stadtknecht,
zweite Hälfte
17. Jahrhundert

Augsburger Fuhrmann und Stadtknecht Der Augsburger und der unten zu sehende Kölner Stadtknecht stehen als zwei Beispiele für die Bekleidung mittelalterlicher Stadtknechte. Die Augsburger Stadtknechte trugen natürlich keine Uniformen, aber doch eine amtliche Tracht, die der zeitgenössischen Mode folgte und bei der die städtischen Farben die Grundlage bildeten. Im Fall der Stadt Augsburg waren es die Farben Grün, Weiß und Rot.

Kölner Bürgermeister und Stadtknecht In jener Zeit war das amtliche Obergewand der Bürgermeister und Ratsherren durchweg die lange Schaube – ein weiter, vorn offener Mantelrock. Städtische Beamte niedrigen Rangs trugen ebenfalls eine Schaube, die jedoch viel kürzer war. Während in der Regel niedere Stadtbeamte an einer in den Wappenfarben geteilten Kleidung oder einem kleinen Wappenschild an derselben zu erkennen waren, führten die Stadtknechte Kölns einen kleinen Streithammer als Amtszeichen sichtbar mit sich. Im Notfall konnte dieser auch als Waffe benutzt werden.

Köln,
Bürgermeister und
Stadtknecht,
zweite Hälfte
16. Jahrhundert

Dresden,
Büchsenmeister,
um 1580

Dresdner Büchsenmeister Schon die Anfang des 13. Jahrhunderts entstandene Stadt Dresden musste durch Mauern und vor allem durch ihre Bürger geschützt werden. Im Jahre 1491 gab es 444 wehrpflichtige Bürger, die mit 114 Büchsen, 171 Hellebarden und 206 Langspießen bewaffnet waren. 1546 ließ Kurfürst Moritz von Sachsen Dresden neu befestigen. 1567 wurde das neue Zeughaus mit einer Geschützgießerei und Werkstätten vollendet. Die Büchsenmeister waren gefragte Spezialisten für die Bedienung der Geschütze.

Dresden,
Stadtgarde,
Pikenier,
1629

Pikenier der Dresdner Stadtgarde Am 4. Mai 1587 schlossen Kurfürst Christian I. von Sachsen und die Stadt Dresden einen Vertrag über die Bildung einer besoldeten „Stadtguardia". Genau genommen handelte es sich um die sogenannte Unterguardia, denn als Oberguardia galt die fürstliche Leibwache. Für den Unterhalt jener eigentlichen Stadtgarde hatte jeder Stadtbürger den „Wachtaler" zu entrichten. Die Stadtknechte erhielten monatlich sechs Gulden Sold und jährlich ihre von städtischen Schneidern gefertigte Bekleidung. Von einem Rottmeister geführt, besetzten jeweils zehn Mann die Torwachen. Nach einer 1629 angefertigten Übersicht zählte diese Stadtgarde außer ihrer Spitze vom Obersten bis zum Musterschreiber (elf Personen) und sieben Spielleuten sowie einem Regimentsdiener noch 264 Mann, die in drei Rotten aufgeteilt waren. Zumindest vermochten auch diese Stadtgardisten die Einnahme Dresdens während des Dreißigjährigen Kriegs erfolgreich zu verhindern.

Sachsen,
Fürstliche Leibgarde, Adlige,
1610

Adlige der sächsischen Fürstlichen Leibgarde
Genaue Angaben zu dieser Leibwache des sächsischen Kurfürsten sind bislang nicht zu ermitteln. Die Truppe wurde wohl als „Hoffahne" errichtet. Mehrfach muss ihr Name gewechselt haben. Überliefert sind Deutsche Leibgarde zu Ross, Gardetrabanten zu Ross, Leibgarde zu Pferd usw., bis sie ab 1710 Garde du Corps hieß.

Deutschland,
Musketier und
Pikenier,
1618–1648

Deutscher Musketier und Pikenier Die Zunahme uniformer Elemente in der Kriegstracht ging einher mit der Herausbildung von Waffengattungen und Spezialtruppen, deren besondere Aufgaben im Kampf eine relativ einheitliche Bewaffnung und Ausrüstung erforderten. So unterteilte sich die Infanterie in Musketiere und Pikeniere. Die Musketiere waren ungepanzert, trugen teilweise zwar noch Helme, in der Mehrzahl aber schon breitkrempige Hüte. Die Pikeniere, die die Musketiere während des langwierigen Ladens der Luntenschlossgewehre vor Kavallerieangriffen deckten, suchten sich selbst mit einem Halbkürass zu schützen.

Deutscher Pfeifer und Offizier Pfeifer wie Trommler dienten weiterhin vor allem der Signalgebung im Gefecht. Der abgebildete Offizier ist charakteristisch für das Erscheinungsbild des Soldaten im Dreißigjährigen Krieg. Die Offiziere waren im Allgemeinen wie die Soldaten bekleidet, jedoch prächtiger geschmückt. Eine Zuordnung der international zusammengewürfelten Söldner nach Staaten ist für diese Zeit nicht möglich. In den Schlachten versuchten sie sich mit Schärpen, Armbinden und Gestecken auf den Hüten zu unterscheiden.

Deutschland,
Pfeifer und
Offizier,
1618–1648

Deutschland,
Fahnenträger und
Kürassier,
1618–1648

Deutscher Fahnenträger und Kürassier An den Fahnen der Infanterie wie auch an den Standarten der Reiterregimenter orientierten sich die Soldaten zu Fuß und zu Pferd im Pulverdampf der Schlacht. Dementsprechend angesehen waren ihre Träger. Die schwere Kavallerie schied sich in Kürassiere und Lanzenreiter. Die Söldner mussten für ihre Bekleidung überwiegend selbst aufkommen, jedoch gingen die Regimentsinhaber immer mehr dazu über, Bewaffnung und Ausrüstung für ihre Regimenter zu beschaffen.

Schweden,
Schottische Söldner
in schwedischen
Diensten,
um 1630

Schottische Söldner in schwedischen Diensten Wie
bereits gesagt, nahmen Söldner aus aller Herren Länder
besonders im Dreißigjährigen Krieg (1618–1648) Dienst
in den immer wieder neu aufgestellten Armeen auf. Zu
ihnen gehörten auch die an „kilt" und „highland bonnet"
(Rock und Mütze) sogleich zu erkennenden Schotten.
Viele von ihnen waren zunächst in die Armee Gustav II.
Adolf von Schweden eingetreten, dann in französische
Dienste gewechselt, um schließlich 1678 nach England
zurückzukehren.

Leibtrabant des brandenburgischen Kurfürsten

Friedrich Wilhelm Noch kann von einer Uniform nicht die
Rede sein. Der Angehörige der Leibwache des späteren
Großen Kurfürsten war wie nahezu jeder andere Söldner
der letzten Jahre des Dreißigjährigen Kriegs bekleidet und
ausgerüstet. Seinen Kopf schützte er mit der Infanterie-
sturmhaube. Zur Bewaffnung gehörte neben dem Degen
vor allem das Luntenschlossgewehr (die brennende Lunte
ist deutlich zu sehen) und die Gewehrgabel, mit der das
Abgeben des Schusses erleichtert wurde.

Brandenburg,
Leibtrabant
des Kurfürsten
Friedrich Wilhelm,
1642

Polen,
Lanzenreiter,
und Russland,
Panzerreiter,
Ende 16. Jahr-
hundert

Polnischer und russischer Lanzenreiter Der Lanzenreiter der polnischen Adelsreiterei war verhältnismäßig
leicht gepanzert. Sein martialisches Aussehen erhielt er
durch das über der Brust geschlossene Löwen- oder
Tigerfell und die am Rücken befestigten Flügel. Dabei
handelte es sich um mit Federn bestückte Holzbügel, die
durchaus der Abwehr von Fangseilen dienten und somit
recht praktisch waren. Auch der russische Reiter bot
mit seiner Panzerung eine imposante Erscheinung.

Hessen,
Leibgarde, Offizier,
Musketiere und
Pikeniere,
1621

Offizier, Musketiere und Pikeniere der hessischen Leibgarde Das Aquarell zeigt die Landgräflich Hessische Leibgarde-Kompanie im siegreichen Gefecht bei Alten- und Grossen-Buseck am 20. Dezember 1621. Gemeinsam mit Truppen aus Bayern, Würzburg und Mainz verwehrten die etwa 100 Kriegsknechte Herzog Christian von Braunschweig den Durchzug nach der Pfalz durch Oberhessen. Es ist eines der vielen Gefechte des Dreißigjährigen Kriegs (1618–1648) und gibt einen Eindruck der Verwendung von gerade schießenden Musketieren und sich bereithaltenden Pikenieren – alle angefeuert durch einen Offizier.

Soldaten der deutschen Staaten

So einträchtig mögen sie in der zweiten Hälfte des 17. Jahrhunderts zusammengestanden haben: der Kurfürstlich Sächsische Artillerist 1680 der im Jahre 1620 errichteten „Artholerey zu Feldt", der Pikenier des Kurbrandenburgischen Regiments Hillebrand Kracht 1630, der Musketier der Fürstlich Hessischen Leib-Kompanie 1664 unter Landgraf Ludwig VI. von Hessen-Darmstadt, der Kurbrandenburgische Dragoner-Leibgarde um 1674 und der ebenfalls aus Kurbrandenburg kommende Musketier vom Regiment Dönhoff 1680, der Kurbayerische Kürassier vom Regiment zu Pferd Graf Arco 1685 und der Reiter des Schwäbischen Kreisregiments v. Höhnstedt im Jahr 1683.

Deutsche Staaten,
Soldaten,
17. Jahrhundert

Osmanisches
Reich,
Solaks – Bogen-
schützen-Leib-
garde des Sultans,
16./17. Jahrhundert

Solaks – Bogenschützen-Leib-garde des osmanischen Sultans

Diese 400 Bogenschützen, deren Hauptwaffe der wirksame Bogen war, trugen helmartige weiße, goldverbrämte Filzhauben, die mit Reiherbüschen geschmückt waren, sowie seidene, hochgesteckte Oberröcke und darunter eng anliegende Beinkleider aus gefärbtem Wildleder.

Spahis – reguläre Reiterei des Osmanischen Reichs

Ihre Angehörigen waren vor allem mit Lanzen und Schwertern sowie Bogen, aber auch schon mit Feuerwaffen ausgestattet. Bemerkenswert an der vorderen Figur ist, dass dieser Reiter unter dem Schenkel am Sattel neben der Streitaxt einen „Panzerstecher" mitführte. Des Weiteren ist die Säbeltasche auffällig.

Osmanisches
Reich,
Spahis – reguläre
Reiterei,
16./17. Jahrhundert

Osmanisches
Reich,
Dellis („Tollköpfe"),
16./17. Jahrhundert

Dellis-Leibwachen im Osmanischen Reich Pantherfelle, Adlerschwänze auf den Mützen und Adlerflügel am Schild ließen diese aus Freiwilligen gebildete Reitergattung besonders Furcht einflößend aussehen. Die Dellis bildeten oftmals die Leibwache von Gouverneuren. Auch hier ist die Bewaffnung mit Streitkolben und Panzerstecher bemerkenswert.

Russland,
Bojar,
Mitte 16. Jahr-
hundert

Russische Bojaren Bei den Bojaren handelte es sich in der Zeit vor Zar Peter I. um die höchstrangige Gruppe der landbesitzenden Adligen. Sie übten entscheidenden Einfluß auf die Geschicke Russlands aus und stellten auch die obersten Heerführer aus ihren Reihen. Dementsprechend prachtvoll ist dieser Bojar bekleidet, bewaffnet und ausgestattet.

Mannschaften des Moskauer Strelitzen-Regiments

Die Bezeichnung Strelitzen (Schützen) kam erstmals Mitte des 16. Jahrhunderts auf. Diese Truppen wurden aus freien Leuten geworben. Sie verpflichteten sich zu ständigem Kriegsdienst, waren meist verheiratet und bildeten eine abgeschlossene Kriegerkaste mit allen Vorzügen (Tapferkeit im Kampf) und Nachteilen (Selbstüberschätzung). Letztere gipfelten in zahlreichen Revolten und führten schließlich zu ihrer blutigen Zerschlagung unter Zar Peter I. Die Strelitzen waren mit Luntenschlossmusketen und Streitäxten bewaffnet. Diese dienten, in den Boden gerammt, als Stütze beim Schießen mit der schweren Feuerwaffe. Gegen Ende des 17. Jahrhunderts ersetzten kurze Piken die Streitäxte.

Russland,
Moskauer Strelitzen-Regiment,
Mannschaften,
um 1675

Russland,
Moskauer Strelitzen-Regiment,
Offiziere,
um 1675

Offiziere des Moskauer Strelitzen-Regiments Die Strelitzen können als die ersten uniformierten Truppen Russlands im 17. Jahrhundert angesehen werden. Sie trugen lange, regimenterweise verschiedenfarbige und mit bunten Schnüren geschmückte Tuchröcke, ebenfalls farbige Stiefel sowie hohe, beutelartige samtene und pelzbesetzte Mützen; die gesamte Ausstattung wurde geliefert. Besonders prächtig waren die Offiziere bekleidet.

Frankreich,
Reiterei,
um 1684

Französische Reiterei Meist waren die französischen Reiterregimenter wie die Infanterietruppenteile in Röcke verschiedener Grautöne gekleidet. Unter dem Tuchrock trugen die Reiter ein Lederkoller mit Ärmeln. Der Hut hatte eine metallene Einlage zum Schutz gegen Säbelhiebe. Bei seiner Kavallerie stattete Frankreich die Dragoner ab 1676 mit roten oder blauen Röcken aus, wobei die königlichen Regimenter blaue Röcke erhielten.

Französischer Gendarm Die nebeneinanderstehenden Männer – der Bauer und der berittene Gendarm – veranschaulichen, wie sehr Bauerntracht oder zivile Männerbekleidung überhaupt und erste Uniformversuche einander noch ähnelten. Auch die Haartrachten glichen einander noch sehr.

Frankreich,
Bauernpaar und
Gendarm,
zweite Hälfte
17. Jahrhundert

Frankreich,
Adliger und Offizier
(mit Muff),
zweite Hälfte
17. Jahrhundert

Französischer Adliger und Offizier Ungeachtet der Anfänge der Uniformierung bestanden immer noch große Ähnlichkeiten in der Tracht des Adligen und des damals natürlich ebenfalls aus dem Adel stammenden Offiziers. Auffallend ist, dass er seine Hände mit einem durchaus zivilen Bekleidungsstück, dem Muff, vor der Kälte zu schützen suchte.

Frankreich,
Französische
Garden, Muske-
tiere und Pikenier,
um 1684

**Musketiere und Pikenier des französischen Garde-
regiments** Das 1653 gegründete Regiment erhielt Uniformen entsprechend den Livreefarben des französischen
Königshauses, das heißt, sie trugen blaue Röcke mit roten
Abzeichen sowie rote Westen und Hosen. Hinzu kam der
für Garderegimenter typische reiche Besatz mit weißen
Borten. 1684 kam eine Neuerung hinzu: Während die
linke Figur noch gekreuztes Lederzeug besaß, führten die
anderen von da an ein Leibkoppel. Die rechte Figur weist
darauf hin, dass in diesem Regiment auch noch Pikeniere
kämpften.

Frankreich,
Garden, Pikenier,
Grenadiere und
Sergeant,
1697

Pikenier, Grenadiere und Sergeant des französischen Garderegiments
Diese Uniformdarstellung zeigt recht gut die kleinen Veränderungen, die sich
nur ein gutes Jahrzehnt später vollzogen hatten. Die Kopfbedeckung war nun
zum deutlich dreifach aufgeklappten Hut geworden. Das Halstuch hatte die
Form der sogenannten Steenkerke angenommen. Die Ärmelaufschläge waren
größer geworden. Die roten Achselbänder galten als eine besondere Auszeichnung dieses Regiments, dessen Grenadiere ebenfalls den breitkrempigen Filzhut aufsetzten. Die im Feld mitgeführte lederne Patronentasche zeigt das Wappen der Bourbonen. Zum Wachdienst in der Residenz des Königs wurden rote
Patronentaschen mit gelbem Rand und goldener Wappenstickerei verwendet.

Frankreich,
Garden,
Offiziere,
1697

Offiziere des französischen Garderegiments Zwar
trugen auch die Offiziere dieses Garderegiments dieselben
Uniformfarben wie die Mannschaften, die Ausschmückung
des Rocks war jedoch jedem einzelnen Offizier selbst
überlassen. Im Unterschied zur prächtigen Uniform war
das Sponton sehr einfach gehalten. Auch die Fahne des
Regiments wurde von einem Offizier getragen.

England,
Ist Regiment of
Foot Guards,
Pikenier,
um 1660

Pikenier des Ist Regiment of Foot Guards Der spätere König Karl II. von England errichtete 1656 im niederländischen Exil seine Garde zu Fuß aus royalistischen Emigranten. Es ist im Wesentlichen noch die alte Kriegstracht aus Sturmhaube, Lederkoller und Harnisch. Die weiße Schärpe weist den Pikenier auch äußerlich den königlichen Truppen zu. Von der roten Unterkleidung, die dann als wichtiges Uniformmerkmal galt, ist hier noch nichts zu erkennen.

Offizier des King's Own Royal Regiment of Dragoons Der Dragoneroffizier war bereits vollständig rot uniformiert. Dann kamen blaue Bänder hinzu, sodass sich nun bei ihm auch die für königliche Regimenter charakteristische Farbkombination Rot und Dunkelblau ergab. Die weiße Schärpe war von einer karmoisinroten abgelöst worden.

England,
The King's Own
Royal Regiment
of Dragoons,
Offizier,
um 1661

England,
Colonel Zachariah
Tiffin's Regiment
of Foot, Musketier,
um 1689

England,
Ingenieurtruppe,
Offizier,
um 1710

Musketier des Colonel Zachariah Tiffin's Regiment of Foot Zum Typ eines englischen Infanteristen am Ende des 17. Jahrhunderts gehört dieser Musketier, der noch mit der Luntenschlossmuskete (einschließlich der Gewehrgabel) und dem langen Degen bewaffnet ist.

Offizier der englischen Ingenieurtruppe Anfang des 18. Jahrhunderts besaß natürlich auch die englische Armee bereits eine Ingenieur- bzw. Pioniertruppe. Dieser Offizier führte die Zeichen seines Rangs und Stands mit sich: den Harnisch, den Degen und die karmoisinrote Schärpe sowie einen Stock.

Großbritannien,
The Duke of York
and Maritime
Regiment of Foot,
Gemeiner,
1664

Gemeiner des Duke of York and Maritime Regiment of Foot In dieser Anfangszeit der Uniformierung unterschieden sich die Marinetruppen zu Fuß äußerlich nicht von normalen Infanteristen. Maritime Kennzeichen kamen erst später hinzu. Auch gab es für sie noch nicht das für England typische Rot der Uniformröcke. Neben dem Degen bestand die Bewaffnung dieses Soldaten aus einem Luntenschlossgewehr. An dem Bandelier hingen mehrere lederbezogene Holzfläschchen mit der genau abgemessenen Pulvermenge für je einen Schuss.

Offizier des niederländischen Marinierkorps Die Uniform dieses Offiziers der niederländischen Marine entsprach jener Zeit, doch auf einige Besonderheiten sei hingewiesen. Offiziere, aber auch Unteroffiziere schlangen sich die orangefarbene Schärpe des Hauses Oranien um den Leib. Die Offiziere trugen als Ranggruppen-Abzeichen einen metallenen Ringkragen, ein Überbleibsel des ritterlichen Harnischs. Geschmückt mit zwei schwarzen Ankersymbolen, wies er auf einen Leutnantsdienstgrad hin. Blaue Anker kennzeichneten Kapitäne.

Niederlande,
Marinierkorps,
Offizier,
1672

Brandenburg,
Marine, Matrose
und Maat,
um 1675

Matrose und Maat der brandenburgischen Marine Ebenso wie in den anderen europäischen Flotten konnte von einer Uniform der Angehörigen der kurbrandenburgischen Marine noch keine Rede sein. Allerdings verfügten sie ebenfalls über eine für den Dienst an Bord recht zweckmäßige Bekleidung. Sie bestand vor allem aus breitkrempigen Hüten oder Filzkappen, Hemden, eng anliegenden Jacken, Kniebundhosen, langen Wollstrümpfen und Schnallenschuhen. Hinzu kamen nach den Landesfarben rot-weiße Armbinden oder Schärpen.

Schweden,
Infanterie-Regi-
ment Jönköping,
Musketier,
1685

Musketier des schwedischen Infanterie-Regiments

Jönköping Etwa Mitte des 17. Jahrhunderts setzten sich
Anfänge der Uniformierung bei der Infanterie Schwedens
durch. Noch war es aber nicht das spätere charakteristische Blau und Gelb, sondern die Regimentsfarben lehnten
sich an die Fahnen und Wappen der Provinz an, aus
dessen Männern sich der Truppenteil bildete. So war das
Regiment Jönköping eines von mehreren, das die süd-
schwedische Provinz Småland aufgestellt hatte. In der
Schlacht bei Poltawa 1709 geriet das gesamte Regiment
in russische Gefangenschaft.

Schweden,
König Karl XII.
von Schweden,
um 1715

König Karl XII. von Schweden Keine andere Persönlichkeit prägte das
schwedische Militär an der Wende vom 17. zum 18. Jahrhundert so wie König
Karl XII. (geboren 1682). Für sich anspruchslos – die einfache Uniform belegt
es unter anderem – scheiterte er mit seinen Ambitionen als Staatsmann letztlich wegen seines Starrsinns und seines rein militärischen Denkens. Er fiel am
11. Dezember 1718 vor Frederikshald auf seinem zweiten Feldzug nach Norwegen. Schweden büßte durch den Nordischen Krieg (1700–1721) seine Groß-
machtstellung endgültig ein.

Schweden,
Artillerist, Grena-
dier und Dragoner,
um 1700

Schwedischer Artillerist, Grenadier und Dragoner

Ab dem Jahr 1687 wurde die verschiedenfarbige Bekleidung der schwedischen Infanterieregimenter von dunkelblauen Uniformen mit meist gelben Aufschlägen und
ebensolchen Unterkleidern abgelöst. Blau und Gelb waren
die schwedischen Wappenfarben. Auch bei der überwiegend aus Dragonern bestehenden Kavallerie dominierten
blaue Uniformröcke, wenngleich wie bei der Artillerie ohne
farbige Abzeichen.

Niederlande,
Artillerie, Offiziere,
Konstabler
und Kanonier,
um 1680
bzw. ein Offizier
um 1668

Offiziere, Konstabler und Kanonier der niederländischen Artillerie In Zeiten des Schwarzpulvers und der Vorderlader entstand beim Schießen relativ viel Schmutz, deshalb wurde für die Artillerie meist eine dunkle Bekleidung gewählt. Im abgebildeten Beispiel war es das Blau. Die Entwicklung der Bekleidung bzw. Uniform vom weiten Rock mit den halben Ärmeln zum Uniformrock wird an den beiden außen stehenden Offizieren deutlich. Die roten Absätze an den Schuhen zeigen die adlige Herkunft ihrer Träger an.

Niederlande,
Infanterie,
Musketiere,
um 1680 bis 1690

Musketiere der niederländischen Infanterie Möglicherweise ist diese Uniformdarstellung nicht richtig koloriert worden, sie soll die Musketiere als Angehörige des Garderegiments ausweisen. Diese Garde zu Fuß folgte 1689 Wilhelm von Oranien, als er König von England wurde. Daher müssten ihre Uniformen eigentlich in der Farbkombination Blau und Orange statt Blau und Gelb gezeigt werden.

Dänemark,
Leibgarde zu Fuß,
Grenadierkorps;
National-Infanterie,
Infanteristen,
um 1703

Dänische Grenadiere Charakteristisch für die Uniform des 1701 aus den Grenadieren der geworbenen Regimenter gebildeten Grenadierkorps war der reiche silberne Litzenbesatz. Er zeigt den Garderang der Truppe an. Interessant sind die schmalen polnischen Aufschläge in einer Zeit, in der überwiegend sehr breite und unpraktische Ärmelaufschläge getragen wurden. Die Kopfbedeckung ist eine frühe Form der spitzen Grenadiermütze. Die rote Uniformfarbe wurde bald Grundfarbe für die gesamte dänische Armee, hier hatte noch die Leibgarde zu Fuß Röcke von gelber und die National-Infanterie von grauer Grundfarbe.

Russischer Grenadier, Füsiliere, Dragoner und Bombardier Das von Zar Peter I. Ende des 17./Anfang des 18. Jahrhunderts neu formierte russische Heer war durchgehend uniformiert. Der Schnitt und die Bestandteile der Uniform folgten dem Beispiel der westeuropäischen Uniformentwicklung. Bis 1720 war die Wahl der Uniformfarben den Regimentschefs überlassen, jedoch dominierte von Anfang an Grün als Grundfarbe. Die Artillerie besaß Uniformen wie die Infanterie. Sie waren aber von roter Farbe mit blauen Ärmelaufschlägen und ebensolchem Rockfutter. Die Bombardiere galten als Eliteeinheiten der Artillerie und trugen eine ähnliche Kopfbedeckung wie die Gardegrenadiere. Der Dragoner des nicht näher bezeichneten Regiments trug einen grauweißen Uniformrock mit hellblauen Ärmelaufschlägen.

Unteroffiziere und Mannschaften der russischen Infanterie Neben den lange Zeit üblichen, typisch russischen Mützen wurden auch schon die an drei Seiten aufgeklappten Hüte, die Dreispitze, getragen.

Offiziere der russischen Infanterie Wie in jener Zeit auch in anderen Armeen üblich, konnten die Offiziere Uniformröcke in anderen Farben tragen – hier in Rot statt in Dunkelgrün. Seine Rang- und Standesabzeichen wie Ringkragen, Sponton und Schärpe führte dieser Offizier in den damals wie heute wieder geltenden Nationalfarben Weiß-Blau-Rot.

Koller der
Kürassiere
um 1700

Koller der Kürassiere Verschiedentlich werden Kürassiere gezeigt, deren Namen durch den Kürass, einen Brust
und Rücken bedeckenden Panzer aus Eisen, gegeben ist.
Unter diesem Kürass trugen die Reiter den sogenannten
Koller, einen zunächst ärmellosen Rock aus schwerem
steifen Leder. Später wurden Ärmel aus dünnem flexiblen
Leder angenäht. Das Kleidungsstück hielten Haken und
Schnüre zusammen, denn Knöpfe hätten Druckstellen ver-
ursacht.

Röcke der
Infanterie
um 1700

Röcke der Infanterie Die hier abgebildeten Uniformröcke zeigen noch einmal, dass die Soldatenbekleidung
der bürgerlichen Männerkleidung entsprach. Der glockenartige, eng am Oberkörper anliegende Rock besaß noch
keinen Kragen, jedoch breit umgeschlagene Ärmelaufschläge.

Hessen-Darmstadt,
Fürstliche
Leib-Kompanie,
1664

Fürstliche Leib-Kompanie Hessen-Darmstadt Bei
dieser Einheit handelt es sich um die 1621 errichtete Gardetruppe des Landesherrn, dessen Bekleidung, damals
auch als Montierung bezeichnet, in den hessischen Wappenfarben Silber, Blau und Rot gehalten war. Erste Ansät-
ze der Trennung zwischen der Soldatenbekleidung und der
üblichen Männertracht zeichneten sich auch bei den hessischen Soldaten in der Oberbekleidung ab: Langschößige,
glockenartige Röcke ohne Kragen lösten mit dem Kamisol
(Unterjacke) das Wams ab. Diese Röcke – nach französischem Vorbild auch Justaucorps genannt – zierten rote
Ärmelaufschläge und silberne Knöpfe. Des Weiteren wurden bis zu den Knien reichende blaue Hosen und rote
Strümpfe sowie schwarze Schnallenschuhe getragen.

Hessen-Darmstadt,
Leib-Kompanie,
Offizier, 1660

Offizier der Leib-Kompanie Hessen-Darmstadt Nach dem Vorbild kroatischer Söldner schmückten sich die Offiziere auch mit einem sogenannten kroatischen Halstuch, das sie schon bald durch eine schmale Halsbinde ersetzten. Als Bewaffnung führten sie einen langen Degen im breiten Bandelier (Ledergehänge) und vor allem eine fransengeschmückte Partisane mit flachem breiten Stichblatt als Stangenwaffe, aus der sich später das Sponton als Rangabzeichen der Offiziere entwickelte.

Offizier des Infanterie-Regiments von Schrautenbach Das äußere Erscheinungsbild auch der Offiziere Hessen-Darmstadts hatte sich in fünfzig Jahren schon verändert. Der dargestellte Offizier führte als Zeichen seines Stands und Rangs mit sich: das Sponton und den Ringkragen jeweils mit dem gekrönten Namenszug „EL" für Ernst Ludwig von Hessen-Darmstadt, die silberne, mit blauen und roten Fäden durchwirkte Schärpe sowie den Degen, an dem sich bereits das Portepee, ebenfalls in der Wappenfarbe, befand.

Hessen-Darmstadt,
Infanterie-Regiment von Schrautenbach, Offizier,
1717

Hessen-Darmstadt,
Prinz-Franz-Ernst-Dragoner,
Dragoner,
1717

Dragoner der Prinz-Franz-Ernst-Dragoner Die Uniform dieses Regiments ist charakteristisch für die allgemeine Bekleidung der Dragoner in den europäischen Armeen am Ende des 17. und zu Anfang des 18. Jahrhunderts. Entweder trugen diese alle gleichfarbene Röcke mit verschiedenfarbigen Aufschlägen oder die Regimenter unterschieden sich durch die Farbe der Röcke. Die beiden hessischen Dragonerregimenter des 19. und Anfang des 20. Jahrhunderts führten traditionsgemäß die dunkelgrüne Grundfarbe ihrer Uniform weiter.

Braunschweig-Lüneburg-Celle, Reiter, Musketier und Offizier, um 1670

Reiter, Musketier und Offizier des Leibregiments Braunschweig-Lüneburg-Celle Die Abbildung dieser Figuren ist nach dem Grabdenkmal des braunschweig-lüneburgischen Generals Graf Josias zu Waldeck in der Stadtkirche von Wildungen erfolgt. Der Musketier stammt ebenso wie der Offizier aus dem Celle'schen Leibregiment. Bei der linken, kavalleristisch ausgestatteten Figur handelt es sich wohl um den Leibdiener des Generals. Bemerkenswert neben dem roten Rock sind die doppelten Strümpfe des Musketiers.

Kanoniere der Artillerie Lüneburg-Celle Schon äußerlich weist der rote Rock dieser Artilleristen auf die politische Bindung des Lands zu England hin. Der schwarze Filzhut mit den an drei Seiten hochgeschlagenen Krempen zeigt die beginnende Entwicklung der militärischen Kopfbedeckung zum Dreispitz. Eine weitere Besonderheit dieser Uniform bzw. Ausrüstung und Bewaffnung waren die zwei in schwarzen Halftern steckenden Pistolen sowie ein Hirschfänger am Koppel.

Lüneburg-Celle, Artillerie, Kanoniere, um 1700

Hamburg, Konstabler, Infanterie-Offizier und Infanteristen, 1709

Hamburgische Konstabler, Infanterie-Offizier und Infanteristen Auch die alte Hansestadt Hamburg besaß Anfang des 18. Jahrhunderts ihr städtisches Militär, wenngleich auch recht schlicht uniformiert. Der links abgebildete Konstabler (der Büchsenmeister am Geschütz) war, für die Artillerie typisch, in dunklem Blau gekleidet. Die Infanteristen trugen die in der Fertigung damals teuren roten Uniformröcke.

Kadett des Infanterie-Regiments von Schwerin und Musketier des russischen Infanterie-Regiments von Tilly Das Militär des norddeutschen Herzogtums war zahlenmäßig nicht eben stark, jedoch verdient seine Uniformierung durchaus Erwähnung. Sie lehnte sich bis auf eine später zu behandelnde Ausnahme an das Beispiel Preußens an. Der Kadett ist als künftiger Offizier schon mit der silbernen Tresse (eigentlich ein Abzeichen der Unteroffiziere) um die Ärmelaufschläge von den Mannschaften abgehoben. Er trägt die weiße Leibfahne seines Regiments mit dem Wappen des Herzogs in der Mitte und dessen Namenszug „FW" für Friedrich Wilhelm in den Ecken. Die anderen Kompanien besaßen ebenfalls Fahnen, aber von hellblauem Grundtuch. In den Jahren von 1717 bis 1719 befanden sich zwei russische Regimenter und zwei Kompanien im Dienst Mecklenburg-Schwerins. Da vor 1720 für die russische Infanterie noch nicht die grüne Uniformfarbe bestimmend war, ist hier das Blau der Uniform verständlich. Bemerkenswert ist die Kapuzenmütze, deren Ränder bei Kälte über die Ohren geklappt werden konnten.

Grenadier eines Schweriner Infanterie-Regiments, Dragoner des Dragoner-Regiments von Lilienstreng und Korporal des Landmiliz-Bataillons Der spätere preußische Generalfeldmarschall Curd Christoph von Schwerin begann seine Laufbahn als Mecklenburg-Schweriner Offizier. Seinem 1707 errichteten Truppenteil gehörten auch Grenadiere an, deren blauer Oberrock an den Knopflöchern „brandenbourgs" (weiße Litzen) zierten und deren sichtbarstes Merkmal die spitze Grenadiermütze war. Zu der schlichten Uniform der Dragoner gehörten Hut, Rock, Kamisol (eine Ärmelweste als Teil der Unterbekleidung), Mantel, lederne Beinkleider, Stulpenstiefel, Sporen, Karabinerbandelier, Degengehenk und Patronentasche. Auch die Landmiliz war sehr einfach uniformiert. Außer der silbernen Ärmellitze galt das Kurzgewehr, eine Stangenwaffe, als Rangabzeichen der Unteroffiziere aller Armeen des 18. Jahrhunderts.

Bayern,
Kurfürst Max
Emanuel an der
Spitze des Küras-
sier-Regiments
Weickel,
1693

Kurfürst Max Emanuel von Bayern Der „blaue König",
Kurfürst Maximilian II. Emanuel (1662–1726), war der
Schöpfer des stehenden bayerischen Heers und seiner
hellblauen Uniformen. Er stellte am 12. Oktober 1682 im
Übungslager bei Schwabing erstmals sieben Regimenter
zu Fuß und vier Regimenter zu Pferd in Schlachtordnung
zur Musterung auf. Seine Truppen kämpften vor allem im
Langen Türkenkrieg (1683–1699) und im Spanischen
Erbfolgekrieg (1701–1714).

Kürassier des bayerischen Kürassier-Regiments Weickel Die Uniform
dieses 1682 errichteten Regiments war typisch für die Bekleidung der
Kürassiere bis Anfang des 18. Jahrhunderts. Neben der Sturmhaube oder
Zischägge wurde auch ein schwarzer, mit goldener Borte eingefasster Hut
getragen. Im 18. Jahrhundert wurde es allgemein üblich, die hier roten Regimentsabzeichen auch an Schabracken (farbige, oft verzierte Satteldecken)
und Schabrunken (farbige, oft verzierte Decken über den Pistolenhalftern
vorn am Sattel) anzubringen.

Bayern,
Kürassier-Regiment
Weickel, Kürassier,
1691–1706

Bayern,
Kürassier-Regiment
Weickel, Trompeter,
1691–1706

**Trompeter des bayerischen Kürassier-Regiments
Weickel** Am Beispiel dieses Regiments lässt sich ein
lange üblicher Brauch veranschaulichen – das Tragen von
Uniformen mit gewechselten Farben bei den Spielleuten.
So trug der Trompeter hier einen roten Uniformrock mit
grau-weißen Ärmelaufschlägen. Weitere Kennzeichen dieser Spielleute waren die Schwalbennester an den Oberarmen unter der Schulter und die „Flügel". Das waren breite,
von der Schulternaht auslaufende, bortenbesetzte Band-
streifen in der Regimentsfarbe, die lang über den Rücken
hängend durch das Lederkoppel gesteckt wurden.

Das 4. Regiment des bayerischen Heers Für Bayern ist das Jahr 1671 als Beginn der Uniformierung nachweisbar. Farbe und Form der Bekleidung waren damals noch sehr unterschiedlich. Überwogen anfangs der graue und weiße Rock, so erhielt ab 1684 die Infanterie hellblaue Röcke. Diese Uniformfarbe wurde in der Kombination mit weißem Litzenbesatz typisch für Bayern. Die Unteroffiziere hatten als Rangabzeichen betresste Ärmel. Die Offiziere trugen als Rangabzeichen eine blaue Schärpe mit Silberfransen und führten das Sponton.

Pikenier des Infanterie-Regiments Steinau Noch im Dreißigjährigen Krieg spielten die Pikeniere eine große Rolle, verloren jedoch in der zweiten Hälfte des 17. Jahrhunderts mehr und mehr an Bedeutung. Die Piken aus langer Holzstange mit Eisenspitze wurden zur Abwehr von Kavallerieangriffen vor dem Mann in den Boden gerammt. 1684 bestand eine bayerische Infanteriekompanie ohne die Unteroffiziere noch aus 24 Pikenieren, aber 87 Musketieren.

Bayern,
Infanterie-
Regiment Steinau,
Pikenier,
1684

Bayern,
Grenadier,
1716

Bayerischer Grenadier Das hauptsächliche Unterscheidungsmerkmal der Grenadier- von der allgemeinen Infanterieuniform bestand in der Kopfbedeckung. Im katholisch geprägten Bayern trugen die Grenadiere eine Grenadierhaube, eine Pelzmütze mit hohem, spitz zulaufenden Vorderteil und einen roten Tuchbeutel mit weißen Borten und Quasten.

Bayern,
Kürassier-
Regiment
Graf Arco,
Kürassier,
1686

Kürassier des Kürassier-Regiments Graf Arco Dieser Abbildung diente eine lebensgroße Uniformfigur als Vorlage, die auf der Weltausstellung in Paris 1900 im deutschen Pavillon gezeigt wurde. Der Kürass bestand aus zwei je rund sieben Kilogramm schweren Hälften, in diesem Regiment aus geschwärzten Eisenplatten. Darunter trugen die so gepanzerten Reiter einen grauen Rock mit blauem Futter und ebensolchen Ärmelaufschlägen.

Hartschier der Leibgarde der Hartschiere Diese Truppe existierte schon einige Jahre vor Herrschaftsantritt des Kurfürsten Max Emanuel und blieb bis 1918 bestehen. Der rote Mantel wurde 1701 eingeführt. Prächtig nahmen sich die beiden Halfter (Pistolentaschen) aus. Die Halftersäcke waren in Gold und Silber mit den Buchstaben „EME" (Elector Maximilian Emanuel) unter dem Kurhut und dem Orden vom Goldenen Vlies bestickt.

Bayern,
Leibgarde der
Hartschiere,
Hartschier
im Mantel,
1701

Bayern,
Dragoner-
Regiment Monasterol, Dragoner,
1702

Dragoner des Dragoner-Regiments Monasterol Seit 1702 trugen die bayerischen Dragoner im Unterschied zu den Kürassieren rote Uniformen, die im Schnitt immer noch den Infanterieuniformen ähnelten. Bereits 1682 ersetzte die lange Flinte mit Steinschloss sowie Tüllenbajonett das Luntenschlossgewehr. Während mit dem bisherigen Spundbajonett nicht geschossen werden konnte, war das mit dem Tüllenbajonett möglich.

Bayern,
Regiment Chevalier
de Bavière,
Pfeifer in Gala,
1707

Pfeifer des Regiments Chevalier de Bavière Der Pfeifer ist aufgrund seines hellblauen Uniformrocks eindeutig der bayerischen Infanterie unter dem Kurfürsten Max Emanuel zuzuordnen. Wie bei Spielleuten jener Zeit üblich, zeichnet er sich durch einen außerordentlichen Tressenbesatz aus. Bewaffnet ist er mit einem Degen.

Württemberg,
Infanterie-Regiment
Alt-Württemberg,
Musketier,
1716

Musketier des Infanterie-Regiments Alt-Württemberg Der Musketier dieses 1716 errichteten Regiments war lebensgroß als Figurine auf der Weltausstellung in Paris im Jahre 1900 zu sehen. Die Stoffe der Uniformröcke bestanden aus ungebleichtem Tuch, das mal weiß oder hellgrau ausfiel. Um das weite Schuhwerk bequem tragen zu können, stopften die Soldaten es oft mit den Resten alter Filzhüte aus. Das Regiment kämpfte bis 1718 unter Prinz Eugen von Savoyen gegen die Türken.

Württemberg,
Infanterie-Regiment
Alt-Württemberg,
Musketier,
1719

Musketier des Infanterie-Regiments Alt-Württemberg Das oben schon gezeigte Regiment wurde in den Jahren 1719 und 1720 auf Sizilien gegen die Spanier eingesetzt. Ab 1720 wurde es als Leib-Infanterie-Regiment bezeichnet. Charakteristisch sind die hellblauen Uniformröcke, versehen mit gelben Aufschlägen und dunkelblauem Kamisol.

Brandenburg,
Infanterie, Unter-
offizier, Trommler,
Offizier und
Musketiere,
um 1680

Unteroffizier, Trommler, Offizier und Musketiere der brandenburgischen Infanterie Hier sind verschiedene Typen der kurbrandenburgischen Infanterie aus den letzten Regierungsjahren des Großen Kurfürsten zu sehen. Es fallen die schlichten blauen Uniformröcke der Musketiere im Vergleich zu den reich mit Tressen besetzten hellblauen Uniformen der beiden Trommler auf. Der Unteroffizier (links) und der berittene Offizier sind in unterschiedlichen Farben uniformiert.

Musketier des brandenburgischen Regiments zu Fuß Kurfürstin Dorothea
Im Unterschied zu den blauen Uniformen der brandenburgischen Infanterie bestimmte bei diesem Regiment das Rot der Uniformröcke das Aussehen seiner Angehörigen. Kurfürst Friedrich Wilhelm von Brandenburg (1620–1688) hatte seiner zweiten Frau diesen Truppenteil ehrenhalber unterstellt, nach ihr benannt und andersfarbig uniformiert. Auf der Ledertasche für Patronen befand sich auf der weißen Klappe der stilisierte brandenburgische rote Adler und in den Taschenecken oben links beginnend standen einzeln die Buchstaben D, C, Z und B für „Dorothea Churfürstin zu Brandenburg".

Brandenburg,
Regiment zu Fuß
Kurfürstin Doro-
thea, Musketier,
1683

Brandenburg,
Regiment zu Fuß
Kurfürstin Doro-
thea, Offiziere,
um 1688

Offiziere des brandenburgischen Regiments zu Fuß Kurfürstin Dorothea
Beinahe ganz anders als die Mannschaften waren – wie damals oft üblich – die Offiziere dieses Regiments uniformiert. In einem Musterungsbericht aus dem Jahr 1681 heißt es, dass „die Hauptleute in Violet, die Lieutenants und Fähndrichs in Carmoisinrot" erschienen seien. Die Standesabzeichen der Offiziere in jener Zeit sind hier vollständig zu sehen: der mit dem Wappen geschmückte, noch große Ringkragen, die silberne Schärpe, der Degen und das Sponton.

Brandenburg,
Artillerist,
um 1690

Brandenburgischer Artillerist In den 1680er und 1690er Jahren setzte die durchgehende Uniformierung der kurbrandenburgischen Truppen ein. Bei der Infanterie überwog bald der später typische dunkelblaue Rock, doch gab es auch noch rot oder grau bekleidete Regimenter. Bei der Artillerie bestimmten – der Tätigkeit angemessen – dunkelblaue Uniformröcke das Erscheinungsbild.

Grenadier-Unteroffizier, Grenadier und Grenadier-Offizier des Infanterie-Regiments Fürst Leopold von Anhalt-Dessau Auffallend an der Uniform des Infanterie-Regiments Fürst Leopold von Dessau war die erstmals im preußischen Heer auftretende spitze Grenadiermütze sowie der nicht mehr benötigte Luntenberger auf dem Bandelier, der nunmehr als ständiges Requisit getragen wurde. Nach einer Verordnung von 1691 sollten alle Bataillone der Infanterie mit blauen Uniformröcken – die Garde mit weißen, die restliche Truppen mit roten Aufschlägen – versehen sein.

Brandenburg,
Infanterie-Regiment
Fürst Leopold von
Anhalt-Dessau,
Grenadier-Unter-
offizier, Grenadier
und Grenadier-
Offizier,
1698

Preußen,
Leibgarde,
Musketiere,
1701

Musketiere der preußischen Leibgarde Die Abbildung gibt nach einer zeitgenössischen Darstellung Infanteristen der Leibgarde König Friedrich I. in Preußen in ihren typischen blauen Uniformröcken mit weißen Ärmelaufschlägen wieder. Die Tasche enthält auf der Klappe die verschlungenen Buchstaben „FR" für Fridericus Rex.

Brandenburg,
Trabanten-Garde,
Trabanten,
um 1690

Trabanten der brandenburgischen Trabanten-Garde

Nicht die Musketiere des Königs von Frankreich reiten durch das Bild, sondern berittene Leibgardisten des Kurfürsten Friedrichs III. von Brandenburg. Allerdings waren ihre Kasaken (mantelartige Kleidungsstücke) nach französischem Vorbild von feinem blauen Tuch gefertigt und reich bestickt. Die Stickerei zeigt das Wappen und die Initialen des Kurfürsten. Die Trabanten-Garde bestand aus drei Kompanien – die erste ritt Grauschimmel, die zweite Dunkelbraune und die dritte Rappen.

Dragoner des brandenburgischen Leib-Dragoner-Regiments

Sehr viel schlichter als die Trabanten waren die brandenburgisch-preußischen Reiterregimenter uniformiert. Wie bei diesem Leibdragoner bestimmten meist blaue Uniformen ihr Aussehen. Damals galten übrigens die Dragoner noch als berittene Infanteristen, die mit Pferden an den Feind geführt wurden und dann abgesessen kämpften. „Dragoner sind halb Mensch, halb Vieh, zu Pferd gesetzte Infanterie" spottete der derbe Soldatenwitz jener Zeit.

Brandenburg,
Leib-Dragoner-
Regiment,
Dragoner,
um 1700

Brandenburg,
Regiment zu Pferd
Markgraf Philipp
von Brandenburg,
Reiter der Leib-
kompanie, Reiter
und Offizier,
um 1700

Reiter und Offizier des Regiments zu Pferd Markgraf Philipp von Brandenburg

Allein schon durch die weißen Uniformröcke mit den blauen Ärmelaufschlägen unterschieden sich die Angehörigen dieses Truppenteils sehr von den schlicht blau uniformierten Leibdragonern. Hinzu kamen rote Halstücher, die bei der Leibkompanie (links) sogar aus Seide waren. Ferner war diese Einheit durch orangefarbene Schärpen, die auf die verwandtschaftlichen Beziehungen zum Hause Oranien hinwiesen, besonders ausgezeichnet. Die Ärmelaufschläge der Uniform der Offiziere (rechts) erfuhren durch kreuzweise besetzte Schnüre zusätzliche Ausschmückung.

Brandenburg,
Schweizer Garde,
zwei Schweizer
und ein Offizier in
Zeremonialtracht,
1696–1701

Brandenburgischer Offizier und Schweizer Eine Erscheinung der damaligen Mode war, dass sich manche Fürstenhäuser nach französischem Vorbild Schweizer Söldner als Haus-, also Gardetruppe hielten. Auch in Brandenburg-Preußen gab es von 1696 bis 1713 eine solche wohl hundert Mann starke Einheit. Der Unterschied zwischen gewöhnlicher Bekleidung (links) und Zeremonialtracht (rechts) ist gravierend. Der Offizier in der Mitte war ebenfalls überaus prächtig kostümiert.

Preußen,
Füsilier-Leibgarde,
Korporal, Grena-
dier-Spielmann,
Gefreiten-Korporal,
Grenadier, Offizier
und Feldwebel,
1708

Preußische Füsilier-Leibgarde Die Grundfarbe der Uniformen der preußischen Infanterie war Blau. Doch auch noch zu Beginn des 18. Jahrhunderts gab es für Ranggruppen bzw. Dienstgrade abweichende Bekleidungsstücke. So trug der Korporal (links) einen roten Rock mit blauen Ärmelaufschlägen, der Gefreiten-Korporal als künftiger Offizier (hier mit der Fahne) wieder einen blauen Rock mit ebensolchen Ärmelaufschlägen, während der Feldwebel (rechts) in Blau mit Rot und der Offizier ganz in Rot uniformiert waren. Auffallend ist der überaus prächtig ausstaffierte Spielmann.

Preußen,
Königsregiment,
Leib-Bataillon,
Grenadiere,
um 1713

Grenadiere des Königsregiments Diese Abbildung gibt die Uniform der „Langen Kerls" des „Soldatenkönigs", König Friedrich Wilhelm I. von Preußen, in einer früheren Form wieder. Deutlich lässt sich erkennen, dass die Grenadiermütze im Unterschied zum breitkrempigen Hut vor allem dazu diente, das Umhängen des Gewehrs vor dem Wurf der Granaten zu erleichtern. Die Granaten wurden damals ohnehin von unten geworfen.

Österreich-Ungarn, Infanterie, Regiment Sachsen-Coburg, Musketier, 1690; Regiment Toldi Pálffy, Pikenier, 1700; Regiment Bischof von Osnabrück, Offizier, 1701

Österreichisch-ungarisches Regiment Sachsen-Coburg, Regiment Toldi Pálffy und Regiment Bischof von Osnabrück Die allgemeine Uniformierung des österreichischen Heers setzte ebenfalls im letzten Drittel des 17. Jahrhunderts ein. Zwar bestimmten zu dieser Zeit noch die Regimentschefs, wie die Uniform gestaltet sein sollte, doch herrschte als Grundfarbe bereits Hellgrau (auch als Perlgrau bezeichnet) vor. Auch bei den Österreichern hoben sich die Infanterieoffiziere mit ihrer prächtigen Uniform mit Ringkragen, Schärpe, Sponton und Degen von den Unteroffizieren und Mannschaften deutlich ab. Der Offizier des Regiments Bischof von Osnabrück erscheint nach der Mode der Zeit außerdem mit einer Allongeperücke.

Österreichisch-ungarisches Infanterie-Regiment Andrassy, Infanterie-Regiment Bagosy und wallonisches Infanterie-Regiment Los Rios Viele nationale Elemente aus den Teilen des Vielvölkerstaats fanden sich in der Uniformierung, sei es der reiche Schnurbesatz der ungarischen Haiducken, hier bei den zwei Infanterieregimentern (links), oder die böhmische Fellmütze mit dem hinten herabfallenden Fuchsschwanz des Artillerie-Stückgesellen.

Österreich-Ungarn, Infanterie-Regiment Andrassy, Offizier, Infanterie-Regiment Bagosy; niederländisches (wallonisches) Infanterie-Regiment Los Rios, Musketiere, Artillerie, Oberbüchsenmeister (Artillerie-Hauptmann) und Stückgeselle (Kanonier), alle 1704–1720

Österreich-Ungarn, Infanterie, Regiment Bayreuth, Grenadier, 1701; Regiment Württemberg, Feldwebel, 1703; Regiment Thürheim, Musketier, 1708

Österreichisch-ungarische Regimenter Bayreuth, Württemberg und Thürheim Es dauerte nahezu ein Jahrzehnt, ehe sich diese einheitliche perlgraue Uniform durchgesetzt hatte. Im Dezember 1707 war sie auch durch ein Reglement festgeschrieben worden. Die Rabatten (Brustumschläge) der abgebildeten Uniform des Regiments Thürheim waren in dieser Zeit noch ein selten vorkommendes Regimentsabzeichen. Damals setzte sich jedes Infanterieregiment meist aus zwölf Musketierkompanien und einer Grenadierkompanie zusammen. Mit Ausnahme der Kopfbedeckung – Grenadiermütze statt Hut – waren die Grenadiere wie die Musketiere bekleidet, wie das Beispiel des Regiments Bayreuth belegt.

Österreich-Ungarn,
General,
1720

Österreichisch-ungarischer General Noch war der wirkliche Generalsrang an der Uniform nicht zu erkennen, doch herrschte für diese militärischen Führer der scharlachrote, reich gestickte Rock vor. Natürlich durfte der Kürass nicht fehlen. Die mächtige Allongeperücke beschwerte den Kopf.

Österreich-Ungarn,
Kavallerie,
Kürassier,
1705

Kürassier der österreichisch-ungarischen Kavallerie

An der Uniform waren die österreichischen Kürassiere jener Zeit nicht von ihren „Kollegen" in anderen Armeen, zum Beispiel der bayerischen, zu unterscheiden. Diese glichen einander ebenso wie die Bewaffnung und Ausrüstung. Die Hauptwaffe aller dieser schweren Reiter war der Pallasch – eine Hieb- und Stichwaffe mit einer geraden, doppelt geschliffenen Klinge und einem Korbgefäß aus Eisen oder Messing.

Österreich-Ungarn,
Kavallerie,
Husar,
1710

Husar der österreichisch-ungarischen Kavallerie

Die Husaren traten erstmals in der zweiten Hälfte des 15. Jahrhunderts als ungarische Nationalreiterei auf, damals noch gepanzert und schwer bewaffnet. Im österreichischen Heer entstanden die ersten Husarenregimenter 1688, nunmehr bewaffnet mit Lanzen, Krummsäbeln nach orientalischem Vorbild und Pistolen, als leichte Kavallerie, die die Grenzen wirksam gegen die anbrandende türkische Expansion verteidigen konnten. Ihre ungarische Nationaltracht wurde rasch zum Vorbild aller Husarenuniformen.

Österreich-Ungarn,
Dragoner-Regiment
Prinz Julius von
Savoyen, Dragoner,
1682;
Dragoner-Regiment
Prinz Eugen von
Savoyen, Offizier,
1690

Dragoner und Offizier des österreichisch-ungarischen Dragoner-Regiments Prinz Julius von Savoyen Während der Dragoner feldmarschmäßig uniformiert und ausgerüstet dargestellt ist, ist für den Offizier „Grosser Anzug zu Fuss" angegeben. Sein Chef war damals Österreich-Ungarns bedeutendster Feldherr Prinz Eugen von Savoyen (1663–1739). Prinz Julius von Savoyen war 1683 bei Petronell in Niederösterreich im Kampf gegen die Türken gefallen.

Österreich-Ungarn,
Reiter-Regimenter
spanischer Nation,
um 1712

Österreichisch-ungarische Reiter-Regimenter spanischer Nation Auch bei den Kürassieren und Dragonern der österreichischen Armee fanden sich durchaus national zusammengesetzte Regimenter. Hier sind es Beispiele für den spanischen Teil des Habsburger Reichs, nämlich je ein Hauptmann, Trommler, Grenadier und Dragoner des Dragoner-Regiment Galbes und ein Unteroffizier der Karabinier-Kompanie des Kürassier-Regiments Morras-Onnobia sowie ein Kürassier des Kürassier-Regiments Cordova.

Österreich,
Artillerie, Kanoniere
und Fuhrknecht,
um 1710

Kanoniere und Fuhrknecht der österreichischen Artillerie Auch bei der österreichischen Armee ist erst ziemlich spät von einer Uniformierung die Rede, da auch hier diese Waffengattung lange Zeit eher als Handwerkszunft galt. Ihren Angehörigen gelang es, eine wie bei der Infanterie perlgraue Uniform mit roten Ärmelaufschlägen zu erreichen.

Österreich-Ungarn, Infanterie-Regimenter Deutschmeister und Nigrelli, Pfeifer und Trommler, Anfang 18. Jahrhundert

Pfeifer und Trommler der österreichisch-ungarischen Infanterie-Regimenter Deutschmeister und Nigrelli Damals gab es in allen Armeen in jeder Kompanie zumindest einen Trommler (Tambour), der durch vorgeschriebene Schlagfolgen und Trommelwirbel die Kommandos des Kompaniechefs an die Soldaten weiterzugeben hatte. Zugleich wurden auch Pfeifer geworben, die beim Marschieren oder während des Vorrückens im Gefecht Märsche bzw. Melodien spielten. Die Uniformierung der Spielleute eines Truppenteils war stets Gegenstand von Experimenten der jeweils Kommandierenden. Typisch für diese Uniform waren der reiche Tressenbesatz, die aus den Achselwülsten entstehenden Schwalbennester und die vielfach gewechselten Farben, bei denen die Farbe des Rocks und der Abzeichen getauscht wurden.

Regimentstambour und Regimentspauker eines Kürassier-Regiments und Trommler vom Dragoner-Regiment Schönborn Auch die Kavallerie hatte ihre Spielleute, nämlich Pauker und Trompeter. Wie bei der Infanterie wurden auch hier, wenn das Regiment versammelt war, die Spielleute zu einem Musikkorps unter Leitung eines Tambourmajors zusammengefasst.

Österreich-Ungarn, Regimentstambour und Regimentspauker eines Kürassier-Regiments und Trommler vom Dragoner-Regiment Schönborn, Anfang 18. Jahrhundert

Polen, Adlige polnische Husaren, Offizier und Husar, um 1683

Adlige polnische Husaren Das Aussehen dieser aus Adligen zusammengesetzten polnischen Reitertruppe hatte sich in mehr als einem Jahrhundert kaum verändert. Das goldene Kreuz auf der Halsberge, einem Teil des Harnischs, und auf dem Lanzenfähnlein mag dem Kampf gegen die türkische Armee in jener Zeit geschuldet sein. Der im Hintergrund dargestellte Offizier führte als Zeichen seines Rangs den Streitkolben.

Sachsen,
Kürassier-Regi-
ment Graf von
Promnitz, Reiter,
um 1680

Reiter des sächsischen Kürassier-Regiments Graf von Promnitz Auch dieser sächsische Kürassier war einer jener schweren gepanzerten Reiter, deren martialisches Aussehen noch heute beeindruckt. Wie die bayerischen Kürassiere schützt er seinen Kopf durch eine Zischägge. Dieser blanke eiserne Helm mit seinem langen beweglichen Nackenschutz und einem am Vorderschirm befestigten verstellbaren Schutz für die Nase war im 17. Jahrhundert weit verbreitet.

Sachsen,
Leibgarde zu
Pferd, Offizier
und Reiter,
1699

Offizier und Reiter der sächsischen Leibgarde zu Pferd Die häufig umbenannte Truppe war nach dem Beispiel der Grenadiere der damaligen Zeit ausgestattet. Das ist vor allem durch die Kopfbedeckung, die hohe Grenadiermütze, belegt. Das Rot und Grün der Uniformröcke wurden ab 1695 die Grundfarben in der sächsischen Uniformentwicklung. Interessanterweise ist die um den Leib geschlungene Schärpe des Offiziers in den polnischen Farben Rot und Silber gehalten. Der sächsische Kurfürst August der Starke war seit 1697 zugleich König von Polen.

Sachsen,
Regiment zu Fuß
Graf Flemming,
Musketier,
1711

Musketier des sächsischen Regiments zu Fuß Graf Flemming Für dieses 1711 errichtete Regiment ist charakteristisch, dass die Uniformröcke seiner Angehörigen die seit 1695 typische rote Grundfarbe aufwiesen, aber auch schon die nunmehr europaweit aufkommenden andersfarbigen Rabatten besaßen. In der sächsischen Armee kamen sie allgemein erst 1730 auf.

Sachsen,
Trompeter eines
schweren Reiter-
regiments,
1682

Trompeter eines schweren sächsischen Reiterregiments Regimentsfarben waren damals bei den sächsischen Reitern noch nicht eingeführt worden. Das Wappen fand sich auf den Trompetenfahnen und die gelb-blauen Farben des sächsischen Fürstenhauses Wettin als Kordel um den Hut, an der Trompetenbanderole und als Besatzborte der Trompeterflügel, die von der Schulter den Rücken hinunterfielen.

Sachsen,
Schweizergarde,
Trabant,
1700

Trabant der sächsischen Schweizergarde Ganz in den eben bereits genannten Farben Gelb und Blau des Hauses Wettin ist diese Haus- oder auch Gardetruppe der Schweizer bekleidet bzw. uniformiert. Auch das Kurfürstentum Sachsen hielt sich wie andere Fürstenhäuser für höfische und militärische Zeremonien derartige Trabanten, wie sie auch für Brandenburg wiedergegeben sind.

Sachsen,
Pontonier,
1701

Sächsischer Pontonier Im vollständigen Gegensatz zur Prachtentfaltung des Trabanten der Schweizergarde stand die einfache Uniform, eher noch Arbeitsbekleidung dieses Pontoniers. Dieser Angehörige der frühen Pioniere, damals noch der Artillerie zugehörig, war für das Übersetzen der Truppen über Gewässer zuständig. Seine Uniform – von Johannes Eichhorn wiedergegeben – entsprach der der sächsischen Artillerie bis 1691. Deren Angehörige erhielten von da an rote Ärmelaufschläge.

Mit Zopf und Perücke –
die Uniformen des 18. Jahrhunderts

Im ersten Drittel des 18. Jahrhunderts trennte sich die Uniform der Soldaten endgültig von der bürgerlichen Bekleidung. In Preußen, wo die Armee eine beherrschende Stellung in der Gesellschaft einnahm, legte ein 1714 von König Friedrich Wilhelm I. (1688–1740), dem „Soldatenkönig", erlassenes Reglement die Uniform seiner Infanterie bis ins Einzelne fest. Dieser Soldatenkönig war der erste Monarch, der ständig Uniform trug. Damit hob er die Rolle der Armee im Staat auch äußerlich hervor.

Ebenso wurden in anderen Armeen die Uniformen klarer definiert. Die der Infanterie bestand aus einem meist offen und mit aufgeschlagenen Schößen getragenen Rock, der mit farbigen Rabatten (überknöpfbaren Klappen) versehen war. Die Regimenter unterschieden sich mittels Form- und Farbgebung des Rockbesatzes und schließlich auch der Ärmelaufschläge. Kamisol (Weste), Hose und Gamaschen, aber auch Bandelier und Gurt waren vorrangig weiß, manchmal auch beige. Dazu wurden sehr breite schwarze Schnürschuhe getragen. Die am meisten getragene Kopfbedeckung war der aus dem Filzhut entstandene Dreispitz. Die Grenadiere, aber auch andere Gattungen der Infanterie, so in Preußen die Füsiliere, setzten spezielle Kopfbedeckungen auf.

Bei der Kavallerie, die anders als die Infanterie ihre Mäntel behielt, besaßen die einzelnen Gattungen und meist auch noch die Regimenter unterschiedliche Uniformen. Die Dragoner waren entsprechend ihrer ursprünglichen Verwendung bis auf die Stiefel meist infanteristisch bekleidet. Die Kürassiere trugen kleine Westen, darüber Lederkoller, lederne Reithosen und hohe Stulpenstiefel. Typisch für ihre Uniformen blieb in fast allen europäischen Armeen die weiße bis gelbe Farbe sowie der auf eine Brustplatte reduzierte, oft geschwärzte Küraß. Sehr farbig traten alle nach ungarischem Vorbild uniformierten Husaren auf. Charakteristisch für sie waren der Dolman und der Pelz, die beide – wie auch die Hose – mit einem reichen Schnur- und Knopfbesatz versehen waren. Als Kopfbedeckung diente die gestutzte kegelförmige Filzmütze oder die Pelzmütze. Das Erscheinungsbild der erst gegen Ende des 18. Jahrhunderts aufkommenden Ulanen war vor allem durch die Tschapka, eine mit einem viereckigen Deckel abschließen-

de Kopfbedeckung, und durch die Kurtka, den besonders geschnittenen Uniformrock, bestimmt. Beide waren der polnischen Nationaltracht entlehnt.

Die Uniformen der Artillerie sowie der allmählich entstehenden Pioniertruppen glichen denen der Infanterie. Dabei trugen die berittenen Artilleristen nicht nur Stiefel, sondern waren ganz und gar kavalleristisch uniformiert.

Etwa in der Mitte des 18. Jahrhunderts traten Rangabzeichen prominent hervor. So wurden Tressen an den Ärmelaufschlägen typisch für die Unteroffiziere, Epauletten bzw. diverse Schnurgeflechte auf den Schultern für die Offiziere. Daneben galten Schärpe, Portepee und Ringkragen als Rang- und Standesabzeichen. Die Generale trugen meist noch die Uniformen ihrer Regimenter. Erst gegen Ende des Jahrhunderts entstanden besondere Generalsuniformen. Noch in der Mitte des 18. Jahrhunderts ähnelten die Uniformen der europäischen Söldnerheere einander, aber bestimmte Farben und Schnittformen begründeten einige lange wirkende Uniformtraditionen in den Ländern. Die Erfahrungen aus dem amerikanischen Unabhängigkeitskrieg (1775–1783) und aus den französischen Revolutionskriegen seit 1792 bewirkten, dass man in vielen Armeen anstrebte, die Uniformen für Kriegsbedingungen zweckmäßiger zu gestalten.

König Friedrich Wilhelm I. von Preußen
besichtigt das I. (Leib-)Bataillon
seines Königs-Regiments. Es sind seine
„Langen Kerls".

König Friedrich der Große, Offizier des Husaren-Regiments Nr. 2 und Dragoneroffizier Die Geste mit dem Krückstock ist unmissverständlich: König Friedrich II. von Preußen (1712–1786), schon bald als Friedrich der Große bekannt, erteilt zwei Offizieren Anweisungen; einer von ihnen gehört zum berühmten Husaren-Regiment von Zieten (Nr. 2 der Stammliste von 1806) und einer zu einem nicht zu bestimmenden Dragonerregiment. Der König trug eine Uniform nach seinem Geschmack und seinen Bedürfnissen, meist war es der Interimsrock des I. Bataillons Garde. Bei den Interimsuniformen, die es in allen Armeen gab, handelte es sich um die außer Dienst von Offizieren und Generalen getragene bequeme und vor allem auch schlichter gehaltene Bekleidung; man schonte damit die eigentliche Uniform.

Unteroffizier des Grenadier-Garde-Bataillons und Offizier der Grenadiere Die „Langen Kerls", das Leib-Bataillon des Königs-Regiment und die Lieblingstruppe des Soldatenkönigs Friedrich Wilhelm I., wurde von dessen Sohn Friedrich II. gleich nach Regierungsantritt aufgelöst. Die wirklich dienstfähigen Grenadiere versahen jedoch im Grenadier-Garde-Bataillon weiter ihren Dienst als reguläre Infanterie. An ihnen fiel die hohe Grenadiermütze auf, ebenso die lange Weste, deren Schöße erst nach 1750 verkürzt und vorn abgeschrägt wurden. Die Grenadieroffiziere trugen nicht wie in den meisten anderen Armeen Grenadiermützen und Musketen, sondern Dreispitz und Sponton.

Grenadier des Regiments der Grenadiere zu Pferd Bei den Uniformen wurden, bedingt durch die fast krankhafte Sparsamkeit des Soldatenkönigs, die Uniformröcke der Infanterie kürzer und vor allem enger, um Stoff zu sparen. Die Rabatten begannen sich in dieser Zeit in nahezu allen europäischen Armeen durchzusetzen. In der Schlacht bei Mollwitz am 10. April 1741 versagte die preußische Kavallerie. Das betraf auch dieses Regiment Grenadiere zu Pferd, das zunächst zur Strafe seine attraktiven Mützen – geziert mit dem Stern des Ordens vom Schwarzen Adler, der sich auch auf der Patronentasche befand – gegen schlichte Hüte tauschen musste und später sogar in zwei Dragonerregimenter umstrukturiert wurde.

Grenadier-Garde-Bataillon in der Schlacht Das Grenadier-Garde-Bataillon geht in der Schlacht bei Hohenfriedeberg am 4. Juni 1745 gegen österreichisch-sächsische Truppen vor. Die Abbildung gibt die für das nahezu ganze 18. Jahrhundert typische Schlachtordnung aller europäischen Armeen mit eng geschlossenen, flach gegliederten Infanterielinien wieder. Diese Lineartaktik, die besonders die preußische Armee in den Schlesischen Kriegen (1740–1742, 1744/45 und 1756–1763) anwandte und manches Mal nahezu zur Perfektion brachte, ergab sich aus der damaligen Waffentechnik. Es kam darauf an, möglichst viele Gewehre gleichzeitig oder in schneller Folge zum Einsatz zu bringen.

Preußen,
Grenadier-Garde-
Bataillon,
1745

Generalfeldmarschall Curd Christoph Graf von Schwerin Curd Christoph Graf von Schwerin (geboren 1684), der seine Laufbahn im Mecklenburg-Schweriner Militär begann, galt als kongenialer Partner Friedrichs des Großen. Für ihn siegte er mit der gut ausgebildeten Infanterie in der bereits verloren geglaubten Schlacht bei Mollwitz am 10. April 1741 über die Österreicher. Von 1723 bis zu seinem Soldatentod am 6. Mai 1757 in der Schlacht bei Prag, als er mit der Fahne in der Hand an der Spitze seiner Soldaten fiel, war der sehr gebildete und stets menschlich handelnde Feldherr Chef des Infanterie-Regiments Nr. 24.

Preußen,
Generalfeldmarschall Curd
Christoph Graf
von Schwerin,
1757

Preußen,
Artillerie, Bombardier, Kanonier
und Offizier,
1750

Bombardier, Kanonier und Offizier der preußischen Artillerie Die Uniformierung der preußischen Artillerie folgte auch weiterhin der der Infanterie. Um 1731 tauchte die besondere Kopfbedeckung für die Bombardiere auf, so wurden die Dienstgrade zwischen Kanonier und Unteroffizier bei den Artilleristen auch bezeichnet; außerdem wurden sie mit einer goldenen Litze auf den dunkelblauen Ärmelaufschlagen gekennzeichnet. Diese Mütze bestand aus schwarzem Wachstuch, verziert mit Messingornamenten. Sie wurde allerdings nicht mit ins Feld genommen und 1750 schließlich vollkommen abgeschafft.

49

Preußen,
Kürassier-Regiment
v. Buddenbrock,
Offizier,
1745

Offizier des preußischen Kürassier-Regiments v. Buddenbrock Bei dem Offizier handelt es sich um den 1742 aus österreichischen in preußische Dienste gewechselten Rittmeister Hans Adam v. Cettritz und Neuhaus, dem 1758 als Oberstleutnant der Abschied bewilligt worden war. Ein derartiger Wechsel des Diensts von einer zur anderen Armee war im 18. Jahrhundert keineswegs ungewöhnlich. Von 1724 bis 1757 war Generalfeldmarschall Wilhelm Dietrich v. Buddenbrock Chef des Regiments. Es war eine zwar einflussreiche Ehrenfunktion, doch im täglichen Dienst im Frieden wie im Krieg wurde ein solcher Truppenteil durch einen Stabsoffizier kommandiert.

Dragoner des preußischen Dragoner-Regiments Nr. 6
Dieser Dragoner gehörte einem der zwölf preußischen Dragonerregimenter an. Sie handelten unter Friedrich dem Großen gemeinsam mit den Kürassieren (15 Regimenter) als Schlachtenkavallerie, meist als zweites Treffen der Schlachtordnung. Generell wurden die preußischen Regimenter nach ihren Chefs bezeichnet. Die Nummerierung kam erst um 1806 auf, wurde aber rückwirkend praktiziert. 1745 hatte das Dragoner-Regiment Nr. 6 Generalmajor v. Schorlemmer als Chef. Der Truppenteil wurde als „Porzellan-Regiment" bekannt, weil König Friedrich Wilhelm I. von Preußen es bei Kurfürst August dem Starken von Sachsen gegen ein kostbares Porzellan- und Bernstein-Kabinett getauscht haben soll.

Preußen,
Dragoner-Regiment
Nr. 6, Dragoner,
1745

Preußen,
Ulanen-Regiment
v. Natzmer, Ulan,
1740–1742

Ulan des preußischen Ulanen-Regiments v. Natzmer Die preußischen Ulanen der Jahre von 1740 bis 1742 waren 1740 wie in anderen europäischen Armeen auch nach polnischem Beispiel errichtet, doch schon zwei Jahre später wieder aufgelöst worden. Das Regiment setzte sich aus zwei Bataillonen zusammen. Das 1. Bataillon unterschied sich durch blaue Lanzenflaggen und weiße polnische Aufschläge vom 2. Bataillon, das für die Flaggen und Ärmelaufschläge Rot führte. Die Truppe vermochte sich im 1. Schlesischen Krieg (1740–1742) nicht zu bewähren und wurde dann 1742 in ein Husarenregiment (Nr. 4 der Stammliste von 1806) umgewandelt.

Korporal, Fourier, Trommler, Oberst und Leutnant des österreichisch-ungarischen Infanterie-Regiments Prinz Ludwig von Württemberg Diese Militärs von 1724 vertreten verschiedene Aufgaben in einem Infanterieregiment. Ihre Uniform war bis 1740 offiziell immer noch perlgrau, doch immer häufiger wurde weißes Tuch verwendet. Bei Perlgrau handelte es sich nicht um eine besondere Färbung, sondern um ungefärbte und ungebleichte Tuche. Gefordert wurden für die Mannschaften: „Ein von dauerhaftem, guten Tuch gemachter mit Boy oder Futtertuch wohlgefütterter Rock mit einem dergleichen Kamisol, ein Paar gute lederne Hosen, ein Paar wollene starke Socken, ein Paar juchtene mit Pfundsohlen gemachte starke Schuhe, ein dauerhafter guter Hut, zwei Hemden, zwei Halstücher oder Flor, ein guter Ranzen, eine Patronentasche mit zugehörigen Riemen, ein Ober- und Untergewehr nebst Bajonett."

Offizier des sächsischen Infanterie-Regiments du Caila Der sächsische Infanterieoffizier ist in einer Uniform dargestellt, wie sie zur Zeit des durch seinen Prunk berühmt gewordenen Hof- und Truppenlagers bei Zeithain getragen wurde. Zur Uniform gehörte der weit ausgeschnittene rote Leibrock mit langen grünen Rabatten und ebensolchen Ärmelaufschlägen. Er war reich mit Goldstickerei verziert. Des Weiteren kamen die ebenfalls reich geschmückte grüne Weste und eine grüne Beinbekleidung hinzu. Ab 1735 ging Sachsen zu Weiß als Hauptfarbe der Uniformen über. Chef des Regiments war von 1728 bis 1740 Oberst Pierre l'Hermet Baron du Caila.

Zimmermann, Grenadier, Grenadierfeldwebel, Musketier und Musketierfeldwebel des österreichisch-ungarischen Infanterie-Regiments Prinz Ludwig von Württemberg Auch diese Grenadiere und Musketiere von 1724 desselben Regiments zeigen ergänzend weitere Funktionen im Truppenteil. Die Tragezeit für die große Montur (Hut, Rock, Kamisol und Hose) war für zwei bis drei Jahre festgelegt, dehnte sich aber aufgrund der stets schlechten wirtschaftlichen Verhältnisse häufig auf die doppelte oder gar die dreifache Zeit aus. Die Grenadiermützen entwickelten sich zu den gerade für die Armeen katholisch geprägter Länder typischen Bärenfellmützen, während protestantische Staaten für ihre Grenadiere Stoffmützen mit Messingschildern führten. Allerdings gab es hier auch Abweichungen.

Karlstädter in der österreichisch-ungarischen Armee

Die Karlstädter gehörten wie die Panduren und Slavonier zu den Hilfsvölkern des ungarischen Truppenaufgebots für Maria Theresia (1717–1780). Bei ihnen kann von einer Uniform noch immer keine Rede sein. Sie sind mit ihren Nationaltrachten, also eher Kriegstrachten aus früheren Zeiten bekleidet. Der Ochsenknecht weist darauf hin, dass große Herden Schlachtvieh der Armee folgten. Auf der Flügelmütze stehen die Buchstaben CST für Carlstadt. Auch das Kind auf dem Rücken der Soldatenfrau, die mit einem Mittelding aus Reisestock und Hellebarde bewaffnet ist, trägt bereits eine Flügelmütze.

Slavonier in der österreichisch-ungarischen Armee

Auch die Slavonier bildeten einen Teil der österreichisch-ungarischen Hilfstruppen. Wenn auch bei ihnen von Uniformen nicht gesprochen werden kann, so ist doch ein gewisser einheitlicher Zug bei ihren National- bzw. auch Kriegstrachten zu beobachten. Wie bei der Fahne der Panduren belegt auch hier die Kürze der Fahnenstange und die Handstellung des Fähnrichs, dass die Fahne tatsächlich geschwenkt wurde.

Kroatische Panduren in der österreichisch-ungarischen

Armee Bei den Panduren handelte es sich eigentlich um bewaffnete Diener des Adels. Sie zählten zu den Hilfstruppen der österreichisch-ungarischen Armee. Insbesondere das durch den Abenteurer Franz Freiherr v. d. Trenck 1741 errichtete Freikorps erwarb sich durch kühne Überfälle, aber auch Gewalttätigkeiten gegen die Bevölkerung einen umstrittenen Ruf. Die nationale Tracht der südöstlichen Militärgrenze Österreich-Ungarns, so die pelzbesetzte Beutelmütze der Berittenen, bildete das verbindende uniforme Element der Truppe.

Sachsen,
Prunk-Kürassiere,
Oberst,
1730

Oberst der sächsischen Prunk-Kürassiere Dieser Oberst der Prunk-Kürassiere des Jahres 1730, einer reinen Paradetruppe, zeigt zweierlei: die Prachtentfaltung Sachsens beim Militär und die polnischen Elemente in der Uniformierung, als die Kurfürsten von Sachsen zugleich Könige von Polen waren. So weist die Panzerung auf die polnische Adelsreiterei hin, auch der Helm ist deutlich polnischer Herkunft und die Schärpe wurde auf polnische Art angelegt. Auf dem Kürass findet sich das polnisch-sächsische Wappen.

Österreichisch-ungarische Generäle der Infanterie und der Kavallerie Die beiden Generale der Infanterie und der Kavallerie hatten ihre Uniform erst unter Maria Theresia ab dem Jahr 1751 erhalten. Der Uniformrock war weiß, die Abzeichen, Weste und Hose rot sowie der Besatz golden. Zumindest für die Galauniform blieb diese Zusammenstellung der Farben bis 1918 erhalten. Der Infanteriegeneral, auch als General de Bataille bezeichnet, unterschied sich von dem der Kavallerie durch die roten Rabatten.

Österreich-Ungarn,
General der Infanterie und General der Kavallerie,
1760

Sachsen,
Generalmajor,
1735

Sächsischer Generalmajor Der Generalmajor der sächsischen Armee aus dem Jahr 1735 erhielt wie alle anderen Generalsdienstgrade Sachsens in diesem Jahr seine Uniform aus weißem Rock mit rotem Futter sowie ebensolcher Weste und Hose. Eine mehr oder weniger reiche Goldstickerei ließ die einzelnen Ränge erkennen. So war der Uniformrock des Generalmajors nur mit einer glatten Tresse besetzt. Hinzu kamen je sechs Einfassungen von Knopflöchern sowie je drei auf und unter den Taschenklappen und auf den Ärmelaufschlägen.

Sachsen,
Generalleutnant,
1735

Sächsischer Generalleutnant Der Generalleutnant, früher auch Generallieutenant geschrieben, stand eine Rangstufe über dem Generalmajor. Demzufolge gestaltete sich die Stickerei auf der Brustseite des Uniformrocks und auf den Ärmelaufschlägen mit Schleifen wesentlich aufwendiger. Erschienen die Generale aller Ränge zu Pferd, trugen sie natürlich die hohen Stulpenstiefel.

Sachsen,
General en chef,
1735

Sächsischer General en chef Der General en chef, nach heutigen Begriffen der kommandierende General der sächsischen Armee, trug eine noch reichhaltiger bestickte Uniform. Bei diesem höchsten Dienstgrad, einschließlich des Generalfeldmarschalls, war einfach alles, die Kanten des Rocks, die Aufschläge, die Nähte und die Taschenpatten sowie die Weste, mit reicher Blattstickerei und Pailletten besetzt und zusätzlich waren die Knopflöcher und Knöpfe umstickt.

Sachsen,
Leutnant und
Adjutant eines
Generals
1735

Sächsischer Leutnant und Adjutant eines Generals
Der Adjutant eines Generals im Rang eines Leutnants hatte wie alle Offiziere des sächsischen Generalstabs und der Adjutantur 1735 ebenfalls eine neue Uniform erhalten. Wie bei den Generalen war sie weiß, versehen mit roten Auf- und Umschlägen. Hinzu kamen rote Weste und Hose. Allerdings unterschieden sich diese Offiziere von den Generalen durch eine silberne Stickerei und einen ebensolchen Tressenbesatz.

Bayern,
Dragoner-Regiment
Prinz Taxis,
Dragoner,
1742–1747

Dragoner des bayerischen Drago-ner-Regiments Prinz Taxis Dieser bayerische Dragoner gehört noch dem alten Dragoner-Regiment Prinz Christian Egon von Thurn und Taxis an. Es war im Januar 1747 wegen zahlreicher Desertionen seiner Ange-hörigen aufgelöst worden. Die roten Uniformen mit schwarzen Abzeichen entsprachen dem Stil der Zeit.

Kürassier des bayerischen Kürassier-Regiments Prinz Taxis Die Kürassiere des bayerischen Kürassier-Regiments Prinz Taxis gab es seit 21. Januar 1747. Das fürstliche Haus Thurn und Taxis hatte dieses für das eben aufgelöste Dra-goner-Regiment Taxis auf Dauer erhalten, solange es einen rechtmäßigen Prinzen geben würde. Erster Inhaber des Regiments war Oberst Prinz Friedrich August von Thurn und Taxis. Nunmehr war die Grundfarbe der Taxis-Kürassiere nicht mehr Rot wie bei den Dragonern, sondern Paille, das heißt strohfarben. Hinzu kamen blaue Abzeichen und der noch unvermeidliche, geschwärzte Brustkürass.

Bayern,
Kürassier-Regi-ment Prinz Taxis,
Kürassier,
1747–1785

Bayern,
Regiment Grena-diere zu Pferd
der Kaiserin,
Grenadiere und
Unterleutnant,
1742

Grenadiere und Unterleutnant des Regiments Grenadiere zu Pferd der Kaiserin Die bayerischen Grenadiere dieses nur kurze Zeit bestehenden Kavallerieregiments hinterließen auf Paraden durch ihre prächtigen Uniformen sicher einen nachhaltigen Eindruck. Dazu mochten vor allem die hohen Pelz-mützen mit Vorderschild beigetragen haben. Im Feld wurden diese offenbar mit einem Überzug geschützt. Bemerkenswert ist die Tatsache, dass der Träger der Interimsstandarte der Leibkompanie ein Unterleutnant und nicht wie sonst üblich ein Fähnrich war. Da Amalie, die Gemahlin des Kurfürsten Karl Albrecht von Bayern, die Ehrenstelle des Regimentschefs einnahm, findet sich ihr Initial „A" auf den Schabracken und Schabrunken.

Breslau,
Stadtmiliz und
Bürgerwache,
Gemeine,
1741

Breslauer Stadtmiliz und Bürgerwache Die Stadtmiliz und eine Wache aus Bürgern bildeten bis 1741 das einzige Militär der Stadt. Dabei waren die etwa 750 Stadtsoldaten neben Artilleriebediensteten in eine rote und eine grüne Kompanie eingeteilt und dementsprechend in ihren Grundfarben uniformiert. Die Truppe wurde bald nach der Besetzung durch die preußische Armee in diese zunächst als Garnisonregiment eingegliedert. 1744 kam es als Füsilier-Regiment Nr. 43 auf den Feldetat. Die Bürgerwache war wohl nicht uniformiert, jedoch bewaffnet.

Danzig,
Bürgermilitär,
Bürger,
1740

Danziger Bürgermilitär Dieser Bürger Danzigs aus dem Jahre 1740 ist bei der Ableistung des Eids, beim „Einschwören", dargestellt. Er trägt seine, hier sicherlich festliche, bürgerliche Kleidung. Nur über die Bewaffnung und Ausrüstung ist seine Zugehörigkeit zum milizartigen Militär zu erkennen. Dass zum Danziger Bürgermilitär die wohlhabenden Bürger gehörten, lässt sich auch aus der Inschrift auf der Originalvorlage dieses Blatts schließen, nämlich „Diesen Bürger hat Johan Gellenthin Fänrich in Weichssel Münde zum ewigen Gedächtnis verehret".

Kurpfalz,
Karabinier-Regiment Graf Hatzfeld, Offizier,
1748

Offizier des kurpfälzischen Karabinier-Regiments Graf Hatzfeld Der Offizier des kurpfälzischen Karabinier-Regiments Graf Hatzfeld reitet gemächlich seines Wegs. Es handelt sich um Rittmeister Freiherr Franz Wienand von Siegenhoven, denn diese Abbildung geht auf ein Ölporträt aus dem Jahre 1748 zurück. Das vorgestellte Regiment war mit weißen, dunkelblau gefütterten Röcken uniformiert. Das Dunkelblau findet sich dementsprechend bei den gewaltigen Ärmelaufschlägen und bei den Schoßumschlägen wieder. Der Offizier hatte außerdem einen blanken Brustkürass angelegt. Ansonsten trug er eine weißgepuderte Perücke mit Zopf. Ein silberner Streifen zierte die Schabracke und Schabrunken. Bemerkenswert ist die blau-weiße Schleife, die Kokarde, am Hut.

Lübeck,
Infanterie-Korps,
Grenadiere,
1750 und 1796

Grenadiere des Lübecker Infanterie-Korps Die Grenadiere gehörten dem Lübecker Stadtmilitär an, das Mitte des 18. Jahrhunderts aus etwa 600 Männern des Infanterie-Korps und ungefähr 100 des Artillerie-Korps bestand. Ähnlich wie die Hamburger waren auch die Lübecker mit Uniformröcken von roter Grundfarbe bekleidet. Die Rabatten, Ärmelaufschläge und Schoßumschläge sowie die Unterbekleidung waren weiß. 1796 hatte es eine aus der Not geborene Meuterei der Infanteristen gegeben. Der rechte Grenadier ist nach einer Holzfigur gezeichnet, die den Stadtsoldaten Balhorn darstellte, der zusammen mit seinem Kameraden Wettering als Rädelsführer erschossen worden war.

Hamburgisches Infanterie-Regiment und Dragoner-Eskadron Die Infanteristen und Dragoner Hamburgs trugen Mitte des 18. Jahrhunderts Uniformen in der roten Grundfarbe und im Uniformschnitt der damaligen Zeit. Das zehn Kompanien zählende Infanterieregiment bestand ebenfalls wie in allen Armeen in der Mehrzahl aus Musketieren und der kleineren Elitetruppe der Grenadiere, die auf die Kompanien verteilt waren. Ebenfalls rot uniformiert waren die wenigen Dragoner der Hansestadt.

Hamburg,
Infanterie-Regiment, Grenadier-Offizier, Grenadier, Musketier-Unteroffizier, Musketier-Offizier, Grenadier-Unteroffizier, Musketier; Dragoner-Eskadron, Dragoner, 1755

Dänemark,
Ingenieurtruppe,
Artillerie und
Kürassiere, Offiziere; Dragoner
und Infanteristen,
1750

Offiziere und Soldaten der dänischen Ingenieurtruppe, der Dragoner und Infanterie Diese dänischen Offiziere und Soldaten des Jahres 1750 unterscheiden sich in ihrem äußeren Erscheinungsbild kaum von denen anderer Armeen. Offiziere trugen ihre Schärpe allerdings über die Schulter. Die Grundfarbe ihrer Uniformen blieb im 18. Jahrhundert das Rot. Hinzu kamen verschiedenfarbige Abzeichen und Unterkleider für die einzelnen Regimenter. Die Röcke der Infanterie erhielten 1750 Rabatten. Bei dem Harnisch des Kürassieroffiziers handelte es sich nur um einen Brüstkürass, der auf dem Rücken durch kreuzweise gelegte Tragbänder gehalten wurde.

Mecklenburg-
Schwerin,
Infanterie-Regi-
menter Jensen
und von Zülow,
Musketiere,
1750;
Mecklenburg-
Strelitz, Leib-Kom-
panie, Grenadier,
1780

Musketiere der mecklenburgischen Infanterie-Regimenter Jensen und von Zülow und Grenadier der Leib-Kompanie Die Musketiere Mecklenburg-Schwerins 1750 gehörten jenen zwei Regimentern an, die mit der Neuformierung des Militärs nacheinander in kurzer Zeit entstanden. Bei ihren Uniformen ist das preußische Vorbild unverkennbar. Wie dort unterschied sich das ältere Regiment (von Zülow; 1747 errichtet) mit seinen roten Halsbinden vom jüngeren Regiment (Jensen; 1750 errichtet), das schwarze trug. Bei dem zahlenmäßig kleinen Mecklenburg-Strelitzer Militär ist an den Uniformen – verwandtschaftlich bedingt – eine Orientierung hin zur englischen Armee unverkennbar. Die Grenadiere trugen somit rote Uniformröcke mit hellblauen Abzeichen und Rabatten.

Hannöverscher Grenadier zu Pferd Der hannöversche Grenadier zu Pferd trägt eine rote Uniform mit schwarzen Abzeichen. Er gehörte einer 1742 errichteten Eskadron an. Das Schild der Grenadiermütze war oben mit dem gestickten britischen Wappen versehen, da die Kurfürsten von Hannover seit 1714 Könige von Großbritannien waren. Darunter befand sich allerdings noch das weiße springende Ross des niedersächsischen Wappens. Der königliche und kurfürstliche Namenszug schmückte Schabracke und Schabrunken, umgeben von den Insignien des Hosenbandordens.

Hannover,
Grenadiere zu
Pferd, Grenadier,
1742

England,
Ist Regiment of
Guards, Offizier,
Grenadier-Trommler,
Sergeant, Grena-
dier-Pfeifer, Gre-
nadier, Gemeiner,
1745

Britisches Ist Regiment of Guards Die Angehörigen dieses heute noch als Grenadier Guards bekannten ersten Garde-Infanterie-Regiments Großbritanniens trugen eine reich geschmückte Uniform in der für die englische Armee bis heute noch für Paraden typischen roten Grundfarbe. Ungeachtet ihres Status als Garde wurde das Regiment in seiner langen Geschichte in vielen Kriegen eingesetzt. Bis 1768 zogen die englischen Grenadiere die dargestellte spitze Grenadiermütze auf, dann wurden für sie Pelzmützen eingeführt.

England,
Royal North British
Dragoons,
Dragoner,
1742

Dragoner der Royal North British Dragoons Der Dragoner dieses britischen Regiments trug wie alle anderen Regimentsangehörigen die Grenadiermütze als seine besondere Auszeichnung. Die Anfänge des Regiments gingen auf das Jahr 1678 zurück. Es wurde ursprünglich als The Royal Regiment of Scots Dragoons bezeichnet, bekannter wurde es später als Royal Scots Greys nach der grauen Farbe seiner Pferde.

England,
7th Queen's Regiment of Dragoons
und 3rd King's
Regiment of Dragoons, Dragoner
1742

Dragoner des 7th Queen's Regiment of Dragoons und 3rd King's Regiment of Dragoons Diese beiden Dragoner, der Königin-Dragoner und der Königs-Dragoner, waren in ihrem äußeren Erscheinungsbild charakteristisch für die schwere Kavallerie Englands. Diese wie die anderen Dragonerregimenter unterschieden sich in der Farbe und Anordnung der Ärmelaufschläge und Schoßumschläge sowie der Unterbekleidung voneinander. Das Queen's Regiment wurde 1784 in ein leichtes Dragonerregiment umgewandelt und trug seit 1806 Husarenuniformen.

England,
Royal Horse
Guards, Kavallerist,
1742

Kavallerist der Royal Horse Guards Der Reiter der Royal Horse Guards gehört einem sehr berühmten Kavallerieregiment an, das auch noch heute als Gardetruppe der englischen Königin fortbesteht. Es sind die „Blues", also der eine Teil der Blues and Royals, die bei Paraden in historisch anmutenden Uniformen auftreten. Das Regiment war 1661 errichtet worden und trug von jeher blaue Uniformen mit roten Abzeichen. Bei allen hier dargestellten Kavallerieregimentern fällt die reiche Wappenstickerei auf den Schabracken und Schabrunken auf.

Fischer'scher reitender Jäger Der reitende Jäger gehört zu einer 500 Mann starken Truppe, die auf den in Frankreich dienenden Johann Christian Fischer zurückging, der diese Kavalleriegattung der Jäger zu Pferd schuf. Neben der Uniform nach der Art der Husaren ist vor allem bemerkenswert, dass sich ihr Anführer als Wappen drei stilisierte goldene bzw. gelbe Fische zugelegt hatte, die sich – für die Truppe unverwechselbar – auf den Säbeltaschen, Schabracken und Schabrunken fanden.

Kavallerist des Regiments Royal-Allemand Die Kavalleristen der deutschen Regimenter Royal-Allemand, Württemberg und Nassau-Saarbrücken trugen als einzige offiziell Grenadiermützen aus Bärenfell. Ansonsten war das 1671 errichtete Regiment, das seit 1688 den Namen Royal-Allemand führte, mit blauen Uniformröcken bekleidet. Diese besaßen rote Kragen, Ärmelaufschläge und Schoßumschläge sowie einen reichen silbernen Bortenbesatz. Etwa ab 1730 wurden die Uniformfarben der einzelnen Kavallerieregimenter auch auf der Pferdeausrüstung gezeigt. Während der Französischen Revolution ab 1789 emigrierte das königstreue Regiment.

Ulan der Freiwilligen des Marschalls von Sachsen Der Ulan gehört einer etwa tausend Mann starken, für Frankreich errichteten Kavallerietruppe an, den Volontaires du Maréchal de Saxe. Diese geht auf den berühmten französischen Graf von Sachsen zurück (1696–1750; bekannt als „Marschall von Sachsen", Sohn August des Starken und der Gräfin Aurora v. Königsmarck). Sie bestand halb aus Dragonern und halb aus Ulanen. Beide Teile waren in den sächsischen Farben Grün-Rot uniformiert und trugen Helme. Die ein wenig anders uniformierten Dragoner bildeten das Vorbild der Neuuniformierung aller französischen Dragoner ab 1762.

Sardinien, Infanterie-Regimenter della Marina, Savoia, Piemonte, Sardegna und Saluzzo, Grenadier und Musketiere, 1744

Grenadier und Musketiere der Infanterie-Regimenter Sardiniens Der Grenadier und die Musketiere der Infanterie Sardiniens (Königreich von 1720 bis 1860/61, bestehend aus der gleichnamigen Insel, den Herzogtümern Savoyen, Aosta, Montferrat und Genua, dem Fürstentum Piemont und der Grafschaft Nizza) trugen bis auf das Regiment della Marina weiße Uniformröcke im weiten und bequemen französischen Schnitt. Die Regimenter unterschieden sich in der Abzeichenfarbe voneinander. Nur die Garde-Infanterie war in Blau mit Rot uniformiert. Die Grenadiere trugen Pelzmützen und Säbel. In den 1750er Jahren erhielt die gesamte Infanterie Sardiniens dunkelblaue Uniformröcke.

Reiter des Kavallerie-Regiments und Dragoner des Dragoner-Regiments Sardiniens Ein schwerer Reiter des Kavallerie-Regiments Piemont und ein Dragoner des Dragoner-Regiments Piemont stehen stellvertretend für die Uniformierung dieser beiden Reiterregimenter Sardiniens. Die schweren Reiter trugen blaue Uniformröcke und waren mit dem Pallasch bewaffnet. Die Dragoner waren mit roten Uniformröcken versehen und mit Säbeln ausgerüstet. Zur Bewaffnung beider Regimenter kamen noch Karabiner hinzu.

Sardinien, Kavallerie-Regiment Piemont, Reiter; Dragoner-Regiment Piemont, Dragoner, 1744

Schwäbischer Kreis, Landgräflich Fürstenbergisches Kreis-Regiment, Grenadiere, 1735

Grenadiere des Landgräflich Fürstenbergischen Kreis-Regiments Die Grenadiere gehören zum Fürstenbergischen Kreis-Regiment des Schwäbischen Kreises, das heißt also, sie sind Vertreter des Militärs eines der vielen deutschen Kleinstaaten, die sich im Kriegsfall in der Reichsarmee einzufinden hatten. Die weiß-rote Uniform belegt das österreichische Vorbild auf diesem Gebiet, ebenso die Pelzmütze, deren Beutel auch herabhängend getragen werden konnte. Die Musketiere des Regiments trugen Dreispitze. Anfang des 19. Jahrhunderts gingen die meisten Truppenteile des Schwäbischen Kreises in der Armee Württembergs auf.

Russland,
Artillerie, Train-
soldat, Füsilier,
Offizier, Profoss,
Trommler und
Handwerker,
1728–1732

Mannschaften und Offizier der russischen Artillerie

Der Rock der Artilleristen erhielt 1720 wie der der Infanteristen einen kleinen Kragen. 1729 tauchten Zopf, Ärmelaufschläge und Gamaschen bei der Artillerie auf. Die Artil-
lerieuniform behielt die rote Grundfarbe bei, jedoch kamen
1757 schwarze Kragen und Aufschläge hinzu. Auch wurde
in diesem Jahr für die Patronentasche ein Messingdeckel
mit dem gekrönten Namenszug der Zarin Elisabeth eingeführt. Ebenso wie die Artillerie erhielt 1762 auch die
Infanterie Rabatten. Im Unterschied zu den meisten anderen Armeen besaßen die russischen Artilleristen zusätzlich
noch Gewehre. Deshalb gehörten eine Pulverflasche am
Bandelier und eine Patronentasche am Leibriemen zu ihrer
Ausrüstung. Die Uniform des Handwerks schützte eine
große Lederschürze. Sehr einfach war der Trainsoldat uniformiert.

Gemeiner der russischen Chevaliergarde Die 1724
von Zar Peter I. von Russland errichtete Chevaliergarde
galt als die vornehmste Truppe in der russischen Armee.
Ihre Angehörigen, auch die Mannschaften, waren überaus
prächtig uniformiert. Auf das französische Vorbild weist
die goldeingefasste rote sogenannte Supraweste mit dem
Stern des St.-Andreas-Ordens hin. Die gesamte Truppe
ritt Rappen.

Russland,
Chevaliergarde,
Gemeiner,
1724

Russland,
Linien-Infanterie,
Grenadiere,
1732–1742

Grenadiere der russischen Linien-Infanterie Die Grenadiere zählten auch in der russischen Armee zu den
besonders geschätzten Truppen. Wie bereits erwähnt,
erhielt die gesamte russische Infanterie von 1720 an einheitlich dunkelgrüne Uniformröcke. In den 1730er Jahren
wurden die Tuchmützen der Grenadiere mit einem metallenen Vorderschild mit dem Regimentswappen geschmückt.
Die Regimenter selbst waren nach Orten, meist Städten
benannt. Als schmückendes Beiwerk und Reminiszenz
an die vergangenen Zeiten des Luntenschlossgewehrs
befand sich auf dem Bandelier noch der Luntenberger
und ein kleines Pulverhorn.

Offiziere des preußischen Infanterie-Regiments Nr. 18, der I. Bataillon Garde und des Grenadier-Garde-Bataillons Die Offiziere dreier in der preußischen Armee bevorzugter Truppenteile zeigen sich in sehr prächtiger Uniform. Teuer war außer den zahlreichen silbernen und goldenen Schleifen besonders die Farbe Rosa für Rockfutter, Kragen, Rabatten und Ärmelaufschläge der Uniformröcke des Infanterie-Regiments Nr. 18. Die Dienstgrade ließen sich in jener Zeit an der Uniform noch nicht erkennen. Die Offiziere des betreffenden Regiments kannten einander, und sonst half ein Schätzen des Lebensalters, da ja vor allem nach dem Dienstalter befördert wurde.

Feldjäger des Reitenden Feldjäger-Korps und Grenadiere des Infanterie-Regiments Grenadiere des Infanterie-Regiments Nr. 27 – im Vordergrund des Bilds – drängen sich offenbar um einen Brunnen. Im Hintergrund überreicht ein reitender Feldjäger einem Stabsoffizier ein Schreiben. Die reitenden Feldjäger setzten sich aus ehemaligen Forstbediensteten zusammen, trugen traditionell grüne Uniformen mit roten Abzeichen und gelbmetallenen Knöpfen und führten als Waffen aus eigenem Besitz Jagdbüchsen, ein Paar Steinschlosspistolen und einen Hirschfänger. Die unvermeidlichen Begleitstücke waren die Reitpeitsche, das Felleisen und die Kuriertasche zur Aufbewahrung von Dokumenten.

Füsiliere der Infanterie-Regimenter Nr. 40 und Nr. 48 Die ab 1740 nach Regierungsantritt König Friedrich II. geschaffenen Füsiliere bildeten eine neue Infanteriegattung, in die körperlich kleinere Männer kamen. Um ihnen den Ladevorgang bei den Schusswaffen zu erleichtern, erhielten sie kürzere, weniger wirksame Gewehre. Um den zu anderen Infanterieregimentern vorhandenen körperlichen Größenunterschied zu verdecken, bekamen die Füsiliere anstelle des Dreispitzes etwa 24 cm hohe Mützen, die den Bombardiermützen der Artillerie ähnelten. Von den Mützen der Grenadiere unterschieden sich die der Füsiliere durch ein rundes, freistehendes Kopfteil, auf dem sich oben eine kleine flammende Metallgranate befand.

Preußen,
Infanterie-Regiment
Nr. 22, Grenadier-
Zimmermann,
1760

Grenadier-Zimmermann des Infanterie-Regiments Nr. 22 Der Zimmermann aus der Zeit um 1760 war wie seine „Kollegen" im Regiment und in anderen Infanterie- truppenteilen mit Feldpionierarbeiten betraut, wurde aber auch zur Bedienung der Regiments- und Bataillonsge- schütze herangezogen. Weil diese Zimmerleute zu den Grenadierkompanien gehörten, trugen sie auch die typi- schen Grenadiermützen, waren ansonsten aber wie die übrigen Regimentsangehörigen uniformiert. Zu ihrer Aus- rüstung gehörten Äxte und lederne Schurzfelle.

Grenadier des Infanterie-Regiments Nr. 24 Der Grenadier des Infanterie- Regiments Nr. 24 um 1760 zählt zu jenem Truppenteil, dessen Chef bis zu seinem Tod 1757 der Generalfeldmarschall Graf von Schwerin war. In der preußischen Armee setzte sich ein Infanterieregiment aus zwei Bataillonen zu je einer Grenadierkompanie und fünf Musketierkompanien zusammen. Im Krieg wurden die zwei Grenadierkompanien mit zwei Kompanien eines anderen Truppenteils zu einem selbstständigen Bataillon vereinigt. Deutlich zu erkennen sind, über der rechten Schulter hängend, der Tornister aus rauem Kalbfell, der Brotsack und die Patronentasche sowie eine Axt. Hinzu kam noch eine Feldflasche. Die Achselklappe war zu dieser Zeit noch kein Dienstgradab- zeichen, sondern hielt das Bandelier.

Preußen,
Infanterie-Regiment
Nr. 24, Grenadier,
1760

Preußen,
Freikorps von
Kleist, Kroatischer
Infanterist,
1760

Kroatischer Infanterist des Freikorps von Kleist Die um die Mitte des 18. Jahrhunderts als Freibataillone aufkommenden leichten Infanterieeinheiten wählten von Anfang an eine Uniform, die den Anforderungen des takti- schen Einsatzes besser entsprach und zumeist einen lege- ren Schnitt und eine zurückhaltende Farbgebung aufwies.

*Preußen,
Kürassier-Regiment
Nr. 8, Offizier,
um 1762*

Offizier des Kürassier-Regiments Nr. 8 Dieser Kürassieroffizier aus der Zeit nach 1762 gehört einem der besten Kavallerieregimenter Preußens an. Das verwundert nicht, da sein Kommandeur von 1753 bis 1757 und dann bis zu seinem Tod 1773 der legendäre General der Kavallerie Friedrich Wilhelm von Seydlitz (geb. 1721) war. An der Uniform ist bemerkenswert, dass das Chemisett, eine mit Schößen gearbeitete Weste, für die Offiziere auch mit Taschen versehen war, sodass sie keine Säbeltaschen führten. Eine Samtmanschette – hier noch in blauer Abzeichenfarbe, später führte Seydlitz rote ein – bildete den Vorstoß am Kürass der Offiziere.

Dragoner des Dragoner-Regiments Nr. 1 und Trompeter des Kürassier-Regiments Nr. 12 Diese preußischen Kavalleristen hatten sich wohl eben bei einem Bauern einquartiert. Friedrich der Große suchte seine Soldaten über Magazine, Fuhrkolonnen und Feldbäckereien zu versorgen. In Kriegen gelang das nicht immer. Auf dem Rock des Dragoners befand sich nur eine Achselklappe, der „Achseldragoner", der das Bandelier hielt, an dem Schusswaffe und Patronentasche hingen. Beim Kürassiertrompeter hätte die Spitze des Federbusches orangefarben gezeichnet werden müssen. Diese Federbüsche hatte die preußische Kavallerie 1762 zur Unterscheidung von den russischen Reitern aufgesteckt, als Russland Verbündeter Preußens wurde.

*Preußen,
Dragoner-Regiment Nr. 1,
Dragoner;
Kürassier-Regiment Nr. 12,
Trompeter,
um 1762*

*Preußen,
Reitende Artillerie,
Kanoniere,
um 1759*

Kanoniere der Reitenden Artillerie Aufgrund der im Kampf mit den russischen Truppen gemachten Erfahrungen – dort führten die Dragonerregimenter je zwei leichte Geschütze mit – stellte Friedrich der Große im April 1759 eine Einheit Reitender Feldartillerie auf. Im Unterschied zur Fußartillerie, die infanteristisch uniformiert war, entsprachen die Uniformen der Reitenden Artilleristen mehr den Dragonern. Dementsprechend bestimmten gelblederne Hosen und Stulpenstiefel ihr Äußeres.

Preußen,
Ingenieur-Korps,
Condukteur und
Offizier; Feld-
Artillerie, Offizier,
um 1756

Condukteur und Offizier des Ingenieur-Korps und Offizier der Feld-Artillerie Ein Ingenieuroffizier und ein Offizier der Feldartillerie besprechen anhand ausgebreiteter Pläne ein Problem und erwecken den Eindruck nüchterner Sachlichkeit. Während der Artillerieoffizier – abgesehen von der schwarzsilbernen Offiziersschärpe und der sonst nicht üblichen Tresse an der Weste – sehr schlicht uniformiert ist, sticht der Ingenieuroffizier hier mit seinem reich geschmückten Uniformrock mit den 22 silbernen Schleifen sowie roten Abzeichen hervor. Der rangmäßig zwischen einem Unteroffizier und einem Offizier befindliche Condukteur ist gewissermaßen mit der Interimsuniform der Ingenieuroffiziere bekleidet.

Unteroffizier des Garnison-Regiments Nr. 8, Feldpostillion und Hautboist der Feld-Artillerie Die drei sehr unterschiedlichen Uniformen der Angehörigen der preußischen Armee hatten durchaus ihre Bedeutung. Die schlicht uniformierte, nicht felddienstfähige Garnisoninfanterie übernahm den Schutz der Festungen. Die Feldpost trat erst im Krieg zusammen. Ihre Postillione kamen aus dem Zivildienst. Das Zeichen ihrer Tätigkeit in der Armee bildete das Postschild – ein Adler aus Messing – auf der linken Brustseite des blauen, abzeichenlosen Uniformrocks. Exotisch wirkt der Janitscharenrock des Hautboisten oder Hoboisten (Bläser, später Bezeichnung für alle Infanteriemusiker). Das rührte daher, dass 1740 die Artillerie die „Mohrenpfeifer" (in die Armee gepresste Afrikaner) des alten Königs-Regiments zugeteilt bekam.

Preußen,
Garnison-Regiment
Nr. 8, Unteroffi-
zier; Feldpostillion;
Feld-Artillerie,
Hautboist,
um 1762

Preußen,
Sanitätswesen,
Feldscher und
Lazarettgehilfe;
Husaren-Regiment
Nr. 6, Husar,
1756

Feldscher und Lazarettgehilfe, Husar des Husaren-Regiments Nr. 6 Ein Feldscher und ein Lazarettgehilfe bemühen sich um einen verwundeten Husaren. Da die Feldschere keine Offiziere waren, führten sie auch nicht die Schärpe und das Portepee am Degengriff. Sie trugen meist einen schlichten blauen Uniformrock, nur ihre rote Weste zierte eine Weißmetallborte. Diese wiederum fehlte bei den Lazarettgehilfen. Vor allem die braunen Dolmans, Pelze, Scharawaden und Mäntel der Husaren dieses Regiments Nr. 6 mochten dazu beigetragen haben, dass sie mit dem Spitznamen „Fleischhauer" leben mussten, denn braun war in den deutschen Ländern auch die Bekleidung der Angehörigen der Fleischerzunft.

Preußen,
Unterstab,
1761

Preußischer Unterstab Verschiedene preußische Militärbeamte, die damals zum sogenannten Unterstab eines jeden Regiments gehörten, sind in ihren Uniformen abgebildet. Die Uniformen entsprachen denen der Waffengattung, oft handelte es sich auch um die Regimentsuniformen. So konnten die gezeigten Figuren jeweils einen Regiments-Quartiermeister, Auditeur oder Regimentsfeldscher bei der Infanterie (links), bei den Kürassieren und Dragonern (Mitte) sowie bei den Husaren (rechts, hier das Husaren-Regiment v. Kleist) darstellen. Generell war bestimmt, dass diese Militärbeamten silberne Borten führen sollten. Da bei den grünen Husaren die Offiziere Silber trugen, galt für deren Militärbeamte heraldisch gesehen „gewechseltes Metall", also Gold als Bortenbesatz.

Preußischer Proviantknecht und Proviantoffizier Der preußische Proviantknecht und der Offizier dieser Truppe, später als Train bezeichnet, waren durch ihre Tätigkeit der Versorgung der Armee zwar unverzichtbar, jedoch wenig angesehen. Es handelte sich eben nicht um eine ehrenvolle kriegerische Tätigkeit, die sie ausübten. Demzufolge, und auch aus praktischen Gründen, trugen sie dunkelblaue Uniformen mit aschgrauen Abzeichen und einer ebensolchen Unterbekleidung.

Preußen,
Proviantknecht und
Proviantoffizier,
1761

Preußen,
Adliges Kadetten-
Korps, Kadetten;
Invaliden-Korps,
Invaliden,
um 1765

Kadetten des Adligen Kadetten-Korps und Invalide
Zwei Jungen des Adligen Kadetten-Korps nähern sich einem armamputierten alten Invaliden. Im Hintergrund lehnt ein anderer Invalide auf Krücken gestützt an einem Baum. Friedrich der Große suchte die Kriegsinvaliden zu versorgen, so im 1748 in Berlin eröffneten Invalidenhaus, doch es gelang kaum. Den Invaliden blieb als Uniform der Hut, ein einfacher Rock, lange Hosen und Schuhwerk. Die Kadetten, junge Adlige, oft auch Söhne gefallener bzw. verdienter bürgerlicher Offiziere, trugen als künftige Offiziere eine reicher ausgestattete Uniform als die Invaliden. So zierte ihren Hut eine silberne Borte ebenso wie den Ärmelaufschlag.

England,
15. Leichtes
Dragoner-Regiment, Trommler
und Dragoner,
1760

Trommler und Dragoner des englischen 15. Leichten Dragoner-Regiments Der Trommler und der Dragoner gehören zu einer damals jungen Kavalleriegattung der englischen Armee. Erst im Siebenjährigen Krieg (1756–1763), an dem Großbritannien auf der Seite Preußens beteiligt war, stellte es 1759 in Gestalt von fünf leichten Dragonerregimentern reguläre leichte Kavallerietruppen auf. Ein in verschiedenen Formen variiertes Kaskett (eiserner Bügel) unterschied sie äußerlich von der schweren Kavallerie. Die Spielleute auch dieser Dragoner erschienen überaus prächtig uniformiert. Ihre grünen Röcke hatten reichen roten und weißen Besatz. Der sogenannte Trommelsarg zeigte als Badge (Regimentsabzeichen) einen von einem Hund verfolgten Hirsch.

Leichte Dragoner des 11. Dragoner-Regiments Die beiden leichten Dragoner des 11. Regiments feuern ihren Karabiner gerade ab bzw. haben eben geschossen. Um dem Mangel an beweglicherer, leichter Kavallerie im Krieg abzuhelfen, waren Leichte Eskadronen errichtet worden. Ihre Angehörigen trugen zwar die Uniformen ihrer Regimenter, wenn auch mit dem Kaskett als Kopfbedeckung, bekamen jedoch eine leichtere Ausrüstung und auch Stiefel. Insbesondere ihre Pferde waren leichter als sonst üblich. In den Ecken der Schabracken und Schabrunken befanden sich rote, kranzumgebene Felder mit der Bezeichnung des Regiments, hier also „XI D".

England,
11. Dragoner-Regiment,
Leichte Eskadron,
Dragoner,
1756

Hannover,
Infanterie-Regiment
von Hardenberg,
Musketieroffizier;
Garde, Grenadier,
1759

Musketieroffizier des Infanterie-Regiments von Hardenberg und Grenadier der Garde Ein Offizier der Musketiere und ein Garde-Grenadier sowie eine Truppenfahne der Garde sind stellvertretend für die hier angreifende hannöversche Infanterie recht deutlich dargestellt. Ihre Uniformen folgen dem englischen Beispiel. Der Offizier trägt zwar wie die Grenadieroffiziere den Dreispitz, ist jedoch statt mit dem Bajonettgewehr mit dem Sponton bewaffnet und zählt somit deutlich erkennbar zu den Musketieren. Die Fahne gehörte zur Garde, denn das Infanterie-Regiment von Hardenberg führte orangegelbe Feldzeichen. Zwar ein wenig durch das Bandelier verdeckt, ist dennoch zu erkennen, dass der Grenadier wie der Offizier nur halbe Rabatten trug.

Hannover,
Freikorps v.
Scheither, Karabi-
nier; Freikorps v.
Luckner, Husar,
1757

**Karabinier des Freikorps v. Scheither und Husar des Freikorps v. Luck-
ner** Der Karabinier und der Husar zweier hannöverscher Freikorps belegen,
dass wie Preußen auch Hannover auf Truppenteile zurückgriff, die für den
„kleinen Krieg" sehr geeignet waren. 1757 errichteten Hauptmann Georg
Albrecht Heinrich v. Scheither und Obristwachtmeister Nicolaus v. Luckner
jeweils ein Korps. Ihre Angehörigen trugen Uniformen im Stil der Zeit. Die
Zugehörigkeit zu den hannöverschen Truppen war vor allem durch das springende Ross auf den Schabracken und Säbeltaschen zu erkennen. Außerdem
befestigten die Kavalleristen als zusätzliches Erkennungszeichen Eichenlaub
auf der Kopfbedeckung.

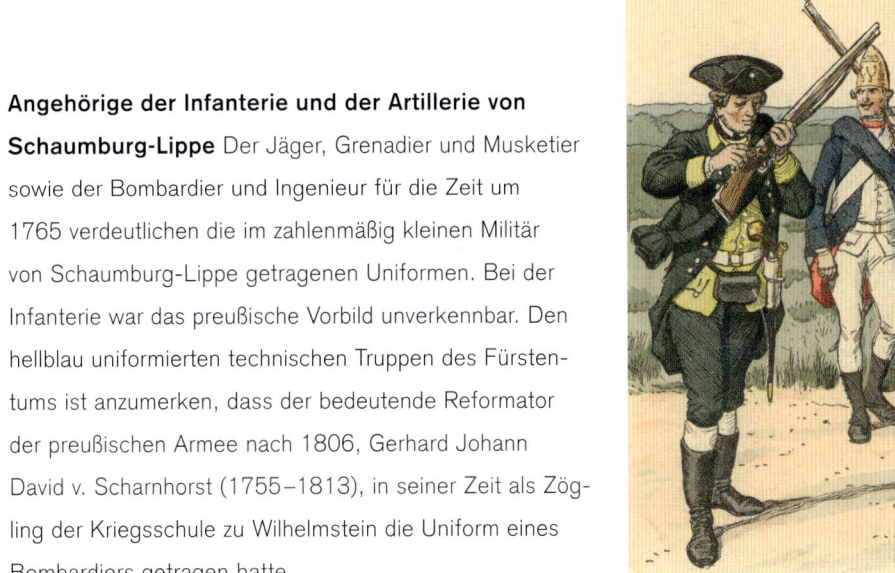

Schaumburg-
Lippe,
Infanterie, Jäger,
Grenadier und
Musketier;
Artillerie, Bombar-
dier und Ingenieur,
1765

**Angehörige der Infanterie und der Artillerie von
Schaumburg-Lippe** Der Jäger, Grenadier und Musketier
sowie der Bombardier und Ingenieur für die Zeit um
1765 verdeutlichen die im zahlenmäßig kleinen Militär
von Schaumburg-Lippe getragenen Uniformen. Bei der
Infanterie war das preußische Vorbild unverkennbar. Den
hellblau uniformierten technischen Truppen des Fürstentums ist anzumerken, dass der bedeutende Reformator
der preußischen Armee nach 1806, Gerhard Johann
David v. Scharnhorst (1755–1813), in seiner Zeit als Zög-
ling der Kriegsschule zu Wilhelmstein die Uniform eines
Bombardiers getragen hatte.

Schaumburg-
Lippe,
Karabinier,
1753

Karabinier von Schaumburg-Lippe An die Kriegstrachten früherer Zeiten
erinnert diese eigentümliche Uniform der Angehörigen des Karabinierkorps
dieses Fürstentums. Sie trugen einen Koller aus Elchsleder zu gelben wild-
ledernen Hosen. Das Schwarz sowohl der Stiefel als auch des Harnisches und
des mit Bärenfell verbrämten Eisenhelms verstärkten das furchterregende
Aussehen der Karabiniers. Bis 1758 gehörten sogar noch eiserne Oberarm-
schienen zur Ausstattung, die sich aber als unpraktisch erwiesen. Das von
dem bedeutenden Militärtheoretiker Graf Wilhelm zu Schaumburg-Lippe
(1724–1777) errichtete Karabinierkorps, trotz der Panzerung eine leichte
Kavallerie, ritt spanische schwarze Hengste.

Hessen-Darmstadt, Leib-Grenadier-Korps, Offizier und Grenadier; Leib-Grenadier-Garde, Grenadier, 1750

Leib-Grenadier-Korps und Leib-Grenadier-Garde Hessen-Darmstadts Während die Leibgrenadiere von 1739 bis 1768 ganz nach österreichischem Vorbild mit weißen Uniformröcken (Offiziere rote) und roten Abzeichen sowie vor allem Pelzmützen uniformiert waren, besaß die Leib-Grenadier-Garde genau dieselben dunkelblauen Röcke mit roten Abzeichen und weißen Litzen wie jenes preußische Infanterieregiment, dessen Chef der spätere Landgraf Ludwig IX. schon als Erbprinz war. Besonders fällt die Grenadiermütze preußischer Art auf.

Offizier und Husar des Husaren-Korps Der Offizier und der Husar des Hessen-Darmstädter Husaren-Korps, das nach dem Ende des Siebenjährigen Kriegs 1763 errichtet worden war, wurden bereits auf den ersten Blick erkannt. So trugen die Unteroffiziere und Mannschaften grüne Uniformen mit gelbroten Schnüren und Besatzstreifen der grünen Schabracken und ebensolchen Säbeltaschen, die Offiziere aber Uniformen und Ausrüstung in Rot. Kragen und Ärmelaufschläge waren jeweils grün und rot gewechselt. Lediglich die umgehängten grünen Pelze stimmten farblich überein.

Hessen-Darmstadt, Husaren-Korps, Offizier und Husar, 1763

Hessen-Darmstadt, Leibgarde zu Pferd, Reiter; Regiment Garde des Dragons, Dragoner und Trommler, 1750

Reiter der Leibgarde zu Pferd sowie Dragoner und Trommler des Regiments Garde des Dragons Der Reiter der Leibgarde zu Pferd Hessen-Darmstadts erscheint hier in seiner prächtigen Paradeuniform. Die Uniformen für den alltäglichen Dienst waren wesentlich einfacher, vor allem entfielen die teuren silbernen Schleifen. Sehr viel schlichter waren die Angehörigen des Regiments Garde des Dragons uniformiert. Sie waren in weiße Uniformröcke gekleidet, die Offiziere ohne die roten Rabatten, aber goldbesetzt. Wie vielfach üblich, trugen die Spielleute ganz andere Uniformfarben, die Trommler dieses Regiments die hessischen Hausfarben Blau mit Rot sowie weiße Knöpfe und Litzen.

Frankreich,
Infanterie-Regi-
menter Loewen-
dahl, St. Germain,
Bentheim und
Nassau-Saarbrü-
cken, Musketiere,
1756

**Musketiere der Infanterie-Regimenter Loewendahl, St. Germain, Bent-
heim und Nassau-Saarbrücken** Die Musketiere vermitteln einen anschau-
lichen Eindruck von der Uniformierung deutscher Regimenter in französischen
Diensten während des Siebenjährigen Kriegs (1756–1763). Die Infanterie
Frankreichs hatte seit 1715 nach und nach weiße Uniformröcke erhalten. Nur
die der Garde blieben blau-rot. Allerdings trugen auch die ausländischen
Regimenter andersfarbige Uniformen, nämlich die deutschen blaue, aber die
Schweizer und Irländer rote. Generell waren die Röcke und Westen auch
weiter und länger geschnitten als in Preußen und somit bequemer zu tragen.

Dragoner des Kreis-Dragoner-Regiment Anspach Der
einen kräftigen Schluck nehmende Dragoner gehört dem
Kontingent des Deutschen Ordens an, dessen Sitz seit
der Säkularisation in Preußen 1525 der Ort Mergentheim
im fränkischen Kreis war. Die Reichs-Exekutions-Armee,
die Österreich-Ungarn zu Beginn des Siebenjährigen Kriegs
gegen Preußen einzusetzen vermochte, setzte sich überwiegend aus vielen kleinen Kontingenten zusammen. Ihre
Angehörigen waren jedoch der Zeit entsprechend wie
andere Truppen uniformiert.

Fränkischer Kreis,
Kreis-Dragoner-
Regiment Anspach,
Dragoner
1757

Kurbistümer Mainz,
Köln und Trier,
Grenadiere und
Musketier,
1757

**Grenadiere und Musketier der Kurbistümer Mainz,
Köln und Trier** Die Grenadiere aus Mainz und Köln sowie
der Musketier aus Trier gehören zu jenen zahlreichen,
kleinen Kontingenten der Reichsarmee, die im Siebenjährigen Krieg gegen Preußen zum Einsatz kamen und
in der Schlacht bei Roßbach am 5. November 1757 mit
verbündeten französischen Truppen bei hohen Verlusten
geschlagen wurden. Die beiden Grenadiere links tragen
die für Truppen aus katholischen Ländern charakteristischen Pelzmützen. Die Figur im Hintergrund des Bilds ist
als Grenadier der Kölner Landmiliz bezeichnet.

Württemberg,
Feldjäger-Korps,
Feldjäger zu Pferd,
1759

Feldjäger zu Pferd des württembergischen Feldjäger-Korps Die Feldjäger des 1759 aufgestellten württembergischen Feldjäger-Korps erhielten wie die preußischen grüne Uniformen. In leuchtendem Rot hoben sich davon der Kragen, die Rabatten, die Ärmelaufschläge und die Schoßumschläge ab. Gelbmetallene Knöpfe verschlossen Rock und Kamisol. Die ungepuderten Haare – an den Seiten zu Löckchen gedreht – banden sich die Soldaten hinten zu einem langen Zopf zusammen. Die berittenen Feldjäger waren vor allem an ihren hohen schwarzen Stulpenstiefel zu erkennen.

Württemberg,
Kürassier-Regiment
v. Phull, Kürassier;
Feldjäger-Korps,
Feldjäger zu Pferd;
Husaren-Regiment
v. Gorcy, Husar,
1759

Kürassier des Kürassier-Regiments v. Phull, Feldjäger zu Pferd des Feldjäger-Korps und Husar des Husaren-Regiments v. Gorcy Der Kürassier, der Feldjäger zu Pferd (oben bereits als Einzelfigur dargestellt) und der Husar repräsentieren die Kavallerie Württembergs in der Mitte des 18. Jahrhunderts. In jedem Fall ist die Ähnlichkeit mit entsprechenden preußischen Uniformen unverkennbar, obwohl alle drei Truppenteile im Siebenjährigen Krieg gegen Preußen eingesetzt waren. Allerdings wurde das genannte Kürassierregiment 1761 in ein Dragonerregiment umgewandelt und drei Jahre später aufgelöst.

Schweden,
Infanterie, Musketier; Kavallerie,
Husaren und
Dragoner,
1756–1763

Musketier, Husaren und Dragoner der schwedischen Armee Die Infanteristen und Kavalleristen der schwedischen Armee, die im Siebenjährigen Krieg gegen Preußen kämpften, blieben weiterhin nahezu unverändert blau und gelb uniformiert. Ausnahmen bildeten die beiden verschiedenfarbigen Husarenregimenter, deren Angehörige je nach Grundfarbe in dem blauen (vollständig blaue Uniform) und gelben Regiment (gelbe Pelze) dienten. Die Uniformen der schwedischen Infanterie und auch der Dragoner erfuhren 1756 weitere Vereinfachungen, denn zum dunkelblauen Uniformrock durften nur noch gelbe Kragen und Ärmelaufschläge sowie gelbe Unterbekleidung angezogen werden. Bei dem Infanteristen wirken die langen Strümpfe recht altmodisch.

Österreich-Ungarn, Deutsche Infanterie, Musketiere, 1762

Musketiere der Deutschen Infanterie Österreich-Ungarns Die Musketiere der deutschen Infanterie-Regimenter Herzog Karl von Lothringen, Lascy, Ligne, Sachsen-Gotha, Wied und Ahremberg waren durchgängig weiß bekleidet. Diese Grundfarbe ihrer Uniformen hatte bis zur Mitte des 18. Jahrhunderts von Perlgrau auf Weiß gewechselt. Anhand verschiedenfarbiger Rabatten und Ärmelaufschläge, Hutdekorationen sowie kleiner farbiger Tuchflecken an den Schoßspitzen konnten die jeweiligen Regimenter bestimmt werden. Von wenigen Ausnahmen abgesehen trug die gesamte Deutsche Infanterie rote Halsbinden. Das Kamisol (die Weste) war einreihig oder auch zweireihig geknöpft.

Musketiere der Ungarischen Infanterie Österreich-Ungarns Die Musketiere der ungarischen Infanterie-Regimenter Simbschen, Gyulai, Adam Batthyany, Erzherzog Ferdinand, Josef Esterhazy und Haller trugen hier bereits Uniformen, die 1749 denen der Deutschen Infanterie angeglichen worden waren, indem an die Stelle der bisherigen schnürbesetzten Oberbekleidung weiße Röcke traten. Diese Röcke blieben ohne Rabatten und waren nur mit farbigen Litzen versehen. Die ungarische Herkunft dieser Truppenteile wurde, der Nationaltracht folgend, durch eine Weste mit Schnüren (ähnlich dem Dolman) und einer Schnürenschärpe verdeutlicht. Bemerkenswert für diese Männer war die Art, das Haar in einem Zopf im Nacken sowie in kleinen Zöpfen an beiden Schläfen zu tragen. Auch der lange Schnurrbart bildete einen festen Bestandteil uniformen Auftretens.

Österreich-Ungarn, Ungarische Infanterie, Musketiere, 1762

Österreich-Ungarn, Grenz-Infanterie, Gemeine, 1762

Gemeine der Grenz-Infanterie Österreich-Ungarns Die Gemeinen, die einfachen Soldaten der Grenz-Infanterie Österreich-Ungarns, erschienen nicht in den weißen Uniformen der Deutschen und der Ungarischen Infanterie, sondern in den farbenprächtigen Nationalfarben der St. Georger, Szluiner, Brooder, Ottachauer, Creutzer, Oguliner und Liccaner. Diese gehörten alle dem Karlstädter Generalat an. Wie andere Grenzvölker auch, hatten sie ab Ende des 17. Jahrhunderts gegen Zusicherung von Religions- und Abgabenfreiheit die Grenzsicherung gegenüber den Türken übernommen.

Österreich-Ungarn,
Artillerie-Korps,
Büchsenmeister;
Artillerie-Regiment,
Füsilier,
1762

Büchsenmeister eines österreichisch-ungarischen Artillerie-Korps und Füsilier des Artillerie-Regiments Der Büchsenmeister und der Füsilier der Artillerie Österreich-Ungarns waren zu dieser Zeit nahezu gleich in dunkelbraunen Uniformen mit roten Abzeichen, also Rabatten, Ärmelaufschlägen und Schoßumschlägen bekleidet. Der Büchsenmeister war natürlich ein wirklicher Artillerist, während der Füsilier jenem Truppenteil angehörte, der seit 1757 ständig als infanteristische Bedeckung der Artillerie handelte.

Büchsenmeister eines Artillerie-Korps, Füsilier des Artillerie-Regiments und Offizier des Ingenieur-Korps Der Büchsenmeister und der Füsilier sind mit ihren Uniformen für das Jahr 1762 zu hell dargestellt. In der Mitte des 18. Jahrhunderts wechselte Österreich-Ungarn die Uniformfarbe seiner Artillerie von Perlgrau zu Rehbraun und dann weiter zu Dunkelbraun. Die sehr schmutzige Tätigkeit an den Geschützen erzwang diese Veränderung. Des Weiteren zeigt die Abbildung einen weiß und rot uniformierten Ingenieuroffizier. Dieses Korps war erst 1747 entstanden.

Österreich-Ungarn,
Artillerie-Korps,
Büchsenmeister;
Artillerie-Regiment,
Füsilier;
Ingenieur-Korps,
Ingenieuroffizier,
1762

Österreich-Ungarn,
Artillerie,
Spielleute,
1762

Spielleute der Artillerie Die Spielleute der Artillerie Österreich-Ungarns, hier ein Dudelsackpfeifer und ein Trommler, stammten wohl überwiegend aus dem traditionell musikalischen Böhmen. Zumindest stützen die Fuchsfellmützen diese Annahme. Ansonsten waren diese Spielleute ganz in Rot uniformiert. Der Mützendeckel, die Uniformröcke und die Westen waren mit Silberborten besetzt.

Österreich-Ungarn, Kürassier-Regimenter de Ville, Anhalt-Zerbst, Trautmannsdorf, Bretlack und Stampach, Kürassiere, 1762

Kürassiere der Kürassier-Regimenter de Ville, Anhalt-Zerbst, Trautmannsdorf, Bretlack und Stampach Die Kürassiere Österreich-Ungarns ersetzten etwa ab 1740 die ledernen Koller durch weiße Tuchröcke. Rot wurde vorherrschend für Aufschläge und Unterbekleidung. Im Einzelnen unterschieden sich die Regimenter aber durch die Farbe, Anzahl und Stellung der Knöpfe sowie durch die rote, weiße oder gelbliche Unterbekleidung. Bis Ende der 1760er Jahre trugen die österreichischen Kürassiere noch einen Küraß aus Brust- und Rückenteil. Nur die Eisenhaube war bereits in den 1720er Jahren dem Dreispitz aus Filz gewichen, wobei ein eiserner Kreuzbügel (Kaskett) im Innern den Kopf vor Hieben schützte. Im Hintergrund des Bilds ist ein Kürassier vollständig ausgerüstet dargestellt.

Dragoner der Dragoner-Regimenter Bathiani, Hessen-Darmstadt, Sachsen-Gotha, St. Ignon, Althannover und Aspremont Die Dragoner Österreich-Ungarns waren damals ähnlich wie die Kürassiere uniformiert, ausgerüstet und bewaffnet. Zwar sollten sie alle ab 1757 Röcke von dunkelblauer Grundfarbe anziehen, doch mussten, begründet durch die Zwänge des Siebenjährigen Kriegs, die bis dahin üblichen roten, blauen, grünen und weißen Uniformen weiter verwendet werden. Zur Ausrüstung der Dragoner gehörte generell das breite Bandelier. Um die Details der Uniformen deutlicher darstellen zu können, verzichtete man bei dieser Illustration darauf.

Österreich-Ungarn, Dragoner-Regimenter Bathiani, Hessen-Darmstadt, Sachsen-Gotha, St. Ignon, Althannover und Aspremont, Dragoner, 1762

Österreich-Ungarn, Husaren-Regimenter Spleny, Kaiser, Baranyay, Bethlen, Esterhazy und Haddik, Husaren, 1762

Husaren der Husaren-Regimenter Spleny, Kaiser, Baranyay, Bethlen, Esterhazy und Haddik Die Husaren Österreich-Ungarns, eher natürlich Ungarns, kleideten sich von Beginn an in Uniformen, die ihren nationalen ungarischen Trachten entsprachen. Der charakteristische Schnurbesatz auf dem Dolman, der schoßlosen Jacke, lässt sich darauf zurückführen, dass man in Ungarn zu Zeiten des Aufkommens der Volkstrachten noch keine Knopflöcher kannte. Sie wurden durch Schlaufen und längliche Stäbchen geschlossen. Auch die engen Hosen, die kurzen Stiefel und der über die Schulter getragene Pelz entstammten der ungarischen Tracht. Bis 1757 durften die Inhaber der Husarenregimenter die Uniformfarbe selbst bestimmen.

Offizier des sächsischen Grenadier-Bataillons v. Bellegarde, Trommler des Infanterie-Regiments Königin, Grenadier der Grenadier-Leibgarde und Füsilier des Infanterie-Regiments v. Rochow Die sächsischen Infanteristen aus der Zeit um 1745, seien es Offiziere, Trommler, Grenadiere oder Füsiliere, waren seit diesem Jahr neu, aber weiterhin recht vielfarbig uniformiert. Der Grenadieroffizier trug nicht nur die Grenadiermütze und war mit Ringkragen, Schärpe und Degen als Offizier ausgewiesen, sondern führte im Unterschied zu seinen preußischen Kollegen ein Gewehr mit sich. Der Spielmann, hier ein Trommler, war am Besatz der Ärmel seines Uniformrocks sofort zu erkennen. Auch in Sachsen setzten die Füsiliere wie die Grenadiere anstelle des Dreispitzes eine Mütze mit hohem Vorderschild auf.

Dragoner, Grenadier und Offizier der Cheveaulegers-Regimenter Prinz Karl, Graf Brühl und v. Rutowsky
Die Kavalleristen der sächsischen Armee hatten wie die Infanteristen 1745 neue Uniformen erhalten. Während die Kürassiere weiße Röcke erhielten, blieben die Uniformen der Cheveaulegers vielfarbig. 1748 wurde der sächsische Premierminister Heinrich Graf v. Brühl (1700–1763) Chef eines derartigen Regiments, ohne es selbst zu befehligen. Damals wurden die Grenadiermützen durch Dreispitze ersetzt.

Sächsischer Auditeur Der sächsische Auditeur, gewissermaßen ein beamteter Rechtssachverständiger in dieser Armee und auch in anderen Heeren, war wie der Feldscher, der Quartiermeister, der Prediger und weitere Militärbeamte für das Funktionieren eines Truppenteils unverzichtbar. Der Auditeur hatte unter anderem für den ordnungsgemäßen Ablauf von Kriegsgerichtsverfahren zu sorgen. Da er jedoch nicht den Rang eines Offiziers einnahm, blieb seine Uniform schlicht-bürgerlich. Nur der Degen hob ihn von den Soldaten und Unteroffizieren ab.

Russland, Panduren-Regiment, Musketier und Grenadier; Leibgarde-Regimenter Preobrashenski, Semenowski und Ismailowski, Sergeant und Musketiere; Garnison Nowomirgorod, Grenadier; Garde-Grenadier-Offizier, 1742–1763

Mannschaften und Offiziere des russischen Panduren-Regiments, der Leibgarde-Regimenter und der Garnison Nowomirgorod Die russischen Infanteristen aus der Zeit von 1742 bis 1763 vertreten die verschiedensten Truppenteile und Dienstgrade. Erkennbar ist, dass auch in Russland – preußischem Beispiel entsprechend – den Soldaten Zöpfe, Haarlocken und Puder aufgezwungen wurden. Weiße Gamaschen sowie nunmehr durchgängig weiße Halstücher ergänzten die Uniformen. 1743 verengten sich Rock und Kamisol in der Taille. Der Rock wurde nur bei kaltem Wetter zugeknöpft. Die Rockschöße wurden stets umgeschlagen. Besonders war die Uniform des Garde-Grenadier-Offiziers gestaltet; seine Kopfbedeckung war zur Parade reich mit Straußenfedern verziert. Die Panduren trugen eher ungarisch geprägte Uniformen.

Grenadier, Musketier und Offiziere der russischen Infanterie Die russischen Infanteristen trugen seit 1720 einheitlich die grüne Uniform mit roten Aufschlägen und einer gleichfarbigen Unterbekleidung. Die Offiziere waren in erster Linie an ihren goldbetressten Hüten, dem Ringkragen, der schwarz-goldenen Schärpe und dem Degen zu erkennen. Die nicht berittenen Offiziere, also die der unteren Ränge, führten kurze Bajonettgewehre und über der Schärpe eine Tasche für die Aufbewahrung der Munition mit sich, die Kartusche.

Russland, Infanterie, Grenadier, Musketier und Offiziere, 1756–1762

Russland, Infanterie, Offizier, Grenadiere und Musketier, 1762

Offizier, Grenadiere und Musketier der russischen Infanterie Die Infanteristen verschiedener Truppenteile der russischen Armee trugen kurze Zeit völlig untypische Uniformen. Zar Peter III. wechselte als glühender Bewunderer Friedrichs des Großen nicht nur Ende des Siebenjährigen Kriegs auf die Seite Preußens, sondern führte obendrein Uniformen ein, die sich in Farbe und Schnitt weitgehend an die preußischen anlehnten. Auch das mag ein Grund gewesen sein, dass er 1762 einer Revolte nationalrussischer Offiziere zum Opfer fiel. Zarin Katharina II. korrigierte dieses Erscheinungsbild ihrer Armee sehr rasch weitgehend. Zu sehen sind neben dem Grenadieroffizier (links stehend) und einem Musketier (rechts stehend) ausschließlich Grenadiere.

Russland,
Husaren-Regiment
v. Zobeltitz, Offizier;
2. Husaren-Regi-
ment, Husar
und Offizier,
1762

**Offiziere und Husar zweier russischer Husarenregi-
menter** Auch die russischen Husarenregimenter folgten
unter Zar Peter III. in ihrer Uniformierung für kurze Zeit dem
preußischen Beispiel. Die Uniformen der Unteroffiziere und
Mannschaften ähnelten sehr denen ihrer Offiziere, die allerdings eine goldene oder silberne Beschnürung statt der
gelben oder weißen schmückte.

Russland,
Kavallerie, Küras-
sier und Dragoner;
Regiment Grena-
diere zu Pferd,
Offizier und
Grenadier,
1756–1761

**Kürassier, Dragoner, Offizier und Grenadier der rus-
sischen Kavallerie** Die russischen Reiter verschiedener,
beim Kürassier und Dragoner nicht näher zu bestimmenden Regimenter trugen Uniformen, die sich kaum von denen
anderer Armeen unterschieden. Auffällig waren nur die
Kopfbedeckungen der Grenadiere zu Pferd, deren Grenadiermützen mit einem großen Nackenschirm versehen
waren. Der Offizier führte außer der Grenadiertasche
rechts am Bandelier noch eine Kartusche an der Schärpe
mit sich. Die Bandeliers der Mannschaften besaßen zwei
Metallschnallen, die die Schulter ein wenig schützen sollten.

Hessen-Darmstadt,
Wachtparade des
Leib-Regiments zu
Fuß, Grenadiere,
Musketiere,
Unteroffizier und
Offiziere,
1779

**Mannschaften und Offiziere des Leib-Regiments zu
Fuß Hessen-Darmstadts** Grenadiere und Musketiere
sind vor dem 1771 erbauten großen Exerzierhaus in
Darmstadt zur Wachtparade angetreten. Eben wird ein
Grenadier, beobachtet von seinem Unteroffizier (mit dem
Kurzgewehr, einer Stangenwaffe), von zwei Offizieren kri-
tisch gemustert. Schon 1752 war das Regiment auf
Wunsch des damaligen Erbprinzen, als Ludwig IX. Landgraf von 1768 bis 1790, nach preußischem Vorbild uniformiert worden. Zur Parade hatte er seinen Grenadieren
reich mit Silber verzierte Grenadiermützen (das Messing-
blech enthielt den landgräflichen Wappenlöwen) verliehen,
in deren unterem Teil 1768 noch der Stern des preußischen Schwarzen Adlerordens hinzu kam.

Hessen-Darmstadt, Leib-Regiment, Hautboist, Zimmermann, Grenadier, Offizier und Grenadierunteroffizier, 1768

Hautboist, Zimmermann, Grenadier, Offizier und Grenadierunteroffizier des Leib-Regiments von Hessen-Darmstadt Angehörige des Hessen-Darmstädter Leib-Regiments waren zuvor schon bei einer Wachtparade 1779 zu sehen. Zu den Grenadieren und Musketieren des Regiments gehörten wie anderswo auch Spielleute und Zimmermänner. Diese beiden Gruppen von Spezialisten hoben sich durch die Reichhaltigkeit ihrer Uniformen nochmals deutlich von Ersteren ab. Der Spielmann (Hautboist oder auch Hobist) hatte an den Ärmeln seines Uniformrocks neben den Schwalbennestern von oben bis unten noch Borten. Beim Zimmermann ist außer der roten Lederschürze die Kopfbedeckung von der Art preußischer Füsiliermützen mit dem langen Busch in den Landesfarben bemerkenswert.

Cheveauleger und Offizier des Cheveaulegers-Regiments von Hessen-Darmstadt Die Cheveaulegers sind hier für das Jahr 1793 bereits im Kampf gegen französische Infanteristen der Revolutionsarmee dargestellt. Das hessische Kavallerieregiment war erst 1790 errichtet worden. Seine Uniform, besonders das Kaskett als Kopfbedeckung, war interessanterweise an das Vorbild englischer leichter Kavallerie angelehnt, während die Infanterie ja nach wie vor preußischem Beispiel folgte.

Hessen-Darmstadt, Cheveaulegers-Regiment, Cheveauleger und Offizier, 1793

Hessen-Darmstadt, Jäger-Korps, Halbmondbläser, Offizier, Feldwebel und Jäger, 1796

Halbmondbläser, Offizier, Feldwebel und Jäger des Jäger-Korps Die hessischen Jäger kämpften von 1793 bis 1796 in den Niederlanden in einem Hilfskorps, das Landgraf Ludwig X. Großbritannien zur Verfügung gestellt hatte. Die Truppe rekrutierte sich wie anderswo auch aus gelernten Jägern. Der Musiker war von der Uniform her nur an der Farbgestaltung seines Stutzes am Hut zu erkennen. Ähnlich war das bei den Unteroffizieren, Oberjäger genannt, geregelt. Diese hatten im Unterschied zu den Feldwebeln einen grünen Stutz mit karmoisinroter Spitze und Wurzel sowie nur auf der linken Schulter eine goldene Achselklappe. Alle Unteroffiziere besaßen goldene Litzen an Ärmelaufschlag und Kragen.

Hamburg,
Infanterie-Regiment, Grenadier,
um 1785;
Artillerie-Korps,
Konstabler,
1772 und 1795

Grenadier des hamburgischen Infanterie-Regiments und Konstabler des Artillerie-Korps Neben der Infanterie und einigen Dragonern gehörte ein Artilleriekorps zum Militär Hamburgs. Seine Angehörigen waren einfach dunkelblau uniformiert und besaßen seit 1768 zudem noch Gewehre. 1793 erhielten sie die rechts abgebildete neue Uniform mit roten Rabatten und hellgelben Schoßumschlägen. 1798 kam noch ein liegender roter Kragen hinzu. Die Infanterie Hamburgs, hier von einem Grenadier repräsentiert, trug seit 1783 zusätzlich hellblaue Rabatten und hatte die roten durch weiße Westen ersetzt. Die Grenadiere befestigten als Wollstutze Kompanieabzeichen links an der Mütze: 1. Kompanie Gelb, 2. Gelb und Rot, 3. Gelb und Blau, 4. Gelb und Schwarz, 5. Blau und Rot, 6. Weiß und Schwarz, 7. Gelb und Grün, 8. Rot, 9. Grün und Weiß, 10. Weiß und Blau. Die erstgenannte Farbe befand sich stets unten.

Musketier des Mecklenburg-Schwerin'schen Infanterie-Regiments von Gluer sowie Grenadier und Offizier des Grenadier-Bataillons Winter Diese Musketiere und Grenadiere rückten im Sommer 1788 im Bestand eines 1000 Mann starken Subsidienkorps zu einem Einsatz in die Niederlande aus und mussten dort bis Ende 1795 bleiben. Die Uniformen zeigen auch Ende des 18. Jahrhunderts den preußischen Einfluss. Bei den Ärmelaufschlägen des Musketiers handelte es sich um brandenburgische, das heißt, zu den wirklichen Aufschlägen kamen blaue, mit weißen Borten versehene Ärmelpatten hinzu. Im Unterschied dazu hatten die Grenadiere schwedische Ärmelaufschläge.

Mecklenburg-Schwerin, Infanterie-Regiment von Gluer, Musketier; Grenadier-Bataillon Winter, Grenadier und Offizier, 1788

Mecklenburg-Schwerin, Infanterie-Regiment von Pressentin, Generalmajor, 1795; Leib-Grenadier-Regiment, Grenadier, 1805; Leibgarde zu Pferd, Gardereiter, 1795

Generalmajor des Infanterie-Regiments von Pressentin, Grenadier des Leib-Grenadier-Regiments und Gardereiter der Leibgarde zu Pferd Auch in Mecklenburg-Schwerin gab es immer noch keine spezifischen Abzeichen für die Offizierdienstgrade. Nur die Generale hoben sich auch in Mecklenburg durch einen weißen Federbesatz am Hut von den Offizieren ab. Bei dem Generalmajor handelt es sich um Otto Bernhard von Pressentin (1739–1825). Die Grenadiere setzten ab 1796 im täglichen Dienst Filzhüte auf, die hohen Grenadiermützen und ab 1805 die Bärenfellmützen trugen sie nur zu Paraden.

Baden,
Bataillon Erbprinz,
Offizier, Unteroffi-
zier und Füsilier;
Leib-Infanterie-Re-
giment, Offiziere,
Grenadier und
Musketier,
1790

Offizier, Unteroffizier und Füsilier des badischen Bataillons Erbprinz sowie Offiziere, Grenadier und Musketier des Leib-Infanterie-Regiments Die Infanteristen Badens um das Jahr 1790 hätten ihrer Uniformen nach auch preußische sein können. 1793 wurden einige kleine Änderungen vorgenommen, so führte man für das Bataillon Erbprinz Säbel und vor allem gelbe Rabatten ein. Die Unteroffiziere erhielten für die wegfallenden Gewehre Kurzgewehre, eine Stangenwaffe, die ja das Rangabzeichen der Unteroffiziere im 18. Jahrhundert war. Die Offiziere dagegen gaben das Sponton 1793 ab. Auch tauschten sie die Gamaschen gegen hohe Stiefel. Der von vorn dargestellte Offizier ist an der roten Abzeichenfarbe als Angehöriger des Leib-Infanterie-Regiments zu erkennen. Wie der Grenadier tritt er in Gala- bzw. Paradeuniform an.

Dragoner des bayerischen Dragoner-Regiments Wahl
Der rot uniformierte Dragoner des Jahres 1782 gehört dem Regiment Wahl an, einem der in dieser Zeit bestehenden vier bayerischen Dragonerregimenter. Diese unterschieden sich, wie anderswo auch, in der Farbe ihrer Abzeichen. Für die Dragoner gab es mit einer Verordnung vom 11. März 1785 eine einschneidende Änderung: Von da an erhielten sie weiße Uniformen ohne Rabatten. Die Zugehörigkeit zur bayerischen Armee war nicht nur durch die blau-weiße Kokarde sondern auch durch einen ebensolchen Haarbusch am Hut zu erkennen.

Bayern,
Dragoner-Regi-
ment Wahl,
Dragoner
1782 bzw. 1785

Bayern,
Kürassier-Regi-
ment Taxis,
Kürassier,
1785–1790;
2. Dragoner-
Regiment Taxis,
Dragoner,
1790–1804

Kürassier und Dragoner des Regiments Taxis Kürassier und Dragoner dienten im selben Truppenteil. Am 1. Januar 1790 war die Armee nach Vorschlägen des in bayerische Dienste getretenen amerikanischen Physikers Ritter Benjamin von Thompson, Graf von Rumford (1753–1814), vollständig neu formiert worden. Die Taxis-Kürassiere wurden dabei zu Taxis-Dragonern. Bemerkenswert ist jedoch die neue Kopfbedeckung des Dragoners – auch als Rumford-Kaskett bezeichnet. Zusammen mit den ledernen Epauletten sollte es einen besseren Schutz gegen Säbelhiebe bieten. Rumford hat übrigens nicht nur die bayerische Armee reformiert, sondern in München den Englischen Garten angelegt und die Kartoffel als Nahrungsmittel eingeführt.

Mannschaften der Infanterie-Regimenter Kerpen, Schertel und Hohenlohe, des Artillerie-Korps, des Dragoner-Regiments Anspach und des Kürassier-Regiments Treskow Die Gemeinen, also Mannschafts-dienstgrade, verschiedener Truppenteile des Fränkischen Kreises trugen im Jahr 1781 Uniformen, bei denen in Schnitt und Farbe das Vorbild der preußischen Armee deutlich zu erkennen ist. Bei dem für das Jahr 1757 schon oben vorgestellten Dragoner-Regiment Anspach ist der Wegfall der weißen Litzen auf den Rabatten und Ärmelaufschlägen auffällig.

Angehörige des Kürassier-Regiments Hohenzollern, des Dragoner-Regiments Württemberg und der Infanterie-Regimenter Württemberg, Baden-Durlach, Wolfegg und Fugger des Schwäbischen Kreises
Der Kürassier, der Dragoner und der Grenadier sowie die Musketiere der schwäbischen Kreistruppen erschienen bis nahezu Ende des 18. Jahrhunderts in Uniformen der Zeit des Siebenjährigen Kriegs. Dabei folgten die Uniformen der Infanterie entweder preußischem oder österreichischem Vorbild. Insbesondere die Uniform der Grenadiere des Infanterie-Regiments Württemberg war der preußischen so ähnlich, dass zur Unterscheidung im Kampf weiße Überzüge über die Grenadiermützen gezogen werden mussten.

Kürassier des Kürassier-Regiments Hohenzollern und Dragoner des Dragoner-Regiments Württemberg des Schwäbischen Kreises Der Kürassier und der Dragoner der beiden schwäbischen Kreisregimenter zeigen sich in Uniformen, wie sie nur wenige Jahre später getragen wurden als auf dem vorherigen Bild dargestellt. Während bei den Kürassieren die Hauptfarben Weiß und Rot geblieben waren und sich nur der Schnitt etwas geändert hatte (der rote Kragen war hinzugekommen), erfuhren die Dragoner eine deutlichere Änderung ihrer Uniformierung. An die Stelle der hellblauen Uniformröcke mit schwarzen Abzeichen traten vor allem dunkelblaue mit roten Abzeichen. Diese Uniformen wurden während der Feldzüge gegen die französischen Revolutions-armeen 1793 bis 1796 getragen.

Mainz,
Garde du Corps,
Offizier und Garde
du Corps;
Husaren-Korps,
Offizier und Husar,
1790

Garde du Corps und Husaren-Korps Die Garde du Corps, als kurfürstliche Leibwache mit besonders reich ausgestatteten Uniformen versehen, bestand nur aus Offizieren und Mannschaften im Rang von Unteroffizieren. Sie diente in den Schlössern von Mainz und Aschaffenburg. Das Husaren-Korps gliederte sich in zwei Eskadronen und wurde vom Kurfürsten im Kampf gegen die französische Revolutionsarmee eingesetzt. Das verschlungene Monogramm „CM" (darüber der Kurhut) auf den Säbeltaschen stand für „Chur-Fürstentum Mainz".

Musketier und Offizier des Mainzer Infanterie-Regiments v. Rüdt sowie Offizier und Kanonier des Artillerie-Korps Das in Weiß mit gelben Abzeichen uniformierte Infanterie-Regiment v. Rüdt war eines von vier Kur-Mainzer Infanterieregimentern. Die anderen Truppenteile führten dunkelblaue (v. Gymnich), dunkelgrüne (v. Knorr) und ziegelrote (v. Faber) Abzeichen. Bei den Offizieren hatte auch die Weste die Abzeichenfarbe. Wie die vorher gezeigten Husaren zog auch die Infanterie in die Revolutionskriege. Dagegen waren die blau und rot uniformierten Artilleristen auf die Festungen Mainz und Petersberg bei Erfurt verteilt.

Mainz,
Infanterie-Regiment v. Rüdt,
Musketier und
Offizier; Artillerie-Korps, Offizier
und Kanonier,
1790

Köln,
Stadtmilitär, Artillerist, Infanterieoffizier, Grenadier und
Grenadiertrommler,
1774

Artillerist, Infanterieoffizier, Grenadier und Grenadiertrommler des Kölner Stadtmilitärs Dieses Stadtmilitär der alten freien Reichsstadt Köln war weniger eine Feldtruppe, sondern eher eine Polizei- und Zollwache, auch wenn 1774 außer den drei Infanteriekompanien noch eine Batterie Artillerie zu ihnen gehörte. Nach den Farben Rot und Weiß der Uniformen ihrer Infanterie, die auch den Kölner Stadtfarben entsprach, bürgerte sich der Begriff „Funken" für sie ein. Farben und Bezeichnung leben noch heute bei den Kölner Karnevalszügen in der Funkengarde weiter. Das Stadtmilitär selbst wurde 1794, als die Franzosen Köln in Besitz nahmen, aufgelöst.

Münster,
Infanterie, Offizier,
1800

Offizier der Münster'schen Infanterie Der Infanterie-
offizier des Bischöflich Münster'schen Militärs, das zum
Regiment Kur-Köln gehörte und dessen eigenständige
Geschichte endete, als das Bistum 1802 an Preußen fiel,
trug eine der preußischen sehr ähnelnde Uniform. Abweichend erscheint nur das epaulettenartige goldene
Achselstück. Der Hut besaß keine Borteneinfassung; die
silberne Schärpe war mit blauen und roten Fäden ebenso
durchzogen wie das Portepee am Degen. Zum Dienst
legten die Offiziere noch den Ringkragen als Rang- und
Standesabzeichen an.

**Gemeiner, Trommler und Offiziere der Leipziger
Stadtsoldaten** Diese Leipziger Stadtsoldaten gehörten
nicht zur sächsischen Armee, sondern ihre Existenz war
eine reine Angelegenheit der Stadt. Wie das Militär mancher anderer deutschen Städte genoss es kein hohes
Ansehen, weil oft alte und auch sonst kaum noch dienst-
taugliche Männer für diesen Dienst, meist Besetzung der
Stadttore, genommen wurden. Das mag erklären, dass die
dargestellten Vertreter der Stadtsoldaten Leipzigs eher
Karikaturen gleichen. Bei den beiden Offizieren handelt es
sich um Leutnants; der dickliche Offizier ist als „Premier-
Lieutenant und Gouvernements-Adjutant" bezeichnet.

Leipzig,
Stadtsoldaten,
Gemeiner, Tromm-
ler und Offiziere,
1790

Hessen-Kassel,
Postmeister,
Oberbeamter und
Postillione,
1793

**Postmeister, Oberbeamter und Postillione Hessen-
Kassels** Die Angehörigen der Fürstlich Hessischen Post
waren wie die Postorganisationen anderer deutscher Staaten am Ende des 18. Jahrhunderts so uniformiert, dass
sie eigentlich nicht vom Militär zu unterscheiden waren.
Die höheren Postbeamten traten äußerlich wie Offiziere
des Militärs auf, so trugen sie beispielsweise einen Degen.
Die Postillione führten auf dem weiten Kragen und um
den Ärmel mehrfach die Buchstaben „WLzHD. FHP"
wahrscheinlich für Wilhelm Landgraf zu Hessen Durch-
laucht. Fürstlich Hessische Post.

Cheveaulegers verschiedener sächsischer Regimenter
Das Regiment Prinz Albrecht ist durch einen Trompeter (links) und einen Reiter im Stallanzug (zweiter von rechts), das Regiment v. Gersdorff durch einen Stabstrompeter (zweiter von links), das Regiment v. Dehn-Rothfelser von einem Fahnenschmied (Mitte, mit der Lederschürze) und einem Trompeter (rechts) und das Regiment v. Rossler ebenfalls durch einen Stabstrompeter (Mitte, blau uniformiert) vertreten. Der Fahnenschmied war vor allem für den Hufbeschlag der Pferde zuständig. Die Stabstrompeter, unter anderem durch doppelten Bortenbesatz gekennzeichnet, führten das Trompeterkorps der Kavallerieregimenter an.

Unteroffizier, Offiziere und Grenadier der sächsischen Leib-Grenadier-Garde Die sächsische Garde zu Fuß wird hier durch Vertreter aller Dienstgradgruppen in ihren prächtigen Uniformen repräsentiert. Die Truppe war 1729 aus Abgaben aller sächsischen Infanterieregimenter errichtet worden und bestand bis 1848. Wohl 1734 erhielten ihre Angehörigen rote Uniformen mit gelben Abzeichen. Bei der großen Uniform kam bei den Offizieren eine noch reichere Silberstickerei hinzu. Bemerkenswert sind auch ihre kurzen Offiziergewehre mit dem spontonartig gestalteten Bajonett.

Sächsischer Postillion und Schirrmeister Der Postillion und der Schirrmeister der sächsischen Post aus der Zeit um 1800 sind ein Beleg dafür, dass Ende des 18. Jahrhunderts nach dem Vorbild des jeweiligen Militärs auch die Angehörigen verschiedener anderer staatlicher Bereiche uniformiert wurden. Das traf unter anderem, wie hier in Sachsen, auf die Post zu, die gelbe Uniformen mit blauen Abzeichen trug.

Schweden,
Infanterie-Regi-
menter Elfsborg,
Westerbotten und
Kronoberg,
Gemeine,
1779

Gemeine der schwedischen Infanterie-Regimenter Elfsborg, Westerbotten und Kronoberg Die Gemeinen dieser Infanterieregimenter hatten im Jahre 1779 wie die gesamte schwedische Armee eine bemerkenswerte neue Uniform erhalten. Es war die sogenannte schwedische Tracht aus steifem Hut mit Federschmuck (die aufrecht stehende Feder stets gelb, die anderen in den Regimentsfarben), das mit Borten geschmückte Wams und eine Beinbekleidung in Gestalt von Scharawaden (Überziehhosen in der Art langer Strümpfe). Zöpfe und das Pudern der Haare wurden aber nicht abgeschafft. Schon 1792, nach der Ermordung König Gustav III. (geb. 1746), erfolgte ein weitgehender Rückschritt zu den alten Uniformen, nur der Hut blieb noch lange in Gebrauch.

Reiter des schwedischen Dragoner-Regiments Bohuslän, der Jämtländischen Kavallerie-Kompanie und des Nord-Schonen'schen Kavallerie-Regiments Die Reiter verschiedener schwedischer Kavallerietruppenteile wurden 1779 wie die Infanteristen ebenfalls neu und in derselben Art und Weise uniformiert. Im Unterschied zu dem abgebildeten Dragoner dominierten allerdings sonst die für Schweden traditionellen Farben Blau und Gelb auch bei den neuen Uniformen. Neben dem Hut wurde wohl in einigen Fällen auch eine Mütze in Gestalt eines gestutzten Kegels aufgesetzt.

Schweden,
Dragoner-Regiment Bohuslän,
Jämtländische
Kavallerie-Kompanie, Nord-Schonen'sches
Kavallerie-Regiment, Reiter,
1779

Russland,
Garde zu Pferd,
Chevaliergarde und
Leib-Husaren,
1790

Chevaliergarde und Leib-Husaren der russischen Garde zu Pferd Die russischen Hofgarden blieben von den Uniformänderungen der Jahre 1783 und 1786 unberührt. Bei den hier für 1790 vorgestellten Gemeinen beeindruckt deren prächtige Uniform. Besonders traf das für den Angehörigen der vornehmen Chevaliergarde zu. Der Helm mit Nackenschutz enthielt vorn den russischen Doppeladler als Relief und wurde von einem gewaltigen Federbusch gekrönt. Die Umschläge der roten Uniform, die Supraweste und die Bandeliere waren aus kornblumenblauen Samt. Die ein wenig sonderbar wirkenden metallenen Besätze auf den Ärmeln, Hosen und Stiefeln, verbunden durch Ketten, sollten sicher eher schmücken als schützen.

Sergeant und Offizier der russischen Jäger sowie Musketiere und Trommler der Infanterie Die russischen Jäger und Infanteristen erschienen ab 1783 bzw. 1786 in völlig neuen Uniformen, die nicht nur sehr praktisch, sondern ihrer Zeit weit voraus waren. Sie bestanden aus kurzen grünen Uniformröcken mit kleinem Kragen, aufknöpfbaren Rabatten und Aufschlägen. Alle diese Abzeichen waren bei den Jägern grün, bei der Infanterie rot. Hinzu kamen lange, lederbesetzte Hosen mit Stiefeln, die bequemer als die bisherigen Kniehosen und Stiefeletten bzw. Gamaschen waren. Nur die Offiziere trugen einen frackartigen Uniformrock.

Kürassiere und Trompeter des Leib-Kürassier-Regiments, des Kasan'schen Kürassier-Regiments und des Ordens-Regiments Die russischen Kürassiere wurden ebenfalls ab 1783 bzw. 1786 in der gleichen Art und Weise wie die Jäger und Infanteristen neu uniformiert, wenn auch in gelber Grundfarbe der Uniformröcke. Allerdings besaßen sie eine Beinbekleidung in der Farbe ihrer Abzeichen, das heißt hier Grün, Blau und Gelb. Die Trompeter hatten wie früher ganz andersfarbige Uniformen erhalten, die des Leib-Kürassier-Regiments beispielsweise reichgeschmückte rote Uniformröcke.

Karabinier-Trompeter, Karabinier-Unteroffizier der russischen Reiterei sowie Chevauleger und Dragoner Die Reiter der restlichen russischen Kavalleriegattungen hatten natürlich ebenfalls ab 1783 bzw. 1786 die neuen Uniformen erhalten. Allen war die neue Kopfbedeckung gemeinsam. Hier sollte die breite, verschiedenfarbige Raupe aus Wolle den Kopf vor Säbelhieben und zwei hinten herabhängende Tuchstreifen den Nacken gegen Sonne oder Regen schützen. Zar Paul I. machte 1796, gleich nach seiner Thronbesteigung, den größten Teil dieser bemerkenswerten Uniformreform rückgängig und führte die früher getragenen Uniformen wieder ein.

Preußische Offiziere und Soldaten Offiziere und Soldaten preußischer Truppenteile, meist der Garde, präsentierten oftmals in Potsdam vor der Garnisonkirche. Hier sind es ein Offizier vom I. Bataillon Garde, ein Offizier vom Infanterie-Regiment Prinz von Preußen, ein Unteroffizier vom Grenadier-Garde-Bataillon, ein Grenadier vom I. Bataillon Garde, ein Grenadier vom III. Bataillon Garde, ein Standartenjunker vom Regiment Garde du Corps mit der Standarte dieses Regiments und Kürassier vom Regiment Gens d'armes sowie ein Offizier vom Feldjäger-Korps zu Pferd. Sie alle veranschaulichen nochmals die Pracht der preußische Armee am Ausgang des 18. Jahrhunderts.

Preußen,
Offiziere und Sol-
daten in Potsdam,
um 1770

Preußische Generale der Kavallerie Ein General der Kavallerie, ein Generalleutnant und ein Generalmajor, alle von der Kavallerie der preußischen Armee und in „Campagne"-Uniform (Felduniform), stehen für eine Episode der Uniformgeschichte Preußens. Hoben sich etwa seit 1741 alle preußischen Generale von den Offizieren durch die sogenannte Plumage am Hut, das heißt einen um die Krempe laufenden Besatz von Straußenfedern, ab, führte König Friedrich Wilhelm II. von Preußen 1789 nur für Kavalleriegenerale eine Felduniform ein, deren Rangstufen sich durch die Reichhaltigkeit der Stickerei am Uniformrock unterschieden. Diese Gradabzeichen wurden jedoch schon 1798 wieder abgeschafft.

Preußen,
Generale der
Kavallerie,
1787

Preußen,
Infanterie-Regi-
ment v. Wolframs-
dorf, Musketier,
Unteroffizier und
Offiziere,
1792

Musketier, Unteroffizier und Offiziere des preußischen Infanterie-Regiments v. Wolframsdorf Die preußischen Infanteristen waren zu Lebzeiten Friedrich des Großen nahezu unverändert uniformiert gewesen. Nach seinem Ableben 1786 gab es bald einige Veränderungen. So wurden die Rabatten, die zuletzt am Rock festgenäht waren, nun wieder zum Überknöpfen eingerichtet. Des Weiteren wurde der Dreispitz durch ein sogenanntes Kaskett ersetzt. Mit Kaskett bezeichnete man hier einen breitkrempigen Filzhut, der vorn und hinten hochgeklappt wurde. Auf der Vorderklappe befand sich bei den Musketieren der in Metall gestanzte königliche Namenszug. Bei den Grenadieren war es eine stilisierte brennende Granate.

Preußen,
Füsilier-Bataillon v.
Schenke, Offizier;
Füsilier-Bataillon v.
Renouard, Füsilier
und Spielmann,
1792

Offizier des preußischen Füsilier-Bataillons v. Schenke sowie Füsilier und Spielmann des Füsilier-Bataillons v. Renouard Die preußischen Füsiliere mit diesem Aussehen und vor allem als leichte Infanterie gab es erst seit 1787. Vorher handelte es sich bei ihnen lediglich um Infanteristen mit einer besonderen Kopfbedeckung. Jetzt hatte es aufgrund der Erfahrungen der Kämpfe im amerikanischen Unabhängigkeitskrieg (1776–1783) auch in Europa leichte Truppen gegeben, die in aufgelöster Ordnung handelten. Die Uniformen der Füsiliere waren dementsprechend abgestimmt, das heißt von grüner Grundfarbe mit nicht zu grellen Abzeichenfarben versehen. In Preußen wurde auch schon bald das weiße Lederzeug geschwärzt und die weiße Unterbekleidung durch eine grüne ersetzt. Das Kaskett der Füsiliere zierte der stilisierte preußische Adler.

Offizier, Unteroffizier und Mineur des preußischen Mineur-Korps Die Mineure, für den unterirdischen Kampf gegen Festungen oder befestigte Stellungen ausgebildete Truppen, gab es seit 1741 in der preußischen Armee. Auch am Ende des 18. Jahrhunderts entsprachen ihre Uniformen denen der Fußtruppen, sie waren aber sehr viel schlichter gehalten. Die Offiziere setzten noch den Hut alter Art auf, die Unteroffiziere und Mannschaften schon das Kaskett mit dem königlichen Namenszug. Ihr Uniformrock hatte Rabatten von dunkelblauer Grundfarbe erhalten. Das geschah bei allen Truppen, die bis dahin keine solchen besaßen.

Preußen,
Mineur-Korps,
Offizier, Unteroffizier und Mineur,
1792

Preußen,
Husaren-Regiment
v. Blücher, Offizier,
Husar, Trompeter
und Unteroffizier,
1794

Offizier, Husar, Trompeter und Unteroffizier des preußischen Husaren-Regiments v. Blücher Zu diesen preußischen Husaren lassen sich zwei interessante Hinweise mitteilen. Zum einen war dieses Husaren-Regiment Nr. 8 im Jahre 1763 aufgelöst worden. An seine Stelle trat das bisherige Husaren-Regiment Nr. 9, das jedoch die roten Uniformen von Nr. 8 übernahm. Bis 1780 waren die Abzeichen ihrer Dolmans noch ebenfalls rot, dann wurden sie durch das Schwarz ersetzt. Zum anderen begann im Regiment Nr. 9 der spätere Generalfeldmarschall Gebhard Leberecht Fürst Blücher von Wahlstatt seine Laufbahn in der preußischen Armee. Sie war 1773 unfreiwillig unterbrochen, aber ab 1787 erfolgreich fortgesetzt worden – 1794 war er bereits Chef des Regiments.

Preußen,
Bosniaken-Regiment, Unteroffiziere, Offiziere
und Bosniak,
1792

Unteroffiziere, Offiziere und Bosniak des preußischen Bosniaken-Regiments Mit diesen Bosniaken, die es seit 1745 in der preußischen Armee gab, leistete sich auch Preußen eine sehr exotisch anmutende Truppe. Ein Trupp mohammedanischer Bosniaken war damals aufgrund ausbleibender Soldzahlungen aus sächsischem Dienst ins preußische Lager gewechselt. Endgültig rangierten sie ab 1770/71 als Regiment Nr. 9 in der Gruppe der Husarentruppenteile. Die hier gezeigten Uniformen wurden offenbar in den letzten Regierungsjahren Friedrichs des Großen eingeführt. Es gab dann regelrechte Uniformen für die Sommerzeit in Rot und für den Winter in Dunkelblau.

Adlige Reiter der Polnischen und Ungarischen Leibgarden Österreich-Ungarns Die Adligen Reiter der Polnischen und der Ungarischen Leibgarde – die erstgenannte wurde 1782 errichtet, die andere gab es bereits seit 1760 – waren keine für den Kampf bestimmten Truppenteile, sondern dienten vor allem der Heranbildung junger Adliger aus den Ländern des Habsburger Vielvölkerstaats. Ihre überaus prächtigen Uniformen enthielten zahlreiche nationale Trachtenelemente. Während die Polnische Leibgarde schon 1791 wieder aufgelöst wurde, bestand die Ungarische Leibgarde – in der Bekleidung nahezu unverändert – bis 1918.

Österreich-Ungarn,
Polnische und
Ungarische
Leibgarde,
Adlige Reiter,
1782

Österreich-Ungarn,
Hofburgwache,
Arcièren-Leibgarde
und Trabanten-
Leibgarde,
1798

Arcièren-Leibgarde und Trabanten-Leibgarde der österreichisch-ungarischen Hofburgwache Die Angehörigen dieser verschiedenen Wach- und Leibgarden hielten sich stets unmittelbar bei Hof in den entsprechenden Schlössern auf. Während die Hofburgwache – erst 1802 aufgestellt – in einer vergleichsweise schlichten Uniform ihren Dienst versah, kamen die bereits 1763 bzw. 1767 geschaffenen Leibgarden der Arcièren (ursprünglich Bogenschützen) und Trabanten außerordentlich prächtig bekleidet daher.

Cheveauleger des österreichisch-ungarischen Cheveaulegers-Regiments Löwenstein und Husar des Husaren-Regiments Kálnoky Die Cheveaulegers zählten ebenso wie die Husaren zur leichten Kavallerie, blieben aber wie die Kürassiere und Dragoner bewaffnet. Allerdings wurde Grün die Grundfarbe ihrer Uniform. Ihr Kaskett – das hier wiederum die Kopfbedeckung bezeichnet und nicht den eisernen Kreuzbügel im Hut – war höher gehalten als das der Infanterie. Nahezu unverändert uniformiert erschienen die Husaren.

Österreichisch-ungarischer Platzoffizier, Akademiker der Neustädter Akademie und pensionierter Offizier Mit dem Platzoffizier, einem Akademiker und einem pensionierten Offizier sind auf diesem Bild Uniformen zu sehen, wie sie von anderen als den bislang vorgestellten Militärs um 1790 getragen wurden. Eine gewisse Schlichtheit zeichnet sie aus. Ein Platzoffizier war dem Festungskommandanten zur Dienstleistung beigegeben. Bei dem Akademiker handelte es sich um einen künftigen Offizier. Die Neustädter Akademie ist noch mehr als Theresianische Militär-Akademie bekannt; der Name wechselte häufig. Immerhin trug dieser Akademiker bereits das Portepee am Säbel. Der pensionierte Offizier nutzt sein Recht, auch nach dem Ausscheiden aus dem Dienst Uniform zu tragen.

Österreichisch-ungarischer Regimentsarzt und Invalide Ein Regimentsarzt und ein Invalide, wie hier für die Zeit um 1785 dargestellt, waren bei früheren Historienmalern beliebte Motive für ihre Uniformwerke. Die medizinische Versorgung kranker und vor allem verwundeter Soldaten wurde lange Zeit vernachlässigt. Das zeigte sich in der Verweigerung der Offizierränge für die Militärärzte und ihren meist einfachen Uniformen. Alte, kranke und verletzte Soldaten kamen damals gelegentlich schon in Invalidenhäusern unter.

Württemberg,
Leichte Jäger-
Garde, Reitender
Jäger,
1782

Reitender Jäger der württembergischen Leichten Jäger-Garde Der Reitende Jäger gehört der 1782 neu errichteten Truppe an, die die Namen Leichte Jäger-Garde oder Jäger-Corps zu Pferd führte. In Württemberg war bereits 1759 ein aus Jägern zu Fuß und zu Pferd bestehendes Feldjäger-Korps errichtet, aber schon 1765 bzw. 1768 wieder aufgelöst worden. Bei der neuen Formation kam selbstverständlich wieder Grün als Grundfarbe für die Jäger zur Verwendung, doch wurde der Gardecharakter durch die roten Abzeichen mit goldenen Litzen unterstrichen.

Offizier, Grenadier und Sergeant des französischen Regiments Royal de Hesse-Darmstadt Offizier, Grenadier und Sergeant dienten in dem nach Landgraf Ludwig IX. von Hessen-Darmstadt als Chef benannten Regiment. Bei dem Offizier handelte es sich um den 1772 aus Preußen nach Frankreich gewechselten Baron Johann Ernst v. Pirch, der 1776 preußische Exerziermethoden in die französische Armee einführte. Außer den üblichen Merkmalen seines Rangs als Offiziers sind die 1759 als Rangabzeichen eingeführten, hier silbernen Epauletten auf den Schultern zu erwähnen. Generale und höhere Stabsoffiziere trugen solche mit dicken Kordelfransen, die übrigen Offiziere Epauletten mit dünnen Fransen. Der Sergeant ist an der Silbertresse um den Unterärmel und dem mitgeführten Stock zu erkennen.

Frankreich,
Regiment Royal de
Hesse-Darmstadt,
Offizier, Grenadier
und Sergeant,
1780

Frankreich,
Regiment Royal de
Hesse-Darmstadt,
Tambourmajor und
Beckenschläger,
1780

Tambourmajor und Beckenschläger des französischen Regiments Royal de Hesse-Darmstadt Die Musiker des französischen Infanterieregiments, das als Chef einen deutschen Fürsten hatte und entsprechend benannt war, trugen zwar auch blaue Uniformen, doch fiel deren Grundtuch sehr viel dunkler aus. Das geschah sicherlich, um die silbernen und roten Schmuckelemente deutlicher hervortreten zu lassen. Der Tambourmajor, der Leiter der Spielleute eines Truppenteils, war zusätzlich durch seinen Tambourstock herausgehoben. Wie in vielen anderen europäischen Regimentern dienten auch hier Afrikaner als Musiker, in diesem Fall ist ein Beckenschläger dargestellt.

Kolonien in Nordamerika, Miliz, Soldaten; Garde zu Fuß des Gouverneurs von Connecticut, Grenadier, 1774/1775

Milizsoldaten der Kolonien in Nordamerika und Grenadier der Garde zu Fuß des Gouverneurs von Connecticut Die amerikanischen Milizsoldaten heben sich in Jagdbekleidung oder gar Zivilkleidung doch sehr deutlich von dem schon braun mit weiß uniformierten Rifleman aus Virginia und vor allem von dem Grenadier der Gouverneursgarde von Connecticut ab. Dieser stach mit seiner englischen Grenadiermütze, dem roten Uniformrock und braunen Gamaschen klar hervor. Eine wirkliche Anzugsordnung besaß die amerikanische Armee – die Unabhängigkeit der 13 Kolonien war am 4. Juli 1776 erklärt worden – bis 1779 nicht. Es wurde viel improvisiert.

Soldaten der Kontinentalen Streitmacht und der Leibgarde Washingtons Sie tragen Bekleidungen, die den Bogen von Jagdbekleidung bis zu ersten Uniformen spannt. 1775 fielen im Kongress einige Entscheidungen, so wurde George Washington (1732–1799) zum „General und Oberbefehlshaber aller bestehenden oder aufzustellenden Kontinentalen Streitkräfte zur Verteidigung der amerikanischen Freiheit" ernannt. Ein Soldat seiner Leibwache ist dargestellt mit blauem Uniformrock, sandfarbenen Aufschlägen und roter Weste. Des Weiteren legte der Kongress fest, braune Uniformen, die leicht herzustellen waren, für das Heer einzuführen – links ein Infanterist aus Pennsylvania.

USA, Kontinentale Streitmacht, Soldaten; Washingtons Leibgarde, Gemeiner, 1776–1779

USA, Generalmajor, 4. Dragoner-Regiment, Dragoner, Oberkommandierender, Offiziere, 1779–1783

Generalmajor des amerikanischen 4. Dragoner-Regiments, Dragoner, Oberkommandierender und Offiziere Sie tragen die von 1779 bis 1783 festgelegten Uniformen. So war George Washington als Oberkommandierender an drei, eigentlich silbernen Sternen auf jedem Epaulett zu erkennen. Generalmajore führten jeweils zwei solche Gradsterne auf den Epauletten und eine schwarzweiße Feder am Hut, Brigadegenerale einen Stern und eine weiße Feder. Stabsoffiziere trugen ebenfalls auf jeder Schulter ein Epaulett, ein Hauptmann (Artillerie) ein Epaulett auf der rechten und ein Leutnant eins auf der linken Schulter. 1779 gab es vier Regimenter Dragoner, von denen einer des 4th Continental Dragoon Regiment abgebildet ist.

USA,
Bundesheer
(Continental Army),
Infanterie, Offizier
und Soldaten,
1779–1783

Infanterie, Offizier und Soldaten des amerikanischen Bundesheers Der Offizier, ein Leutnant, und die drei bei ihm stehenden Soldaten sind in jenen Uniformen dargestellt, die George Washington bzw. der Kongress 1779 einzuführen begannen. Danach wurde die blau uniformierte Infanterie in vier Gruppen eingeteilt: die Regimenter der Staaten New Hampshire (NH), Rhode Island (RI) und Connecticut (C) mit weißen Abzeichen und Knöpfen (darauf die Anfangsbuchstaben der Staaten), die von New York (NY) und New Jersey (NJ) mit beigegelben Abzeichen, Westen und Kniehosen sowie gelben Hutvorstößen und Knöpfen, die von Pennsylvania (P), Delaware (D), Maryland (M) und Virginia (V) mit roten Abzeichen und weißen Knöpfen und die von North Carolina (NC), South Carolina (SC) und Georgia (G) mit blauen Abzeichen, weiß geränderten Knopflöchern und weißen Knöpfen.

Offizier und Artilleristen des amerikanischen Bundesheers Die Artilleristen des Bundesheers waren ähnlich wie die Infanteristen uniformiert, und zwar mit blauen Uniformröcken und roten Abzeichen. Übrigens war auch die englische Artillerie Blau mit Rot uniformiert. Interessant ist natürlich, dass zumindest den Vorschriften nach auch die freiheitsliebenden amerikanischen Soldaten mit gepuderten Haaren und Zopf dargestellt worden sind. Hinzuweisen ist an dieser Stelle auch auf den ehemaligen preußischen Offizier Friedrich Wilhelm v. Steuben (1730–1794), der an der Seite Washingtons die junge amerikanische Armee reorganisierte und ausbildete.

USA,
Bundesheer,
Kontinentale Artillerie, Offizier und
Artilleristen,
1777–1783

USA,
Bundesheer,
Generalmajor und
Leichte Infanterie,
1782

Generalmajor und Leichte Infanterie des amerikanischen Bundesheers
Der Generalmajor soll wohl Marie Joseph Motier, Marquis de La Fayette (1757–1834) darstellen, der eben die amerikanische Leichte Infanterie inspiziert. Frankreich unterstützte den Unabhängigkeitskampf der Amerikaner aus sehr eigennützigen Gründen mit eigenen Truppen, in der amerikanischen Armee dienenden Offizieren wie La Fayette und auch mit Waffen und Uniformen. So war die Leichte Infanterie mit Uniformen versehen, die aus Frankreich kamen.

Musketier des Infanterie-Regiments Voigt v. Salzburg in Anspach-Bayreuth, Grenadiere des Grenadier-Bataillon v. Beust sowie Jäger des Füsilier-Bataillons v. Reitzenstein und des Füsilier- und Jäger-Bataillons v. Waldenfels Die Infanteristen von Anspach-Bayreuth, von denen die Truppenteile Voigt und Reitzenstein auch in englischen Diensten in Nordamerika kämpften, glichen in der Uniformierung nahezu vollständig der preußischen Armee friderizianischer Zeit. 1792 gingen sie in dieser auf. Vor allem ist auf die zwei Vertreter des Grenadier-Bataillons v. Beust hinzuweisen. Zwei Kompanien besaßen gelbe Rabatten und Ärmelaufschläge, die beiden anderen hatten wie das Füsilier-Bataillon v. Reitzenstein schwarze Abzeichen.

Offizier, Musketiere und Grenadier des braunschweigischen Infanterie-Regiments Prinz Friedrich und der Infanterie-Regimenter v. Rhetz und v. Riedesel Braunschweiger Truppen in einer Stärke von fast 6000 Mann stellte gegen Zahlung von Subsidien Herzog Karl I. von Braunschweig ab 1776 Großbritannien zum Einsatz in Nordamerika zur Verfügung. In ihrer Uniformierung lehnten sie sich wie damals üblich an das Beispiel der preußischen Armee an. Auffällig ist die Uniform des Infanterie-Regiments Prinz Friedrich. Die Uniformröcke besaßen keine Rabatten und waren vorn etwas eckig geschnitten, sodass sie wie ein Übergang zum Frack erscheinen.

Dragoner des braunschweigischen Dragoner-Regiments Prinz Ludwig, Musketier des Infanterie-Regiments v. Specht sowie Gemeiner und Jäger des Bataillons Leichte Infanterie Der Dragoner und die Infanteristen gehörten ebenfalls zu den in Nordamerika eingesetzten Braunschweiger Truppen, wenn auch die Dragoner ohne ihre Pferde zu Fuß dienten. Dabei tauschten sie zwar die hohen Stiefel gegen schwarze Stiefeletten, verzichteten jedoch nicht auf den langen Pallasch. Generell trug die braunschweigische Kavallerie einen weißen Stutz und eine schwarze Schleife auf dem Hut. Bei dem Jäger fällt auf, dass die damals ungewöhnlichen braunen Gamaschen wohl aus Leder gefertigt waren. Anstelle des Säbels führten die Jäger Hirschfänger.

Hessen-Kassel, Leib-Dragoner-Regiment, Dragoner, 1780

Dragoner des Leib-Dragoner-Regiments von Hessen-Kassel Der Dragoner des Hessen-Kasseler Leib-Dragoner-Regiments war natürlich wie das ganze Regiment nach preußischem Vorbild uniformiert. Nur der wohl auch in Preußen gegen Ende des Siebenjährigen Kriegs eingeführte Federstutz war in den hessischen Farben Rot und Weiß gehalten und auf dem Korb des Pallaschs prangte der hessische Löwe. Nur eine kurze Zeit, nämlich von 1785 bis 1788, trug das Leib-Dragoner-Regiment weiße Uniformröcke, allerdings auch mit roten Abzeichen.

Dragoner des Leib-Dragoner-Regiments von Hessen-Kassel sowie Husar und Offizier des Husaren-Regiments Die Dragoner des Leib-Dragoner-Regiments trugen nur drei Jahre lang weiße Uniformen und wechselten dann wieder zu blauen, die offensichtlich aber heller ausfielen. Da große Teile des Militärs von Hessen-Kassel an der Seite Großbritanniens am amerikanischen Unabhängigkeitskrieg teilnahmen, verwundert es kaum, dass sich nunmehr die Uniformen des Leib-Dragoner-Regiments an das englische Beispiel anlehnten, wie vor allem das Kaskett dieser Ausführung belegt. Die Husaren blieben allerdings nach Art und Weise wie in Hessen-Kassel uniformiert. Bei der Kolorierung des Blatts ist das Rot des Federstutzes in ein Braun übergegangen.

Hessen-Kassel, Leib-Dragoner-Regiment, Dragoner; Husaren-Regiment, Husar und Offizier, 1789

Hessen-Kassel, Infanterie-Regiment Alt-Lossberg, Offizier, Füsilierunteroffizier, Kompanie-Feldscher und Profoss, 1780

Offizier, Füsilierunteroffizier, Kompanie-Feldscher und Profoss des Infanterie-Regiments Alt-Lossberg von Hessen-Kassel Die verschiedenen Chargen des Infanterie-Regiments Alt-Lossberg waren in Anlehnung an Preußen uniformiert und ausgerüstet, das heißt, Dunkelblau war für die Uniformröcke bestimmend. Das Regiment setzte sich damals aus Grenadieren und Füsilieren zusammen. Die Grenadiere trugen Bärenfellmützen, die Füsiliere entsprechende Kopfbedeckungen nach preußischem Muster. Abgebildet ist ein Unteroffizier mit dem Kurzgewehr und den entsprechenden Litzen am Ärmelaufschlag. Das Blau der Uniform des Feldschers fiel noch dunkler aus; er besaß einen Degen, jedoch ohne Portepee. Ganz anders trat der Profoss, der mit seinen Stockknechten für den Strafvollzug im Regiment sorgte, auf. Er trug eine graue Uniform mit grünen Schoßumschlägen.

England,
Royal Navy,
Admiral,
1794

Admiral der englischen Royal Navy Der englische Admiral stellt sich in prächtiger Uniform, dem „full dress", also der großen Paradeuniform, vor. Als führende Seemacht begann Großbritannien Mitte des 18. Jahrhunderts seine Marine einheitlich in den Farben Blau und Weiß zu kleiden. Das geschah jedoch zuerst bei den Offizieren, für die das betreffende Reglement am 13. April 1748 erschien. Die drei Zentimeter breiten Goldgespinststreifen auf beiden Unterärmeln kennzeichneten seit 1783 die Admirale.

England,
Royal Navy,
Kapitän,
1794

Kapitän der englischen Royal Navy Der Kapitän der englischen Marine tritt hier in der im täglichen Dienst an Bord getragenen Uniform („undress") auf. Dabei handelte es sich um eine Uniformart mit fallendem Kragen und vor allem Brustaufschlägen, die beim Dienst an Bord praktischerweise geknöpft werden konnten.

England,
Royal Navy,
Matrose,
1794

Matrose der englischen Royal Navy Der englische Matrose trägt eigentlich noch gar keine Uniform. Hier erscheint er für den Dienst an Bord eines Segelschiffs bei warmer Witterung in einer sehr zweckmäßigen, einfachen Bekleidung. Einen uniformartigen Eindruck erwecken nur der Hut und die blaue Jacke.

Dragoner, Offizier und Trompeter der englischen 17th Light Dragoons Dragoner, Offizier und Trompeter der 17. leichten Dragoner kämpften in diesen Uniformen in Nordamerika. Das mit einem roten Rosshaarbusch verzierte Kaskett zeigt vorn das Emblem eines Totenkopfs – ein Stilelement, das in der Uniformgeschichte vieler Staaten immer wieder vorkommt. Die Trompeter trugen die Regimentsuniform in gewechselten Farben mit reichem Besatz sowie einen Hut mit Stutz. Auf den Schabracken befanden sich in den vorderen Ecken der gekrönte königliche Namenszug und in den hinteren Ecken auf rotem Feld die Bezeichnung des Regiments „XVII L D", umgeben von einem Kranz von Rose, Distel und Klee, dem Symbol der vereinigten Königreiche.

Mannschaften und Offiziere des englischen 1st Regiment of Guards Die Angehörigen unterschiedlicher Chargen der englischen Gardeinfanterie blieben auch um 1790 mit roten Uniformröcken, dazu blauen Abzeichen und weißer Unterbekleidung ausgestattet. Die Grenadiere trugen seit 1768 Bärenfellmützen mit schwarz lackiertem Schild und versilberten Ornamenten. Bei den Musketieren blieb es bei den Hüten. Eine besonders reiche Stickerei erfuhr die Uniform des Spielmanns. Die Grenadieroffiziere führten Epauletten auf beiden Schultern, die übrigen Offiziere solche nur auf der rechten Schulter.

Französische Emigrantentruppen in englischen Diensten Die Infanteristen der Regimenter Loyal Emigrant und Antichamp, der Ulan der Hullans Brittaniques und der York'sche Jäger waren Teil der recht zahlreich nach England emigrierten königstreuen französischen Truppen. Sie erhielten – bis auf die Ulanen – englische Uniformen und kämpften gegen die französischen Revolutionsarmeen. Abweichend von den üblichen Gepflogenheiten für die Uniformierung der Jäger ist dieser blau gekleidet.

Niederlande,
Garde du Corps,
Offizier,
um 1780

Offizier der niederländischen Garde du Corps Der
Offizier der niederländischen Garde du Corps, der Leibgarde des Prinzen Wilhelm V. von Oranien und Nassau,
Erbstatthalter der Niederlande (1748–1806), trug wie die
gesamte Truppe einen roten Uniformrock mit blauem Kragen, ebensolchen Rabatten und Ärmelaufschlägen, jedoch
weißen Schoßumschlägen. Dazu kam eine Stickerei goldener Schleifen, goldene Epauletten und eine goldene Borte
um den Hutrand sowie die orangefarbene Kokarde des
Hauses Oranien. Prinz Wilhelm kämpfte, vor allem mit
preußischer und österreichischer Hilfe sowie auch Betei-
ligung Mecklenburg-Schwerins und anderer Länder, gegen
die französischen Revolutionsarmeen, musste aber 1795
nach England flüchten.

**Husarenunteroffizier, Kürassier und Ulan der niederländischen Legion
des Rheingrafen von Salm** Kürassier, Ulan und Husarenunteroffizier der
Legion des Oberst Rheingraf Friedrich Johann Otto von Salm, die im März
1785 für die Niederlande errichtet worden war, gehörten einem der vielen exo-
tischen Truppenkorps des 18. Jahrhunderts an. Neben Füsilieren und Jägern
bestand die Legion hauptsächlich aus Husaren sowie Ulanen und Kürassieren.
Dabei wurden Letztere hier als leichte Kavallerie angesehen, ausgestattet und
bewaffnet. Die Uniformen dieser Reiter entsprachen durchaus dem Stil der
Zeit. Der Rheingraf selbst verließ sein Korps im September 1787 und endete
1794 in Paris unter der Guillotine.

Niederlande,
Legion des Rhein-
grafen von Salm,
Kürassier, Ulan,
Husarenunter-
offizier,
1785

Niederlande,
Legion des Rhein-
grafen von Salm,
Husarenoffizier und
Kürassieroffizier,
1785

**Husarenoffizier und Kürassieroffizier der niederlän-
dischen Legion des Rheingrafen von Salm** Die beiden
Offiziere der Husaren und der Kürassiere der Legion des
Rheingrafen von Salm waren ähnlich wie die Unteroffiziere
und Mannschaften uniformiert. Allerdings trug der Kürassieroffizier eine andere Kopfbedeckung. Sie entsprach
eher dem Kaskett der englischen leichten Kavallerie,
während der Helm des Kürassiers dem der französischen
Dragoner glich. Des Weiteren gehörte ein Kürass zur Ausrüstung des Kürassieroffiziers.

99

Frankreich,
Schweizer Regi-
menter von Ernst,
Salis-Samaden
und Diesbach,
Füsiliere,
1789

Füsiliere der französischen Schweizer Regimenter von Ernst, Salis-Samaden und Diesbach Die Füsiliere der drei Schweizer Infanterie-Regimenter von Ernst, Salis-Samaden und Diesbach repräsentieren auch noch für die Zeit Ende des 18. Jahrhunderts die vielen Fremdregimenter in der französischen Armee. Von ihnen trugen die Truppen aus der Schweiz und aus Irland rote Uniformen und die Deutschen blaue.

Grenadier des französischen Schweizer Garde-Regiments Der Grenadier des Schweizer Garde-Regiments vertritt den ältesten Truppenteil der Schweiz in der französischen Armee. Das Regiment hatte seit 1562 an allen Kriegen Frankreichs teilgenommen. Die rot uniformierten Gardisten, von denen die Grenadiere an den Pelzmützen mit silbernem Schild zu erkennen sind, bewiesen 1792 ihre Treue zum Königshaus, als die Tuilerien am 10. August von den Parisern gestürmt wurden: Von den 900 Wache haltenden Schweizern fielen 600 auf ihrem Posten und etwa 200 starben in Gefangenschaft an ihren Wunden.

Frankreich,
Schweizer Garde-
Regiment,
Grenadier,
1792

Schweiz,
Regiment Watte-
will, Grenadier-
Zimmermann;
Kontingent Bern,
Artillerie, Offizier,
Grenadiere,
Feldwebel,
1792

Grenadier-Zimmermann des Regiments Wattewill, Artillerie-Offizier und Grenadierfeldwebel des Kontingents Bern Der Grenadier-Zimmermann gehört dem Regiment Wattewill an, einem in die Heimat zurückgekehrten Truppenteil, der vorher in französischen Diensten stand. Demzufolge war dieser Berufssoldat rot uniformiert, dazu mit der Pelzmütze der Grenadiere und der ledernen Schürze der Zimmerleute versehen. Die Milizsoldaten der Schweiz trugen jeweils die von ihren Kantonen festgelegten Uniformen und boten somit ein vielfältiges Bild. Bei dem Offizier der Artillerie handelt es sich um „Carl Steinhäuslin, Lieutenant der Artillerie von Bern" und bei der rechten Figur um „Martin Schneider, Feldwebel der Grenadier-Compagni von Bern".

Frankreich,
Bürger,
1796

Französischer Bürger Dieser Bürger Frankreichs, in der etwas arroganten späteren Darstellung wohl eine Marktfrau betrachtend, ist in seiner normalen täglichen Bekleidung abgebildet. Sie verdeutlicht, dass sich Uniform und Zivilkleidung grundsätzlich gar nicht so sehr unterschieden.

Französische Kommunarden Die Kommunarden, Angehörige revolutionärer Bürgerwehren in den meisten französischen Städten, waren halb militärisch, halb zivil gekleidet. Neben der neuen blau-weiß-roten Nationalkokarde wurde zunächst auch die sogenannte phrygische Mütze, vor 1789 die Kopfbedeckung der Galeerensträflinge, zu einem Symbol der Französischen Revolution.

Frankreich,
Kommunarden,
1793/1794

Frankreich,
Generale,
1799

Französische Generale Die Generale, während der französischen Revolution mit „Bürger General" angeredet, erschienen bald in einer überaus prächtigen, goldbestickten Uniform. Schon 1724 war in Frankreich eine besondere dunkelblaue Generalsuniform mit goldener Eichenlaubstickerei und roter Unterbekleidung eingeführt worden. 1770 waren Epauletten hinzugekommen, die dann im Verlauf der Revolution als unvereinbar mit dem Gleichheitsgedanken verschwanden, jedoch 1803 wieder eingeführt wurden. In den Revolutionsjahren wurde auch die rote Unterbekleidung durch eine weiße ersetzt. Vor allem hielten die neuen Nationalfarben Blau-Weiß-Rot bei den Kokarden (Nationalitätenabzeichen am Hut), den Hutfedern und den Schärpen Einzug.

Frankreich,
General, Offizier
der Leichten
Infanterie und
Soldat der Linien-
Infanterie,
1795

Französischer General, Offizier der Leichten Infanterie und Soldat der Linien-Infanterie Neben dem General in seiner doch schon reich bestickten Uniform werden ein Offizier der Leichten Infanterie und ein Soldat der Linien-Infanterie gezeigt. Außer durch die Bezeichnung und die Uniform unterschied sich damals in Frankreich die leichte Infanterie nicht von der Linien-Infanterie. Die französische Infanterie sollte ab 1793 blaue Uniformröcke erhalten. Nach und nach gelang das auch. Die Uniformröcke in diesem Schnitt wurden bis 1806/07 getragen. Am Hut war zudem ein Rosshaarschweif angebracht.

Französischer Infanterist und Grenadier Der Infanterist und der Grenadier der französischen Revolutionsarmee waren nahezu gleich uniformiert. Es gab in jenen Jahren in den Regimentern der Linien-Infanterie Jäger- und Grenadier-Kompanien. Eigentlich sollten ein roter Stutz und ebensolche Epauletten die Grenadiere ausweisen. Bei dem abgebildeten Grenadier kam noch die Pelzmütze hinzu. Rote Epauletten wurden in dieser Zeit wohl auch von anderen französischen Infanteristen angelegt.

Frankreich,
Infanterist und
Grenadier,
1799 und 1795

Frankreich,
Husar, Linien-
Kavallerist und
Infanterist
1795/96

Französischer Husar, Linien-Kavallerist und Infanterist Mit dem Husaren, dem Linien-Kavalleristen und dem Infanteristen werden nochmals drei französische Soldatentypen der Revolutionsjahre gezeigt. Wohl wegen ihrer bunten Uniformen erfreuten sich die zahlreichen Husarenkorps besonderer Beliebtheit. Ihre Angehörigen gaben sich spezielle Namen wie Freiheits-, Todes- oder Gleichheitshusaren. Aufgrund des gelben Pelzes und der ebensolchen Flügelmütze kann man schließen, dass es sich hier um einen Pariser Freiheitshusaren handelt. Das Gelb hatte ihnen allerdings auch den Spitznamen „Kanarienvögel" eingebracht.

Frankreich,
Nationalgarde,
Offiziere und
Mannschaften,
1793

Offiziere und Mannschaften der französischen Nationalgarde Die Offiziere (Mitte) und Mannschaften (außen) der 1789 als revolutionäre Bürgerwehr errichteten Nationalgarde erhielten Uniformen in den neuen Nationalfarben der Trikolore Blau, Weiß und Rot. Diese spiegelten sich vor allem in der Kokarde an der Kopfbedeckung wider. Eine vollständige Ausstattung mit vorschriftsmäßigen Uniformen war aus Mangel an Tuch natürlich nicht möglich. Zumindest zogen die Nationalgardisten häufig in den Revolutionsfarben quer oder längs gestreifte Hosen an.

Soldaten und Offiziere der französischen Infanterie der Halb-Brigaden Während die Soldaten der Infanterie der Halb-Brigaden immer noch unzureichend und abenteuerlich bekleidet waren, sahen ihre Offiziere sehr viel militärischer aus. Bei den Halb-Brigaden handelte es sich um Truppenteile, die jeweils aus Linientruppen und Nationalgardisten zusammengesetzt waren. Ein Soldat hat sein Brot nach einer wohl damals in Frankreich üblichen Gewohnheit auf das Bajonett gespießt. Die andere Figur zeigt, dass der Löffel am Hut ein verbreitetes Merkmal französischer Revolutionssoldaten geworden war.

Frankreich,
Infanterie der
Halb-Brigaden,
Soldaten und
Offiziere,
1796

Frankreich,
Jäger zu Pferd,
1792–1800

Französische Jäger zu Pferd Reitende Jäger verschiedener Jäger-Regimenter zu Pferd in unterschiedlichen Uniformen sind gemeinsam dargestellt. Sie trugen teils die Flügelmütze der Husaren und teils das Kaskett mit Raupe, dazu die blau-weiß-rote Kokarde oder gar einen ebensolchen Stutz. Das Kaskett vermochte sich nicht auf Dauer durchzusetzen, es wurde bald vom Tschako ersetzt. Des Weiteren waren sie entweder mit einem Dolman oder Uniformrock bekleidet.

Von den Kriegen Napoleons bis in die Zeit des Biedermeiers – 1800 bis 1840

Gleich zu Beginn des 19. Jahrhunderts kam es zu deutlichen Veränderungen der Uniformen, die sich im Zuge der napoleonischen Kriege rasch verbreiteten. So wurden von nun an die Uniformröcke mit kurzen Schößen und bis zur Taille zugeknöpft getragen. Waren Rabatten vorhanden, verbreiterten sich diese über die gesamte Brust und wurden oftmals auch aufgeschlagen. Auch höhere und steifere Uniformkragen standen dem sonst bequemeren Schnitt der Uniformen gegenüber. Immer häufiger dienten Epauletten und Achselklappen, die in ihren Formen bis in das 20. Jahrhundert hinein Gültigkeit behielten, ganz allgemein der Unterscheidung von Dienstgraden, Waffengattungen und Formationen.

Des Weiteren lösten lange Hosen als Uniformstück immer mehr die bisherigen Beinkleider mit den dazugehörigen Gamaschen ab. Für die Infanterie kam wieder der Mantel in Gebrauch, wenn auch gelegentlich von unterschiedlichster Farbgebung innerhalb der Regimenter. Wie im zivilen Leben der Zylinder, setzte sich sein militärisches Gegenstück, der Tschako, rasch durch. Bayern behielt allerdings seine Raupenhelme. Weitere Ausnahmen gab es vor allem bei der Kavallerie. Zwar wies die Tschapka noch eine gewisse Ähnlichkeit mit dem Tschako auf, doch wurden vor allem von den Kürassieren aus Metall und Leder gearbeitete Helme getragen, die sich an Vorbilder aus der Antike anlehnten. Als geeignet erwiesen sich die Kopfbedeckungen für das Anbringen und Zeigen von Hoheitszeichen wie Kokarden und der besonderen Symbole der Waffengattungen (gekreuzte Kanonenrohre für die Artillerie).

Die Einführung von Uniformarten für bestimmte Anlässe und Zwecke, mal prächtiger zu Paraden, mal praktischer im täglichen Dienst, ließ die gesamte Uniformierung vielfältiger werden. Diese Entwicklung machte sich zuerst bei den Uniformen der Offiziere bemerkbar. Nach wie vor blieb es aber dabei, dass die militärisch führenden Mächte direkt, oder indirekt durch ihr Beispiel, die Gestaltung der Uniformen ihrer Verbündeten bestimmten. So war die Ähnlichkeit der Uniformen der Staaten des Rheinbunds mit denen Frankreichs von 1806 bis 1814 frappierend. Ähnlich vollzogen sich Angleichungen der Uniformierung auch anderswo. Beispielsweise stellten für die preußische Armee die russischen Uniformen das Muster dar. Wiederum orientier-

ten sich danach andere Länder an Preußen. Hinzu kam – nicht nur für Preußen – der Umstand, dass durch die vielen Kriege Anfang des 19. Jahrhunderts keine Massenherstellung von neuen Uniformstücken und Ausrüstungen möglich war. So wurden Uniformen fremder Armeen, geänderte zivile Bekleidungsstücke und umgefärbte Uniformen an die Truppen ausgegeben. Dies traf sowohl auf Preußen als auch auf Portugal zu, die aus Großbritannien Uniformen und Ausrüstungen erhielten.

Ungeachtet ihres provisorischen Charakters zeigte gerade die Uniform der Landwehren, nicht nur, aber besonders Preußens, zukunftweisende Elemente auf. Hier erwies sich die knielange, vorn zu knöpfende Litewka, die einige Jahrzehnte später in Gestalt des Waffenrocks wieder aufleben sollte, als besonders hilfreich. Auch die von preußischen Landwehrmännern getragene Schirmmütze russischen Vorbilds entwickelte sich zu einer weitverbreiteten Kopfbedeckung in vielen Armeen bis in das 20. Jahrhundert hinein.

Nach der endgültigen Niederlage Kaiser Napoleons I. im Juni 1815 beeinflusste eine konservative Restaurationspolitik den Uniformstil jener Zeit, die auch als Biedermeier bezeichnet wird. Das reichte vom möglichst parademäßigen, schneidigen Erscheinungsbild der marionettenhaft wirkenden Soldaten mit überdimensionalen Kopfbedeckungen, stark wattierten Schultern, goldener oder silberner Verschnürung und weit ausladenden Epauletten bis zur Wiedereinführung des Zopfs in Hessen-Kassel.

Einzug des Kaisers der Franzosen Napoleon I. in Berlin am
27. Oktober 1806. Er trägt seine Lieblingsuniform, die eines
Obersten der Gardejäger zu Pferd, und wird von den Marschällen
Davout, Berthier und Augereau sowie vielen Generalen begleitet.

Frankreich,
Alte Garde, Jäger
zu Fuß, Sappeur
und Jäger;
Grenadiere zu Fuß,
Grenadiere,
1806

Jäger zu Fuß, Sappeur und Jäger sowie Grenadiere zu Fuß Diese Soldaten Napoleons I. galten als Elitetruppe, die nicht nur präsentierte, sondern auf dem Schlachtfeld oft für die Entscheidung sorgte. Sie waren mit ihren hohen Bärenfellmützen prächtig uniformiert. Dabei hatte der Jäger zu Fuß im Unterschied zu den Grenadieren kein Blechschild aufzuweisen. Zur Parade trugen die Gardisten Uniformröcke mit weißen Rabatten. Des Weiteren waren bei diesen Soldaten goldene Ohrringe so verbreitet, dass sie als Teil der Uniform galten. Der Sappeur, den gekreuzte Äxte auf den Oberärmeln auswiesen, stand im Rang eines Korporals. Am meisten fielen die Sappeure durch ihren martialischen Vollbart, ihre weißen Schoßleder und ebensolche Stulpenhandschuhe auf. Zu ihrer Ausrüstung gehörten natürlich Äxte.

Elite-Gendarmen der Garde Auch sie gehörten der Garde Napoleons I. an. Sie dienten meist seiner persönlichen Sicherheit, kämpften jedoch auch in zahlreichen Schlachten an der Seite der Gardekavallerie. Oft bewachten sie auch Gefangene und erbeutete Trophäen. Später fiel der Garde immer häufiger die Aufgabe zu, die ständig wachsende Zahl dienstunwilliger junger Männer einzufangen. Zur Paradeuniform, auch als große Uniform bezeichnet, gehörten in der Regel Uniformröcke mit roten Rabatten sowie stets ein weißer Stutz. Diese Truppe war im Juli 1804 errichtet worden.

Frankreich,
Garde, Elite-
Gendarmen,
1806

Frankreich,
Garde,
Seesoldaten,
1806

Seesoldaten der Garde Sie trugen blaue Uniformen. Zur Parade zogen sie nach Art der Husarenuniform verschnürte Jacken und Hosen an. Diese Verschnürungen entfielen bei Uniformen, die auf Feldzügen getragen wurden. Gekreuzte schwarze Lederbandeliers mit gelben Metallbeschlägen und einem Ankersymbol vor der Brust hielten das Marschgepäck, das Bajonett und den Marinesäbel. Diese Truppe gab es seit 1803; sie rekrutierte sich damals aus fünf Schiffsmannschaften, die in einem Bataillon zusammengefasst waren. Ab Juli 1804 gehörte es zur Garde.

Frankreich,
Garde, Fuß-Artille-
rie, Musiker,
Tambourmajor, Ba-
taillonstambour,
Handwerker und
Kanonier,
1808

Dragoner des Dragoner-Regiments der Kaiserin

Der Dragoner gehörte dem im April 1806 errichteten
Regiment der Kaisergarde an, über das Kaiserin Joséphine
(1763–1814) die Patenschaft übernommen hatte. Für
das Regiment wurde die seit 1762 für die französischen
Dragoner charakteristische grüne Uniformfarbe gewählt.
Auch der Messinghelm, jetzt in eleganterer Form, ging auf
diese Zeit zurück. Der Helm war mit einem Pantherfell
verbrämt. Der rote Federstutz an der Seite wurde nur zu
Paraden angesteckt. Der auf Posten stehende Dragoner
trägt den „Surtout", einen Überrock, der Dragoner im
Hintergrund die große Uniform mit den weißen Rabatten
am Uniformrock.

Musiker, Tambourmajor, Bataillonstambour, Handwerker und Kanonier

Diese Fußartilleristen der Garde waren als Regiment erst im April 1808 gebildet worden. Napoleon I. beherrschte den massenhaften Einsatz von Artillerie
meisterhaft. Uniformiert war die französische Artillerie schon immer in den Farben Blau und Rot. Die Uniform der Garde-Fußartilleristen entsprach mit Ausnahme der Pelzmütze mit Augenschirm, rotem Behang und Stutz der der Lini-
en-Fußartillerie. Wie immer erschienen die Musiker in speziellen Uniformen.
Auch bei dieser Artillerietruppe war besonders ihr Chef, der Tambourmajor,
prächtig uniformiert.

Frankreich,
Garde, Fuß-
Artillerie, Musiker,
Tambourmajor,
Bataillonstambour,
Handwerker,
Kanonier
1808

Frankreich,
Garde, Genie-
truppe, Offizier,
Bataillonstambour,
Sappeure,
1810

Offizier, Bataillonstambour, Sappeure der Genietrup-
pe der Garde Beeindruckend sind die Uniformen der
kompaniestarken Genietruppe der Alten Garde, die es seit
1810 gab und die unter anderem für die Brandbekämp-
fung des kaiserlichen Hauptquartiers zuständig war. Die
Angehörigen der Truppe trugen hohe Helme aus poliertem
Stahl mit Bügel und Raupe, die denen der Pariser Feuerwehr nachempfunden und sehr lange Vorbild für Feuer-
wehrhelme in aller Welt waren. Die beiden rechts gezeigten
Sappeure haben ihre unbeholfen wirkende Laufgraben-
Ausrüstung aus Harnisch und Eisenhaube angelegt, die
sie gegen feindliches Feuer und Steinsplitter schützen soll.

Frankreich,
Adjutanten des
Marschalls Berthier,
1809

Adjutanten des Marschalls Berthier Einer der Adjutanten Marschall Berthiers, der künstlerisch begabte Louis-François Lejeune, hatte die Uniform entworfen und berichtet: „Ich wählte eine solche nach ungarischer Art, Pelz von schwarzem Tuch, weissen Dolman mit Goldschnüren, Hosen und Czako von scharlachrotem Tuche, letztere von einem Reiherbusche überragt. Diese verschiedenen Kleidungsstücke aufs Reichste mit goldenen Besätzen, Rundschnüren und Knöpfen verziert. Eine reiche Schärpe aus schwarzer Seide mit goldenen Schiebern bestehend, eine kleine Kartusche, eine Säbeltasche, ein Säbel mit Damascenerklinge vervollständigten den Anzug. Unsere Paradepferde waren arabischen Blutes, weissgrau mit langwehenden und gepflegten Mähnen und Schweifen, nach Husarenart aufgezäumt; ein Pantherfell mit ausgezacktem, rot und goldenem Besatze bedeckte den Sattel."

Elite-Gendarm und Mameluck Vor allem der Mameluck mutet ein wenig exotisch an. Diese Truppe war 1806 mit einem Kern aus 40 ägyptischen Mamelucken entstanden, die den Gardejägern zu Pferd angeschlossen wurden, die zur Napoleons Leibwache gehörte. Rustan war ihr berühmtestes Mitglied. Die Mamelucken waren mit „orientalischen Uniformen" ausgestattet. Da aber jeder Mann die ihm zusagenden Farben wählen durfte, wirkte das Korps ziemlich bunt kostümiert. Zudem hatte Napoleon I. im September 1806 die Elite-Gendarmerie geschaffen, um Angehörigen des alten Adels Gelegenheit zu geben, in einer bevorzugten Truppe zu dienen. Diese verschmähten jedoch das Angebot, sodass die Truppe im Oktober 1807 bereits wieder aufgelöst wurde.

Frankreich,
Elite-Gendarmerie,
Gendarm; Mamelucken-Korps,
Mameluck,
1806

Frankreich,
Linien-Infanterie,
Füsiliere, Voltigeur
und Grenadier,
1813

Füsiliere, Voltigeur und Grenadier der Linien-Infanterie Diese Infanteristen repräsentieren die Kräfte eines französischen Infanteriebataillons, das aus einer Grenadier- und einer Voltigeurkompanie sowie vier Füsilierkompanien bestand. Gerade die abgebildeten Füsiliere sind typisch für das Erscheinungsbild der Infanterie Napoleons auf seinen letzten Feldzügen. Sie trugen Marschhosen und Kapotmäntel. Letztere gab es in unterschiedlichen Farben. Bemerkenswert ist auch die Kopfbedeckung, die neue Feldmütze, die sogenannte Bonnet de Police oder auch Bonnet à la Marie-Louise.

Frankreich,
Leichte Infanterie,
Jäger und Jäger-
Offiziere,
1812

Jäger und Jäger-Offiziere der Leichten Infanterie Sie hatten 1807 blaue Uniformen mit den für sie charakteristischen spitzen Rabatten und Aufschlägen erhalten. Der am Tschako befindliche Stutz wurde bereits seit 1806 nicht mehr seitlich, sondern vorn angebracht. Bei den sogenannten Elitekompanien trugen Offiziere wie Unteroffiziere und Mannschaften Pelzmützen. Der Karabinierunteroffizier einer Jägerabteilung führt die Bataillonsflagge mit sich.

Musikmeister und Musiker der Infanterie-Regimenter Nr. 67, Nr. 9 und Nr. 8 Die Militärmusiker der genannten Regimenter waren, wie damals allgemein üblich, ganz nach dem Geschmack der Kommandeure uniformiert. Diese strebten danach, eine stets prächtige „tête de colonne" zu haben. Weniger poetische Naturen bezeichneten die Spielleute einfach als „Federvieh". Ein Dekret vom Januar 1812 sollte Ordnung in diesen Bekleidungswirrwarr bringen. Charakteristisches Hauptteil dieser von da ab vorgeschriebenen „Livree-Uniform" war der einreihig zu knöpfende grüne Spenzer, ein bis zur Taille geschlossener, vorn gerade geschnittener frackartiger Rock, mit rotem Kragen und Aufschlägen.

Frankreich,
Infanterie-Regimenter Nr. 67 und Nr. 9, Musikmeister sowie Nr. 8, Musiker, um 1812

Frankreich,
4. Husaren-Regiment, Husaren und Offizier,
1813

Husaren und Offizier des 4. Husaren-Regiments Sie waren ganz im Stil der Husaren aller damaligen Armeen uniformiert. In diesem Fall waren es blaue Dolmans und Hosen mit reichem goldenen Schnurbesitz, rote, nach Husarenart umgehängte Pelze sowie Tschakos und Pelzmützen. Auch bei den französischen Husarenregimentern wurde die 1. Eskadron als Elite-Eskadron (wie bei der Infanterie die Grenadiere) bezeichnet. Diesem Charakter entsprechend trugen ihre Angehörigen Pelzmützen. Bei den Offizieren kamen noch Tigerfelle zur Pferdeausrüstung hinzu.

Jäger des 1. und 16. Jäger-Regiments zu Pferd Die Jäger zu Pferd (Chasseur à Cheval) stellten mit 31 Regimentern im Jahre 1811 das Gros der französischen Leichten Kavallerie. Ursprünglich waren sie wie Husaren uniformiert, aber ab 1804 erhielten sie schrittweise die dargestellte Uniform mit schwarzem Tschako (nur die Elite-Jäger besaßen Pelzmützen), den Uniformrock und die Hose in der grünen Jägerfarbe. Die Regimenter waren äußerlich an den unterschiedlichen Abzeichenfarben zu erkennen.

Kanoniere der Reitenden Artillerie Diese Männer waren ein wenig nach der Art der Husaren uniformiert. Die Hauptfarben ihrer Uniformen blieben jedoch immer das für diese Waffengattung traditionelle Blau und Rot. Betrachtet man diese Abbildung genau, zeigen sich Unterschiede bei einzelnen Uniformelementen. Diese sind der Tatsache geschuldet, dass die zahlenmäßig starken Armeen in Kriegszeiten nicht immer gleichmäßig ausgestattet werden konnten. Manchmal wurde auch lieb gewonnener Uniformschmuck, hier zum Beispiel die roten Behänge an den Tschakos, trotz ihrer offiziellen Abschaffung noch lange weiter angelegt.

Trompeter des Artillerie-Trains Bei dem Trompeter des Artillerie-Trains (zuständig für den Nachschub der Artillerie) handelt es sich um eine reale Person, nämlich den 1892 in Mainz geborenen Kilian Mohr, der 1810 in die französische Armee eingetreten war. Als Trompeter trug er wie damals vielfach üblich die Uniform des Trains in gewechselten Farben. Unter Napoleon I. besaß diese Truppe blaugraue Uniformröcke mit dunkelblauen Abzeichen. Dabei wirkte das Blaugrau oft eher wie Hellblau. Die Trainsoldaten im Hintergrund des Bilds, vor allem rechts, sind nicht vollständig koloriert worden.

Frankreich,
Regiment Preußen,
Spielleute, Offizier,
Grenadier, Volti-
geur und Füsilier,
1806

Spielleute, Offizier, Grenadier, Voltigeur und Füsilier des Regiments Preußen Bei den Angehörigen dieses im November 1806 errichteten Regiments handelte es sich meist um Kriegsgefangene aus der in der Doppelschlacht bei Jena und Auerstedt am 14. Oktober 1806 geschlagenen preußischen Armee. Die Grundfarbe ihrer Regimentsuniform war ein dunkles Grün. Hinzu kamen rote Abzeichen. Die bei der französischen Infanterie in einem Regiment vorhandenen Grenadiere, Voltigeure und Füsiliere waren hauptsächlich am verschiedenfarbigen Federstutz zu unterscheiden. Außerdem führten die Grenadiere vorn am Tschako ihr typisches Granatensymbol, die anderen Infanteristen das „N". Im Jahre 1811 wurde der Truppenteil zum 4. Fremdenregiment und bis zu seiner Auflösung 1813 in Spanien eingesetzt.

Soldaten, Voltigeur und Reitender Jäger der Portugiesischen Legion Diese beiden Soldaten kämpften wie die gesamte Portugiesische Legion vor allem im Russlandfeldzug des Jahres 1812. Napoleon hatte die Legion im Mai 1808 aufgestellt. Interessanterweise war die Grundfarbe ihrer Uniform ebenso ein Braun wie bei jenen portugiesischen Soldaten, die auf englischer Seite fochten. Wie abgebildet, wurden zur Parade nicht nur der Federstutz an der Kopfbedeckung, sondern auch Rabatten am Uniformrock sowie weiße Hosen und ebensolche Gamaschen getragen.

Frankreich,
Portugiesische
Legion, Soldaten,
Voltigeur und
Reitender Jäger,
1812

Frankfurt am Main,
Grenadiere,
1806

Grenadiere Frankfurts am Main Sie könnten auf den ersten Blick aufgrund der hohen Bärenfellmützen und des Uniformschnitts für französische Soldaten gehalten werden, obgleich sie in Weiß und Rot gekleidet waren. Die Annahme ist nicht ganz falsch, da die Stadt wie die meisten anderen deutschen Territorien dem im Juli 1806 von Napoleon I. geschaffenen Rheinbund angehörte und demzufolge ein Kontingent Militär in Stärke eines Bataillons zu stellen hatte. Schon 1808 wurden für diese Infanterie dunkelblaue Uniformen und Tschakos eingeführt.

England,
Marine, Matrose,
1805

Englischer Matrose Der Mann ist im Landungsanzug wiedergegeben. Das Jahr 1805 war für den Kampf Großbritanniens gegen Frankreich durch den Sieg seiner Flotte unter Vizeadmiral Horatio Nelson (1758–1805) in der Schlacht bei Trafalgar (spanisches Kap südöstlich von Cádiz) über die vereinigte französisch-spanische Flotte am 21. Oktober äußerst bedeutungsvoll. Aufgrund dieses Siegs blieb die Vorherrschaft Großbritanniens auf den Meeren für mehr als ein Jahrhundert gesichert. Die Uniform, die der Matrose trug, wurde allerdings nur für den Kampf an Land angezogen.

Spanien,
Marine, Offizier,
1805

Spanischer Marineoffizier Er trug 1805 eine Uniform, die bis etwa 1840 ihr Aussehen kaum veränderte. Den schwarzen Zweispitz schmückten eine rotseidene Kokarde und ein roter Federstutz. Das Hauptbekleidungsstück war der blaue, rot gefütterte Uniformfrack mit rotem Kragen, ebensolchen Ärmelaufschlägen und gold gefassten Brustumschlägen. Hinzu kamen weiße Unterbekleidung und Hosen sowie schwarze Stiefel. Das goldene Schnurgeflecht, von der rechten Schulter fallend, bezeichnete wie der Degen den Rang als Offizier.

Frankreich,
Marine, Leutnant,
1805

Französischer Marineleutnant Dieser junge Offizier ist noch in der Uniform dargestellt, wie sie eigentlich in den 1790er Jahren getragen wurde. Diese Uniform für die französische Segelschiffflotte in den königlichen Farben Blau und Rot gab es bereits mehrere Jahrzehnte. Die Offiziere der Galeerenflotte Frankreichs kleideten sich seit 1728 ganz und gar in Rot. Die gezeigte Uniform wurde so – abgesehen von der weißen Perücke – auch in der Schlacht bei Trafalgar getragen. Allerdings waren zu dieser Zeit für den täglichen Dienst auch weiße Unterkleider in Gebrauch. Wichtigstes Kennzeichen war jedenfalls die blau-weiß-rote Kokarde am Hut.

Niederlande,
Regiment Garde
zu Fuß, Grenadier
und Jäger,
1807

Grenadier und Jäger des Regiments Garde zu Fuß Beide waren ähnlich wie die Kaisergarde Napoleons I. uniformiert. Sie trugen also weiße Uniformröcke älteren Schnitts mit langen Schößen und langen Gamaschen. Ihre Pelzmützen besaßen hinten einen ebensolchen karmoisinroten Tuchdeckel (mit weißer, flammender Granate) wie die Kragen, Rabatten, Ärmelaufschläge und Schoßumschläge der Uniformen. Im Unterschied zu den Gardejägern führten die Gardegrenadiere rote Epauletten und einen roten Federstutz an der Pelzmütze; bei den Gardejägern waren es grüne Epauletten und rotgrüne Stutze. Auf jeder Rabatte befanden sich gelbe Litzen mit Puscheln, die 1810 wegfielen, als das Regiment in die französische Kaisergarde aufgenommen wurde.

Kürassier des 2. Kürassier-Regiments, Grenadier des Regiments Garde-Grenadiere zu Pferd und Husaren des 3. und 2. Husaren-Regiments
Diese Kavalleristen gehören verschiedenen Regimentern der holländischen Armee unter König Louis, einem Bruder Napoleons, an. Louis (1778–1846) regierte bis 1810, ließ es zwar zu, seine Armee nach französischem Vorbild zu reorganisieren, machte aber nicht jeden Schritt mit, auch nicht den der Einführung der allgemeinen Wehrpflicht. Deshalb wurde er 1810 zur Abdankung gezwungen. Bei der Uniformierung jener holländischen Armee ist natürlich das französische Vorbild unverkennbar. Der Gardegrenadier zu Pferd war fast genauso wie seine Kameraden zu Fuß uniformiert – augenfälliger Unterschied waren die hohen Reitstiefel. Der Kürassier führte am linken Oberärmel das Abzeichen für bereits sechsjährige Dienstzeit.

Niederlande,
2. Kürassier-Regiment, Kürassier;
Regiment Garde-Grenadiere zu
Pferd, Grenadier;
3. und 2. Husaren-Regiment,
Husaren,
1806

Niederlande,
Reitende Artillerie,
Trompeter und
Kanonier; Fuß-
Artillerie, Kanonier,
1806

Trompeter und Kanonier der Reitenden Artillerie sowie Kanonier der Fuß-Artillerie Die Artilleristen der holländischen Armee von König Louis waren wie die französischen organisiert, ausgerüstet und uniformiert. Die Grundfarbe ihrer Uniformen blieb Blau, die der Reitenden Artillerie folgte mit ihrem Schnurbesatz dem Beispiel der Husaren. Die wechselnden Uniformfarben zwischen Trompetern und Kanonieren erscheinen nun schon selbstverständlich. An den Tschakos der Reitenden Artilleristen befand sich die Kompanienummer, während es bei den Fußartilleristen die Symbole der Krone und der gekreuzten Kanonenrohre waren. Bei ihnen bildete der links oben am Tschako befestigte Pompon (hier weiß) das Unterscheidungsmerkmal der einzelnen Bataillone.

Italien,
Eugène de Beau-
harnais, General,
Adjutant und
Kriegskommissar
der Garde,
1812

Eugène de Beauharnais, General, Adjutant und Kriegskommissar der Garde Eugène de Beauharnais (1781–1824), Sohn der Kaiserin Joséphine aus erster Ehe, wurde im Juni 1805 zum Vizekönig von Italien ernannt, Napoleon war König von Italien. Beauharnais befehligte unter anderem 1812 das IV. Korps im Russlandfeldzug. Hier trägt er eine von der eigentlichen italienischen Generalsuniform abweichende, eher französische Generalsmontur. Die italienischen Uniformfarben waren Grün, Rot und Weiß bzw. Silber wie bei dem neben Eugène reitenden General ersichtlich. Der Adjutant des Vizekönigs – im grünen Surtout mit hellblauen Abzeichen – hat als besonderes Kennzeichen eine weiße Armbinde um den linken Oberarm geschlungen.

Velite des Garde-Jäger-Regiments sowie Veliten, Offizier, Grenadier und Karabinier des Garde-Grenadier-Regiments, Garde-Grenadier und Garde-Karabinier
Diese italienischen Infanteristen gehören der 1805 von Vizekönig Eugène geschaffenen Garde an. Dem Jäger- und dem Grenadier-Regiment war je ein Bataillon Veliten angegliedert, das heißt junge oder frisch geworbene Soldaten. Nach Bewährung im Kampf konnten sie zu Jägern, Grenadieren und Karabiniers aufrücken. Sie waren weiß mit hellgrünen Abzeichen, die Grenadiere und Karabiniers dunkelgrün – alle insgesamt in den italienischen Farben – uniformiert. Anders als die Grenadiere besaßen die Karabiniers grün-rote Federstutze, Pelzmützen ohne Vorderschild und Uniformröcke mit spitz zulaufenden Rabatten.

Italien,
Garde-Jäger-Regiment, Velite;
Garde-Grenadier-Regiment, Veliten,
Offizier, Grenadier
und Karabinier
sowie Garde-Grenadier und Garde-Karabinier,
1812

Italien,
1. und 2. Dragoner-Regiment,
Dragoner,
1812

Dragoner des 1. und 2. Dragoner-Regiments Die beiden Dragoner zählen zum 1. und 2. Dragoner-Regiment – auch als Regiment Königin-Dragoner (Dragoni Regina) und Regiment Napoleon-Dragoner (Dragoni Napoleone) bezeichnet. Ihre Uniformen hielten sich sehr an das französische Beispiel. Dieses Mal stimmte sogar die grüne Grundfarbe überein.

Neapel,
Ordonnanz-Offizier
des Königs und
Adjutant,
1812

Ordonnanz-Offizier des Königs und Adjutant

Der Ordonnanz-Offizier von Marschall Joachim Murat (1767–1815), dem Schwager Napoleons, seit 1808 König von Neapel und als Reiterführer eine der schillerndsten Gestalten seiner Zeit, war extravagant uniformiert. Insbesondere fiel die Schabracke aus Pantherfell mit Goldtressenbesatz und hellblauen Vorstößen auf. Vom Zweispitz abgesehen war er husarenartig bekleidet. Interessant ist auch, dass sich auf der schwarzen Säbeltasche der goldene, gekrönte kaiserliche Adler befand. Wesentlich einfacher uniformiert als der Ordonnanz-Offizier erschien der Adjutant.

Neapel,
2. und 1. Linien-
Infanterie-Regi-
ment,
Grenadier-Tromm-
ler sowie Offizier
und Füsiliere,
1812

Grenadier-Trommler sowie Offizier und Füsiliere des 2. und 1. Linien-Infanterie-Regiments Die Infanteristen der Armee des Königreichs Neapel in napoleonischer Zeit blieben in der Grundfarbe weiß uniformiert und folgten im Schnitt ganz dem französischen Vorbild. Ihre Offiziere legten wie in Frankreichs Armee als Dienstzeichen den Ringkragen an. Die Kokarde Neapels in jenen Jahren war weiß und karmoisinrot.

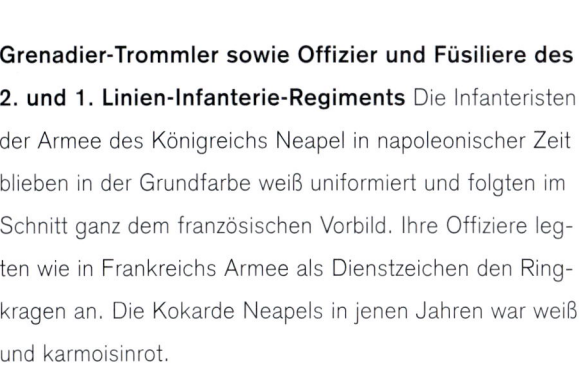

Neapel,
Dragoner-Regi-
ment, Dragoner,
Trompeter und
Offizier,
1812

Dragoner, Trompeter und Offizier des Dragoner-Regiments Die Angehörigen des Dragonerregiments Neapels waren von Kopf bis Fuß ganz im Stil der französischen Gardedragoner uniformiert. Jene hatten allerdings grüne Uniformröcke mit weißen Abzeichen. Die Farben waren also gewechselt. Die Trompeter des Regiments – hier ist einer als Gefallener dargestellt – trugen ebenfalls weiße Uniformen, jedoch mit auffallenden roten Abzeichen.

Polen,
Reitende Artillerie,
Offizier; Fuß-
Artillerie, Kanonier;
Adjutant und Briga-
degeneral,
1812

Offizier der Reitenden Artillerie, Kanonier der Fuß-Artillerie, Adjutant und Brigadegeneral Die polnischen Soldaten gehören dem Militär des 1807 als napoleonischer Vasallenstaat gebildeten Großherzogtum Warschau an. Zwar wurde auch dessen Armee nach französischem Beispiel aufgestellt, doch blieben viele nationale Elemente bei der Uniformierung erhalten. So waren beim General die Tschapka und das Kollet (ein eng anliegender, bis zur Taille geschlossener Rock mit kurzen Schößen) mit runden Rabatten und spitzen Ärmelaufschlägen typisch polnisch. Obgleich eine Kampfszene dargestellt ist, tragen alle Militärs Paradeuniformen. Sie wurden damals von den Franzosen und ihren Verbündeten vielfach zu großen Schlachten angelegt.

Voltigeur der Linien-Infanterie, Veteran, Sergeant der Nationalgarde Alle drei Soldaten waren letztlich Infanteristen der Armee des Großherzogtums Warschau. Eine verhältnismäßig einheitlich blaue Uniform für alle Infanterieregimenter wurde 1810 geschaffen. Die Mehrzahl der Infanteristen trug die Tschapka, einige wie der Nationalgardist setzten auch Tschakos auf. Die polnischen Grenadiere fielen wiederum wie ihre französischen Kameraden durch die hohen Bärenfellmützen und roten Epauletten sofort auf. Der Adler aus weißem Metall ist bis heute das wichtigste Kennzeichen nationaler polnischer Streitkräfte.

Polen,
Linien-Infanterie,
Voltigeur; Veteran;
Nationalgarde,
Sergeant,
1812

Polen,
5. Kavallerie-Regi-
ment, Trompeter,
Offizier und Jäger,
1812

Trompeter, Offizier und Jäger des 5. Kavallerie-Regiments Sie gehörten als eins der drei Regimenter der Jäger zu Pferd zu der zahlenmäßig starken Kavallerie des Großherzogtums Warschau. Diese Regimenter von Kürassieren, Ulanen, Jägern zu Pferd und Husaren waren durchgängig nummeriert, die Jägertruppenteile hatten die Nummern 1, 4 und 5 bekommen. Während die Offiziere, Unteroffiziere und Mannschaften dieser Jägerregimenter Uniformen von grüner Grundfarbe trugen, waren die Trompeter weiß uniformiert, trugen sogar weiße Pelzmützen.

Westfalen, Ordonnanzoffizier des Königs, Generalität, Adjutanten und Militärbeamter, 1812

Ordonnanzoffizier des Königs, Generalität, Adjutanten und Militärbeamter Diese Männer dienten in der Armee Westfalens. Napoleon I. hatte dieses Königreich mit der Hauptstadt Kassel aus zahlreichen annektierten deutschen Territorien 1807 für seinen Bruder Jérôme (1784–1860) geschaffen. Seine zahlenmäßig starke Armee – elwa 25 000 Mann – war nahezu völlig französisch uniformiert, wie die Generale und Adjutanten, aber auch der Ordonnanzoffizier des Königs sowie der Ober-Revue-Inspektor, ein höherer Militärbeamter, belegen.

Grenadiere des Bataillons Grenadier-Garde und Offizier des Jäger-Garde-Bataillons Diese Militärs zeigen das alltägliche Erscheinungsbild der Angehörigen dieser beiden im April 1808 errichteten Gardebataillone. Die Garde-Grenadiere trugen weiße Uniformröcke mit roten Abzeichen und weiße lange Hosen, auch als Pantalons bezeichnet. Zur Uniform gehörten neben der hohen Bärenfellmütze auch eine bequemere Feldmütze (Bonnet de Police). Der Jägeroffizier trug im Feld einen sehr langen Überrock mit den Epauletten eines Kapitains (entspricht dem heutigen Dienstgrad Hauptmann) und hatte außerdem den Ringkragen angelegt.

Westfalen, Bataillon Grenadier-Garde, Grenadiere; Jäger-Garde-Bataillon, Offizier, 1808

Westfalen, 2. Linien-Infanterie-Regiment, Sergeant-Major der Grenadiere, Korporal der Voltigeure und Tambourmajor, 1812

Sergeant-Major der Grenadiere, Korporal der Voltigeure und Tambourmajor des 2. Linien-Infanterie-Regiments Die zwei Linieninfanteristen belegen mit ihren Bezeichnungen als Grenadier und Voltigeur die französisch geprägte Organisation der Truppe und mit der Art der Kennzeichnung ihres Dienstgrads an beiden Unterarmen ebenfalls das Vorbild Frankreichs. Auch die übrigen Uniformabzeichen wie Federstutz am Tschako und Epauletten an der Uniform auf weißem Grund mit dunkelblauen Regimentsabzeichen unterstreichen, dass Westfalen in jenen Jahren ein Vasall Frankreichs war. Es verwundert auch nicht, dass der Tambourmajor eine völlig anders gestaltete Uniform trug.

Westfalen,
Trainsoldat,
Garde-Cheveau-
leger-Lancier,
Kürassieroffizier,
Karabinier und
Grenadiere,
1812

Trainsoldat, Garde-Cheveauleger-Lancier, Kürassier-offizier, Karabinier und Grenadiere Der Trainsoldat, der Garde-Cheveauleger-Lancier, der sicherlich tödlich verwundete Kürassieroffizier, der ihm zu Hilfe kommende Karabinier der leichten Infanterie und die Grenadiere der Linien-Infanterie – alle Angehörige sehr unterschiedlicher westfälischer Truppenteile – unterstreichen wie die vorhergehende Darstellung das französisch geprägte Erscheinungsbild der westfälischen Armee, die von 1808 bis 1813 bestand.

Offiziere und Husar des 1. und 2. Husaren-Regiments Das grün uniformierte 1. westfälische Husaren-Regiment und das mit blauen Uniformen versehene 2. Husaren-Regiment bestanden nur kurze Zeit. 1810 aus Freiwilligen errichtet, nahmen sie am Feldzug nach Russland 1812 teil und wurden auf dem Rückzug nahezu vernichtet. Im Frühjahr 1813 erfolgte ihre Neuaufstellung. Der Kommandeur des 1. Husaren-Regiments, Major Ernst von Pentz, war übrigens ein gebürtiger Mecklenburger. Beide Husarenregimenter gingen in der Nacht vom 22. zum 23. August 1813 bei Reichenberg in Schlesien zu den Gegnern Napoleons über und wurden bald darauf in österreichische Dienste übernommen.

Westfalen,
1. und 2. Husa-
ren-Regiment,
Offiziere und
Husar,
1812

Westfalen,
Reitende Garde-
Artillerie, Kanonier;
Fuß-Artillerie,
Offizier;
Train, Offizier,
1812

Kanonier der Reitenden Garde-Artillerie, Offizier der Fuß-Artillerie und Offizier des Trains Auch die westfälischen Artilleristen, ein Kanonier der Reitenden Garde-Artillerie und ein Offizier der Fuß-Artillerie, sowie der Offizier des Trains trugen Uniformen ganz im Stil ihrer französischen Kameraden. Sie besaßen die entsprechenden Bekleidungsstücke in Dunkelblau und Grau, hinzu kamen rote Abzeichen.

Sachsen,
Infanterie, Muske-
tiere, Offiziere und
Unteroffiziere,
1802

**Musketiere, Offiziere und Unteroffiziere der Infante-
rie** Diese Angehörigen verschiedener sächsischer Infanterieregimenter sind noch in den alten weißen Uniformen
dargestellt, mit denen sie 1806 an der Seite Preußens
gegen die Armee Napoleons in den Krieg zogen und verloren. Danach trat Sachsen dem Rheinbund als Königreich
bei und an die Seite des Kaisers der Franzosen. Der Musketier links gehört zum Regiment Prinz Friedrich August,
der Musketieroffizier zum Regiment Kurfürst, der Grenadieroffizier mit der typischen Pelzmütze und dem Bajonettgewehr zum Regiment Prinz Anton, der Musketier im
braungrauen, abzeichenlosen Kittel ist nicht zuzuordnen,
der Grenadierkorporal zum Regiment Prinz Max und der
Feldwebel zum Regiment v. Niesemeuschel.

Schütze des Scharfschützen-Bataillons Dieser Mann hatte politisch wie
uniformgeschichtlich viel Abwechslung erlebt. Das 1790 errichtete Bataillon –
von Beginn an in grünen Jägeruniformen – kämpfte 1806 auf preußischer
Seite gegen Napoleon. Ein Jahr zuvor bekamen seine Angehörigen eine ähnliche Kopfbedeckung wie die preußischen Grenadiere. Nach der Niederlage
trat auch Herzog Carl August (1757–1828) dem Rheinbund bei. Das Bataillon
kämpfte – nunmehr mit vorn und hinten aufklappbaren Hüten – 1807 vor der
Festung Kolberg, 1809 in Tirol, 1810 in Spanien und 1812 in Russland. Bei
dem abgebildeten Schützen ist der 1806 mitgeführte Bergstock zu sehen.

Sachsen-Weimar,
Scharfschützen-
Bataillon, Schütze,
1806

Oldenburg,
Infanterie-Batail-
lon, Grenadier-
trommler,
Füsilieroffizier,
Grenadier, Füsilier
und Voltigeur,
1808

**Grenadiertrommler, Füsilieroffizier, Grenadier, Füsilier und Voltigeur
des Infanterie-Bataillons** Die verschiedenen Infanteristen gehörten dem
Rheinbundkontingent des Herzogs von Oldenburg an, der diesem Zwangs-
bündnis am 14. Oktober 1808 als Letzter beitreten musste. Demzufolge war
das Bataillon nach französischen Maßstäben in sechs Kompanien – eine
Grenadiere, vier Kompanien als Füsiliere und eine als Schützen bzw. Voltigeure –
organisiert und uniformiert. Die Grenadiere, auch die Offiziere, trugen Pelzmützen. Die Spielleute dieser Kompanie hoben sich nicht nur durch ihre reicher
geschmückte Uniform von den Grenadieren ab, sondern auch durch die Tatsache, dass hier ebenfalls Afrikaner dienten – ein Brauch, der sich in vielen
europäischen Armeen bis zum Ersten Weltkrieg (1914–1918) hielt.

Baden,
Leichtes Drago-
ner-Regiment,
Dragoner und
Offizier,
1809

Dragoner und Offizier des Leichten Dragoner-Regiments Sie trugen dunkelblaue Uniformen (der Offizier rechts im Bild ist zu hell koloriert worden) mit roten Abzeichen und als Kopfbedeckung das Kaskett. Der Eindruck, eigentlich bayerische Uniformen zu sehen, ist nicht falsch, da 1803 durch den Fall bayerischer Gebiete an Baden auch eine Eskadron bayerischer Cheveaulegers in badische Dienste kam. Aus ihr ging das Regiment hervor. Ab dem 22. November 1809 hieß es Dragoner-Regiment v. Freystedt. Da es sich um Kavalleristen handelte, waren die langen Hosen mit schwarzem Leder besetzt.

Offizier und Musketier der Infanterie, Leichtes Infanterie-Bataillon, Jäger, Grenadier des Bataillons Leib-Grenadier-Garde Dargestellt sind jene Uniformen, mit denen die badischen Truppen in den Russlandfeldzug 1812 zogen. Nur die Angehörigen der Grenadiergarde setzten seit 1808 Pelzmützen auf, ansonsten wurden die besonders in Süddeutschland beliebten Raupenhelme genommen. Die neben dem Leibregiment bestehenden drei anderen Infanterieregimenter waren ebenfalls mit dunkelblauen Uniformröcken bekleidet, unterschieden sich wie anderswo durch farbige Abzeichen. Allerdings fehlten ihnen die Litzen auf dem Kragen und auf den Ärmelpatten. Die Jäger, deren Bataillon im April in ein Leichtes Infanterie-Bataillon umgewandelt worden war, trugen natürlich grüne Uniformen.

Baden,
Infanterie, Offizier
und Musketier;
Leichtes Infante-
rie-Bataillon;
Jäger; Bataillon
Leib-Grenadier-
Garde, Grenadier,
1812

Baden,
Leichtes Infante-
rie-Bataillon, Jäger
und Offizier;
Infanterie-Regi-
menter Großherzog
Nr. 3 und v. Neuen-
stein Nr. 4,
Unteroffizier und
Musketier,
1813

Jäger und Offizier des Leichten Infanterie-Bataillons und Unteroffizier sowie Musketier der Infanterie-Regimenter Nr. 3 und Nr. 4 Diese Jäger und Linieninfanteristen verdeutlichen nach dem Untergang ihrer Truppenteile in Russland 1812, dass sich Baden nunmehr nach der Neuaufstellung seiner Armee im Frühjahr 1813 in der Uniformierung ganz und gar dem Beispiel Preußens, seines neuen Verbündeten, anschloss. Die Raupenhelme wurden durch Tschakos ersetzt. Allerdings besaß das Kollet auf der Brust zwei Reihen von jeweils sechs Knöpfen statt der acht in der preußischen Armee.

Württemberg,
Garde zu Fuß,
Offiziere, Unter-
offizier und
Grenadiere,
1808

Offiziere, Unteroffizier und Grenadiere der Garde zu Fuß Alle gehören der Garde zu Fuß des Königreichs Württemberg (seit 1806) an. Dementsprechend trugen sie sehr prächtige Uniformen mit eindrucksvollen hohen Bärenfellmützen. Bei jenen Pelzen, auch denen anderer Armeen, konnte es sich durchaus um Imitate gehandelt haben. Bemerkenswert ist, dass die Unteroffiziere und Mannschaften der Garde noch den Zopf trugen. Weiter mutet die Form der Gamaschen, die Kniescheibe bedeckend, hinten in der Kniekehle ausgeschnitten, seltsam an. Es ist immer wieder interessant festzustellen, dass sich die Herrschenden auch in kleinen Uniformfragen enorme Mühe gaben, um ihren Truppen ein besonderes Aussehen zu geben.

Offizier, Unteroffizier und Stabsoffizier des Füsilier-Regiments v. Neubronn, Feldwebel des Infanterie-Regiments Kronprinz, Unteroffizier des Infanterie-Regiments v. Phull Die Offiziere und Unteroffiziere dreier württembergischer Infanterieregimenter tragen Uniformen, die für das Jahr 1808 angegeben sind. Festzustellen ist aber, dass erst 1811 bei allen württembergischen Truppenteilen der Infanterie die bislang farbigen Halbrabatten durch dunkelblaue (Farbe des Uniformrocks) ersetzt wurden. Nur noch Kragen, Schulterklappen, Aufschläge und Paspelierung wiesen die jeweilige Regimentsfarbe auf. Die Unteroffiziere führten noch den Stock mit sich. Den älteren Stabsoffizieren war es gestattet, den schon abgeschafften Zopf weiterhin zu tragen.

Württemberg,
Füsilier-Regiment
v. Neubronn, Offizier, Unteroffizier
und Stabsoffizier;
Infanterie-Regiment Kronprinz,
Feldwebel;
Infanterie-Regiment v. Phull,
Unteroffizier,
1808–1811

Württemberg,
Infanterie-Regiment Nr. 6 Kronprinz und Nr. 2,
Gemeine,
1813

Gemeine der Infanterie-Regimenter Nr. 6 und Nr. 2
Die Gemeinen (damals die Bezeichnung für die Soldaten bzw. Mannschaften) dieser beiden württembergischen Infanterieregimenter der Linie trugen die 1811 eingeführten Uniformröcke ohne die bis dahin üblichen farbigen Halbrabatten. 1813 waren außerdem die bisherigen Raupenhelme durch Tschakos ohne Stutz ersetzt worden. Die Litzen zieren Kragen und Ärmelaufschläge bei den Regimentern Nr. 1, Nr. 2 und Nr. 5.

Württemberg,
Leib-Garde-Jäger,
Jäger, Unteroffizier
und Offiziere,
1808

Jäger, Unteroffizier und Offiziere der Leib-Garde-Jäger Sie repräsentieren einen Teil, eine Eskadron, der württembergischen Leibgarde zu Pferd. Es gab noch eine Eskadron Garde du Corps und zwei Eskadronen Grenadiere zu Pferd. Nur bei geschlossenem Auftreten war diese Garde einheitlich uniformiert, sonst wurden die spezifischen Uniformen getragen. Bei den Leibjägern waren es grüne Uniformen. Ein Offizier und der Unteroffizier sind mit der schwarzen Supraweste dargestellt, die in vielen Garden Europas bis zum Ersten Weltkrieg angelegt wurde. Auf Vorder- und Rückseite dieser Supraweste befand sich der Stern zum Militärverdienstorden Württembergs.

Cheveaulegers, Unteroffizier und Offizier des Leib-Cheveaulegers-Regiments und Cheveauleger und Offizier des Cheveaulegers-Regiments Herzog Heinrich Die drei Cheveaulegers gehörten der leichten Kavallerie der württembergischen Armee jener Zeit an. Ihre Angehörigen trugen 1808 dunkelblaue Kollets mit rotem Kragen, ebensolchen Brustrabatten und Ärmelaufschlägen sowie sehr kurzen gelben Schoßumschlägen. Auf Letzteren befanden sich rote Streifen (Leib-Cheveaulegers). Diese waren nochmals Gelb vorgestoßen. Die Helme der Offiziere unterschieden sich auch durch den Schweif von denen der Unteroffiziere und Mannschaften.

Württemberg,
Leib-Cheveau-
legers-Regiment,
Cheveaulegers,
Unteroffizier und
Offizier;
Cheveaulegers-
Regiment Herzog
Heinrich, Cheveau-
leger und Offizier,
1808–1811

Württemberg,
Artillerie zu Fuß,
Kanonier und
Offizier; Reitende
Artillerie, Offizier
und Kanonier,
1811

Artillerie zu Fuß und Reitende Artillerie, jeweils Kanonier und Offizier Diese württembergischen Artilleristen sind in der Uniform von 1811 dargestellt. In diesem Jahr entfielen die bislang am kornblumenblauen Uniformrock befindlichen schwarzen Rabatten und es blieben schwarze Kragen und Ärmelaufschläge. Die Rabatten vom Grundtuch waren bei der Fußartillerie gelb und bei der Reitenden Artillerie weiß paspeliert. Nur die Garde-Batterien behielten ihre schwarzen Rabatten bei und waren zudem durch Litzen gekennzeichnet. 1813 traten auch bei der Artillerie Tschakos an die Stelle der Kasketts.

Württemberg,
Infanterie, Garde
zu Fuß, Garde-
Regiment zu Pferd,
Reitende Artillerie,
Offiziere,
1812

Offiziere der Infanterie, Garde zu Fuß, Garde-Regiment zu Pferd, Reitende Artillerie Die Offiziere verschiedener württembergischer Truppenteile veranschaulichen noch einmal die Pracht ihrer Uniformen in den napoleonischen Kriegen. Die Kokarden an ihren Kopfbedeckungen waren bis 1816 in den alten dynastischen Landesfarben Rot, Schwarz und Gelb gehalten, dann erst wurden die bis heute geltenden Farben Rot und Schwarz eingeführt.

Offizier, Voltigeur, Grenadier und Füsilier des 2. Infanterie-Regiments Die Angehörigen dieses Regiments, die mit dem 1. Infanterie-Regiment in einer Brigade vereinigt waren, hatten die dargestellten Uniformen 1810 erhalten. Sie kämpften zu der Zeit in Spanien. Diese langen dunkelgrünen Hosen und bei den Grenadieren der Raupenhelm ersetzten die zuvor getragenen engen hellgrauen Hosen und kurzen schwarzen Gamaschen; bei den Grenadieren lösten die Pelzmützen den Raupenhelm ab. Anfang Dezember 1813 ging das 2. Infanterie-Regiment unter seinem Kommandeur Oberst August v. Kruse auf die englische Seite über; das 1. Regiment wurde interniert. 1815 nahmen beide Regimenter an der Schlacht bei Waterloo teil. Statt der Epauletten schmückten seitdem Achselwülste nach englischem Beispiel ihre Uniformen.

Nassau,
2. Infanterie-Regiment, Offizier,
Voltigeur, Grenadier und Füsilier,
1810

Bayern,
4. Cheveaulegers-
Regiment König,
Offizier und
Cheveauleger,
1811

Offizier und Cheveauleger des 4. Cheveaulegers-Regiment König Beide Männer sind in Paradeuniformen für das Jahr 1811 dargestellt. Zur Parade wurden statt der grauen Überhosen enge weiße Hosen und Husarenstiefel angezogen. Die Epauletten waren für alle Regimentsangehörigen gleich gestaltet. Die Offiziere konnten an ihren Schärpen, die allerdings ein Jahr später abgeschafft wurden, und an den Silberbandelieren schnell erkannt werden. Die Dienstgradabzeichen der Offiziere bestanden aus Litzen auf dem Kragen – hier ist es ein Unterleutnant.

123

Spanien, Infanterie-Regiment Princesa, Grenadier und Sappeur; Leichtes Infanterie-Regiment Katalonien, Offizier und Mannschaften, 1807/08

Grenadier und Sappeur des Infanterie-Regiments Princesa und Offizier sowie Mannschaften des Leichten Infanterie-Regiments Katalonien Alle diese und die in der Folge dargestellten Männer zählten zur spanischen Division des Marquis de la Romana. Durch Vertrag Frankreich zur Verfügung gestellt, lagen ihre 15 000 Mann ab 1807 in Hamburg. Sie wurden 1808 nach Dänemark verlegt, kehrten aber, als sie vom Aufstand in Spanien gegen die französische Fremdherrschaft erfuhren, mit Hilfe der englischen Flotte in die Heimat zurück und traten an die Seite der Freiheitskämpfer. Schon in Hamburg hatten sie aufgrund ihrer Uniformen Aufsehen erregt.

Grenadiere und Offizier des Infanterie-Regiments Zamora Der Offizier (mit Säbel und Ringkragen) und die Grenadiere des Regiments Zamora tragen zwar ihre Uniformen wie die gesamte Infanterie in der weißen Grundfarbe, doch belegen diese und die untenstehende Abbildung die Vielgestaltigkeit der Bekleidung innerhalb eines Regiments. Vor allem sind die Bärenfellmützen der Grenadiere bemerkenswert, zeigen sie doch den sehr langen Mützenbeutel in der Abzeichenfarbe des Truppenteils, auf dessen Hinterseite das Wappen des Regiments – ein geharnischter Arm mit dreifarbiger Flagge – gestickt war und noch ein Besatz im besonderen Muster hinzukam. Das Lederzeug war verhältnismäßig schmal.

Spanien, Infanterie-Regiment Zamora, Grenadiere und Offizier, 1807/08

Spanien, Infanterie-Regiment Zamora, Hautboist, Trommler, Tambourmajor, Sappeur und Grenadier, 1807/08

Hautboist, Trommler, Tambourmajor, Sappeur und Grenadier des Infanterie-Regiments Zamora Mit diesen Soldaten sind weitere Angehörige des Regiments Zamora dargestellt. Wie in vielen Armeen trugen die Musiker des Regiments andersfarbige, prächtiger ausgestattete Uniformen. Zum Sappeur gehörten die große Lederschürze wie auch die Zimmermannsaxt. Auffällig bei ihm und bei dem Trommler ist das jeweils etwas anders gestaltete Regimentswappen auf dem Mützenbeutel. Dieses Wappen kehrt auf dem sehr breiten Bandelier des Tambourmajors wieder.

Spanien,
Regiment Jäger
zu Pferd Almansa,
Jäger und Offizier,
1807/08

Jäger und Offizier des Regiments Jäger zu Pferd

Almansa Das Regiment Jäger zu Pferd trägt Uniformen von einer grünen Grundfarbe, wie sie sich auch bei den Jägern anderer europäischer Armeen, mal dunkler und mal heller, findet. Ebenfalls wiesen die spanischen Jäger-uniformen Elemente wie bei den Husaren auf, etwa Ver-schnürungen und Stiefel. Unter dem Dolman trugen die Jäger gelbe langärmlige Westen.

Offizier der Reitenden Artillerie und Kanonier der

Fuß-Artillerie Neben dem Offizier der Reitenden Artillerie und dem Kanonier der Fußartillerie sind im Hintergrund Angehörige des stets zahlenmäßig sehr starken Trosses der damaligen Armeen abgebildet. Auch in der spanischen Armee trugen die Artilleristen dunkle, hier dunkelblaue Uniformen mit farbigen Abzeichen und Symbolen, so die flammende Granate am Kragen des Offiziers. Der Ober-rock des Kanoniers war ein brauner, glockenförmiger Überwurf mit rot eingefasstem Halsloch und Schlitz, der zudem nicht übergestülpt, sondern manchmal wie hier seitlich umgeschlagen wurde.

Spanien,
Reitende Artillerie,
Offizier;
Fuß-Artillerie,
Kanonier,
1807/08

Spanien,
Division de la
Romana, Mineure
und Sappeure,
1807/08

Mineure und Sappeure der Division de la Romana

Sie waren ebenso in dunkelblauen Uniformen gekleidet wie die Artilleristen. Rot und Grau bildeten die Farben der Abzeichen. Erstere für Ärmelaufschläge und Schoß-umschläge, Letztere für Kragen und Rabatten. Bei dem Trommler sind gewechselte Farben festzustellen. Bewaff-net waren die Soldaten (links) mit breitem Faschinenmes-ser und die Unteroffiziere (rechts) mit Säbel. Diese spani-schen Militärs erregten übrigens in Hamburg nicht nur durch ihre Uniformen Aufsehen, sondern auch durch die Unmengen an „Papierzigarren" (Zigaretten), die sie rauchten.

Spanien,
7. Kavallerie-Regi-
ment Lanciers
von La Mancha,
Lancier, Trompeter
und Offizier,
1811

Lancier, Trompeter und Offizier des 7. Kavallerie-Regiments Lanciers von La Mancha Die Angehörigen dieses Regiments in ihren braunen Uniformen waren Teil eines Versuchs von Joseph, König von Spanien, dem Bruder Napoleons, eine spanische Armee zur Unterstützung Frankreichs aufzustellen. Das Unterfangen scheiterte und führte zum Aufstand der Spanier gegen die Fremdherrschaft. Die gewonnenen Soldaten wurden als Verräter angesehen. Auch deshalb kamen für dieses, als einziges mit Lanzen bewaffnete Kavallerieregiment nicht mehr als zwei Eskadronen zusammen.

Infanteristen der Infanterie-Regimenter Fernando VII., Patria, Santa Fe, Muerte und Victoria des National-Heeres Diese Männer kämpften für die Befreiung Spaniens von der französischen Fremdherrschaft. Ihre Namen Fernando VII. (1784–1833; von Napoleon 1808 abgesetzter König, 1814 wieder eingesetzt), Patria (Vaterland), Santa Fe (heiliger Glaube), Muerte (Tod) und Victoria (Sieg) wiesen eher auf Freikorps hin. Der Situation entsprechend waren die Uniformen sehr vielgestaltig. Sie reichten von französischen Uniformstücken der erstgenannten drei Regimenter über die englischen Uniformen des Regiments Muerte, dessen Angehörige am Tschako den Totenkopf führten, bis zu der rein nationalen Bekleidung des Regiments Victoria.

Spanien,
National-Heer,
Infanterie-Regimen-
ter Fernando VII.,
Patria, Santa Fe,
Muerte und Victo-
ria, Infanteristen,
1808

Schweden,
Wendisches Artille-
rie-Regiment, Ka-
nonier und Offizier;
Schwedisches
Artillerie-Regiment,
Offizier,
1807

Kanonier und Offizier des Wendischen Artillerie-Regiments und Offizier des Schwedischen Artillerie-Regiments Diese Leute gehörten zu zwei der vier schwedischen Artillerieregimenter. Außerdem gab es zwei Batterien Reitender Artillerie. Zwar wurden Anfang des 19. Jahrhunderts viele Uniformänderungen in der schwedischen Armee durchgeführt, doch behielten Infanterie und Artillerie die traditionellen Grundfarben Blau und Gelb bei. Die strumpfartigen Beinkleider wurden von langen Hosen abgelöst und der schwedische Hut entwickelte sich zu einer Tschakoart. Nach wie vor legten die Offiziere die weiße Armbinde an den linken Oberarm als Erinnerung an die Palastrevolution von 1772 an.

Offizier und Infanteristen der Infanterie-Regimenter Kronoberg, Elfsborg, Kalmar und Södermanland Der Offizier des Regiments Kronoberg und die Soldaten dreier weiterer Infanterietruppenteile sind hier in Uniformen von grauer Grundfarbe dargestellt, nur der rechte Infanterist trägt Blau. 1806 waren für die Infanterie zunächst graue Hosen und dann auch noch ebensolche Uniformröcke und Mäntel eingeführt worden. Die schwedischen Soldaten aller Dienstgrade lehnten diese Farben vehement ab, sodass 1809 wieder blaue Uniformen in die Regimenter kamen. Da es im Militär aller Staaten aus Kostengründen immer üblich war, die alten Uniformen aufzutragen, bevor neue eingeführt wurden, blieb die schwedische Infanterie lange Zeit zweigeteilt in Grau und Blau angezogen.

Offiziere und Dragoner des Leichten Dragoner-Regiments Småland und des Dragoner-Regiments Westgötha sowie Offizier des Husaren-Regiments Mörner Die Offiziere und Dragoner dieser beiden Dragonerregimenter und ebenso der Husarenoffizier belegen die Uniformvielfalt der damaligen schwedischen Kavallerie. Die Husaren waren ohnehin immer gesondert bekleidet, aber auch bei den Dragonern gab es von Regiment zu Regiment Unterschiede. Die Jacke mit den kurzen Rabatten war bereits 1799 eingeführt worden, noch früher (1795) die husarenartige Knotenschärpe.

Offizier und Soldat der Königlichen Leibgarde Diese Garde war mit blassblauen Uniformen ausgestattet. Zur Parade wurden weiße Uniformjacken mit diesen blauen Halbrabatten genommen, auf Feldzügen blieben nur die Kragen und Ärmelaufschläge weiß. Ab 1813 wurde das bis dahin übliche Kaskett durch schwarze Tschakos ersetzt. Im Feld setzten die Schweden häufig den sogenannten Stürmer in der Grundfarbe der Regimentsuniform als Interimskopfbedeckung auf.

Preußen,
2. Brandenburgisches Husaren-Regiment, Offizier und Husaren, 1809

Offizier und Husaren des 2. Brandenburgischen Husaren-Regiments Mit dem preußischen Major Ferdinand v. Schill (1776–1809), der als Kommandeur des 2. Brandenburgischen Husaren-Regiments im Frühjahr 1809 aus Berlin mit seinen Husaren aufbrach, um den Aufstand gegen Napoleon auszulösen, dabei scheiterte und in Stralsund den Tod fand, wurde der Widerstand gegen die französische Fremdherrschaft beflügelt. Das Regiment trug blaue, gelb bzw. gold verschnürte Dolmans mit roten Kragen und Ärmelaufschlägen. Schill selbst ist hier wie auf vielen zeitgenössischen Abbildungen mit dem Pelz und dazu dem Orden Pour le Mérite dargestellt. Sein rotes, gold besticktes Bandelier entsprach nicht den Vorschriften.

Infanteristen und Offizier sowie Scharfschütze und Offizier des Korps des Herzogs von Braunschweig-Oels Die Infanteristen und Scharfschützen des 1809 errichteten Korps des Herzogs Friedrich Wilhelm von Braunschweig-Oels (geb. 1771, gefallen in der Schlacht bei Waterloo am 18. Juni 1815) kämpften an der Seite Österreichs gegen Kaiser Napoleon I. Die „Schwarze Schar" – aufgrund ihrer Uniformen so bezeichnet – kam auf eine Stärke von 2000 Mann. Die Uniform der Infanteristen bestand vor allem aus dem Polrock, einem knielangen schwarzen Rock polnischer Herkunft mit Verschnürung über der Brust sowie hellblauen Abzeichen. Den Tschako zierte ein stilisierter Totenkopf mit gekreuzten Knochen. Die Scharfschützen trugen zwar grüne Jägeruniformen nach preußischem Vorbild, setzten aber Filzhüte nach Tiroler Art auf.

Braunschweig, Korps des Herzogs von Braunschweig-Oels, Infanteristen und Offizier sowie Scharfschütze und Offizier, 1809

Braunschweig, Korps des Herzogs von Braunschweig-Oels, Ulanenoffizier und Ulan sowie Husar, 1809

Ulanenoffizier und Ulan sowie Husar des Korps des Herzogs von Braunschweig-Oels Ulanen und Husaren bildeten die Reiterei dieses Korps. Die Ulanen der „Schwarzen Schar" trugen Uniformen nach österreichischem Muster. Sie waren ebenso wie die Schabracken dunkelgrün gehalten. Durch die Handkolorierung dieses Bilds ist das Grün leider in Schwarz übergegangen. Auf der Tschapka befand sich wie beim Infanterie-Tschako ein weiß-metallener Totenkopf. Die Uniform der Husaren bestand aber tatsächlich aus einem schwarzen Dolman, einer ebensolchen langen Hose und auch aus einem Tschako mit Totenkopf. Nach der Niederlage der Österreicher in jenem Jahr trat das Braunschweiger Korps am 14. August in englische Dienste und kämpfte vor allem auf der Iberischen Halbinsel.

Preußen,
General der Infan-
terie und Kavalle-
rie, Kapitain vom
Generalstab,
1813

General der Infanterie und Kavallerie sowie Kapitain (Hauptmann) vom Generalstab Beide sind im Parade-anzug dargestellt. In Preußen wurde erst 1803 eine allgemeine Generaluniform eingeführt, die demzufolge für alle Waffengattungen galt. Auf dem Kragen und auf den Ärmelaufschlägen des Uniformfracks war eine golde-ne Eichenlaubstickerei vorgesehen, die für das gesamte 19. Jahrhundert galt. Der Hut wurde von den Generälen ab 1808 mit der Spitze nach vorn aufgesetzt. Die Offiziere des Generalstabs trugen ebenfalls blaue Uniformröcke im Frackschnitt mit karminroten Kragen und ebensolchen Aufschlägen mit silberner Stickerei.

Kadett und Garde du Corps Bei den Kadetten handelte es sich in Preußen um Jungen, die zum Offizier ausgebildet wurden. Seit 1809 konnten auch Söhne nichtadliger Offiziere, später sogar Bürgersöhne aufgenommen werden. Die Kadetten trugen ab 1808 die blaue Infanterieuniform mit rotem Kragen und roten schwedischen Ärmelaufschlägen, hier in Parade. Die Berliner Kadetten waren an weißen Achselklappen zu erkennen. Für das Regiment Garde du Corps wurden 1808 vier Eskadronen wieder aufgestellt. Ihre Angehörigen waren wie die Kürassiere uniformiert, führten aber die weißen Litzen der Garde auf Kragen und Aufschläge. Seit 1814 besaßen sie auch wieder Kürasse.

Preußen,
Kadettenkorps,
Kadett; Regiment
Garde du Corps,
Garde du Corps,
1812/13

Preußen,
Garde-Füsilier-
Bataillon, Kapitain;
Regiment Garde
zu Fuß, Grenadier,
1812/13

Kapitain des Garde-Füsilier-Bataillons und Grenadier des Regiments Garde zu Fuß Kapitain und Grenadier gehören zur Garde, wie die silberne bzw. weiße Stickerei an Kragen und Ärmelaufschlägen belegt. Die preußischen Offiziere unterschieden sich im Rang durch ein System von schwarz-silbernen Tresseneinfassungen der farbigen Achselklappen. Zur Parade wurden von den beiden Garde-bataillonen weiße und vom Garde-Füsilierbataillon schwar-ze Büsche am Tschako, auf dem sich auch der Gardestern befand, getragen.

Preußen,
2. Schlesisches
Infanterie-Regi-
ment, Musketier;
Leib-Infanterie-
Regiment, Füsilier,
1812/13

Musketier des 2. Schlesischen Infanterie-Regiments und Füsilier des Leib-Infanterie-Regiments Diese Soldaten zählen zur preußischen Linien-Infanterie. Sie war 1808 wie die gesamte Armee reorganisiert worden. Die Infanteristen trugen dunkelblaue Kollets mit roten Schoßumschlägen und Abzeichen in der Farbe der Provinz. Das waren 1808: Ostpreußen – Ziegelrot, Westpreußen – Karminrot, Pommern – Weiß, Brandenburg – Ponceaurot, Schlesien – erst Rosa, dann Zitronengelb. Die Farbe der Schulterklappen gab das Regiment an: 1. Regiment – Weiß, 2. Regiment – Scharlachrot, 3. Regiment – Gelb und 4. Regiment – Hellblau. Auf dem Tschako befand sich bei den Grenadieren der preußische Adler, bei den Musketieren der königliche Namenszug und bei den Füsilieren die schwarz-weiße Nationalkokarde.

Jäger des Garde-Jäger-Bataillons und Spielmann des Schlesischen Grenadier-Bataillons Die Uniform der Jäger wurde nach 1808 der übrigen Infanterie angeglichen. Die grüne Farbe der Uniformröcke fiel nunmehr auch dunkler aus als vorher. Es blieb bei den roten Abzeichen. Dabei führten die Gardejäger gelbe bzw. goldmetallene Litzen auf Kragen und Ärmelaufschläge. Zum Tschako gehörte ein schwarzer Federstutz. Bei dem Spielmann des Schlesischen Grenadier-Bataillons ist allgemein auf die Abzeichenfarbe Gelb der Provinz hinzuweisen. Nach 1808 verschwand der reiche Bortenbesatz an der Uniform der Spielleute, nur die Schwalbennester (bei der Garde zusätzlich mit Fransen versehen) an den Oberärmeln blieben übrig.

Preußen,
Garde-Jäger-
Bataillon, Jäger;
Schlesisches
Grenadier-Batail-
lon, Spielmann,
1812/13

Preußen,
Brandenburgisches
Kürassier-Regi-
ment, Kürassier;
Normal-Eskadron,
Dragoner,
1812/13

Kürassier des Brandenburgischen Kürassier-Regiments und Dragoner des Normal-Eskadrons Der Kürassier und der Dragoner stehen für die Uniformierung eines Teils der preußischen Kavallerie. Die Kürassiere waren generell mit weißem Koller ausgestattet. Als sogenannte kleine Uniform, für den täglichen Dienst, trugen sie jedoch eine dunkelblaue Litewka, einen kittelartigen, meist knielangen Uniformrock mit Knopfleisten. Zu beiden Uniformarten gehörten graue Überknopfhosen und hohe Lederhelme mit Messingbeschlag und Bügel sowie der Rosshaarkamm. Auch die Dragoner hatten nach 1808 ein Kavalleriekollet erhalten. Es war von hellgrauer Grundfarbe, dazu kamen die Abzeichenfarben für Kragen, Achselklappen und Aufschläge. Die Normal-Eskadron war 1811 zur Ausbildung von Reit- und Exerzierlehrern für die Kürassiere und Dragoner errichtet worden. 1813 trat sie als 1. Eskadron dem Leichten Garde-Kavallerie-Regiment bei.

Preußen,
Brandenburgisches
Husaren-Regiment,
Husar; Schlesi-
sches Kürassier-
Regiment,
Trompeter,
1812/13

Husar des Brandenburgischen Husaren-Regiments und Trompeter des Schlesischen Kürassier-Regiments Beide Männer setzen die Darstellungen der Uniformen preußischer Kavalleristen in den Befreiungskriegen fort. Die Husarenuniform bestand aus Tschako (zur Parade mit Federbusch), Dolman, Pelz und grauer Kavalleriehose (Lederbesatz) sowie lederner, mit rotem Tuch und weißer oder gelber Borte besetzter Säbeltasche. Dolman und Pelz fielen in den Farben regimenterweise verschieden aus und blieben nach Husarenart verschnürt. Der Trompeter des Schlesischen Kürassier-Regiments führte an seinem Kollet die Schwalbennester. 1814 bestimmte der preußische König einen roten Rosshaarkamm für den Helm, doch wurde der lange Zeit nur zur Parade angelegt. Um ihn zu schonen, wurde bei normalen Anlässen der schwarze Kamm getragen.

Ulanen der Garde-Ulanen-Eskadron und des Brandenburgischen Ulanen-Regiments Die damaligen preußischen Ulanen, nach 1808 als solche Kavalleriegattung in drei Truppenteile formiert, trugen ein dunkelblaues Kollet mit Kragen, spitzen Aufschlägen und Schoßbesatz in Rot sowie zwei Reihen gelber Knöpfe. Dazu kamen graue, lederbesetzte Hosen und bei den Ulanen der Garde bereits eine Tschapka, bei den Ulanen der Linie noch ein Tschako. 1815 erhielten alle Ulanenregimenter die Tschapka. Um den Leib wurde der blaue, rot vorgestoßene Passgürtel getragen. Die Ulanen der Garde unterschieden sich äußerlich von denen der Linie durch Epauletten anstelle der Achselklappen und durch die gelben Gardelitzen. Ulan bedeutet etwa „ein mit einer Lanze Bewaffneter".

Preußen,
Garde-Ulanen-
Eskadron, Ulan;
Brandenburgisches
Ulanen-Regiment,
Ulan,
1812/13

Preußen,
Schlesische
Artillerie-Brigade,
Kanonier; Pionier,
1812/13

Kanonier der Schlesischen Artillerie-Brigade und Pionier Beide zeigen die ab 1808 getragenen Uniformen der technischen Waffengattungen. Damals bekam die Fußartillerie die Uniform der Infanterie, die Reitende Artillerie die der Kavallerie. Die 1808 bestehenden drei Artilleriebrigaden unterschieden sich durch die Farbe der Achselklappen, nämlich Weiß für die Preußische, Rot für die Brandenburgische und Gelb für die Schlesische Artillerie-Brigade. Auf dem Tschako befand sich die flammende Granate. Die Uniform der Pioniere glich der der Fußartilleristen, hatte aber schwarze Kragen, ebensolche Ärmelaufschläge (aber schwedische, keine brandenburgischen) und Achselklappen, die alle zusammen rot vorgestoßen waren.

131

Preußen,
Garde-Kosaken-
Eskadron, Kosak,
1812/13

Kosak der Garde-Kosaken-Eskadron Auch er ist ein Beispiel für die Vielfalt der Uniformen während der Befreiungskriege. Vorbild für diese Eskadron und die Uniformierung ihrer Angehörigen waren natürlich die russischen Kosaken, die lange vor der russischen Armee in Hamburg und Berlin eintrafen. Die Uniform des preußischen Gardekosaken setzte sich aus einer schwarzen Pelzmütze mit rotem Kolpak (Mützenbeutel), einer kurzen dunkelblauen Jacke ohne Schöße, aber mit den weißen Gardelitzen an Kragen und Ärmelaufschlägen, und weiten dunkelblauen Hosen mit zwei breiten roten Streifen zusammen. Zur Parade wurde die Pelzmütze mit einem hohen weißen Haarbusch (Unteroffiziere oben, Offiziere unten mit schwarzem Haarbuschteil) und ebensolcher Fangschnur ergänzt.

Preußen,
Ostpreußisches
National-Kavalle-
rie-Regiment,
4. Eskadron,
Kavallerist,
1812/13

Kavallerist der 4. Eskadron des Ostpreußischen National-Kavallerie-Regiments Dieser Truppenteil wurde Ende Februar 1813 errichtet. Das Regiment umfasste vier Eskadronen, die sich nach dem unteren Teil ihrer oben weißen Lanzenfähnchen unterschieden: 1. Eskadron Weiß, 2. Rot, 3. Blau und 4. Grün. Ansonsten trugen ihre Angehörigen, die alle Freiwillige waren, eine blaue Litewka mit gelber Husarenverschnürung, rotem Kragen und ebensolchen Ärmelaufschlägen und weiße Achselklappen, des Weiteren eine rote Schärpe mit gelben Knoten und Quasten und blaue, lederbesetzte Hosen sowie einen schwarzen Tschako mit Messingadler und Schild, darauf die Inschrift „Vaterland".

Preußen,
4. Reserve-Infan-
terie-Regiment,
II. Bataillon,
Gemeiner,
1813

Gemeiner des II. Bataillons des 4. Reserve-Infanterie-Regiments Er gehört einem der zu Beginn der Befreiungskriege aufgestellten zwölf Reserveregimenter an. Da ihre Ausstattung mit ganz und gar grauen Uniformen nicht gewährleistet werden konnte, sprang England ein und lieferte seine Uniformen. Zunächst fühlten sich die Soldaten in ihnen eher fremd, doch bald überzeugten die Stoffqualität und der weite, bequeme Schnitt. Die Tornister aus hellbraunem Leder oder gelber Wachsleinwand wurden sogar mit Inhalt geliefert und enthielten nicht nur Wasch-, Näh- und Putzzeug, sondern auch Spiegel, Zahnbürste und Nadelbüchse. Innerhalb der Reserveregimenter waren die drei Bataillone unterschiedlich uniformiert.

Preußen,
9. Reserve-Infan-
terie-Regiment,
III. Bataillon,
Gemeiner,
1813

Gemeiner des III. Bataillons des 9. Reserve-Infante-rie-Regiments Dieser Mann belegt die unterschiedliche Uniformierung der Bataillone eines Reservetruppenteils. Dieses Bataillon hatte keine blauen Uniformröcke, son-dern dunkelgrüne sowie ebensolche oder graue Hosen. Der Tschako war ebenfalls ein englisches Modell, also sich nach oben verjüngend, ohne Nackenschirm und ohne Schiene am Vorderschirm, aber vorn mit weißem Flügel-horn. Nur die Offiziere aller drei Bataillone trugen dunkel-blaue preußische Uniformen.

Preußen,
Freikorps Lützow,
Offizier und Jäger,
1813

Offizier und Jäger des Freikorps Lützow Auch bei diesen Kämpfern des Freikorps des Majors Adolf von Lützow (1782–1834) handelte es sich um nicht preußische Freiwillige, die – nicht auf den König, sondern „auf das Vater-land" vereidigt – zwar durch unglückliche Umstände weniger erfolgreich waren als erwartet, doch tapfer in den Befreiungskriegen kämpften. Zum Korps gehörten auch reitende Jäger, Husaren, Ulanen und Artillerie sowie sogar eine Kompanie Tiroler Jäger. Die Uniformen waren – außer bei den Tirolern – von schwarzer Grundfarbe, rot paspeliert und mit gelbmetallenen Knöpfen. Die Legende weist die Herkunft der deutschen Nationalfarben Schwarz-Rot-Gold diesen Uniformen zu.

Preußen,
Pommer'sche
Landwehr,
Infanterist;
Ostpreußische
Landwehr,
Kavallerist,
1813

Infanterist der Pommer'schen Landwehr und Kavallerist der Ostpreußi-schen Landwehr Diese zwei Landwehrmänner sind Ausdruck der Volksbe-waffnung im Kampf um nationale Unabhängigkeit 1813 bis 1815. Die Land-wehr erhielt mit der dunkelblauen Litewka und weißen und grauen Leinenhosen eine sehr einfache Uniform, die lange unvollständig blieb. Oft fehlten Mäntel und Tornister und sogar Schuhwerk. Die Farbe des Kragens der Litewka bei Landwehr-Infanteristen und -Kavalleristen entsprach der Provinzfarbe. Das charakteristische Zeichen der Landwehr war das weißmetallene Landwehrkreuz an der Schirmmütze der Infanterie bzw. am Tschako der Kavallerie.

Preußen,
Schlesische Land-
wehr, Infanteristen,
Ende August 1813

Infanteristen der Schlesischen Landwehr Auch sie vermitteln einen Eindruck von der eher behelfsmäßigen Uniformierung, die die Landwehr erhalten hatte. Bei ihrer Kopfbedeckung handelte es sich um Mützen von der Farbe der Litewka und mit Besatzstreifen in der Farbe der Kragen sowie mit schwarzem Lederschirm. Auf dem weißmetallenen Landwehrkreuz befand sich die Inschrift „Mit Gott für König und Vaterland 1813".

Offizier der Westfälischen Landwehr Er war zwar ebenso schlicht wie die Landwehr insgesamt bekleidet, doch gewiss vollständig ausgestattet. Nur wenig hob sich die grüne Abzeichenfarbe von der dunkelblauen Schirmmütze und der Litewka ab. Die Rangabzeichen der Offiziere, gleich ob aktive Armee, Landwehr oder Landsturm, waren gleich gestaltet. Allerdings gab es anfangs Schwierigkeiten, denn dieser Offizier hatte den Rang eines Leutnants, bis 1812 wäre er Kapitain gewesen. Der Leutnant wiederum führte bis 1812 nur eine silberne Litze in der Mitte der Achselklappe; die Achselklappe eines Kapitains war ab Juni 1812 vollständig von einer silbernen Litze eingefasst.

Preußen,
Westfälische
Landwehr, Offizier,
1813

Russland,
Russisch-Deutsche
Legion, 1. und
2. Infanterie-Bri-
gade, Infanteristen
und Jäger,
1812–1814

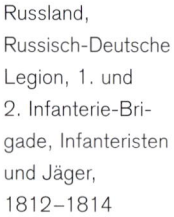

Infanteristen und Jäger der Russisch-Deutschen Legion, 1. und 2. Infanterie-Brigade In dieser Legion dienten deutsche Freiwillige. Sie waren mit grünen russischen Uniformen bekleidet. Im Sommer 1813 bestanden zwei Brigaden Infanterie, zwei Regimenter Husaren, drei Batterien Artillerie, eine Kompanie Jäger und ein Train – zusammen knapp 4500 Mann stark. Die meisten Angehörigen der Legion, die offiziell am 18. April 1815 aufgelöst wurde, fanden sich dann in preußischen Regimentern wieder. Bei der Kopfbedeckung handelte es sich um den russischen Tschako, den Kiwer. Am Kiwer befand sich die schwarz-gelbe Kokarde und darüber ein weiß-roter Pompon. Der Behang war bei Infanterie und Kavallerie weiß, bei der Artillerie rot. Die Jäger befestigten auf dem Bandelier ein gelbmetallenes Jagdhorn.

Russland,
Ulanen-Regiment
Großfürst Thron-
folger, Ulanen und
Offizier,
1806

Ulanen und Offizier des Ulanen-Regiments Großfürst Thronfolger Die beiden Ulanen und der Ulanenoffizier in der Mitte im Hintergrund gehören zu der Kavalleriegattung, deren Uniformen in der russischen Armee 1801 und deren Bezeichnung als Ulanen 1803 aufkamen. Das hier darge-stellte, 1803 errichtete Regiment hatte den Thronfolger zum Chef und gehörte somit der Garde an, wie auch die Litzen am Kragen auswiesen. Die drei Ulanen treten feld-marschmäßig auf, denn zur Paradeuniform gehörten hohe, dicke, weiße Federbüsche und blaue Reithosen mit roten Doppelstreifen an der Seite.

Offizier des Pavlograd'schen Husaren-Regiments, Husar des Isum'schen Husaren-Regiments und Dragoner des Livländischen Dragoner-Regiments Alle vier Männer stehen für weitere russische Kavallerieuniformen und sind bedeutsam, weil sie bei der Neuuniformierung der preußischen Armee 1808 als Vorbild dienten. So trugen auch die russischen Husaren seit 1803 den Tschako. Bei dem des Offiziers ist der an den Seiten angebrachte russi-sche Doppeladler zu erkennen; an den Tschakos der preußischen Husaren war es der preußische Adler. Die russischen Dragoner hatten bereits 1775 ihre blauen gegen grüne Uniformen eingetauscht. 1801 erhielten sie hellgrüne Uniformen und 1807 wieder dunkelgrüne. Außerdem trugen sie ab 1803 wie die Kürassiere einen Lederhelm mit Rosshaarkamm, der dann 1817 dem Tschako wich, den wiederum die preußischen Dragoner seit 1808 besaßen.

Russland,
Pavlograd'sches
Husaren-Regi-
ment, Offizier;
Isum'sches Husa-
ren-Regiment,
Husar; Livländi-
sches Dragoner-
Regiment,
Dragoner,
1807

Russland,
Husaren-Regiment
Elisawetgrad,
Flankeur; Husa-
ren-Regiment
Pavlograd, Husar,
1813

Flankeur des Husaren-Regiments Elisawetgrad und Husar des Husaren-Regiments Pavlograd Die russi-schen Husaren, hier ein Flankeur (einer von 16 Mann jeder Esakdron, die mit Karabinern bewaffnet waren) und ein Husar, waren von den häufigen Uniformänderungen in Russland weitgehend unberührt geblieben. Seit 1803 hat-ten sie anstelle der Flügelmützen Tschakos erhalten, die ab 1813 von solchen in der Form des Kiwers der Infante-rie abgelöst wurden. Während der Feldzüge wurden diese Tschakos zwar ohne Stutz, doch mit dem farbigen Behang getragen. Statt der husarentypischen, engen ungarischen Beinkleider wurden weite, graue Überknopfhosen angezo-gen. Auf den Säbeltaschen befand sich der Namenszug des Zaren Alexander I.

Russland,
Jäger, Grenadiere,
Infanteristen, In-
fanterieoffizier und
Kanonier,
1807

Jäger, Grenadiere, Infanteristen, Infanterieoffizier und Kanonier Der Jäger des 3. Jäger-Regiments, die Grenadiere des St. Petersburger Regiments, die Infanteristen (Musketiere) des Wiburger und des Moskauer Regiments, der Offizier des Schlüsselburger Regiments sowie der Kanonier der Fuß-Artillerie tragen die ab 1802 eingeführte kurze Jacke mit hohem, vorn abgeschrägten Stehkragen in der weiterhin für Russland typischen grünen Uniformfarbe. Von 1803 an erhielten die Musketiere und dann die Artilleristen einen vorn mit Kokarde und Puschel verzierten schwarzen Tschako, der ab 1805 auch von den Grenadieren und Füsilieren sowie Jägern (1807) aufgesetzt wurde. Den Tschako der Grenadiere krönte noch ein walzenförmiger Haarbusch.

Musketier, Grenadiere und Offiziere der Linien-Infanterie Die Leute dieser nicht näher zu bestimmenden russischen Regimenter tragen die Uniformen der Kriege gegen Frankreich. Die russische Armee hatte ab dem 1. Januar 1812 einen neuen Tschako in besonderer Form, den Kiwer. Dieser besaß einen größeren Deckel, der vorn und hinten in die Höhe gebogen war. Im Sommer legten die russischen Infanteristen einteilige Gamaschenhosen an, im Winter Hosen und Gamaschen oder auch Überhosen, die bis zum Knie mit Leder besetzt waren. Wenn der graubraune Mantel nicht angezogen wurde, trug man ihn zusammengerollt über der linken Schulter.

Russland,
Linien-Infanterie,
Musketier, Grena-
diere und Offiziere,
1812–1815

Russland,
Landwehr, Land-
wehrmänner,
1812–1814

Landwehrmänner Sie wurden im Sommer 1812 gegen die in Russland einfallende Große Armee Kaiser Napoleons I. aufgeboten. Die Landwehr erreichte eine Gesamtstärke von 230 000 Mann, die aufgrund der Situation nur sehr einfach bekleidet werden konnten. Ihre Uniform war gebietsweise, oft sogar innerhalb eines Regiments, unterschiedlich. Meist wurde der Kaftan, ein weiter Bauernrock, getragen. Auffälligstes Kennzeichen war das an den Schirm und Pelzmützen befestigte Landwehrkreuz (nach dem Vorbild des Malteserkreuzes), das 1813 für die preußische Landwehr kopiert wurde.

**Jäger der Freiwilligen-Jäger-Regimenter zu Pferd
und zu Fuß Mecklenburg-Schwerin sowie Landsturmmann aus Mecklenburg-Strelitz** Sie repräsentieren jene
deutschen Staaten, die sich 1812 nach dem Untergang
der „Großen Armee" Napoleons in Russland sofort Preußen im Kampf gegen die französische Fremdherrschaft
anschlossen. Wie Preußen versuchten sie, die wohlhabende und gebildete männliche Jugend über die Einrichtung
freiwilliger Jäger für den bewaffneten Kampf zu gewinnen.
Mecklenburg-Schwerin schuf zwei Jägerregimenter, deren
Angehörige wie in Preußen grüne Uniformen trugen. Für
die Bekleidung des Strelitzer Landsturms waren eine dunkelblaue oder schwarze Litewka (mit einem roten Kreuz
auf dem linken Oberärmel) und lange Beinkleider nach
eigener Farbwahl vorgeschrieben.

Offizier und Unteroffizier des Husaren-Regiments Diese Strelitzer in der
schlichten Felduniform, die Tschakos mit einem Überzug aus Wachstuch
geschützt, gehören einem der berühmtesten Regimenter der Befreiungskriege
an – dem Husaren-Regiment Mecklenburg-Strelitz, den C-Husaren (das
C steht für Herzog Carl). Diese Husaren trugen einen schwarzen Dolman
mit ebensolchen Kragen und Ärmelaufschlägen. Ein gelber Schnurbesatz
schmückte das husarenartige Bekleidungsstück wie auch den lässig-elegant
über die linke Schulter umgehängten Pelz. Wie bei den preußischen Husarenregimentern kämpften ebenso hier wohlhabende Freiwillige als Jäger im
Truppenteil; sie waren grün uniformiert.

Standarte des Husaren-Regiments Dieses Ehrenzeichen mit dem Eisernen
Kreuz verlieh König Friedrich Wilhelm III. von Preußen dem Strelitzer Husaren-
Regiment als Auszeichnung für seinen erfolgreichen Kampf in den Reihen seiner
Armee gegen die napoleonische Fremdherrschaft. Die Standarte ist erhalten
und befindet sich im Museum der Stadt Schöneberg. Wie bei allen mecklenburgischen Fahnen zeigte auch die Standarte das große Landeswappen. Es enthielt: Stierkopf mit Halsfell für das eigentliche Mecklenburg, Greif für die Herrschaft Rostock, für die ehemaligen Bistümer bzw. Fürstentümer Schwerin ein
Greif über weißgesäumtem, grünem Feld, gekröntes weißes Kreuz auf rotem
Feld für Ratzeburg, Frauenarm für das Land Stargard, Stierkopf für die Herrschaft Werle und in der Mitte der rot-goldene Schild der Grafschaft Schwerin.

Sachsen-Coburg-
Saalfeld,
Landsturm,
Offiziere und
Landsturmmänner,
1813

Offiziere und Männer des Landsturms Die Offiziere, als Scharfschützen-Offizier, Stabsoffizier und Führer der Schützen bezeichnet, und die zwei Landsturmmänner sowie der Scharfschütze sind hier stellvertretend für das Militär, Landwehr und Landsturm der sächsischen Herzogtümer während der Befreiungskriege dargestellt. Sie konnten erst Ende 1813 an die Seite der gegen Napoleon Verbündeten treten. Der Coburger Landsturm, dem auch Scharfschützen zugeteilt waren, trug meist schwarze Hüte, die Seiten hochgeschlagen, ebensolche Litewkas und Hosen mit dreifacher hellgrüner Biese. Auch die Litewka war grün vorgestoßen. Auf den Schultern befanden sich gelbe Achselklappen aus Kordelschnur. Die Hüte waren mit einem gelben Band, darauf das Landeswappen, versehen. Da Gewehre fehlten, wurden auch Beile und Piken verwendet.

Spielleute und Infanteristen der Linien-Infanterie und Offizier und Infanterist der Leichten Infanterie Die drei Linien-Bataillone und die Leichte Infanterie (auch hier gab es drei Bataillone) besaßen wie 1809 schwarze, verschnürte Uniformen. Die 30 Hautboisten bildeten ein dem 1. Linien-Bataillon angegliedertes Musikkorps. Die Bataillone beider Infanteriegattungen unterschieden sich durch farbige Abzeichen voneinander. Bei der Linie hatte das 1. Bataillon rote Achselklappen, Kragen, Ärmelaufschläge und Hosenbiesen, das 2. grüne und das 3. weiße, Ärmelaufschläge waren schwarz. Bei der Leichten Infanterie besaß das 1. Bataillon bis Januar 1815 hellblaue, dann rote, das 2. Bataillon gelbe und das 3. orangefarbene Abzeichen.

Braunschweig,
Linien-Infanterie,
Spielleute und
Infanteristen;
Leichte Infanterie,
Offizier und
Infanterist,
1815

Braunschweig,
Reitende Artillerie,
Offizier;
Fuß-Artillerie,
Kanonier,
1815

Offizier und Kanonier der Reitenden bzw. der Fuß-Artillerie Die Artillerie Braunschweigs, die aus nur je einer Reitenden Batterie und einer Fußbatterie bestand, war wie fast das gesamte Korps schwarz uniformiert. Eine Ausnahme bildete das Avantgarde-Bataillon, das hellgraue Uniformen mit grünen Abzeichen sowie Hüte mit grünem Stutz und Hutbesatz trug. Die Tschakos der Reitenden Artilleristen zierten ein schwarzer Haarbusch, ein weißmetallener Totenkopf und darunter eine goldene Granate. Dagegen kennzeichneten die stilisierte Granate und ein birnenförmiger Pompon die Fußartilleristen.

Großbritannien,
Fuß-Garden,
Grenadiere und
Füsilier,
1815

Grenadiere und Füsilier der Fuß-Garden Sie gehören den um 1815 existierenden drei englischen Garderegimentern zu Fuß an. Sie gibt es noch heute und auch ein Uniformmerkmal ist geblieben. Beim 1. Regiment, den Grenadier Guards, standen die weißen Litzen auf der Brustseite des roten Uniformrocks einzeln, beim 2. Regiment, den Coldstream Guards, paarweise und beim 3. Regiment, den Scots Guards, zu dreien angeordnet. Natürlich werden auch heute noch zur Parade rote Uniformen und von den Grenadieren hohe Bärenfellmützen getragen. Damals wurden zur Parade weiße Beinkleider mit ebensolchen Gamaschen angezogen. Im Feld wurden die Pelzmützen durch Tschakos ersetzt, wie sie von den beiden Füsilieren bereits aufgesetzt waren.

Reiter der Leibgarde und der Garde zu Pferd Die beiden Reiter der englischen Garde-Kavallerie (Household Cavalry) vertreten die Leibgarde (Life Guards) und die Garde zu Pferd (Horse Guards). Auch hier handelt es sich um zwei Truppenteile, die – wenn auch mittlerweile zusammengefasst – als Blues and Royals noch heute bestehen und zu bestimmten Paraden in nahezu historischen Uniformen auftreten. Auch 1815 trugen sie rote und blaue Uniformen. 1812 hatten sie ihre Hüte gegen Helme mit schwarzem herabhängenden Rosshaarbusch getauscht und diese schon zwei Jahre später gegen die dargestellten Helme. Das Uniformoberteil ist ein bis unten zugehaktes Kollet.

Großbritannien,
Garde-Kavallerie,
Leibgarde und
Garde zu Pferd,
Reiter,
1815

Großbritannien,
15., 7. (Queen's
Own) und 10.
(Prince of Wales's
Own Royal) Leichtes Dragoner-Regiment, Husaren,
1815

Husaren des 15., 7. (Queen's Own) und 10. (Prince of Wales's Own Royal) Leichten Dragoner-Regiments Die drei angreifenden Husaren sind ein Beispiel für die Uniformen von drei der vier damals bestehenden Regimenter. Schon vor 1805 hatten sich einige Leichte Dragoner-Regimenter Uniformteile wie Pelz und Säbeltasche zugelegt. Dann erhielten vier von ihnen die Erlaubnis, hinter dem Regimentsnamen in Klammern den Zusatz „Hussars" (Husaren) zu führen. Bald darauf wurden sie vollständig mit den gezeigten, sehr eleganten Husarenuniformen ausgestattet. Allerdings haben sie wahrscheinlich während des Feldzugs aus praktischen Gründen nicht die Pelzmützen der Paradeuniform, sondern Tschakos aufgesetzt.

Großbritannien, Offizier der Linien-Infanterie, Leichter und Schwerer Dragoner sowie Fußgardist, 1815

Offizier der Linien-Infanterie, Leichter und Schwerer Dragoner sowie Fußgardist Der Offizier und die drei Mannschaftsdienstgrade von Kavallerie und Infanterie sind – was auf früheren Bildern selten geschah – in ihren Winteruniformen abgebildet. Die Mäntel gehörten zur vorschriftsmäßigen Feldausrüstung der englischen Armee. Das Bandelier mit dem Badge, dem Regimentsabzeichen, die Schärpe und immer noch der Ringkragen wurden von den Infanterieoffizieren über den Mantel getragen. Die Infanterie besaß einheitlich graue Mäntel. Bei dem Infanteristen lässt das Abzeichen auf der Patronentasche seine Zugehörigkeit zum 1. Garde-Regiment zu Fuß, den Grenadier Guards, erkennen.

Offiziere des 52., 87., 9., 73. und 97. Infanterie-Regiments Diese Offiziere verschiedener englischer Infanterieregimenter unterscheiden sich durch die Farben und Abzeichen ihrer Truppenteile voneinander sowie durch die Art, ihre Uniformen zu tragen. Vier der Offiziere haben den ab 1800 eingeführten Tschako angelegt, der aufgrund seiner Röhrenform auch als „stovepipe" (Ofenrohr) bezeichnet wurde. Der recht knapp geschnittene und nur bis zur Hüfte reichende rote Oberrock mit Stehkragen hieß Coatee, war bereits 1797 eingeführt worden und wurde meist mit zugeknöpften Rabatten, die oben zu einem Revers zurückgeschlagen waren, angezogen.

Großbritannien, 52., 87., 9., 73. und 97. Infanterie-Regiment, Offiziere, 1815

Großbritannien, 95. Infanterie-Regiment, Offizier und Scharfschütze; 60. Infanterie-Regiment, Scharfschütze, 1813

Offizier und Scharfschütze des 95. Infanterie-Regiments und Scharfschütze des 60. Infanterie-Regiments Sie belegen, wie England aus dem amerikanischen Unabhängigkeitskrieg (1776–1783) und dem dort oft praktizierten Kampf in aufgelöster Ordnung gelernt hatte. 1800 errichtete man ein Scharfschützenkorps (Rifle-Corps), das 1802 zum 95. Infanterie-Regiment wurde. Weitere Scharfschützen waren in einigen Kompanien des 60. Infanterie-Regiments zusammengefasst. Die natürlich nach Jägerart dunkelgrünen Uniformen beider Scharfschützentruppenteile waren nahezu gleich. Ihre Gestaltung hatte sich mit Dolman und Pelz sehr an den Uniformen der Husaren orientiert. Hinzu kam das schwarze Lederzeug.

Großbritannien,
6., 42., 92. und
87. Infanterie-Re-
giment, Infanteris-
ten und Sergeant,
1813

Infanteristen und Sergeant des 6., 42., 92. und 87. Infanterie-Regiments Interessant sind die zwei Infanteristen des 42. und des 92. Regiments (Royal Highlanders bzw. Gordon Highlanders), deren Uniformierung in der Kopfbedeckung, einer Federmütze, und dem kurzen Rock, dem Kill, der schottischen Hochlandtracht entsprach. Dagegen orientierte man sich bei der kurzschößigen roten Uniformjacke an der Linieninfanterie, die auch der rechts abgebildete Sergeant eines Infanterieregiments der Linie trug. Eine Besonderheit der englischen Uniform waren die halbmondartigen Schulterwülste (Wings) aus Tuch, die von Elitekompanien getragen wurden. Der Sergeant war außer an seinem Kurzgewehr an der Wollschärpe (bei Offizieren eine seidene) und dem 1802 eingeführten Winkel am Oberarm zu erkennen.

Dragoner des 2. und 3. Dragoner-Regiments Das 2. und 3. Dragoner-Regiment (Royal North British Dragoons bzw. King's Own Dragoons) trug zu jener Zeit Helm mit Rosshaarschweif. Nur die 2. Dragoner, nach der Farbe ihrer Pferde bekannter als Scots Greys, besaßen Pelzmützen. Diese und weitere Dragonerregimenter waren mit roten Kollets versehen und unterschieden sich durch die Farbe der Kragen, Achselklappen, Aufschläge und Kolletbesätze sowie der Passgürtel voneinander. Im Feld wurden graue Überhosen angezogen, zur Parade weiße Beinkleider mit hohen Stiefeln.

Großbritannien,
2. und 3. Drago-
ner-Regiment,
Dragoner,
1815

Großbritannien,
Reitendes Rake-
tenkorps und
Reitende Artillerie,
Kanoniere,
1813

Kanoniere des Reitenden Raketenkorps und Reitende Artillerie Die beiden berittenen Angehörigen des Raketenkorps (Mounted Rocket Corps), das als einzige englische Truppe an der Völkerschlacht bei Leipzig (16.–18. Oktober 1813) teilgenommen hatte, und der Reitenden Artillerie (Royal Horse Artillery) waren wie die leichten Dragoner vor 1812 uniformiert. So gehörten als Kopfbedeckung der sogenannte Tarleton-Helm und der husarenartig verschnürte blaue Dolman zur Uniform. Beide Truppenteile kämpften auch in der Schlacht bei Waterloo am 18. Juni 1815. Über das nicht mehr parademäßige Aussehen berichtete einer ihrer Offiziere so: „Meine armen Männer ... reichlich abgespannt, Kleidung, Gesicht usw. rauchgeschwärzt und über und über mit Blut und Schlamm bespritzt ...".

Hannover, Englisch-Deutsche Legion, Linien-Infanterie, Soldat, Grenadier, Offizier, Scharfschütze und Scharfschützen-Offizier, 1812

Soldat, Grenadier, Offizier, Scharfschütze und Scharfschützen-Offizier der Englisch-Deutschen Legion, Linien-Infanterie Diese Legion war 1803 vor allem aus Militärs des 1803 von Napoleon aufgelösten Staats Hannover und seiner Armee gebildet und auch als King's German Legion bezeichnet worden. Sie bestand aus Infanterie, Kavallerie und Artillerie und war nahezu genauso wie die entsprechenden englischen Truppen uniformiert. Unterschiede zwischen den normalen Infanteristen und den Scharfschützen gab es in der Bewaffnung. Die Scharfschützen besaßen treffsichere Büchsen statt der Musketen und Hischfänger anstelle der Säbel. Ihr Stutz am Tschako war grün und nicht weiß. Die Offiziere führten als Rangabzeichen Wings, keine Epauletten.

Dragoner des 1. Schweren Dragoner-Regiments Sie führten auf ihren roten Kollets blaue Abzeichen, das 2. Regiment hingegen schwarze. Die beiden Regimenter schwerer Dragoner der Legion trugen eine ebensolche Uniform wie ihre Kameraden in der englischen Armee. Sie behielten diese bis 1814 bei, obwohl sie 1812 zu leichten Dragonern wurden. Im Alltag setzten die schweren Dragoner ihren Hut meist quer auf, im Kampf jedoch mit der Spitze nach vorn und mit untergehakten Schuppenketten. Die Winkeltressen wie bei dem am Boden liegenden Dragoner bezeichneten den Rang der Unteroffiziere: Korporal ein Winkel, Fouriere und Freikorporale zwei, Sergeanten drei und Feldwebel drei mit Krone darüber.

Hannover, 1. Schweres Dragoner-Regiment, Dragoner, 1812

Hannover, Reitender Artillerist, Fuß-Artillerist, Ingenieur-Offizier und Offizier der Fuß-Artillerie, 1812

Reitender Artillerist, Fuß-Artillerist, Ingenieur-Offizier und Offizier der Fuß-Artillerie Auch die hannöverschen Artilleristen der vier Fußbatterien und der zwei Reitenden Batterien trugen in der Zeit um 1812 Uniformen wie die vergleichbaren Truppen in der englischen Armee. Zu den blauen Uniformjacken, bei den Reitenden Artilleristen nach Art der Husaren, kamen im Feld graue Überhosen und zur Parade weiße Beinkleider mit schwarzen Stiefeln. Der Offizier der Fußartillerie hatte die Rabatten seines Kollets vollständig zurückgeknöpft, der rot uniformierte Ingenieur-Offizier nur oben.

Bremen,
Eskadron Freiwilli-
ger Reiter, Reiter,
1814

Reiter der Eskadron Freiwilliger Reiter Diese Truppe konnte erst nach Abzug der Franzosen 1814 errichtet werden. Sie machte zwar den Feldzug 1814 nach Frankreich mit, wurde jedoch nicht in Kämpfe verwickelt. Ende des Jahres wurde die Eskadron aufgelöst. Einige der Reiter traten 1815 in das preußische Ulanen-Regiment Nr. 6 ein, das aus der ehemaligen Reiterei des Freikorps Lützow hervorgegangen war. Daher ist bemerkenswert, dass die Bremer bereits 1814 schwarze Uniformen im Stil der Ulanen trugen.

Artillerist, Kavallerist und Infanterist der Hanseatischen Legion Sie stammen aus dem Hamburger Kontingent der im März 1813 aufgestellten Hanseatischen Legion, die auch Lübecker einschloss. Wie bei allen rasch errichteten Truppenteilen blieb die Uniformierung einfach und improvisiert. So wurden für alle Waffengattungen die gleichen grünen Uniformen gewählt. Nur die Kavalleristen besaßen keine Litzen auf ihrem Kragen. Ansonsten ist der russische Einfluss auf diese Uniformen unverkennbar, denn Kosaken hatten Hamburg zunächst von den Franzosen befreit. Ein Erinnerungsstück daran mag die über die linke Schulter des Reiters hängende Peitsche (Kantschu) sein.

Hamburg,
Hanseatische
Legion, Artillerist,
Kavallerist und
Infanterist,
1813

Hamburg,
Hanseatische
Legion, Ulanen-
Offizier und Ulan
sowie Kosak,
1814

Ulanen-Offizier, Ulan und Kosak der Hanseatischen Legion Besonders die Kosaken waren wie die anderen Reiter des 1813 aufgestellten Hamburger Kontingents (sechs Eskadronen; das Lübecker Kontingent zwei) bereits im folgenden Jahr neu uniformiert worden. Sie hatten Ulanenuniformen erhalten. Nur die 4. Eskadron der Hamburger war als Kosaken bekleidet worden. Die Kopfbedeckung der Ulanen, die Tschapka, diente vor allem zur Unterscheidung der Dienstgradgruppen: Offiziere trugen karminrosa Tschapkas mit weißem Busch, Unteroffiziere und Mannschaften schwarze mit ebensolchem Busch, der aber bei den Unteroffizieren oben weiß gehalten war. Vorn sowie auf den Kartuschen (Patronentaschen) befand sich das Hanseaten-Kreuz.

Hessen-Darmstadt,
Infanterie-Regiment
Groß- und Erb-
prinz, Füsilier,
Grenadier und
Voltigeur,
1809

Füsilier, Grenadier und Voltigeur des Infanterie-Regiments Groß- und Erbprinz Diese Figurinen geben sofort die nach französischem Muster gewählte Struktur und die Uniformen des von 1808 bis 1812 in Spanien kämpfenden Regiments wieder. Die beiden Bataillone gliederten sich in je eine Grenadier- und Voltigeurkompanie sowie vier Füsilierkompanien. Im Unterschied zur Paradeuniform mit den gelben, litzenbesetzten Rabatten und weißen Westen gehörten, wie bei dem Füsilier gezeigt, zum Marschanzug der Wachstuchüberzug des Tschakos, zugeknöpfte Brustrabatten und lange braune oder auch blaue Hosen.

Cheveaulegers, Trompeter und Offizier des Cheveaulegers-Regiments
Die Cheveaulegers, in Parade und feldmarschmäßig, der Trompeter und der Offizier des Cheveaulegers-Regiment von Hessen-Darmstadt tragen die 1809 eingeführte Uniform. Zum dunkelgrünen Kollet kamen ein roter Kragen mit schwarzen Spiegeln sowie kurze schwarze Rabatten und schwarze Ärmelaufschläge – alle mit weißen bzw. silbernen Litzen besetzt. Neu waren vor allem die hohen Lederhelme mit der wollenen Raupe. Die Helmbeschläge waren aus Messing, bei den Offizieren aus Silber und enthielten das gekrönte „L" des Landgrafen Ludwig X.

Hessen-Darmstadt,
Cheveaulegers-
Regiment,
Cheveaulegers,
Trompeter und
Offizier,
1812

Hessen-Darmstadt,
Artillerie, Fahrer,
Kanonier, Unteroffizier und Offizier,
1809

Fahrer, Kanonier, Unteroffizier und Offizier der Artillerie Der Fahrer, der Kanonier, der Unteroffizier mit dem damals unvermeidlichen Stock und der Offizier der Artillerie Hessen-Darmstadts runden das Uniformbild dieses deutschen Staats während der napoleonischen Kriege ab. Hessen-Darmstadt verließ übrigens 1813 als letzter Verbündeter Napoleon. Die wenigen Artilleristen des Lands, von denen die Hälfte in Spanien eingesetzt war, besaßen der Waffengattung entsprechend dunkelblaue Uniformen mit schwarzen, rot paspelierten und auf den Rabatten und Ärmelaufschlägen mit Litzen besetzten Abzeichen. Nur die der Artillerie beigegebenen Fahrer trugen eine andere Bekleidung, die heller war und zu der hinten aufgeklappte Hüte und weiße Reithosen gehörten.

Hessen-Kassel,
Garde du Corps,
Garde du Corps
und Offizier;
Garde-Husaren,
Offizier und Husar,
1813

Garde du Corps und Offizier der Garde du Corps und Offizier und Husar der Garde-Husaren Die Garde du Corps und die Garde-Husaren bildeten jeweils nur eine Eskadron. Als Gardetruppe traten sie in sehr prächtigen Uniformen auf, die bis auf geringe Abweichungen preußischen Vorbildern glichen und bis 1821 getragen wurden. Bei der Garde du Corps, hier durch einen Reiter und einen Offizier dargestellt, diente der Raupenhelm nach bayerischem Beispiel als Kopfbedeckung. Das Schildchen enthielt über dem Metallband mit der Aufschrift „Garde du Corps" den Namenszug „WK" (Wilhelm Kurfürst), der auch die Säbeltaschen der Husaren, bei den Offizieren zusammen mit dem stehenden Hessischen Löwen, zierte. Die Gardehusaren trugen Pelzmützen und weiße Paradehosen, glichen sonst dem Brandenburgischen Husaren-Regiment in Preußen.

Musketier und Offizier des Infanterie-Regiments Kurfürst und Offizier sowie Jäger des Jäger-Bataillons Diese Leute stellen die Uniformen vor, die von Ende November 1813, als Kurfürst Wilhelm I. (1743–1821) Hessen-Kassel erneut in Besitz nahm und seine 1806 „beurlaubte" Armee wiederherstellte, bis 1821 getragen wurden. Der Schnitt der Infanterie- und Jägeruniformen entsprach dem der preußischen Truppen. Als auffälliger Anachronismus erscheint jedoch der kurze, bis zum unteren Kragenrand reichende Zopf, den der Kurfürst wieder eingeführt hatte.

Hessen-Kassel,
Infanterie-Regiment Kurfürst,
Musketier und
Offizier;
Jäger-Bataillon,
Offizier und Jäger,
1813

Hessen-Kassel,
Reitende Artillerie,
Kanonier;
Fuß-Artillerie, Offizier und Kanoniere,
1813

Kanonier der Reitenden Artillerie und Offizier sowie Kanoniere der Fuß-Artillerie Reitende Artilleristen und Fußartilleristen bildeten die Artillerie des Kurfürstentums Hessen-Kassel. Wie die Infanterie und die Kavallerie wurde auch diese Waffengattung Ende 1813 neu aufgestellt. Die Uniformen blieben bis 1821 dunkelblau. Bei den Reitenden Artilleristen kamen noch blaue Reithosen hinzu. Die Fußartillerie, deren Offiziere beritten waren, trug weiße Hosen. Auch die Artilleristen mussten bis 1821 den Zopf behalten.

145

Niederlande,
National-Miliz,
Soldat und Korporal-Sappeur;
Linien-Infanterie,
Offizier, Füsilier
und Spielmann;
16. Jäger-Regiment, Jäger,
1815

Soldat und Korporal-Sappeur der National-Miliz, Offizier, Füsilier und Spielmann der Linien-Infanterie und Jäger des 16. Jäger-Regiments Diese Angehörigen verschiedener Fußtruppen wie auch die der Kavallerie und Artillerie kämpften für das seit 1815 existierende Königreich der Vereinigten Niederlande an der Seite der englischen Armee gegen Napoleon in der Schlacht bei Waterloo am 18. Juni jenes Jahres. Miliz und Infanterie trugen blaue, einreihig zu knöpfende Uniformröcke mit verschiedenfarbigen Abzeichen. Die niederländischen Jäger waren Grün uniformiert. Während die sogenannten Mittel- oder Zentrumskompanien an ihren Achselklappen zu erkennen waren, besaßen die Flankeurkompanien Achselwülste. Der Sappeur im Unteroffiziersrang war weiterhin mit Pelzmütze, Vollbart, Lederschürze und Axt sowie dem Symbol gekreuzter Äxte auf Bandelier und Oberarm hervorgehoben.

Dragoner des 4. Leichten Dragoner-Regiments, Karabinier des 1. Karabinier-Regiments und Husar des 6. Husaren-Regiments Diese Reiter gehören den seit 1815 bestehenden acht Kavallerieregimentern an, die unabhängig von der Gattung durchgehend Nummern führten und von denen eines in Indien stationiert war. Die Husaren trugen die üblichen Husarenuniformen, die Dragoner und Karabiniers Kollets; die der Dragoner waren mit elf Schnurreihen besetzt. Ansonsten setzten die Dragoner Tschakos und die Karabiniers stählerne Helme mit schwarzer Raupe auf. Letztere wurden bald nach Waterloo in Kürassiere umgewandelt und legten zu den bisherigen Uniformen blanke Kürasse an.

Niederlande,
4. Leichtes Dragoner-Regiment,
Dragoner;
1. Karabinier-Regiment, Karabinier;
6. Husaren-Regiment, Husar,
1815

Niederlande,
Train und Reitende
Artillerie, Soldaten
und Kanoniere
sowie Offiziere,
1815

Train und Reitende Artillerie, Soldaten und Kanoniere sowie Offiziere Train und Reitende Artillerie unterschieden sich in der Uniformierung vor allem durch die graue und dunkelblaue Grundfarbe. Sie stimmten jedoch in den schwarzen Kragen und Ärmelaufschlägen überein. Die Trainsoldaten führten Achselklappen, die Artilleristen Achselwülste. Der Kanonier I. Klasse ist an dem roten Winkel über dem linken Ärmelaufschlag zu erkennen.

Österreich-Ungarn,
Generalmajor
und Grenadier,
1809

Generalmajor und Grenadier Der Generalmajor ist soeben an dem noch das Gewehr präsentierenden Grenadier eines nicht näher zu bestimmenden deutschen Infanterieregiments vorbeigegangen. Eine unterschiedlich breite, mit Zackenornament versehene Goldborte am Ärmelaufschlag und an den Rockkanten diente als Rangabzeichen der Generale. Die einzelnen Dienstgrade waren Generalmajor, Feldmarschallleutnant bzw. General der Kavallerie bzw. Feldzeugmeister und Feldmarschall. Die Feldbinde war aus Goldfäden gewirkt. Einzig die aus der Husarenwaffe kommenden Generale trugen auch Husarenuniformen. Der Grenadier gehörte seinen hellgrünen Abzeichen nach dem 10. Infanterie-Regiment an.

Österreich-Ungarn,
Sappeur, Pontonier
und Mineur,
1809

Sappeur, Pontonier und Mineur Diese Spezialisten bildeten auch in der österreichisch-ungarischen Armee die technischen Truppen, die vor allem für Befestigungsarbeiten, Flussübersetzungen und Festungskampf bestimmt waren, aber auch anderweitig verwendet wurden. Hechtgrau war die Grundfarbe der Uniform. Kirschrote Kragen, Aufschläge und Vorstöße setzten die Akzente dieser Truppe.

Österreich-Ungarn,
Artillerie, Korporal
und Kanonier;
Fuhrwesenkorps,
Fahrer,
1809

Korporal und Kanonier der Artillerie und Fahrer des Fuhrwesenkorps Der Korporal und der Kanonier der Artillerie, die damals in fünf Regimentern organisiert war, und der Fahrer des Fuhrwesenkorps gehörten ob ihrer Aufgaben eng zusammen. Die Artilleristen trugen einen rehfarbenen Uniformrock und besaßen auch einen ebensolchen Mantel, beide mit roten Abzeichen gekennzeichnet. Der bis 1811 getragene Hut konnte mit einem goldschwarzen Federbusch geschmückt werden. In jedem Fall kennzeichnete der Goldtressenbesatz am Hut den Rang. Die Fahrer des Fuhrwesens durften schon seit 1772 ebenfalls die rehbraune Unitormen der Artillerie anziehen, behielten aber noch sehr lange die dargestellte weiße Bekleidung.

Österreich-Ungarn, Infanterie-Regiment Hoch- und Deutschmeister Nr. 4, Offizier und Infanteristen, 1805

Offizier und Infanteristen des Infanterie-Regiments Hoch- und Deutschmeister Nr. 4 Diese Männer gehören einem der ältesten und berühmtesten Regimenter der österreichisch-ungarischen Armee an. Es wurde 1696 errichtet und war Ende des 19. Jahrhunderts unter anderem bekannt durch den von Wilhelm August Jurek (1870–1934) komponierten Marsch mit dem Refrain: „Mir san vom ka und ka Infantrie-Regiment/Hoch- und Deutschmeister Numm'ro vier!" Um 1805 trug das Regiment seine weißen Uniformen mit hellblauen Abzeichen und gelben Knöpfen. Der Zopf war bereits 1804 abgeschafft worden.

Grenadier und Infanterist der Deutschen Infanterie und Infanterist der Ungarischen Infanterie Der Grenadier und der Infanterist der nicht bestimmbaren Regimenter aus den deutschsprachigen Landesteilen Österreich-Ungarns tragen um 1813 ihr traditionelles Weiß als Uniformgrundfarbe. Im Unterschied zu ihnen hatten die ungarischen Infanteristen ihre ebenfalls traditionellen engen hellblauen Beinkleider mit Schnürbesatz. Der schwarze Tschako mit Vorder- und Hinterschirm sowie mit Pompon und Kokarde wurde 1808 eingeführt und löste den Raupenhelm von 1798 ab. Auf den spitzen Ärmelaufschlägen des weißen Uniformrocks befand sich bei der ungarischen Infanterie eine Litze, die als „Bärentatze" bezeichnet wurde. Alle Grenadiere trugen noch Bärenfellmützen. Generell steckten die Infanteristen im Feld grünes Laub an ihre Kopfbedeckungen.

Österreich-Ungarn, Deutsche Infanterie, Grenadier und Infanterist; Ungarische Infanterie, Infanterist, 1813

Österreich-Ungarn, Husaren-Regiment Fürst Liechtenstein, Husaren, 1813

Husaren des Husaren-Regiments Fürst Liechtenstein Die ungarischen Husaren waren – insgesamt wie die des erst 1798 aufgestellten Husaren-Regiments Fürst Liechtenstein – nicht so farbig uniformiert wie die nach ihrem Vorbild geschaffenen Husaren anderer Armeen. Für die damals bestehenden zwölf Regimenter gab es nur blaue und grüne Dolmans und Pelze in helleren und dunkleren Farbtönen. Auch war der Pelz stets von der Farbe des Dolmans. Etwas bunter waren Hosen und Tschakos gehalten.

Österreich-Ungarn,
Deutsche Legion,
Infanteristen,
1813

Infanteristen der Deutschen Legion Diese Männer sind ein Beispiel dafür, dass es neben der Englisch-Deutschen und der Russisch-Deutschen Legion Englands und Russlands auch eine vergleichbare Einrichtung in Österreich-Ungarn gab. Sie war 1813 in Prag aus Böhmen deutscher Nationalität und Überläufern aus den Rheinbundtruppen, darunter zweier nahezu vollständiger westfälischer Husarenregimenter, aufgestellt worden. Aufgrund der Situation waren sie recht unterschiedlich uniformiert. Die Infanterie trug die hier gezeigten Uniformen, aber die westfälischen Husaren behielten natürlich ihre Uniformen bei.

Dragoner und Trompeter des Dragoner-Regiments Erbgroßherzog von Toskana Nr. 4 Sie sind nicht nur ein Beispiel für ihre Regimentsuniform, sondern auch für die Dragonerwaffe Österreich-Ungarns insgesamt. Die Dragoner bildeten wie die Kürassiere und Cheveaulegers die „deutsche Cavallerie". Alle sechs Dragonerregimenter trugen während der Befreiungskriege weiße Uniformen mit den entsprechenden verschiedenfarbigen, hier roten Abzeichen. Die Trompeter – wie die Dragoner ebenfalls von vorn und hinten dargestellt – führten auf ihrem Helm nicht die schwarz-gelben Raupen, sondern rote Rosshaarschweife.

Österreich-Ungarn,
Dragoner-Regiment Erbgroßherzog von Toskana Nr. 4, Dragoner und Trompeter,
1813

Österreich-Ungarn,
Landwehr, Unteroffizier, Schütze,
Wehrmann, Unteroffizier, Trommler
und Offizier,
1809

Unteroffizier, Schütze, Wehrmann, Unteroffizier, Trommler und Offizier der Landwehr Die Landwehrmänner verschiedener Dienstgrade sowie der Trommler waren ab April 1809 zusätzlich zur Armee im Kampf gegen das napoleonische Frankreich aufgeboten worden. Da die Kampfhandlungen bald begannen, konnte weder die Organisation noch die Uniformierung, wenn diese hier auch einheitlich erscheint, abgeschlossen werden. 1813 trat diese Landwehr wieder zusammen. Die dunkelgrauen Uniformen knüpften an die Landestrachten an. Die roten Abzeichen wurden von der Landwehr Ober- und Niederösterreichs geführt. Außer ihrem Stock besaßen die Unteroffiziere wie die Spielleute Säbel, die restliche Mannschaft Bajonette, dabei die Schützen die langen der Jäger.

Sachsen, Cheveaulegers-Regiment Prinz Johann, Offizier, 1806

Offizier des Cheveaulegers-Regiments Prinz Johann

Dieser Truppenteil kämpfte 1806 zunächst noch auf preußischer Seite gegen Frankreich. Nach der Niederlage Preußens und auch Sachsens im Oktober trat letzterer Staat als Königreich Ende November 1806 dem Rheinbund bei. Die Angehörigen der vier Regimenter Cheveaulegers trugen rote Kollets mit verschiedenfarbigen Abzeichen und vor allem bis 1810 recht hohe Hüte, die bei den Offizieren gold bestickt waren. Außerdem befanden sich bei den Offizieren, die langschößige Uniformröcke besaßen, auf den Schultern goldene Fransenepauletten.

Offiziere der Cheveaulegers-Regimenter von Polenz und Prinz Albrecht Beide Regimenter sind durch diese Offiziere in der 1810 neu eingeführten Uniform dargestellt. Die sächsische Armee war in jenem Jahr vollständig reorganisiert und neu eingekleidet worden. Die immer noch vier Regimenter Cheveaulegers behielten zwar die bisherigen Grundfarben, doch erhielten ihre Uniformen französischen Schnitt. Vor allem wurden die Hüte durch Tschakos ersetzt. Bei dem rechts abgebildeten Offizier handelte es sich um einen Adjutanten, was man am sogenannten Contreepaulette links und dem Epaulette mit den Fransen links erkennt. Bei den anderen Offizieren war es umgekehrt.

Sachsen, Cheveaulegers-Regimenter von Polenz und Prinz Albrecht, Offiziere, 1810

Sachsen, Cheveaulegers-Regiment Prinz Clemens, Dragoner, 1812

Dragoner des Cheveaulegers-Regiments Prinz Clemens Der Reiter ist als „Dragoner vom Regiment Prinz Clemens" bezeichnet worden. Er war einer von 64 Mann des Regiments, die mit Karabinern für Plänklergefechte bewaffnet waren, daher mag diese Bezeichnung rühren. Bei diesem Truppenteil handelte es sich um eines der vier 1812 existierenden Regimenter Cheveaulegers. Die Angehörigen des Regiments Prinz Clemens waren an ihrer papageiengrünen Abzeichenfarbe, die sich auch auf den Satteldecken findet, zu erkennen. Rechtzeitig für den Feldzug gegen Russland waren 1812 weiße Mäntel mit Ärmeln und Kragen ausgegeben worden. Der Truppenteil sollte schon 1812 zum Ulanen-Regiment Prinz Clemens werden, es dauerte dann aber doch bis 1813.

Regimentstambour der Leib-Grenadier-Garde Er trug wie die Musiker dieses Regiments nicht die rote Uniform mit gelben Abzeichen, sondern den gelb-blauen Uniformrock in den Farben des Hofs. Die blauen Abzeichen und die Epauletten waren silbern eingefasst. Neben den weißen Beinkleidern gehörte die Bärenfellmütze zur Paradeuniform. Es war die der Offiziere, allerdings links mit weißer Bandkokarde und rotem Stutz. Sonst diente ein silberbetresster Hut mit rotem Federstutz als Kopfbedeckung. Zum Hut wurde der Degen, zur Bärenfellmütze der Säbel getragen.

Grenadiere und Offizier der Leib-Grenadier-Garde sowie Offiziere und Grenadier der Infanterie-Regimenter König und Prinz Clemens Die Garde-Grenadiere sind in Parade- und Dienstanzug, ihr Offizier ist in Parade dargestellt, ebenso der weiß-grün uniformierte Offizier des Regiments Prinz Clemens, dagegen der vom Regiment König in einfacher Interimsuniform sowie der Grenadier jenes Truppenteils feldmarschmäßig im Mantel. Die sächsische Infanterie hatte 1810 frackartig geschnittene Uniformröcke mit geraden Rabatten erhalten. Von der Leib-Grenadier-Garde wurden ab 1810 Bärenfellmützen – nach französischem Muster – nur noch zur Parade aufgesetzt. Der Messingbeschlag der Mannschaften enthielt den Schriftzug „FAR" (Friedrich August Rex). Bei den Offizieren war der Beschlag vergoldet und zum versilberten Schriftzug kamen in den Ecken ebensolche Granaten hinzu.

Offizier des Artillerie-Regiments zu Fuß, Offizier des Artillerie-Trainbataillons und Sergeant der Reitenden Artillerie-Brigade Der Schnitt der dunkelgrünen Artillerieuniformen mit roten Abzeichen belegt beim Offizier (mit Ringkragen) die Anlehnung der Fußartillerie an die Infanterie und beim Sergeanten der Reitenden Artillerie an die Cheveaulegers. Die Offiziere, Unteroffiziere und Soldaten des einzigen sächsischen Artillerie-Trainbataillons kleideten sich in hellblaue Kollets mit schwarzen, rot paspelierten Abzeichen. Tschakos mit weißem Behang sowie ebensolchen Kordons und Federbüschen vervollständigten ihre Uniform. Das französische Vorbild zeigt sich in Kopfbedeckung, Rockschnitt und Rangabzeichen. Der Tschako hatte den Hut verdrängt. Bei den Tschakos der Offiziere ist die Einfassung in Gestalt der Raute des sächsischen Wappens am oberen Rand interessant.

Sachsen,
Ulanen-Regiment
Prinz Clemens,
Ulanen und
Oberstleutnant,
1814–1820

Ulanen und Oberstleutnant des Ulanen-Regiments Prinz Clemens Sie zeigen, dass es damals auch mitten in verlustreichen Kriegen für notwendig gehalten wurde, Uniformen zu ändern. 1812/13 war das Cheveaulegers-Regiment Prinz Clemens in ein Ulanenregiment umgewandelt worden, trug zunächst seine rot-grünen Uniformen weiter, erhielt Ende 1813 die links abgebildeten blau-schwarzen Uniformen und schließlich ab Mitte Juli 1815 nach und nach nochmals eine neue Bekleidung in Rot und Blau. Jedenfalls wiesen die Tschapkas die Reiter eindeutig als Ulanen aus. Bei dem Offizier ist auf die nach bayerischem Vorbild am Kragen angebrachten Rangabzeichen hinzuweisen.

Husar, Scharfschütze und Scharfschützenoffizier des Banners der freiwilligen Sachsen Sie gehören einer patriotischen Formation Sachsens an, die nach der Schlacht bei Leipzig (16.–18. Oktober 1813) auf Veranlassung Russlands errichtet wurde. Ihre Angehörigen erhielten ungeachtet dessen, dass Sachsen Kriegsschauplatz war, sehr prächtige Uniformen, bei denen das Grün dominierte und Russland und Preußen Vorbild waren. 1814 wurde die Truppe sogar in den Rang der kaiserlich russischen Garde erhoben. Allerdings kam sie nie zum Einsatz. Im Sommer 1814 fand eine Kompanie Fußjäger beim Kentern einer Fähre den Tod in den Wellen des Mains bei Miltenberg. 1815 wurde die Formation aufgelöst.

Sachsen,
Banner der freiwilligen Sachsen,
Husar, Scharfschütze und
Scharfschützenoffizier,
1814

Sächsische
Herzogtümer,
4. Rheinbund-
Infanterie-Regiment
Weimar, Jäger und
Offizier; Gotha,
Infanterist und
Offizier; Coburg,
Offizier und
Grenadier,
1812

Jäger und Offizier des 4. Rheinbund-Infanterie-Regiments Weimar, Infanterist und Offizier von Gotha sowie Offizier und Grenadier von Coburg Das Militär der fünf Herzöge von Sachsen – außer Weimar, Gotha und Coburg sind noch Meiningen und Hildburghausen zu nennen – bildete im wahrsten Sinne des Wortes eine bunt zusammengesetzte Truppe. Die Herzöge waren 1806 – nicht ganz freiwillig – dem Rheinbund beigetreten und stellten gemeinsam das 4. Rheinbund-Infanterie-Regiment der sogenannten Fürstendivision. Innerhalb des Regiments fanden sich somit die unterschiedlichsten Uniformen, denen jedoch das französische Vorbild gemeinsam war.

Bayern,
Gendarmerie,
Rittmeister;
Artillerie, Oberleut-
nant; Fuhrwesen,
Leutnant,
1815–1825

Rittmeister der Gendarmerie, Oberleutnant der Artillerie und Leutnant des Fuhrwesens Alle drei Offiziere tragen die ihrer Gattung entsprechenden Uniformen des täglichen Diensts jener Jahre. Die Gendarmerie war wie in anderen deutschen Ländern auch 1812 nach französischem Vorbild aufgestellt worden. Sie gehörte zwar zur Armee und setzte sich aus früheren Offizieren und vor allem Unteroffizieren zusammen, erfüllte jedoch vorwiegend polizeiliche Aufgaben. Sie waren militärisch uniformiert und ihre Angehörigen fühlten sich eher als Soldaten. Die Rangabzeichen im bayerischen Militär in Gestalt eines Systems von Tressen und Borten (für die Mannschaften und Unteroffiziere aus Wolle, für die Offiziere aus Metallgespinst) befanden sich auf den hohen Kragen der Uniformen. Diese waren bei der Artillerie weiterhin dunkelblau und beim Fuhrwesen graublau.

Ulan des Ulanen-Regiments, Cheveauleger des National-Cheveaulegers-Regiments Prinz Karl und Husaren des 1. und 2. Husaren-Regiments
Diese Reiter stehen stellvertretend für einige während und kurz nach den Befreiungskriegen getragenen bayerischen Kavallerieuniformen. Der Ulan gehört dem 1813 aufgestellten Ulanen-Regiment an, das bereits 1822 wieder aufgelöst wurde. Seine grüne Uniform besaß zunächst hellblaue Abzeichen, die aber 1814 gegen rote getauscht wurden. Auch das ebenfalls grün uniformierte National-Cheveaulegers-Regiment Prinz Karl erlebte nur eine kurze Geschichte, denn über die Zwischenstation eines 7. Cheveaulegers-Regiment wurde es im März 1815 zum 1. Kürassier-Regiment mit entsprechender Uniform umgewandelt. Auch die beiden Husarenregimenter bestanden nur von 1815 bis 1822. Hellblau uniformiert, unterschieden sie sich durch die Farbe ihrer Tschakos und Pelze (1. Regiment schwarze Tschakos und blaue Pelze, 2. Regiment rote und weiße).

Bayern,
Ulanen-Regiment,
Ulan; National-
Cheveaulegers-
Regiment Prinz
Karl, Cheveau-
leger; 1. und
2. Husaren-Regi-
ment, Husaren,
1813–1822

Bayern,
Ulanen-Regiment,
Offizier; Regiment
Garde du Corps,
Offizier; Kürassier
und Trompeter,
1813–1825

Offiziere, Kürassier und Trompeter verschiedener bayerischer Regimenter Der Ulanenoffizier und die drei Kürassiere (Offizier der Garde du Corps, Kürassier und Trompeter) schließen den Exkurs über die Uniformierung der bayerischen Kavallerie jener Jahre während und nach den Befreiungskriegen. Anders als der vorher abgebildete Ulan ist der Offizier des Regiments für 1814 in der noch grünen Uniform, aber mit roten Abzeichen dargestellt. Zu dem 1814 errichteten Regiment Garde du Corps kamen 1815 zwei Kürassierregimenter hinzu. Die Uniformen ihrer Angehörigen waren gleichermaßen prächtig. Die Garde du Corps legte gelbmetallene Kürasse an, die Kürassiere weißmetallene. Der Trompeter im Hintergrund ist an den Schwalbennestern der Uniform sowie durch die gewechselten Farben von Kollet und Abzeichen zu bestimmen.

Baden,
Post, Postillione,
1820

Badische Postillione Sie stammen aus der Zeit um 1820 und belegen auch für das 19. Jahrhundert die große Ähnlichkeit militärischer und ziviler Uniformen. Zu sehen sind das Kollet in den badischen Farben Gelb und Rot, weiße Reithosen und hohe Stiefel mit den angeschnallten Sporen. Getragen wurde ein tschakoähnlicher Hut, gegen Regen und Sturm schützte der graue, weite Mantel, die Redingote. Dieser lange Mantel mit großem Kragen Ende des 18. Jahrhunderts entstand in England und bürgerte sich dann in Frankreich als modisches Kleidungsstück für Männer und Frauen ein. Somit ist auch die Bezeichnung Redingote die französische Adaption des englischen Riding Coat.

Postillione aus Mecklenburg-Strelitz Auch diese beiden Postillione bestätigen die enge Verwandtschaft militärischer und ziviler Uniformen jener Zeit. Das betraf alle Bekleidungsstücke. Hier waren es der schwarze Hut, das blau-rote Kollet, die beigefarbenen Reithosen, Stiefel mit Sporen und die blaue Redingote. Bemerkenswert ist aber die Tatsache, dass sich auf dem Messingmetallband des Huts nicht das geprägte große Landeswappen befand, sondern der schwarze Stierkopf für das eigentliche Mecklenburg. Dieser Stierkopf stellte auch das ursprüngliche mecklenburgische Wappen dar.

Mecklenburg-Strelitz, Post, Postillione, 1820

Hamburg,
Hafenpolizei,
Kapitain,
um 1840

Kapitain der Hafenpolizei Er trägt eine ganz und gar dunkelblaue Uniform. Seinen Kopf bedeckte ein hoher schwarzer Hut mit Agraffe, darauf das Wappen der Hansestadt. Auf den Epauletten des Uniformfracks wiesen die Ankersymbole auf die Beziehung zur Seefahrt hin. Neben den Epauletten drückte vor allem der Besitz eines Degens den Rang des Offiziers aus. Die Hafenpolizei, zunächst nur sechs Mann stark, sollte Diebstähle und Zollbetrügereien verhindern sowie insgesamt für Ordnung im Hafengebiet sorgen.

Kirchenstaat,
Nobelgarde,
Gardisten;
Karabiniers,
Offiziere,
1816

Gardisten der Nobelgarde und Offiziere der Karabiniers Beide Garden gehörten zum zahlenmäßig recht starken Militär (1865 etwa 10 000 bis 15 000 Mann) des Kirchenstaats. Beim Kirchenstaat selbst handelt es sich um das ehemalige Herrschaftsgebiet des Papsttums in Italien. Es war unter Napoleon I. säkularisiert, aber 1815 wiederhergestellt worden. Von der Nobelgarde sind zwei Reiter in der roten, goldbestickten Paradeuniform und einfacheren blauen Felduniform dargestellt. Die Unteroffiziere und Mannschaften der Karabiniers trugen im Unterschied zu ihren Offizieren (Bildmitte) als Kopfbedeckung Hüte und Uniformröcke ohne Rabatten. Die Nobelgarde wurde erst 1970 aufgelöst.

Grenadiere, Grenadieroffizier und Jäger des 1. und 2. Infanterie-Regiments Diese Militärs trugen noch Uniformen ganz in französischem Stil. Beide Regimenter waren weiß gekleidet und unterschieden sich durch die Farbe ihrer Kragen, Rabatten, Ärmelaufschläge und Schoßumschläge voneinander. Die Grenadiere besaßen Bärenfellmützen wie auch Tschakos und waren durch rote Epauletten und die Granatensymbolik gekennzeichnet. Bei den Jägern blieb es im Kirchenstaat wie auch in anderen Ländern bei grünen Tschakobehängen (einschließlich eines Buschs) und grünen Epauletten.

Kirchenstaat,
1. und 2. Infante-
rie-Regiment,
Grenadiere,
Grenadieroffizier
und Jäger,
1816

Kirchenstaat,
Artillerie, Kanonier
und Offizier;
Pompier; Finanz-
wache, Gemeiner,
1816

Kanonier und Offizier der Artillerie, Pompier sowie Gemeiner der Finanzwache Der Kanonier und der Offizier der Artillerie, zwischen ihnen ein Pompier der Feuerwehr und rechts ein Angehöriger der Finanzwache, stellen ganz verschiedene Uniformierte des Kirchenstaats dar. Die Artilleristen, genauer als Elite-Kanonier und Offizier der Elite-Kanoniere ausgewiesen, trugen eine der Artillerie Frankreichs recht ähnliche, dunkelblaue Uniform. Die Feuerwehr war 1810 nach dem Beispiel der Sappeur-Pompiers von Paris entstanden und wurde nach 1815 in die päpstliche Armee eingegliedert. Auch in ihren Uniformen folgten die päpstlichen Pompiers dem französischen Vorbild. Die Finanzwache, dem heutigen Zoll entsprechend, war hellblau mit Grün uniformiert.

Österreich-Ungarn, Kriegsmarine, Offiziere und Matrose, 1820

Offiziere und Matrose der Kriegsmarine Die zwei Offiziere, der rechte in Bord- und der linke wie der Matrose in der Bildmitte in Paradeuniform, zeigen Uniformen der österreichisch-venezianischen Kriegsmarine, die neu entstand, als 1814 Gebiete des heutigen Italiens und Kroatiens wieder an Österreich-Ungarn fielen. An dem Offizier in der Bord- bzw. Schiffsdienstuniform erkennt man, dass die dunkelblauen Uniformröcke gern offen getragen wurden, wenn die Seitenwaffe untergeschnallt war. Die Paradeuniform der Marineoffiziere setzte sich aus Zweispitzhut, Uniformrock (mit hellblauen Abzeichen) und deutscher Hose in Stiefeln sowie Feldbinde und übergeschnalltem Säbel zusammen. Der Matrose trug das „Röckel", eine bis an die Hüfte reichende Jacke, während die Röckel der Unteroffiziere mit Schößen gearbeitet waren. Bei dem runden Matrosenhut (Capello tondo) handelte es sich um einen Zylinder aus schwarz lackiertem Leder mit aufrecht gestelltem Anker, der die Inschrift „F. I." (Kaiser Franz I.) teilte.

Infanterist der Marine-Infanterie Er war um 1820 ganz und gar in lichtblauer Uniform mit hellroten Abzeichen bekleidet. Zunächst trugen auch die Marine-Infanteristen die Hüte der Matrosen, ab 1818 dann den schwarzen Tschako der Infanterie.

Österreich-Ungarn, Marine-Infanterie, Infanterist, 1820

Österreich-Ungarn, Marine-Genie, Offizier; Marine-Artillerie, Offizier und Kanonier, 1820

Offizier des Marine-Genie-Korps und Offizier sowie Kanonier der Marine-Artillerie Diese Männer gehörten ebenfalls der Kriegsmarine Österreich-Ungarns an. Die Uniformen der Marine-Artillerie entsprachen damals denen der Marine-Infanterie, waren also auch in Lichtblau mit hellroten Abzeichen gearbeitet. Die Unteroffiziere und Mannschaften führten auf den Knöpfen und an der Kopfbedeckung (erst Hut, dann Tschako) das Emblem dieser Gattung: gekreuzte Kanonenrohre über dem klaren Anker, also ohne durchgezogenes Tau. Das Marine-Genie-Korps, dem vor allem Schiffskonstrukteure angehörten, trug die dargestellte Uniform.

Neapel,
Garde-Infanterie,
Offizier der Jäger
und der Grenadiere
sowie Grenadier,
Jäger und
Zimmermann,
1820

Offizier der Jäger und der Grenadiere sowie Grenadier, Jäger und Zimmermann der Garde-Infanterie

Die Offiziere der Garde-Jäger und der Garde-Grenadiere im Rang eines Kapitains waren wie der Garde-Grenadier, Garde-Jäger und Zimmermann der Garde-Jäger in der Zeit nach 1815 sehr deutlich nach englischem Vorbild uniformiert. König Ferdinand IV. von Neapel (1751–1825; seit 1816 als Ferdinand I. König beider Sizilien) war während seines Exils von Großbritannien mit Truppen, einschließlich Uniformen, und Geld unterstützt worden. So trug seine Garde-Infanterie eigentlich vollständig englische Uniformen, von den Tschakos und Pelzmützen über die roten Uniformröcke bis hin zu den Achselwülsten (Wings).

Ulanen-Offizier, Dragoner-Offizier und Ulanen-Pauker der Nationalgarde sowie Dragoner des 2. Dragoner-

Regiments Ein Leutnant der Ulanen, ein Rittmeister (entspricht wie der Kapitain dem heutigen Hauptmann), der Dragoner und der Pauker der Ulanen sowie ein Dragoner des 2. Dragoner-Regiments vermitteln einen Eindruck der damaligen Kavallerieuniformen Neapels bzw. des Königreichs beider Sizilien. Ohne auf Einzelheiten einzugehen, sei auf die Ähnlichkeit der Ulanen mit den polnischen Reitern dieser Kavalleriegattung hingewiesen. Die Dragoner folgten dem französischen Vorbild.

Neapel,
Nationalgarde,
Ulanen-Offizier,
Dragoner-Offizier
und Ulanen-Pauker;
2. Dragoner-Regiment, Dragoner,
1821

Neapel,
Marine-Korps,
Soldat und Kapitän;
Pioniere und Pontoniere, Kapitän,
1821

Soldat und Kapitän des Marine-Korps sowie Kapitän

der Pioniere und Pontoniere Der Soldat und der rechts dargestellte Kapitän gehören dem Marine-Korps der Truppen Neapels an, ebenso der Kapitän der Pioniere und Pontoniere (mit verschränkten Armen) in der Mitte des Bilds. Alle tragen die blau-weißen Uniformen, jedoch befand sich auf den Kragen der Angehörigen des Marine-Korps das Symbol des klaren Ankers.

Polen,
7. Linien-Infante-
rie-Regiment,
Stabsoffizier und
Infanteristen,
1828

Stabsoffizier und Infanteristen des 7. Linien-Infante-rie-Regiments Vor allem der Stabsoffizier, aber auch die Infanteristen trugen Uniformen im Stil der Zeit. Sie entsprachen während des Unabhängigkeitskampfs 1830/31 bei den auf die Seite der Freiheitskämpfer übergegangenen Truppen immer noch den russischen Maßstäben, da sich das Königreich Polen seit 1815 unter der Herrschaft Russlands befand. Allerdings trug die Infanterie dunkelblaue Uniformröcke mit gelben Abzeichen und der polnische Adler zierte den Tschako. Wie in anderen Armeen auch wurde zum Exerzieren eine einfache, allerdings weiße Bekleidung genommen.

Stabsoffizier der Reitenden Garde-Artillerie Er wie auch die anderen Angehörigen der Reitenden Garde-Artillerie des polnischen Kontingents trugen dunkelgrüne Uniformen mit schwarzen, rot paspelierten Abzeichen sowie goldenen Gardelitzen. Auf die polnische Herkunft des Offiziers weist ebenfalls der polnische Adler auf der Vorderseite des Tschakos hin.

Polen,
Reitende
Garde-Artillerie,
Stabsoffizier,
1828

Polen,
Veteran und
Invalide,
1828

Veteran und Invalide Auch diese beiden polnischen Militärs erfahren hinsichtlich ihrer einfachen graublauen Uniformen äußerlich das Schicksal der vielen ausgemusterten Soldaten, gleich ob zu alt oder invalide, aller Armeen. Im besten Fall wurden sie in entsprechenden Einheiten oder Einrichtungen zusammengefasst und eher schlecht als recht versorgt.

Portugal,
Infanterie, Offiziere,
Füsilier und
Grenadier;
Jäger zu Fuß,
Offizier,
1835

Offiziere, Füsilier und Grenadier der Infanterie und Offizier der Jäger zu Fuß Die Infanteristen, links zwei Offiziere in kleiner und großer Uniform, rechts ein Füsilier und ein Grenadier sowie in der Mitte der Offizier der Jäger zu Fuß, vermitteln einen Eindruck von den in der Armee Portugals damals getragenen Uniformen. Als 1808 mit militärischer Unterstützung Englands in Portugal der Kampf gegen die französische Besatzung ausbrach, begann auch die Wiederaufstellung einer eigenen Armee. Deren Uniformen folgten in der Gestaltung englischem Beispiel. Außer in einigen nationalen Elementen unterschieden sie sich auch durch die Grundfarben von ihrem Vorbild, insbesondere wichen die Jäger zu Fuß mit ihren braunen Uniformen nicht nur von vergleichbaren englischen, sondern auch anderen europäischen Soldaten dieser Gattung ab.

Offiziere und Reitender Jäger der Reitenden Jäger, Lanzenreiter, Gemeiner und Offizier Die Offiziere der Reitenden Jäger in kleiner und großer Uniform links im Bild, der Reitende Jäger und der Lanzenreiter sowie rechts der Offizier der Lanzenreiter stehen stellvertretend für die portugiesischen Kavallerieuniformen. Auch bei dieser Waffengattung war die englische Armee das Vorbild. Insbesondere glich die Uniform der Reitenden Jäger der der englischen Leichten Dragoner, während die Lanzenreiter, die ja auch als Ulanen bezeichnet werden konnten, die für diese Gattung typischen Tschapkas trugen.

Portugal,
Reitende Jäger,
Offiziere und
Reitender Jäger;
Lanzenreiter,
Gemeiner und
Offizier,
1835

Portugal,
Ingenieur-Offizier;
Artillerie, Kanoniere und Offizier,
1835

Ingenieur-Offizier sowie Kanoniere und Offizier der Artillerie Der Ingenieur-Offizier, der Kanonier der Reitenden Artillerie (sitzend, mit dem Säbel in der Hand) und die Kanoniere der Fußartillerie sowie deren Offizier zeigen die Uniformen der dritten Waffengattung der Armee Portugals. Da für die Artilleristen obendrein die Farben Blau, Gelb und Rot gewählt worden waren, kam die Anlehnung an die englischen Uniformen hier besonders deutlich heraus. Die englischen Ausrüstungsteile wie Tornister, Brotbeutel und Trinkflasche mit der spezifischen Art ihrer Beschriftung verstärken diesen Eindruck.

159

Bayern,
Grenadier-Garde-
Regiment, Unter-
offizier, Offizier
und Grenadier,
1814

Unteroffizier, Offizier und Grenadier des Grenadier-Garde-Regiments

Sie gehören dem erst 1814 errichteten Königlich Bayerischen Grenadier-Garde-Regiment – so der vollständige Name des Truppenteils – an. Seit 1801 hatte es keine Grenadierregimenter in der Armee Bayerns gegeben, nur entsprechende Kompanien in den Infanterieregimentern. Schon 1826 wurde das Grenadier-Garde-Regiment in das Leib-Infanterie-Regiment (Garnison München) umgewandelt. Die hier gezeigten Gardisten tragen die hellblauen Uniformen mit rotem Kragen, ebensolchen Rabatten und Aufschlägen wie die gesamte bayerische Infanterie, besaßen aber Bärenfellmützen und führten einen weißen Litzenbesatz. Der Unteroffizier und der Offizier hatten zur Parade die weißen Beinkleider angezogen.

Hartschiere und Wachtmeister der Leibgarde der Hartschiere

Die Hartschiere sind (von vorn und von hinten) im täglichen Dienst und in der Galauniform dargestellt. Im Hintergrund des Bilds sind ein Wachtmeister (bei dieser Truppe ein Offizier) und ein Hartschier in einer außerdienstlich getragenen einfachen Uniform zu sehen. Zwar reichen die Ursprünge dieser traditionsreichen Leibgarde bis in das 16. Jahrhundert zurück, doch in dieser Form zur Bewachung des Herrscherhauses in München und für Repräsentationsaufgaben gab es sie erst seit 1802. Die Gardetruppe bestand bis 1918, die hier gezeigte Uniform wurde bis 1852 getragen. Die Galauniform setzte sich aus Hut, Übergewand (Casaque), Kniehosen, Strümpfen und Schnallenschuhe zusammen. Als Waffen dienten der Degen und vor allem eine altertümliche Stangenwaffe, die Couse.

Bayern,
Leibgarde der
Hartschiere,
Hartschiere und
Wachtmeister,
1835

Bayern,
2. kombiniertes
Infanterie-Regi-
ment, Stabsoffizier,
Infanteristen und
Sappeure,
1832–1835

Stabsoffizier, Infanteristen und Sappeure des 2. kombinierten Infanterie-Regiments

Diese Männer stehen für eine bis heute gelegentlich nachwirkende Episode der bayerischen Militärgeschichte. Der Sohn Ludwigs I. von Bayern war 1832 als Otto I. zum König von Griechenland gewählt und 1862 zur Abdankung gezwungen worden. Zu seiner Unterstützung hatte Bayern ein Expeditionskorps aus unterschiedlichen Truppen nach Griechenland geschickt. Die Soldaten, Unteroffiziere und Offiziere trugen ihre üblichen hellblauen Uniformen. Der Stabsoffizier führte wie die anderen bayerischen Offiziere immer noch den Ringkragen.

Frankreich,
Fremdenlegion,
Legionär,
1831

Fremdenlegionär Er gehört einem der berühmtesten, in seiner Geschichte oft auch umstrittenen Korps an – der im März 1831 errichteten Légion Ètrangère. Sie war von König Louis Philippe (1773–1850) geschaffen worden, um vor allem die afrikanischen Besitzungen Frankreichs zu sichern. Die Legionäre trugen die Uniform der französischen Infanterie, also den Tschako, der ab 1825 in eine steilere, eher zylindrische Form überging, den ab 1820 eingeführten einreihig geknöpften dunkelblauen Uniformrock und die seit 1829 getragenen roten Hosen. Das für die Armee Frankreichs historische Rot der Hosen blieb bis in den Ersten Weltkrieg hinein erhalten.

Frankreich,
Tirailleur indigène,
1841

Tirailleur indigène Die Tirailleurs indigènes, auch Tirailleurs algériens sowie oft einfach Turcos oder Turkos genannt, wurden als algerische Infanterie der französischen Armee aufgestellt. Zuerst gab es 1838 ein Bataillon in Oran, dann waren es 1841 drei Bataillone in Algier, Oran und Constantine. Anfänglich trugen diese algerischen Infanteristen, die von französischen Offizieren kommandiert wurden, weiß-blaue Turbane, grüne Jacken, rote Westen und Hosen sowie weiße Gamaschen über schwarzem Schuhwerk. Vorgeschrieben waren eigentlich gelbe Besätze der Jacken, doch kamen auch andere Farben vor.

Frankreich,
1. Regiment
Chasseurs d'Afrique, Offizier,
1832

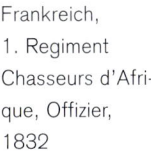

Offizier des 1. Regiments Chasseurs d'Afrique Er ist am gelben Kragen und den gelben Ärmelaufschlägen seines weiten, mit Falten versehenen, langschößigen Uniformrocks, ähnlich der Litewka, zu erkennen. Die beiden ersten, für den Einsatz in Algerien bestimmten Kavallerieregimenter wurden 1831 aufgestellt. Das 2. Regiment hatte hellblaue Kragen und Ärmelaufschläge. 1832 kamen ein drittes und 1839 ein viertes Regiment hinzu. Rote Hosen mit Reitbesatz ergänzten die Uniform. Zunächst gehörte auch die für den Einsatz in Nordafrika unpraktische Tschapka zur Uniform sowie eine Lanze zur Bewaffnung.

Hannover,
Regiment Garde
du Corps,
Trompeter und
Garde du Corps,
1833

**Trompeter und Garde du Corps des Regiments
Garde du Corps** Gezeigt werden die Uniformen dieses
hannöverschen Regiments für 1833. Der Trompeter trägt
noch ein altes Helmmodell mit Rosshaarschweif statt der
Raupe. Seine Livréebekleidung ist bemerkenswert, da sie
so ähnlich auch heute noch von der britischen Gardekavallerie zur Parade angezogen wird. Die beiden Reiter tragen
anstelle der bisherigen weißen nunmehr blaue Uniformen,
bei denen jedoch der Kürass noch im selben Jahr abgelegt wurde. Auch die neuen blauen Kollets wichen schon
1838 wieder weißen Uniformen. Ebenso wurden die
Kürasse wieder angelegt.

Grenadier und Offizier des Garde-Grenadier-Bataillons
Bei den Angehörigen des 1. Bataillons des hannöverschen
Garde-Grenadier-Regiments, ist deutlich der Unterschied
zwischen den im Sommer und den im Winter getragenen
Uniformhosen zu sehen. Generell erinnert die Uniform
sehr an die der englischen Fußgarden. Die teuren Bärenfellmützen waren 1825 nach einem Modell der britischen
Garde eingeführt worden. Die Mütze bestand aus einem
etwa 40 Zentimeter hohen Rohrgeflecht, das mit Bärenfell
überzogen worden war. Vorn befand sich das Mützenschild
mit einer erhaben getriebenen Granate mit dem Staatswappen, hinten ein roter Spiegel mit dem Ross. Ab 1840
setzten die Garde-Grenadiere die Pelzmütze nur noch zu
Paraden auf.

Hannover,
Garde-Regiment,
Stabsoffizier, Sol-
dat und Offizier;
2. Infanterie-Regi-
ment, Soldaten,
1840

**Stabsoffizier, Soldat und Offizier des Garde-Regiments und Soldaten
des 2. Infanterie-Regiments** Sie treten in völlig neuen blauen, mit roten
Abzeichen versehenen Uniformen auf. Kurz nach seiner Thronbesteigung hatte
König Ernst August (1771–1851) Ende November 1837 diesen einschneiden-
den Wandel der Uniformierung befohlen und Anfang 1838 eine Reorganisation
seiner Armee durchgeführt. Die Abkehr von den traditionellen roten Uniformen
und die Hinwendung zu den blauen nach preußischem Muster wurde in und
auch außerhalb der Armee von vielen mit Verbitterung aufgenommen.

**Generalmajor, Sekondeleutnant des 1. Musketier-
und Unteroffizier des Grenadier-Garde-Bataillons** Die
Dienstuniformen des Generalmajors und des Sekondeleut-
nants lassen trotz ihrer Schlichtheit die Pracht der mecklenburgischen Uniformen im Biedermeier erkennen. Das
bestätigt auch die Paradeuniform des Unteroffiziers aus
dem Grenadier-Garde-Bataillon. Die wenigen Generalmajore im Schweriner Militär hatten auf ihren Epauletten zwei
kleine goldene Rangsterne – ein Überbleibsel aus der
Rheinbundzeit. Ansonsten wurden für Offiziere Rangsterne
nach preußischem Beispiel erst Anfang der 1830er Jahre
eingeführt. Das Grenadier-Garde-Bataillon setzte zum
Galadienst hohe Bärenfellmützen auf, sonst Tschakos.

**Tambourmajor und Spielmann des Grenadier-Garde-
Bataillons sowie Kadett der Militär-Bildungs-Anstalt**
Erstere trugen diese prächtigen Uniformen nur zu Paraden. Wesentlich einfacher war die Uniform des in der
Mitte des Bilds dargestellten Kadetten, eines künftigen
Offiziers, der Schweriner Militär-Bildungs-Anstalt. Sie
bestand aus Tschako, blauer Litewka mit rotem Kragen,
weißen Schulterklappen und gelben Knöpfen, einer
schwarzen Tuchweste, grauen Tuchhosen und Mänteln.
Hinzu kamen Gewehr, Säbel und Tornister sowie die vollständige übrige Feldausrüstung.

**Premierleutnant des 1. Musketier-Bataillons und Unter-
offizier (Standartenträger) sowie Stabstrompeter des
Dragoner-Regiments** Nicht nur der Infanterieoffizier mit
seiner goldenen, von blauen und roten Fäden durchzoge-
nen Schärpe, auch die beiden Dragoner waren durchaus
preußisch uniformiert. So wurden die bisherigen Raupenhelme durch Tschakos und die brandenburgischen durch
einfachere schwedische Ärmelaufschläge ersetzt. Der
mecklenburgische Wappenstern am Tschako, später Helm,
blieb typisches Kennzeichen bis 1918. Das Dragoner-
Regiment hatte am 17. Juni 1838 seine Standarte erhalten, die bis zu der Auflösung des Regiments 1918/19
geführt wurde.

Sachsen,
2. Linien-Infante-
rie-Regiment,
Infanterist;
Leichte Infanterie,
Schütze und Jäger,
1815–1832

Infanterist des 2. Linien-Infanterie-Regiments, Schütze und Jäger der Leichten Infanterie Die drei Infanteristen vermitteln einen Eindruck von den sächsischen Infanterie-uniformen von 1815 bis 1832. Die Linien-Infanterie hatte 1815 weiße Kollets mit grünen Abzeichen erhalten. Die Regimentsnummer befand sich auf den Knöpfen und auf dem grün umrandeten schwarzen Pompon am Tschako. 1832 wurde statt dieser weißen eine grüne Uniform eingeführt. Die drei Schützenbataillone behielten auch nach 1813 ihre dunkelgrünen Kollets, und zwar über 1832 hinaus. Die Nummerierung der Bataillone geschah auf die gleiche Art wie bei der Linien-Infanterie. Die Schützen führten als Seitenwaffe Säbel, die Jäger den traditionellen Hirschfänger.

Reiter des 2. Reiter-Regiments Auf den ersten Blick ist er nur schwer zu identifizieren. Diese Regimenter, ab 1813 waren es die Leib-Kürassier-Garde, Husaren und Ulanen, gab es ab 1821 nur noch als nahezu gleich in Weiß und Blau uniformierte Reiter-Regimenter. Sie unterschieden sich lediglich in der Krone bzw. in den Nummern auf den Knöpfen und auf den Mantelsäcken. Beim 1. Leichten Reiter-Regiment war es eine „I" und beim 2. eine „II". Die Gardereiter behielten ihren früheren Säbel mit Messingkorb, die beiden anderen Regimenter bekamen solche mit Stahlkorb. Trompeter waren in Hellblau uniformiert und hatten auf der Brust des Kollets weiße, die Stabstrompeter goldene Litzen.

Sachsen,
2. Reiter-Regiment,
Reiter,
1821–1832

Württemberg,
Regiment Garde zu
Pferd, Offiziere,
1815

Offiziere des Regiments Garde zu Pferd Die Offiziere des bis 1816 bestehenden Truppenteils stammten aus vier verschieden, sehr farbenfreudig uniformierten Eskadronen. Der links abgebildete Offizier repräsentiert die 3. und 4. Eskadron – die Grenadiere zu Pferd –, der neben ihm stehende trägt die ganz aus der Reihe fallende Hofuniform, dann folgt ein Offizier der 1., der Leib-Jäger-Eskadron, dem sich rechts ein Offizier der 2. Eskadron, der Garde du Corps, anschließt.

Preußen,
1. Garde-Regiment
zu Fuß, Russische
Sänger,
1815

Russische Sänger des 1. Garde-Regiments zu Fuß
Ihre Existenz geht auf den Einsatz eines preußischen
Hilfskorps für den Russlandfeldzug Napoleons 1812
zurück, als etwa 500 russische Soldaten in Gefangenschaft gerieten. König Friedrich Wilhelm III. (1770–1840)
ordnete als Freund des Männergesangs an, aus 62 von
ihnen einen Chor zu bilden. 1826 hatte der König für
die letzten zwölf Sänger in Potsdam den Bau der Alexan-
drowka (Holzhäuser nach russischem Vorbild) befohlen.
Die russischen Sänger trugen weiterhin grüne Uniformen
wie allgemein üblich in der russischen Armee. Der Unteroffizier auf der linken Seite ist ein Preuße und entsprechend uniformiert.

Hornist, Jäger und Offizier des Garde-Jäger-Bataillons Sie gehören jenem
Gardetruppenteil an, der zwar schon 1808 neu gebildet worden war, aber die
Bezeichnung Garde-Jäger-Bataillon erst am 21. November 1815 erhalten hatte.
Die drei Jäger tragen die üblichen grünen Uniformröcke mit roten Abzeichen
und den gelben bzw. goldenen Gardelitzen an Kragen und Ärmelaufschlägen. Da
sie im Felde dargestellt sind, ist der Tschako mit einem Wachstuchüberzug geschützt. Die Fransen an den Epauletten des Offiziers weisen ihn als Major aus,
denn in ihrem Feld findet sich kein Stern. Die Sterne – einer für den Premierleutnant bzw. Oberstleutnant, zwei für einen Obersten – wurden 1830 eingeführt; der zweite Stern für den Hauptmann bzw. Rittmeister kam erst 1832 hinzu.

Preußen,
Garde-Jäger-Ba-
taillon, Hornist,
Jäger und Offizier,
1831

Preußen,
Lehr-Infanterie-
Bataillon, Infante-
risten, Unteroffizier
und Offiziere,
1831

**Infanteristen, Unteroffizier und Offiziere des Lehr-
Infanterie-Bataillons** Die Infanteristen, der Unteroffizier
(Bildmitte) und die Offiziere sind unterschiedlich uniformiert. Zu diesem am 30. Dezember 1819 in Potsdam
zusammengestellten Lehr-Infanterie-Bataillon kamen
Kommandierte aus sämtlichen preußischen Infanterieregimentern auf eine bestimmte Zeit, damit sie nach Rückkehr
in ihre Truppenteile die Gleichmäßigkeit im Dienst, in der
Ausbildung und in der Bekleidung möglichst förderten.
Die Mannschaften brachten ihre Ausrüstung, Bewaffnung
und Uniform zum Bataillon mit. Das Bataillon wurde am
2. August 1914 zum Lehr-Infanterie-Regiment.

Preußen,
Garde-Kürassier-
Regiment,
Trompeter und
Stabsoffizier,
1821

Trompeter und Stabsoffizier des Garde-Kürassier-Regiments Beide gehören einem Truppenteil an, der zunächst am 21. Februar 1815 als Garde-Ulanen-Regiment aus Abgaben anderer Regimenter aufgestellt, dann aber am 3. August 1821 in das Garde-Kürassier-Regiment umgewandelt wurde. Die Trompeter der gesamten Kavallerie trugen nach den Befreiungskriegen (1813–1815) die Uniform der Unteroffiziere. Als Trompeter waren sie an den Schwalbennestern und am roten Federstutz zu erkennen, hier beim Kürassiertrompeter an der roten Raupe auf dem Helm. Auch der Stabsoffizier hatte wie alle Kürassiere den sehr hohen Helm – eines der typischen Uniformmerkmale dieser Zeit, auch als Biedermeier bezeichnet – aufgesetzt.

Offizier und Trompeter des Garde-Husaren-Regiments Auch dieses Regiment war am 21. Februar 1815 aus Abgaben anderer Kavallerietruppenteile errichtet worden. Es lag zunächst in Berlin, ab 1823 in Potsdam. Das Regiment trug dunkelblaue Dolmans und ebensolche Pelze, die beide nach Husarenart mit Schnurbesatz versehen waren. 1832 erhielten die Tschakos einen roten Tuchbezug, auf dem sich aber nach wie vor der Gardestern befand.

Preußen,
Garde-Husaren-
Regiment, Offizier
und Trompeter,
1832

Preußen,
1. und 2. Garde-
Ulanen(Landwehr)-
Regiment, Offizier,
Trompeter und
Ulan,
1831

Offizier, Trompeter und Ulan des 1. und 2. Garde-Ulanen(Landwehr)-Regiments Der Offizier und der Trompeter gehören dem 2. Garde-Ulanen(Landwehr)-Regiment und der Ulan dem 1. an. Das aktive Garde-Ulanen-Regiment war 1821 Garde-Kürassier-Regiment geworden, sodass es Garde-Ulanen nur bei der Landwehr gab. Die Ulanen waren vor allem an der Tschapka, die zur Parade ein Haarstutz zierte, und an dem Passgürtel sowie an den Lanzen sofort zu erkennen. Beide Regimenter, die 1851 wieder zur Armee traten (der Zusatz „Landwehr" entfiel seitdem), unterschieden sich durch die weißen Litzen und Knöpfe des 1. Regiments und die gelben Litzen und Knöpfe des 2. Regiments. Innerhalb der Regimenter behielten jedoch die Stamm-Eskadronen ihre eigenen farbigen Kragen und Aufschläge.

Kanoniere und Offiziere der Garde-Artillerie-Brigade

Die Fußartilleristen der Garde-Artillerie-Brigade (am 29. Februar 1816 formiert und auch drei Reitende Batterien einschließend) trugen Paradeuniformen wie die Haarstutze, die rotwollenen Tschakobehänge und die weißen Gamaschenhosen belegen. Sogar bei diesen Artilleristen ist die eigentümliche Tendenz jener Zeit zu sehen, alles zu unterstreichen, was den Soldaten größer und schlanker machen konnte, etwa den Tschako mit dem sehr hohen Stutz oder die Hosen, die durch Schlaufen unter den Schuhsohlen und Hosenträgern so straff gespannt wurden, dass sie faltenlos saßen – für die Tätigkeit am Geschütz mehr als unbequem.

Offizier und Soldaten des Garde-Trains Auch der Train der Garde, von dem ein Offizier und mehrere Soldaten mit Fuhrwerken dargestellt sind, gehörte ungeachtet seiner Bedeutung im Krieg zu den wenig angesehenen und lange vernachlässigten Truppengattungen. So gab es damals keine Stammtruppen in Friedenszeiten. Diese Einstellung spiegelte sich auch in den recht schlichten dunkelblauen Uniformen mit hellblauen Abzeichen wider. Das traf ebenso auf den Train der Garde zu, dessen Unteroffiziere und Mannschaften mit zwei weißen Litzen an Kragen und Aufschlägen zu erkennen waren. Offiziere führten keine Litzen.

Garde-Mariniers Die kleine Truppe, hier ein Unteroffizier (im Vordergrund) und zwei Gemeine, gab es seit dem 30. September 1823 bei der Garde-Pionier-Abteilung in Potsdam. Sie hatten das auf der Spree stationierte Kanonenboot Thorn und seit 1832 eine vom englischen König geschenkte Modellfregatte zu bedienen. Diese lag auf der Havel nahe der Pfaueninsel. Die blauen Jacken hatten auf dem Kragen zwei gelbe Litzen mit blauem Spiegel, rote Aufschläge mit blauer Ärmelpatte, rote Achselklappen und gelbe Knöpfe. Die Truppe trug weite blaue Tuchhosen und im Sommer weiße Leinenhosen sowie Tschakos mit Gardestern oder Feldmützen mit roten Streifen.

USA,
Armee, Infanteristen, Generale und Offiziere, 1810–1813

Infanteristen, Generale und Offiziere der Armee Hier noch einmal amerikanische Uniformen aus der Zeit um 1812, da es damals zu einem letzten Krieg zwischen den USA und Großbritannien gekommen war. Die Infanteristen waren ebenso wie die Generale und die sie begleitenden Offiziere mit blauen Kollets bekleidet. Die roten Abzeichen entfielen bereits im Jahre 1812. Als Kopfbedeckung wurden von den Infanteristen tatsächlich Zylinder (links mit Kokarde und Stutz) getragen, von den Generalen und Offizieren mal längs, mal quer aufgesetzte Hüte. 1813 ersetzte der Tschako die Zylinder.

USA,
Armee, Kadett, Artillerieoffiziere, Infanterist, Scharfschütze, Artillerist, Dragoneroffizier, 1813–1821

Kadett, Artillerieoffiziere, Infanterist, Scharfschütze, Artillerist, Dragoneroffizier der Armee Der Kadett aus West Point und die anderen Militärs geben zum großen Teil die Uniformierung der Armee der USA zwischen 1813 und 1821 wieder. Vorwiegend wurden Tschakos mit gelbem Adlerbeschlag aufgesetzt und die roten Abzeichen des Uniformrocks waren entfallen. Dieser Rock wurde nunmehr von zehn weißen Knöpfen, von denen aus nach beiden Seiten schwarze Streifen waagerecht liefen, geschlossen. Die Rifles (Scharfschützen) zogen graue Uniformen mit schrägen Streifen an.

USA,
Armee, Artillerieoffizier, Offiziere des Generalstabs und Generalmajor, 1813–1821

Artillerieoffizier, Offiziere des Generalstabs und Generalmajor sowie Offizier des Generalstabs der Armee Der dem Generalmajor meldende Offizier der Leichten Artillerie sowie die anderen Offiziere zeigen weitere Uniformen der Armee. Die Generalsuniform ist 1813 mit blauem, einreihigen Rock mit schwarzen Seidenverschnürungen und zehn goldenen Knöpfen eingeführt worden. Die Epauletten bestanden aus schwerem Goldgespinst (ein Stern = Brigadegeneral, zwei Sterne = Generalmajor, drei Sterne = Generalmajor und Armeebefehlshaber). Auch der Hut war mit schwarzem Seidenband und Goldquasten geschmückt. Die hohen Stulpenstiefel durften nur Generale und Stabsoffiziere anziehen.

USA,
Armee, Offiziere,
Ingenieur und
Kadett,
1821 1832

Offiziere, Ingenieur und Kadett der Armee Diese Offiziere der Artillerie, der Ingenieurtruppen, der Infanterie sowie der Artillerieoffizier, der mit einem Kadetten von West Point redet, verdeutlichen die Uniformentwicklung der Armee der USA ab 1821. Von da an war das Blau zur Nationalfarbe erklärt worden, die Kadetten hatten jedoch graue Uniformen erhalten. Offiziere der Artillerie und der technischen Truppen führten bald goldene, die der Infanterie silberne Ärmelwülste. Hinzu kamen dann auch für die Offiziere mit der Spitze nach oben zeigende Ärmelwinkel als Rangabzeichen, so wie sie der von hinten abgebildete Infanterieoffizier führt.

Kadetten, Generalmajor und Offiziere der Armee Der Artillerieoffizier zeigt, dass der Tschako durch den Fortfall der Behänge sein Aussehen veränderte. Bei den Uniformröcken waren die Brustschnüre einer doppelten Knopfreihe gewichen. Die Röcke konnten auch einreihig sein. Zur Generaluniform waren gelbe Kragen und Ärmelaufschläge sowie Streifen an den Beinkleidern gekommen.

USA,
Armee, Kadetten,
Generalmajor
und Offiziere,
1832–1835

USA,
Armee, Infanteristen und Artilleristen sowie
Sergeant der
Dragoner,
1835–1850

Infanteristen und Artilleristen sowie Sergeant der Dragoner der Armee Bei den Soldaten der Infanterie und der Artillerie weisen neben den silbernen und goldenen Epauletten und Abzeichen auch die entsprechenden Symbole (Signalhorn bzw. gekreuzte Kanonenrohre) auf den Tschakos des Modells 1832 die Zugehörigkeit aus. Zusätzlich führten die Infanteristen einen weißen, die Artilleristen einen roten Haarstutz in einem gelbmetallenen Halter. Im Hintergrund des Bilds reitet ein Dragoner in Paradeuniform (Full Dress).

Mit Pickelhelm und Waffenrock, in Khaki und Feldgrau – 1843 bis 1913

Die fortschreitende Entwicklung der Waffen mit ihren Konsequenzen für die Kriegführung Mitte des 19. Jahrhunderts erforderte auch, zweckmäßigere Uniformen zu entwickeln. Die Einführung des Waffenrocks und des Pickelhelms Anfang der 1840er Jahre in Preußen bedeutete einschneidende Veränderungen des Uniformstils. Der Pickelhelm (oder nur Helm) schützte den Soldaten besser als der Tschako. Deshalb wurde er 1845 von Schweden, 1846 von Russland und 1876 von Großbritannien sowie anderen europäischen und außereuropäischen Ländern, darunter auch den USA, übernommen. Viele im deutschen Volk, die 1848/49 gegen die preußischen Truppen gekämpft hatten, sahen den Pickelhelm als Sinnbild militaristischer Reaktion an.

Frankreich führte in jenen Jahren ebenfalls eine neue Uniform ein, zu der außer dem Waffenrock das charakteristische Käppi gehörte. Diese Uniform wurde von Belgien, den Niederlanden, Schweden, Spanien und anderen Staaten weitgehend übernommen. Zur Uniform gehörten seit Mitte des 19. Jahrhunderts auch Drillichanzüge, Koppel und neue Tragegestelle. Die Offiziersuniform wurde in Schnitt und Form mehr der Uniform der Mannschaften angepasst. Weitere waffentechnische Fortschritte und die Erfahrungen aus den Kriegen jener Zeit wirkten auf die Uniformen ein und führten zu zweckmäßigeren, den neuen Kampfbedingungen entsprechenden Uniformen. Die Felduniform erhielt immer eigenständigeren Charakter, unterschied sich aber nicht grundsätzlich von anderen Uniformarten. Die Infanteristen vieler Armeen trugen Stiefel, andere Heere übernahmen gegen Ende des 19. Jahrhunderts die aus Indien stammenden Wickelgamaschen. Nur bei den Uniformen der Kavallerie hielt sich eine größere und wenig zweckmäßige Vielfalt an Formen und Farben, obwohl der Grundschnitt generell waffenrockartig wurde. Im 1871 gegründeten Deutschen Reich wurden die Uniformen des Militärs der Bundesstaaten immer mehr dem preußischen Vorbild angepasst. In allen Armeen der Welt führte das Aufkommen von Spezialtruppen – zum Beispiel Nachrichtenformationen, Luftschifferabteilungen und andere – zu Modifizierungen der Uniformen, vor allem im Hinblick auf die Kennzeichnung dieser Spezialtruppen.

Die Erfahrungen der Kolonialkriege, so des Burenkriegs (1899–1902) und auch des Russisch-Japanischen Kriegs (1904/05), hatten den Nutzen einer wirklichen Felduniform bewiesen, die in der Farbe dem Gelände angepasst war. Eine solche Änderung der Uniformen setzte sich jedoch nur zögernd durch. Allerdings hatten schon 1898 die Kaiserlichen Schutztruppen eine Uniform in Khaki erhalten, wie sie in der englischen Armee bereits üblich war. Im Deutschen Reich kam es erst ab 1910 zur Einführung einer feldgrauen Uniform. Ihr Schnitt entsprach den bisherigen Uniformen, war aber weiter gehalten. Daneben gab es immer noch die Parade- und Gesellschaftsuniformen mit den bekannten prächtigen traditionellen Elementen. Auch andere europäische Staaten führten Felduniformen ein, in erster Linie für die Infanterie und Artillerie, in Großbritannien bereits seit den 1870er Jahren, in Österreich-Ungarn 1909, in Russland 1910, in Serbien 1914. Dagegen zog die Armee Frankreichs im August 1914 noch in bunten Uniformen in den Krieg.

Das Gemälde „Germans to the front" von Professor Carl Röchling
(1855–1920) gab es Anfang des 20. Jahrhunderts als Druck in
zahlreichen Haushalten. Wie kaum ein anderes repräsentiert es
die Kolonialkriege des 19. und 20. Jahrhunderts. Es zeigt eine
Episode des am 10. Juni 1900 auf Peking begonnenen Marschs
von Amerikanern, Briten, Deutschen, Franzosen, Italienern,
Japanern, Österreichern und Russen, als deutsche Landungs-
truppen vom englischen Vizeadmiral Seymour (links) an die Spitze
der Kolonne befohlen wurden. Zu sehen sind: unter der Reichs-
kriegsflagge Kapitän zur See Guido v. Usedom (1854–1925;
später als Admiral v. Usedom Pascha bekannt) und vor den
Matrosen Korvettenkapitän Buchholz, der bereits zwölf Stunden
später fallen wird.

Preußen,
1. und 3. Drago-
ner-Regiment,
Unteroffizier und
Dragoner,
1845

Unteroffizier des 1. und Dragoner des 3. Dragoner-Regiments Sie eröffnen den Reigen der neuen Uniformen der preußischen Armee und vieler anderer Heere auf der Welt. An die Stelle des bisherigen Tschakos trat als Kopfbedeckung, zuerst in Preußen 1842/43, der Helm. Gleichzeitig wurde das bisherige Kollet durch den Waffenrock ersetzt. Der Helm der Infanteristen und der Kavalleristen lief in einer wirklichen Spitze, aber bei den Artilleristen in eine Kugelspitze aus, damit sie sich bei ihren Tätigkeiten am Geschütz nicht verletzten.

Schützen, Unteroffizier und Offizier des Garde-Schützen-Bataillons Die Schützen sind in der Paradeuniform (Haarbusch und weiße Hosen) 1843 und 1855, ein weiterer Schütze feldmarschmäßig und ein Unteroffizier im Mantel 1846 sowie ein Offizier im Dienstanzug 1855 abgebildet. So ist zu ersehen, dass der hohe Helm 1854 durch einen Tschako und das alte gekreuzte Lederzeug 1846 durch das sogenannte Virchow'sche Gepäck mit Koppel und Trageriemen ersetzt wurde. Die Litzen am Kragen und der Gardestern auf der Kopfbedeckung weisen auf die Zugehörigkeit zur preußischen Garde hin.

Preußen,
Garde-Schützen-
Bataillon,
Schützen, Unter-
offizier (im Mantel)
und Offizier,
1843–1855

Preußen,
7. Husaren-
Regiment,
Offiziere,
1853

Offiziere des 7. Husaren-Regiments Die Uniformen dieser Offiziere veranschaulichen die 1853 vorgenommenen Änderungen bei den Husaren. In jenem Jahr wurden die Pelzmütze eingeführt und der Pelz abgeschafft, den eng verschnürten Dolman ersetzte eine Attila im Schnitt eines Waffenrocks und mit fünf Schnurreihen.

Preußen,
Linien-Infanterie,
Infanteristen,
1864

Preußische Linien-Infanteristen Die Regimenter der dargestellten Soldaten lassen sich nicht bestimmen. Deutlich erkennbar sind die Änderungen, die sich in der Uniformierung in knapp zwei Jahrzehnten vollzogen hatten. In den 1860er Jahren waren leichtere und niedrigere Helmmodelle eingeführt worden. Üblich war es bei den Soldaten schon in den Kriegen 1864, 1866 und 1870/71, die Hosen in die Stiefel zu stecken. Nach 1864 wurden dafür die Stiefelschäfte verlängert – es entstand der typisch deutsche „Knobelbecher". Des Weiteren wurde bis Ende des 19. Jahrhunderts nach russischem Vorbild der Mantel zusammengerollt von der Schulter zur Hüfte getragen.

Stabsoffizier und Seesoldat des See-Bataillons Beide Militärs gehören der zahlenmäßig kleinen preußischen Marineinfanterie an, die 1849 in Stettin als Marinier-Korps errichtet wurde und 1852 die Bezeichnung See-Bataillon erhalten hatte. Die Seesoldaten trugen bis 1862 den Helm der Linienartillerie mit der Kugelspitze (um sich an Bord nicht zu verletzen). Dann wurde dieser Helm durch einen Tschako aus Filz ersetzt. Achselstücke und -klappen zierte ein goldener bzw. gelber unklarer, also von einem Tau umschlungener Anker.

Preußen,
See-Bataillon,
Stabsoffizier und
Seesoldat,
1852–1862

Preußen,
Marine,
Matrose, Deck-
offizier und
Korvettenkapitän,
um 1850

Matrose, Deckoffizier und Korvettenkapitän der preußischen Marine Diese Seeleute sind in der Paradeuniform und der Korvettenkapitän in der großen Uniform für die Zeit von 1850 bis 1865 dargestellt. Bereits die ersten Uniformen der jungen preußischen Marine folgten dem Aussehen aller anderen Flotten. Blau war auch hier die Grundfarbe. Bei dem Matrosen standen auf der Mütze bis 1859 das „KM" in gelben Tuchbuchstaben für Königliche Marine. Bei den Deckoffizieren handelte es sich um ältere, höhere Unteroffiziere, die jedoch bis 1918 nicht zum Seeoffizierkorps gehörten.

Schweden,
Infanteristen,
1845

Schwedische Infanteristen Vor allem die beiden rechts abgebildeten Soldaten belegen, wie rasch sich Uniformneuheiten in den damaligen Armeen verbreiteten. Die schwedische Infanterie war schon 1845 mit Pickelhelmen, „kask" genannt, und Waffenröcken ausgestattet worden, die, abgesehen von den traditionellen blauen und gelben Farben, dem preußischen Vorbild glichen. Dagegen wurden in der schwedischen wie auch in der dänischen Armee weiterhin Feldmützen französischer Art aufgesetzt.

Angehörige des 2. Musketier- und des Leichten Infanterie-Bataillons aus Schwerin sowie des Strelitzer Infanterie-Bataillons Sie bringen die Uniformänderungen der Truppen beider mecklenburgischen Großherzogtümer Mitte der 1840er Jahren zum Ausdruck. Schon 1839 ersetzten bei der Infanterie Schaftstiefel die bisher getragenen Schuhe und Gamaschen. Dann wurden ab dem 1. Mai 1845 – dem Beispiel Preußens folgend – die Kollets abgeschafft und von nun an Waffenröcke getragen. Etwa gleichzeitig mit der Einführung des Waffenrocks löste der Helm den Tschako ab. Nur die Angehörigen des Leichten Infanterie-Bataillons bekamen im Juni 1847 Tuchkäppis in der hohen konischen Form nach französischem Muster mit schwarzem Haarbusch.

Mecklenburg-
Schwerin,
2. Musketier-Bataillon, Unteroffizier;
Leichtes Infanterie-Bataillon,
Premierleutnant,
Adjutant;
Mecklenburg-
Strelitz, Infanterie-
Bataillon,
Gemeiner,
um 1850

Sachsen-Coburg-
Gotha,
Infanterie-Bataillon,
Offiziere und
Gemeine,
1849

Offiziere und Gemeine des Infanterie-Bataillons Sachsen-Coburg-Gotha Diese Thüringer Militärs waren schon mit Waffenröcken ausgestattet (hier durch die übergezogenen Mäntel verdeckt), trugen aber noch das gekreuzte weiße Lederzeug. Als Kopfbedeckung diente nach wie vor der bayerische Raupenhelm. Am 5. April 1849 bei Eckernförde eingesetzt, beobachten sie den scheiternden dänischen Anlandungsversuch. Dennoch konnte Dänemark den Abfall Schleswig-Holsteins im Krieg 1848 bis 1850 noch einmal verhindern.

Dänemark,
Ingenieur-Korps,
Hauptmann und
Premierleutnant,
1842

Offiziere des Ingenieur-Korps Die beiden dänischen Ingenieuroffiziere, links der Hauptmann, rechts der Premierleutnant, veranschaulichen den Uniformwechsel vom Uniformfrack zum Waffenrock in dieser Armee. Jedoch wurde die Farbe Dunkelblau beibehalten. Die Ingenieurtruppen hatten bereits 1842 doppelreihig geknöpfte Waffenröcke mit polnischen, also spitz zulaufenden Armelaufschlägen erhalten.

Kanonier der dänischen Artillerie Die dänische Artillerie, hier durch einen Kanonier vertreten, behielt wie die Infanterie ungeachtet ihrer Umstrukturierung 1842 die roten Uniformen noch bis 1848/49 bei. Dann wurden sie durch dunkelblaue Waffenröcke abgelöst. Schwarzes Lederzeug, das auch nicht mehr gekreuzt angelegt wurde, ersetzte das bisherige weiße. Die Kokarde war in den Farben Rot-Weiß-Rot.

Dänemark,
Artillerie,
Kanonier,
1848

Schleswig-Holstein,
Jäger, Dragoner,
Infanterist, Artillerist und Ingenieur,
1849

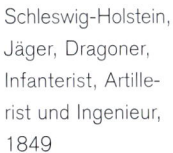

Jäger, Dragoner, Infanterist, Artillerist und Ingenieur Die Soldaten aller Waffengattungen der Armee Schleswig-Holsteins trugen 1848 bis 1851 Helme und Tschakos sowie Waffenröcke nach preußischem Muster. Wie dort zierte den Helm der Artilleristen und Pioniere nicht eine Spitze, sondern eine Kugel. Die hellblauen Beinkleider weisen jedoch daraufhin, dass die Stoffe aus dänischen Beständen stammten. Als Dekoration der Kopfbedeckungen dienten der doppelköpfige Adler sowie rechts die blau-weiß-rote Kokarde Schleswig-Holsteins und links die schwarz-rot-goldene des deutschen Bundesheers.

Baden,
3. Infanterie-Regi-
ment, Leib-Grena-
dier-Regiment,
Dragoner-Regi-
ment Großherzog,
Fuß-Artillerie und
Reitende Artillerie,
Gemeine,
1849

Gemeine der badischen Infanterie, Kavallerie und Artillerie Die Gemeinen, also die untersten Soldatendienstgrade, und Unteroffiziere verschiedener Truppengattungen des badischen Militärs schlossen sich im Mai 1849 den Aufständischen an. Sie unterlagen jedoch letztlich der preußischen Armee. Zwar waren Tschako und Kollet bei den Badenern noch im Gebrauch, doch kleideten sich die Soldaten mit den vorgesehenen neuen, bereits in den Depots lagernden Uniformen ein. So zogen sie mit den dunkel- bzw. hellblauen Waffenröcken und den Helmen in den Kampf. Hier tragen die Infanteristen den neuen Helm mit einer Kugelspitze, während die Artilleristen und Kavalleristen Raupenhelme behielten.

Angehörige des Linien-Bataillons der Freien Reichsstadt Frankfurt am Main Sie präsentieren sich noch in den alten Uniformen vor der Einführung von Helm und Waffenrock, mit denen sie als Teil des Deutschen Bundesheers 1848 nach Flensburg gezogen waren. Allerdings gab es zwei Ausnahmen: Der rechts abgebildete Offizier trug nicht nur den Überrock, sondern schon eine käppiartige Tuchmütze ähnlich wie die französische Feldmütze. Der andere Offizier ist in Paradeuniform dargestellt.

Frankfurt am Main,
Linien-Bataillon,
Gemeiner,
Sappeur, Offiziere
und Trommler,
1848

Ungarn,
Generalstabsoffizier und General;
Artillerie, Hauptmann, Kanonier
und Unteroffizier,
1848/49

Generalstabsoffizier und General sowie je ein Hauptmann, Kanonier und Unteroffizier der Artillerie Alle gehören der gegen Österreich kämpfenden ungarischen Armee von 1848/49 an. Die erste selbstständige Regierung Ungarns konnte sich auf die im Land stationierten Regimenter ungarischer Nationalität stützen. Zusätzlich ordnete sie im Mai 1848 die Errichtung einer Landwehr (Honvéd) von 10 000 Mann an. Sie wurden ebenfalls mit den traditionellen ungarischen Attilas bekleidet, die die hier abgebildeten Männer tragen. Die Rangabzeichen in Gestalt von Litzen befanden sich am Kragen und als Borte um den Tschako.

Ungarn,
Honvéd-Infanterie,
Unteroffizier und
Offiziere;
Grenadier-Bataillon
Weissel, Fahnen-
träger,
1848/49

Unteroffizier, Oberst und weitere Offiziere des 3. Bataillons der Honvéd-Infanterie sowie Fahnenträger des Grenadier-Bataillons Weissel Die Angehörigen der Landwehr tragen die ungarischen Attilas und Tschakos bzw. der Offizier des 3. Bataillons eine rote Feldmütze wie die Soldaten des 9. Bataillons auch. Diese beiden Bataillone bildeten eine Elitetruppe und wurden auch als „Rotmützler" bezeichnet. Alle anderen Bataillone besaßen blaue Feldmützen. Die Grenadiere setzten aber weiter ihre Pelzmützen auf. Kokarden, Borten und Schärpen waren in den ungarischen Farben Rot-Weiß-Grün gehalten. Die lichtblauen Hosen der Infanteristen wurden um eine rote Verschnürung erweitert.

Offiziere der Husaren-Regimenter Nr. 13 und Nr. 18 sowie Ulan des polnischen Ulanen-Korps Poninski Diese Angehörigen zweier der sechs neu errichteten Honvéd-Husarenregimenter stehen für die Uniformierung eines Teils der ungarischen Kavallerie. Dabei trugen die Hunyady-Husaren, so der links abgebildete Stabsoffizier, eine den nationalen Panduren nachgebildete Uniform. Die zwölf ungarischen Husarenregimenter der österreichischen Armee waren auf die Seite der Aufständischen übergetreten. Nur den beiden in Italien Stationierten gelang dies nicht. Die ungarischen Husaren behielten ihre Uniformen, entfernten aber aus den schwarz-gelben Federbüschen die gelben Federn oder steckten Kokarden und Federbüsche in den Farben Ungarns an.

Ungarn,
Regimenter Hun-
yady-Husaren
Nr. 13 und Attila-
Husaren Nr. 18,
Stabsoffizier und
Unteroffizier;
Ulanen-Korps
Poninski, Ulan,
1848/49

Ungarn,
Polnische,
Italienische und
Deutsche Legion,
Legionäre,
1848/49

Polnische, italienische und deutsche Legionäre
Polen, Italiener und Deutsche unterstützten, zusammengefasst in Legionen, den Kampf der Ungarn gegen Österreich. Bei den beiden ersteren Legionen herrschten in der Uniformierung die Nationalfarben Weiß und Rot bzw. Grün, Weiß und Rot vor. Die Angehörigen der Deutschen Legion, hier ein Legionär (sitzend), ein Pionier-Unteroffizier (mit Spaten im Hintergrund) und ein Jäger (rechts) waren vor allem an dem weißmetallenen Totenkopf auf dem runden Kossuth-Hut zu erkennen.

Preußen,
Eisenbahn,
Bahnwärter,
1850

Bahnwärter der preußischen Eisenbahn Dieser Eisenbahner ist wie ein Militär ganz in Blau uniformiert. Seine einfache Uniform setzte sich aus Schirmmütze, einreihigem Überrock, Hose und Schuhe zusammen. Der Überrock war ein vor allem im Militär von den Offizieren überaus gern getragenes Kleidungsstück. Bei Einführung des Waffenrocks sollte er abgeschafft, durfte aber aufgetragen werden. Der Überrock war aber so beliebt, dass er sich bei ständiger Neuanfertigung bis in den Ersten Weltkrieg (1914–1918) hinein hielt. Der Bahnwärter lehnt hier an einem Ballonsignal aus der Zeit um 1850, bei dem die Stellung des Korbs – von Hand bedient – dem Lokomotivführer „Freie Fahrt" oder „Halt" anzeigte.

Schutzmänner zu Pferd und zu Fuß der Polizei Berlins
Nicht nur die Berliner Polizei war militärisch uniformiert. Auch die Polizei aller Länder und Kommunen war in dieser Art ausgestattet. So trugen die Angehörigen der Berliner Schutzmannschaft um 1854 den hohen Helm und den Waffenrock. Dieser war dunkelblau und ebenso hellblau paspeliert wie die dunkelgrauen Hosen.

Preußen,
Berliner Polizei,
Berittener Schutzmann und Schutzmann zu Fuß,
1854

Deutsches Reich,
Reichspost,
Landbriefträger,
Briefträger und
Packmeister,
1871

Beamte der Deutschen Reichspost Die Deutsche Reichspost, die es seit der Gründung des Deutschen Reichs 1871 gab, kleidete ihre Beamten wie früher nach dem Vorbild des Militärs. Auch die Uniformierung der Ranggruppen von den unteren bis zu den höchsten Beamten orientierte sich an den militärischen Gepflogenheiten.

Großbritannien,
8th King's Royal
Irish Hussars,
Sergeant und
Trompeter,
1852

Sergeant und Trompeter des 8. Husaren-Regiments

Die beiden Soldaten gehören einem Ende des 17. Jahrhunderts in Irland aufgestellten Regiment an, das in vielen Kriegen, unter anderem im Krimkrieg (1853–1856), eingesetzt wurde. Noch waren sie mit dem dunkelblauen Dolman ausgestattet. Die Attila bekamen sie erst nach dem Krieg. Die Pelzmützen, die um 1850 die Tschakos abgelöst hatten, blieben bis 1914 typische Kopfbedeckung der britischen Husaren.

Großbritannien,
46th South Devonshire Regiment,
Sergeant,
1854

Sergeant einer Leichten Kompanie des 46. Infanterie-Regiments Der dargestellte Unteroffiziersdienstgrad, ebenfalls aus der Zeit des Krimkriegs, zeigt deutlich einige Mängel in der Uniformierung der britischen Armee in jenem Feldzug voller Strapazen. Der 1844 eingeführte Tschako war das Erste, was der Soldat „verlor" und durch eine einfache Kappe (undress cap) ersetzte. Die Grenadiere und die Angehörigen der Leichten Kompanien wurden nach wie vor durch Wings (Achselwülste) auf dem Uniformfrack gekennzeichnet. Erst 1855 wurde der rote Waffenrock eingeführt.

Frankreich,
Offiziere,
1854

Französische Offiziere Die französischen Offiziere sind in sehr behelfsmäßigen, recht abenteuerlichen Bekleidungen abgebildet, mit denen sie sich auf der Krim vor der Festung Sevastopol vor den Unbilden des Winters 1854 zu schützen suchten. Von eigentlichen Uniformen ist kaum noch etwas zu erkennen. Den Kopf sollten Tücher und Kapuzen wärmen. Die Pelzjacken und vor allem das Schuhwerk (Pantoffeln) waren eindeutig ziviler Herkunft.

Neapel,
Garde-Grenadier,
Garde du Corps zu
Fuß, Offizier der
Karabiniers zu Fuß,
Schweizer Infante-
rist, Jäger und
Jägeroffizier,
1859

Verschiedene Infanteristen Neapels Die Infanteristen Neapels – damals Königreich beider Sizilien – vermitteln nicht nur einen Eindruck von der Vielgestaltigkeit ihrer Uniformen, sondern vor allem vom französischen Vorbild. Dafür sprechen nicht nur die hohen Bärenfellmützen und Tschakos. Auch die Uniformröcke, noch im Frackschnitt, unterstreichen die Gemeinsamkeiten mit der Armee Frankreichs.

Neapel,
Reitende Garde du
Corps, Ehrengar-
dist, Gardehusar
und Dragoner,
1859

Ehrengardist, Gardehusar und Dragoner Die Kavalle-risten Neapels waren wie die Infanteristen klar nach fran-zösischem Beispiel uniformiert, wenn auch der Helm des Dragoners vom 1. Dragoner-Regiment dem Vorbild Sardi-niens entsprach. Insgesamt wirkt die Uniformierung für diese Zeit recht altmodisch, denn in den meisten europäi-schen Armeen war der Waffenrock bereits bestimmend.

Toskana,
Infanterist,
Trommler, Zimmer-
mann und Musiker
sowie Jäger und
Jägeroffizier,
1859

Infanterist, Trommler, Zimmermann und Musiker der Linien-Infanterie sowie Jäger und Jägeroffizier Die Soldaten Toskanas belegen, dass in den italienischen Fürstentümern, die unter Oberhoheit Österreichs standen, auch die Uniformen österreichischen Typs waren. Die Infanterie trug bis 1849 sogar weiße Uniformröcke, die aber dann durch dunkelblaue Waffenröcke abgelöst wur-den. Die toskanischen Jägeruniformen stimmen in Farbe und Schnitt nahezu vollständig mit den österreichischen überein. Die Trommler führten keine Schwalbennester an den Oberärmeln, sondern weiß-rote Borten über den Ärmelaufschlägen. Die Musiker waren durch eine Lyra an Kragen und Oberarm ausgezeichnet.

Kirchenstaat,
Palatingarde,
Gardist,
um 1860

Gardist der päpstlichen Palatingarde Der Gardist gehört zu einer der Leibwachen des Papstes, sie wurde auch Palatinische Ehrengarde (Corpo della Guardia Palatina d'Onore) genannt. Papst Pius IX. hatte sie mit Dekret vom 14. November 1850 aus Bürgern Roms errichten lassen. Ihr Name rührt vom Palatinhügel in Rom her. Sie wurde erst im September 1970 ebenso wie die päpstliche Nobelgarde und Polizei aufgelöst und durch die Zivilgarde des Zentralen Sicherheitsamts der Vatikanstadt (Corpo di Vigilanza) ersetzt. Die Uniform dieser kleinen Ehrengarde, hier um 1860 in Parade, folgte weitgehend dem französischen Beispiel.

Sergeant der Schweizergarde des Papstes Dieser Unteroffiziersdienstgrad unterschied sich um 1860 noch durch den Stock, aber vor allem durch das schwarze Wams, von den Gardisten im Mannschaftsrang. Im Jahr 1506 gegründet, stellt die Schweizergarde die älteste, heute noch bestehende militärische Einheit dar. Ihr obliegt nach wie vor die Erfüllung zeremonieller Aufgaben und die Bewachung der päpstlichen Residenz.

Kirchenstaat,
Schweizergarde,
Sergeant,
um 1860

Kirchenstaat,
Schweizergarde,
Soldat,
um 1860

Soldat der Schweizergarde des Papstes Der Schweizer präsentiert sich auf dieser Abbildung um 1860 immer noch in der mittelalterlichen Kriegstracht, wie sie von dieser Truppe von Beginn an im Wesentlichen getragen wurde – vom Helm abgesehen. Die Farben Blau, Gelb und Rot aus dem Wappen der Medici standen Pate für Wams und Puffhosen. Die Annahme, Raffael oder Michelangelo hätten die Uniform entworfen, trifft nicht zu. Die gezeigte Uniform, unter anderem mit der weißen Halskrause, wurde bis 1914 getragen. Der Pickelhelm wurde bereits 1908 von dem Morion abgelöst.

Kirchenstaat,
Gendarmerie,
Gendarm,
um 1860

Gendarm des Kirchenstaats Der Gendarm dieser 1816 aufgestellten päpstlichen Gendarmerie (Corpo della Gendarmeria Pontificia) gehört einer der Wachtruppen des Papstes an und ist hier in der Dienstuniform dargestellt und mit einem Kavalleriesäbel bewaffnet. Zur Parade erschienen die Gendarmen in blauem Uniformrock, schwarzer Bärenfellmütze mit rotem Stutz, weißen Beinkleidern und hohen Stiefeln. Epauletten und Knöpfe waren weißmetallen.

Kirchenstaat,
Nobelgarde,
Gardist,
um 1860

Gardist der päpstlichen Nobelgarde Der Gardist der Nobelgarde des Papstes (Corpo della Guardia d'Onore di Sua Santitá, ehemals Guardia dei Cavalleggeri von 1485) repräsentiert in der um 1860 getragenen Uniform eine weitere päpstliche Wachtruppe, die allerdings ebenfalls 1970 aufgelöst wurde. Auch dieser Gardist führt die weiß-gelbe päpstliche Kokarde an der Kopfbedeckung mit sich.

Kirchenstaat,
Fremden-Karabi-
niers, Offiziere;
Zuaven, Offizier
und Gemeiner,
1860–1870

Offiziere der Fremden-Karabiniers sowie Offizier und Gemeiner der Zuaven Diese Militärs stellen das eigentliche Feldheer des Kirchenstaats dar. Während bis Ende 1850 Uniformen österreichischen Typs getragen wurden, waren es im Folgenden solche nach französischem Muster. Auf Märschen wurde ein weißleinener Nackenschutz um die Feldmütze gelegt. Die an sich graue Uniform der Zuaven war bei den Offizieren mit schwarzem, bei den Unteroffizieren und Mannschaften mit rotem Besatz gekennzeichnet.

Schweiz,
Infanterie,
Offizier, Grenadier
und Jäger,
1862

Offizier, Grenadier und Jäger Diese Männer veranschaulichen die Uniformierung der Schweizer Infanterie ab 1862. Sie erhielten damals dunkelblaue langschößige, zweireihig zu knöpfende Waffenröcke. Es kamen niedrige Ledertschakos nach französischem Beispiel sowie blaugraue, rot paspelierte Hosen und Mäntel hinzu. Die rote Armbinde mit dem weißen Kreuz wurde bis 1914 angelegt. Die Schützen besaßen dunkelgrüne Waffenröcke und setzten schwarzlederne Hüte mit grünem Hahnenfederbusch auf.

Guiden-Offizier und Guide Als Guiden wurden damals in der Schweizer Milizarmee die Meldereiter und Stabswachen bezeichnet. Sie waren in einem Grün wie die Dragoner uniformiert. Noch in den 1850er Jahren trugen sie ebensolche Raupenhelme, jedoch mit gelber Raupe, danach Käppis mit karminroten Fangschnüren.

Schweiz,
Kavallerie,
Guiden-Offizier,
Guide und
Dragoner,
1862

Schweiz,
Artillerie,
Trompeter, Offizier
und Kanonier,
1862

Trompeter, Offizier und Kanonier der Schweizer Artillerie Sie trugen dunkelblaue Uniformen mit roten Abzeichen nach französischem Vorbild. Auf den Kartuschen, den Patronentaschen, befanden sich die Symbole von einer Granate und gekreuzten Kanonenrohren für Artilleristen. Anfang der 1870er Jahre wurde auch für die Artillerie der Schweiz der dunkelblaue Waffenrock mit zwei Reihen gelbmetallener Knöpfe und roten Vorstößen eingeführt.

Österreich-Ungarn, Generalstabsoffiziere, Feldmarschall-Leutnant der ungarischen Kavallerie und Generalmajor, 1860

Generalstabsoffiziere, Feldmarschall-Leutnant der ungarischen Kavallerie und Generalmajor Die Generalstabsoffiziere unterschieden sich von den Generalen vor allem dadurch, dass sie dunkelgrüne Waffenröcke trugen, die Generale weiße bzw. auf Feldzügen hechtgraue. Der Waffenrock der Generale der ungarischen Kavallerie war nach Husarenart verschnürt und anstelle des Huts setzten sie einen Tschako auf. Auf der goldenen Borte befanden sich je nach Rang bei den Generalmajoren ein sechseckiger glänzender Silberstern, bei den Feldmarschall-Leutnants zwei Sterne und bei den Feldzeugmeistern drei. Generalstabsoffiziere trugen wie die anderen Offiziere ihre seidene Schärpe (statt einer aus Goldbrokat wie die Generale) über die rechte Schulter (Adjutanten über die linke).

Infanteristen, Fahnenträger und Major Noch 1866 trugen die österreichischen Infanteristen Österreich-Ungarns die weißen Waffenröcke, wie sie 1849 eingeführt worden waren, aber mit dem seit 1859 liegenden Kragen. 1868 wurden die weißen Waffenröcke durch dunkelblaue ersetzt. Die Hosen blieben hellblau und weit geschnitten. Der zweireihig geknöpfte Mantel war grau.

Österreich-Ungarn, Infanteristen, Fahnenträger und Major, 1866

Österreich-Ungarn, Jägertruppe, Major, Leutnant und Jäger, 1861–1867

Major, Leutnant und Jäger der Jägertruppe Die Jäger hatten 1861 nicht nur einen neuen Jägerhut, sondern neue, jetzt einreihige Waffenröcke erhalten. Die Hüte wurden mit grünen Hahnenfederbüschen geschmückt. Der Major trägt die Offizierskappe, auf der sich vorn ein kleines vergoldetes Jägerhorn mit weißer Bataillonsnummer befand. Die hechtgraue Farbe der Waffenröcke der Jäger wurde bis 1915 beibehalten.

Österreich-Ungarn,
Husar,
1865–1867

Husar Dieser Husar lässt sich nicht genau einem Regiment zuordnen. Bei den Husaren hatte ab 1850 die Attila, die dem Waffenrock entspricht, den Dolman abgelöst. Dann gab es Attila und Beinbekleidung nur noch in den Farben Dunkelblau und Lichtblau. Lediglich Tschakos und Knöpfe blieben verschiedenfarbig. Als 1866 der Krieg um die Vorherrschaft in Deutschland ausbrach, befanden sich die Husaren in einer Phase der Uniformänderung. Die Kutsma, eine niedrige Pelzmütze mit farbigem Beutel, ersetzte den Tschako. Ab 1868 gab es krapprote Hosen.

Österreich-Ungarn,
Feldartillerie,
Kanoniere, Offizier,
Gefreiter und
Trompeter,
1863–1867

Kanoniere, Offizier, Gefreiter und Trompeter Die österreichischen Artilleristen trugen ab 1860 einreihige Waffenröcke, aber weiterhin in den traditionellen Farben Braun und Rot. Hinzu kamen hellblaue Hosen. Offizieren war es gestattet, im Feld auch graue Hosen mit Lederbesatz anzuziehen. 1860 war für die Artillerie ein Tschako eingeführt worden, dessen Kennzeichen der nach links gebundene Rosshaarbusch war. Seit 1860 führten die Artillerieoffiziere ein Bandelier aus Goldtresse.

Österreich-Ungarn,
Feldgendarmerie,
Feldgendarm zu
Fuß und zu Pferd,
1850–1861

Feldgendarmen zu Fuß und zu Pferd Ausgewählt aus anderen Truppenteilen, versahen auch in der Armee Österreich-Ungarns Feldgendarmen ihren besonderen Polizeidienst. Die Uniformierung war ihrer Stellung nach reichhaltig gestaltet. Insbesondere fallen die hohen Pickelhelme russischen Musters auf, die sicherlich für den täglichen Dienst, vor allem im Feld, weniger geeignet waren.

Österreich-Ungarn,
Kriegsmarine,
Stabsoffiziere
und Offiziere,
1858

Korvetten- und Fregattenkapitän sowie weitere Offiziere Die Offiziere der österreichisch-ungarischen Kriegsmarine sind in der Paradeuniform an Land und in der Borduniform dargestellt. Sie hatten wie ihre Kameraden von der Armee den Waffenrock 1850 erhalten. Als Kopfbedeckung diente eine dunkelblaue Tellermütze mit goldenem Besatzstreifen und schwarzem Lederschirm. Die Stabsoffiziere setzten zur Parade oder als große Dienstuniform den Zweispitz auf und führten Epauletten mit dicken, Subalternoffiziere mit dünnen Fransen.

Österreich-Ungarn,
Kriegsmarine,
Matrose
und Hornist,
1856

Matrose und Hornist Der Matrose in Jacke und der Hornist im Waffenrock, beide Kleidungsstücke wie die Hosen in einem tiefen Dunkelblau, tragen zur Parade Hüte mit einem schwarzem Seidenband. Auf diesen Bändern war seit 1854 in Golddruck (vorher Gelbdruck) entweder der Schiffsname oder für den Dienst an Land „K.K. Marine" zu sehen.

Österreich-Ungarn,
Marine-Infanterie,
Soldat; Marine-
Artillerie, Kanonier
und Feldwebel,
1856

Marine-Infanterist sowie Oberkanonier und Feldwebel der Marine-Artillerie In der Marine-Infanterie blieb es lange bei dem 1850 eingeführten Waffenrock in der lichtblauen Farbe und den lichtroten Abzeichen. Der Hut war durch den Tschako ersetzt worden. Der Oberkanonier der Marine-Artillerie besaß am Matrosenkragen drei weiße Streifen, unterschied sich aber sonst in keiner Weise von dem zuvor gezeigten Matrosen. Die ebenfalls 1850 eingeführten Sterne aus weißem Tuch am Kragen des Waffenrocks weisen den Feldwebel aus.

Mexiko,
Österreichisch-
Mexikanische Frei-
willigen-Brigade,
Ulan, Offiziere
und Jäger,
1867

Ulan, Rittmeister der Husaren, Unterleutnant der Ulanen und Oberleutnant der Jäger sowie Jägeroffizier und Jäger Alle diese Militärs sind nach dem Muster Österreichs bekleidet. 1863 hatte Kaiser Napoleon III. (1808–1873) mit seinem Militär in Mexiko eingegriffen und den österreichischen Erzherzog Maximilian (1832–1867) als Kaiser dort eingesetzt. Nach seinem Eintreffen in Mexiko 1864 wurde er sofort von Republikanern bekämpft. Als sich die Franzosen 1867 zurückzogen, wurde er gefangen und erschossen.

Infanteristen, General und Husarenoffizier Die Infanteristen der Stadtgarde Mexikos und des 18. Linien-Bataillons präsentieren das Gewehr einem General, der von einem Husarenoffizier begleitet wird. Ihre Uniformen zeigen neben nationalen Elementen österreichische und französische Einflüsse. Der General ist Kaiser Maximilian, dargestellt in fast vollständiger mexikanischer Uniform mit Sombrero, Leibbinde und rot-silberner Hutborte. Maximilian trug als einzige Auszeichnung die bronzene Tapferkeitsmedaille.

Mexiko,
National-Armee,
Stadtgarde Mexikos
und 18. Linien-
Bataillon, Infante-
risten, General und
Husarenoffizier,
1867

Mexiko,
National-Armee,
Regiment der
Kaiserin, Lancero;
Artillerie,
Unteroffizier;
3. Jäger-Bataillon,
Jäger; 8. Kavalle-
rie-Regiment,
Reitender Jäger;
Guardia rural
von Queretaro,
Gendarm,
1867

Lancero, Artillerie-Unteroffizier, Jäger und Reitender Jäger sowie Angehöriger der Guardia rural Sie alle gehören der Kaiserlich Mexikanischen National-Armee an. Die Ausstattung des Lanceros und des Gendarms der Guardia rural, einer Gendarmerie, ist ganz an der mexikanischen Nationaltracht orientiert, während bei den anderen Soldaten französische Uniformelemente bestimmend sind.

187

Dänische Infanterie-Offiziere Der linke Offizier gehört dem 18. Infanterie-Regiment an. Im Deutsch-Dänischen Krieg 1864 setzte nur dieses Regiment den 1858 einge-führten neuen Tschako auf, alle anderen Truppenteile die dunkelblaue (vorher hellblaue) Feldmütze von 1858. Bei dem dunkelblauen Waffenrock handelte es sich um eine veränderte Version des bisherigen von 1848. Es wurde immer der schwarze oder schwarzgraue Mantel übergezogen.

Soldat und Korporal des 3. und 18. Infanterie-Regi-ments Sie tragen ebenfalls Mäntel sowie Feldmütze und Tschako. Da sich auf den Schulterklappen die Regiments-nummer befand, konnte auch der links gezeigte Soldat einem bestimmten Truppenteil zugeordnet werden. Seit 1854 waren Stiefel mit langen Schäften vorgeschrieben, in die bei schlechtem Wetter die Hosen gesteckt werden konnten.

Dänemark,
3. und 18. Infante-
rie-Regiment,
Soldat und
Korporal,
1864

Russland,
Pawlowsker und
Alexandrowsker
Militärschule,
Junker,
1862

Junker der Pawlowsker und Alexandrowsker Militär-schule Als künftige Offiziere waren die Junker fast wie diese uniformiert. Der Pickelhelm war 1846 eingeführt, aber 1855 außer bei der Garde wieder von einem Tschako ersetzt worden. Vor allem kam 1862 jene käppiartige Tuchmütze auf. Bemerkenswert ist beim Junker im Mantel der umgelegte und damals gerade eingeführte Baschlik. Dabei handelte es sich um ein kapuzenartiges wollenes Stück, das als Kälteschutz für Kopf und Hals diente. In den Kriegen 1864, 1866 und 1870/71 verwendeten ihn auch preußische Offiziere.

Infanteristen Oldenburgs Sie veranschaulichen die feldmarschmäßige Bekleidung und Ausrüstung, aber auch die Paradeuniform. Dass 1864 für die hohen Helme Tuchmützen nach russischem Vorbild eingeführt wurden, hing ähnlich wie bei Mecklenburg mit verwandtschaftlichen Bindungen der Großherzöge zur Zarenfamilie zusammen. Zur Parade schmückten ein weißmetallenes Schildchen und ein schwarzer Haarbusch die Mütze. Im 1866er Feldzug wurde eine weiße Armbinde auf den linken Oberärmel gestreift. Die Achselklappen waren mit der Nummer des Bataillons versehen.

Unteroffizier, Dragoner und Wachtmeister des Dragoner-Regiments Oldenburgs Die Ersteren sind zur Parade uniformiert, der Wachtmeister tritt im Dienstanzug auf. Der Unterschied zwischen den beiden Uniformen bestand wie bei der Infanterie im weißmetallenen Schildchen und im Haarbusch, der bei den Dragonern weiß war. Alle Unteroffiziere führten als Rangabzeichen außer der Tresse um den Kragen noch eine Doppeltresse auf den Ärmelaufschlägen und die Wachtmeister am Kragen eine weitere Tresse.

Unteroffizier der Reitenden Batterie sowie Major und Marketenderin des Dragoner-Regiments Der Unteroffizier und der Major stehen für die einschneidende Uniformänderung im Mecklenburg-Schweriner Militär, mit der im Oktober 1864 der hohe Helm durch ein Käppi nach russischem Beispiel ersetzt wurde. Zur Parade kamen Wappenschild und Haar- bzw. Federbusch hinzu. Die Mannschaften und Unteroffiziere besaßen Haar-, die Offiziere Federbüsche, die bei der Infanterie und Artillerie schwarz, bei der Kavallerie weiß waren. Militärmusiker führten stets rote Haarbüsche.

Sachsen,
II. Infanterie-
Brigade, Infanterist
und Feldwebel;
III. Infanterie-
Brigade, Zimmer-
mann und Offizier;
IV. (Leib-)Brigade,
Korporal und
Trommler;
I. Infanterie-
Brigade, Offizier,
1862–1867

Infanterist, Feldwebel, Zimmermann, berittener Offizier als Adjutant, Korporal, Trommler und weiterer Offizier Sie dokumentieren die 1849 geschaffene Einteilung der sächsischen Infanterie in Brigaden zu je vier Bataillonen und den 1862 vollzogenen Wechsel von grünen zu hellblauen Waffenröcken. Die Brigaden unterschieden sich nach der Farbe der Kragen und Ärmelaufschläge, nämlich I. Brigade Rot, II. Brigade Gelb, III. Brigade Schwarz und IV. (Leib-)Brigade Weiß. Alle diese Abzeichen waren rot eingefasst.

Reiter, Stabsoffizier und Trompeter sowie Unterwachtmeister Die Abzeichenfarben waren beim I. Reiter-Regiment Rot, beim II. Karminrot und beim III. Schwarz bzw. ab 1863 Dunkelpurpurrot sowie bei den Garde-Reitern Weiß. Erst 1866 war aus Unteroffizieren der Reiterregimenter eine Feldgendarmrie errichtet worden. Diese Männer behielten ihre Uniformen, tauschten aber ihre Reiterhelme gegen die Raupenhelme der Reitenden Artillerie.

Sachsen,
I. und III. Reiter-
Regiment, Reiter;
Garde-Reiter-Regi-
ment, Stabsoffizier
und Trompeter;
Feldgendarmerie,
Unterwachtmeister,
1862–1867

Sachsen,
Fuß-Artillerie,
Feldwebel, Trom-
peter und Offizier;
Reitende Artillerie,
Trompeter, Feuer-
werker und Offi-
zier; Train,
Vize-Korporal;
Pionier,
1862–1867

Verschiedene Dienstgrade der Fuß- und Reitenden Artillerie Die Artilleristen trugen noch bis Anfang des 20. Jahrhunderts Uniformen in Grün und Rot. Die Trompeter der Reitenden Artillerie führten keine Schwalbennester an den Ärmeln, sondern gelbe Bandlitzen über ihren Waffenröcken. Die Reitenden Artilleristen hatten seit 1849 den bayerischen Raupenhelm mit schwarzer bzw. roter Raupe bei den Trompetern. Die Angehörigen des Trains besaßen hellblaue Waffenröcke.

Hannover,
Garde-Husaren-
Regiment,
Husaren,
1866

Husaren des hannöverschen Garde-Husaren-Regiments Der Husar zu Pferd zeigt sich in der Paradeuniform mit angezogenem Pelz, ein Husar zu Fuß mit umgehängtem Pelz sowie zwei weitere Husaren in Stalljacke und Mütze. Zur Parade wurde der Busch auf die Pelzmütze gesteckt und der Mantel hinten an der Stelle des weggelassenen Mantelsacks befestigt. Über das gesamte Sattelzeug wurde eine weiße, mit dunkelblauem gezahnten Tuchrand gearbeitete Decke aus Schaffell gelegt.

Hannover,
Linien-Infanterie,
Offizier und
Infanteristen,
1866

Offizier und Infanteristen Sie gehören einem der sieben hannöverschen Infanterieregimenter an, die 1866 auf der Seite Österreich-Ungarns gegen Preußen in den Krieg zogen und unterlagen. Dadurch endete die Geschichte des Königreichs Hannover, die Armee wurde ungeachtet ihres letzten Siegs am 27. Juni bei Langensalza aufgelöst. Für den Feldzug hatten die Offiziere die Epauletten abgelegt und alle Infanteristen wie früher die Dekorationen ihrer Tschakos mit einem Überzug geschützt.

Hannover,
Train-Korps,
Unteroffizier und
Trainsoldat,
1866

Unteroffizier und Soldat des Train-Korps Beide waren mit einer einfachen Uniform aus dunkelblauem Waffenrock und schwarzer, lederbesetzter Reithose bekleidet. Die roten Achselklappen waren erst seit 27. Mai 1866 anlässlich des Geburtstags des Königs durch grüne ersetzt worden. Der Unteroffizier ist an der gelben Litze um Kragen und Ärmelaufschläge sowie an der weißen Wollborte am oberen Tschakorand zu erkennen. Des Weiteren trugen die hannöverschen Soldaten immer noch die blaue Feldflasche britischer Herkunft mit in Weiß aufgemalter Bezeichnung des Truppenteils.

191

Sachsen-Altenburg,
Füsilier-Regiment,
Gefreiter, Füsilier,
Unteroffizier
und Offizier,
1866

Gefreiter, Füsilier, Unteroffizier und Premierleutnant Sachsen-Altenburgs Diese Männer vermitteln einen Eindruck von den Uniformen der deutschen Kleinstaaten um 1866. Sachsen-Altenburg hatte 1845 nicht nur den Helm und den Waffenrock nach preußischem Beispiel eingeführt, sondern sich 1866 auch Preußen angeschlossen. Der Helm wich vom preußischen Vorbild insofern ab, als seine Spitze als Irmensäule gestaltet war. Der Gefreite war, etwas ungewöhnlich, durch eine gelbe Schnur an der Achselklappe gekennzeichnet.

Füsilier, Unteroffizier, Unterleutnant und Stabsoffizier aus Sachsen-Meiningen und Hildburghausen
Ihre Uniformen belegen den Wechsel ihres Herzogs von Preußen nach Österreich. Bis 1864 waren Helm und Waffenrock nach preußischem Muster getragen worden, dann kam es zur Einführung von Käppis österreichischen Modells und Schnurwaffenröcken wie in Braunschweig üblich. Da die Umkleidung 1866 noch nicht abgeschlossen war, zog das Regiment mit dem Helm und den alten Waffenröcken in den Krieg.

Sachsen-Meiningen und Hildburghausen,
Infanterie-Regiment, Füsilier,
Unteroffizier
und Offiziere,
1866

Hamburg,
Dragoner,
1866

Dragoner aus Hamburg Hamburgische Dragoner nahmen 1866 am Krieg auf preußischer Seite teil. Sie legten als gemeinsames Zeichen eine weiße Armbinde um den linken Oberärmel. Waffenrock und Helm aus Stahl nach preußischem Muster waren 1845 eingeführt worden. Bis 1851 wurde am Helm das vereinigte Wappen der drei Hansestädte Bremen, Hamburg und Lübeck gezeigt. Als es dann nur noch Hamburger Dragoner gab, zeigte deren Helmstern das dreitürmige Hamburger Wappen.

Gardist und Offiziere der württembergischen Leibgarde zu Pferd Diese Leibgardisten zeigen erneut das eindrucksvolle Erscheinungsbild königlicher Garden. Die beiden Reiter tragen die in den 1850er Jahren eingeführte schwarze Pelzmütze mit dem Haarbusch. Außerdem reiten sie wie die gesamte Eskadron Schimmel. Der rechte Offizier ist mit seiner sogenannten kleinen Uniform bis auf die Schirmmütze und die lederbesetzten Reithosen nahezu ebenso prächtig uniformiert wie sein Kamerad in der großen Uniform.

Reiter des württembergischen 3. Reiter-Regiments

Der Waffenrock war 1849 eingeführt worden. Die Reiterregimenter unterschieden sich nur durch die Nummer auf Uniformknöpfen und Mantelsäcken. Von 1845 bis 1871 besaßen dann die Reiter Tschakos wie die Infanterie, die aber in anderen Farben gearbeitet und mit einem schwarzen Haarbusch geschmückt waren. Auch die 1864 eingeführten zweireihigen Waffenröcke stimmten in allen Waffengattungen überein. Jedoch wurden die alten Uniformbestände noch aufgetragen, sodass 1866 nur die Offiziere in den neuen Uniformen erschienen.

Infanteristen des württembergischen 5. Infanterie-Regiments König Karl Sie tragen nunmehr im Deutsch-Französischen Krieg 1870/71 endlich auch im Feld die schon 1864 eingeführten Uniformen aus blauer Dienstmütze und zweireihigem Waffenrock. Vorher durften diese Uniformen nur zu Paraden angezogen werden. Offiziere ersetzten am 1. August 1870 ihre bisherigen Rangabzeichen in Gestalt von Sternen und Borten am Kragen durch Feldachselstücke nach preußischem Muster.

Bayern,
Artillerie,
Trompeter, Bom-
bardier, Kanonier,
Unterleutnant,
Oberfeuerwerker,
Oberst und Unter-
leutnant,
1854

Verschiedene Dienstgrade der bayerischen Artillerie

Sie zeigen sich in ihren bis 1872 getragenen Uniformen.
1848 hatten sie den Waffenrock erhalten, der bei Berittenen wie dem Oberfeuerwerker zwei Knopfreihen besaß.
Die gekreuzten Bandeliers waren 1860 durch die Gürtel-
rüstung ersetzt worden. Bis auf den Oberfeuerwerker und
den berittenen Unterleutnant, die beide feldmarschmäßig
bekleidet waren, tragen alle Paradeuniformen.

Bayern,
Jäger und
Jäger-Offizier,
1870

Jäger und Jäger-Offizier Bayerns Auch in Bayern war
1848 der Waffenrock eingeführt worden, und zwar in der
traditionellen hellblauen Farbe. Die Jäger unterschieden
sich durch ihre grüne Abzeichenfarbe von der Infanterie.
1868 wurde der Raupenhelm niedriger, der Vorderschirm
mit einer Metallschiene eingefasst und die Schuppenketten durch Lederriemen ersetzt. Die Offiziere legten im
Feld ihre Epauletten ab; als Dienstzeichen diente ihnen
immer noch der Ringkragen, allerdings im blauen Überzug.
Der Raupenhelm wurde in Bayern erst 1886 durch den
Pickelhelm abgelöst.

Bayern,
3. Cheveaulegers-
Regiment Herzog
Maximilian,
Cheveauleger;
2. Kürassier-
Regiment Prinz
Adalbert, Küras-
siere,
1870

Cheveauleger und Kürassiere Bayerns Diese Kavalleristen zeigen die im Deutsch-Französischen Krieg 1870/71
getragenen Uniformen. Obwohl auch sie 1848 den Waffenrock erhalten hatten, zogen 1870 im Feld zunächst
den sogenannten Spenzer an. Das war eine kurze Jacke
mit Ärmelaufschlägen in der Grundfarbe. Auf der Abbildung ist der linke Kürassier mit dem Spenzer, der rechte
mit dem Waffenrock (farbige Ärmelaufschläge) dargestellt.
Im Herbst 1870 wurden Waffenröcke nachgeschickt.

Mecklenburg-
Schwerin,
Jäger-Bataillon
Nr. 14, Jäger,
1870;
Sekondeleutnant
und Oberjäger,
1895

**Jäger, Sekondeleutnant und Oberjäger (Unteroffizier)
des Jäger-Batailllons Nr. 14** Die Dienstgrade verdeutlichen die Uniformentwicklung in dieser Infanteriegattung
vor und nach dem Krieg 1870/71. Im Februar 1890 ersetzten dunkelgrüne die seit 1844 getragenen blauen Waffenröcke. Im Herbst 1899 verlieh Herzog Johann Albrecht
als Regent des Lands dem Bataillon die weiße bzw. silberne
Stickerei. An der Einführung des Pickelhelms kam das
Bataillon 1848 vorbei, nicht jedoch an dem von 1864
bis 1868 getragenen Käppi. 1868 wurde der preußische
Jägertschako mit Wappenstern und Kokarde Mecklen-
burgs eingeführt.

**Gefreiter und Unteroffizier des Dragoner-Regiments
Nr. 18 sowie Großherzogin Alexandra von Mecklenburg-Schwerin** Nachdem Großherzogin Alexandra
(1882–1963) am 9. Juli 1904 zur Regimentschefin ernannt worden war, trug sie bei Paraden Helm und Waffenrock eines Stabsoffiziers des Truppenteils, dazu den
langen schwarzen Reitrock. Ihre Herkunft ist durch das
Ordensband des Großkreuzes vom Großherzoglichen
Hausorden der Wendischen Krone bestimmt. Der Gefreite
und der Unteroffizier zeigen die Entwicklung, die die
Regimentsuniform in jenen Jahren nahm.

Mecklenburg-
Schwerin,
Dragoner-
Regiment Nr. 18,
Gefreiter,
1868;
Großherzogin
Alexandra als Che-
fin des Regiments,
1912;
Unteroffizier,
um 1900

Mecklenburg-
Strelitz,
Grenadier-Regi-
ment Nr. 89,
II. Bataillon,
Etatmäßiger
Feldwebel;
Mecklenburg-
Schwerin, Grena-
dier-Regiment
Nr. 89, I. und
III. Bataillon,
Grenadier und
Sekondeleutnant,
um 1895

**Feldwebel aus Strelitz sowie Grenadier und Sekonde-
leutnant aus Schwerin des Grenadier-Regiments Nr. 89**
Es war seit 1867 der einzige deutsche Truppenteil mit
unterschiedlicher Uniformierung. So führten die Schweriner weiße Litzen, Knöpfe und Achselklappen, aber die
Strelitzer gelbe Litzen und Knöpfe („Goldenes Bataillon")
sowie rote Achselklappen. Auf den Epauletten und Achselstücken der Offiziere und auf den Achselklappen der
Unteroffiziere und Mannschaften befanden sich die Initialen „FF" bzw. „FW" für die Großherzöge Friedrich Franz III.
und Friedrich Wilhelm.

195

Grenadier und Voltigeur der Kaisergarde Frankreichs
Die 1854 von Kaiser Napoleon III. errichtete Truppe lehnte
sich in den Uniformen sehr an die Alte Garde Napoleons I.
an. Erst in den 1860er Jahren hatte sie Waffenröcke erhalten, die aber länger als die der Linie waren. Das Bild
zeigt, dass die Grenadiere der Kaisergarde 1870 tatsächlich noch mit den hohen Bärenfellmützen in den Krieg
gezogen waren. Der feldmarschmäßige Voltigeur trägt den
Tschako, meist wurden aber Feldmützen aufgesetzt.

**Grenadier des Jahres 1853, Füsilier 1861 und Infan-
terist 1869** Die drei Männer stehen für die Entwicklung
der Uniformen der Linien-Infanterie von 1853 bis 1869.
So wurde ab 1856 der Tschako niedriger. 1860 waren die
Schöße der Waffenröcke gekürzt und mit seitlichen Schlit-
zen versehen worden. 1868 kam ein zweireihiger und wieder längerer Waffenrock in die Regimenter. Als 1867 die
Unterscheidung zwischen Elite- und anderen Kompanien
aufgehoben wurde, trugen die Linien-Infanteristen nur noch
rote Epauletten. Ab dem Jahr 1867 gehörte der graublaue Kapotmantel endgültig zur Bekleidung.

Französische Kürassiere Sie sind für das Kriegsjahr
1870 in Feldzugsuniformen und -ausrüstung dargestellt.
Noch bis 1858 hatten sich die einzelnen Kürassierregimenter durch die Farbe ihrer Abzeichen unterschieden,
dann wurden Kragen, Vorstöße und Ärmelpatten auf den
1856 eingeführten Waffenröcken generell rot. Es gab
nur die Nummern der Truppenteile auf den Knöpfen. Der
Kürassierhelm, in dieser Form 1845 eingeführt, war das
klassische Modell des ersten Kaiserreichs.

Frankreich,
Tirailleurs algériens,
2. Regiment,
Trompeter,
1867

Trompeter des 2. Regiments der Tirailleurs algériens
Er vermittelt einen Eindruck von der Uniformierung dieser
Schützen aus der damaligen französischen Kolonie
Algerien. Teile dieser Truppen kämpften auch im Deutsch-
Französischen Krieg 1870/71. Die Regimenter unter-
schieden sich durch die Abzeichenfarbe, das heißt die
Farbe ihrer falschen Taschen. Diese war beim 1. Regiment
Rot, beim 2. Weiß und beim 3. Gelb sowie bei dem 1884
aufgestellten 4. Himmelblau wie die Grundfarbe.

Frankreich,
Chasseurs
d'Afrique,
1. Regiment,
Offizier,
1867

Offizier des 1. Regiments Chasseurs d'Afrique Dieser Offizier gehört den
afrikanischen Jägern, einer leichten Kavallerie, an. Seit 1853 unterschieden
sich die Regimenter nur noch durch die Nummer auf dem Tschako und auf den
Knöpfen. 1862 wurde in Himmelblau ein Dolman eingeführt, den sechs
schwarze Schnüre verzierten. An der Seite der weiten roten Hosen befand sich
ein himmelblauer Doppelstreifen. Das Regiment war in den 1860er Jahren in
Mexiko eingesetzt, Teile auch im Deutsch-Französischen Krieg 1870/71.

Frankreich,
Zuaven,
3. Regiment,
Cantinière,
1867

Cantinière des 3. Regiments der Zuaven Die Marketenderin der algerischen Zuaven trug wie alle anderen mit
den Soldaten ziehenden Frauen eine Bekleidung, die weitgehend der Uniformierung der Regimenter entsprach. Auch
diese Truppen bestanden seit 1831, zunächst als Bataillon,
dann als Regimenter. Diese unterschieden sich durch die
Farbe ihrer falschen Taschen auf jeder Seite der Jacke.
Sie war beim 1. Regiment Rot, beim 2. Weiß und beim
3. Gelb. Ein 1870 aufgestelltes 4. Regiment bekam dunkelblaue Taschen. Auch algerische Zuaven kämpften 1870/71.

Konföderierte Staaten von Amerika, Infanterie-Hauptmann, Artillerie-Oberst, General, Kavallerie-Sergeant, Kavallerist im Mantel, Infanteristen und Artillerie-Korporal, 1861

Dienstgrade der Armee der Konföderierten Staaten von Amerika Als Uniformfarbe war für alle Waffengattungen der Südstaaten-Armee einheitlich das Grau festgelegt worden, nur zeigten unter anderem Kragen, Aufschläge, Grundtuch der Mütze und Besatzstreifen je nach Waffe verschiedene Farben, und zwar Infanterie Hellgraublau, Reiterei Gelb und Artillerie Rot. Die Dienstgradabzeichen bestanden aus einem System von Sternen und Streifen an den Kragen oder Oberärmeln.

Generale und niedrige Ränge der Konföderierten-Armee Außer an ihren Rangabzeichen waren die Generale der Südstaaten-Armee sofort an den gelben Schärpen zu erkennen. Bei der Kavallerie löste der Hut bald die käppiartige Mütze ab. Generell ist festzustellen, dass der industriearme Süden mit seinen wirtschaftlichen Schwierigkeiten die einheitliche Uniformierung kaum bewältigen konnte. Deshalb trugen die Konföderierten oft auch braune Uniformröcke aus grobem, billigeren Stoff. Viele Soldaten mussten sogar auf zivile Kleidungsstücke, die sie mit Rang- und Truppenzeichen versahen, zurückgreifen.

Konföderierte Staaten von Amerika, Artillerist, Diener mit Offizierspferd, Infanterie-General, Reiter-General, Kavalleristen und Infanterist, 1862–1865

Konföderierte Staaten von Amerika, 14. Infanterie-Regiment aus North Carolina, Sergeant-Major, 1861–1865

Sergeant-Major des 14. Infanterie-Regiments North Carolina Der Sergeant-Major (Hauptfeldwebel) trägt die „Blüchermütze" (Blucher's cap) nach der Mode der 1840er Jahre und eine Uniformjacke im Kadettengrau, der vorherrschenden Uniformfarbe der Südstaaten-Armee. Seinen Dienstgrad kennzeichnen hellblaue Winkel und bogenförmige Streifen auf beiden Oberärmeln. Zur blauen oder hellblauen Hose aus schwerem Wollstoff gehörten schwarze Schuhe. Ein ovales Messingkoppelschloss mit den Buchstaben „CS" (Confederate States) hielt den Gürtel

USA,
Artillerie, Sergeant
und Oberstleut-
nant; Infanterie,
Offizier, Unteroffi-
zier und Soldaten,
1861–1866

Sergeant und Lieutenant-Colonel (Oberstleutnant) der Artillerie sowie First-Lieutenant (Premier- bzw. Oberleutnant), Unteroffizier und Soldaten der Infanterie Bei den beiden berittenen Männern der Nordstaaten-Armee weisen die roten Abzeichen auf ihre Zugehörigkeit zur Artillerie hin. Die Mehrzahl der abgebildeten Soldaten trägt die Arbeits- oder Feldmütze, des Weiteren den dunkelblauen Waffenrock, die hellblaue Hose und Stiefel bzw. die Infanterie Schnürschuhe. Bei der Kopfbedeckung des Oberstleutnants handelt es sich um den Ende der 1850er Jahre eingeführten Hardee-Hut.

Lieutenant-General Ulysses Simpson Grant (1822–1885) sowie Generale und Offiziere Der sitzend dargestellte Generalleutnant U. S. Grant hat verschiedene Generale und Offiziere in seinem Hauptquartier um sich versammelt. Sie alle tragen die Felduniform der Nordstaaten-Armee, auf deren Waffenröcke sich die Rangabzeichen (boxes = Kästchen) mit einem bis drei Sterne für die Generale, Silberadler für Oberst, silbernes und goldenes Eichenblatt für Oberstleutnant und Major sowie zwei Goldbalken für Hauptmann und eins für Oberleutnant befanden. Der Leutnant blieb ohne Eichenblatt.

USA,
Lieutenant-
General Ulysses
Simpson Grant
(1822–1885)
sowie Generale
und Offiziere,
1861–1866

USA,
Offiziere,
Unteroffiziere und
Mannschaften,
1880–1885

Offiziere, Unteroffiziere und Mannschaften Bemerkenswert an den Uniformen der Armee der USA Ende des 19. Jahrhunderts war sicherlich der 1881 eingeführte Pickelhelm, wie ihn die Offiziere sowie Unteroffiziere und Mannschaften (enlisted men) auf diesem Bild trugen. Der Helm der Offiziere unterschied sich durch das hinzugefügte Goldkettchen. 1903 wurden Käppi und Pickelhelm durch eine Tellermütze mit zwei hellblauen Bandvorstößen ersetzt.

Osmanisches Reich, Infanteristen, 1877 und 1890; Kavallerist, Artillerist und General, 1890

Infanteristen, Kavallerist, Artillerie-Unteroffizier und General der türkischen Armee Noch im Russisch-Türkischen Krieg 1877/78 erschien die gesamte Armee in Zuavenjacken und -westen sowie faltigen, bis über das Knie reichenden Beinkleidern und Strümpfen in dunkelblauer Grundfarbe. 1890 wurde der Waffenrock bzw. bei der Artillerie die Attila nach europäischem Vorbild eingeführt. Generale trugen langschößige einreihige Röcke mit rotem Kragen und ebensolchen Aufschlägen. Eine reiche Goldstickerei bedeckte das Rot. Als Kopfbedeckungen blieben weiterhin der steife Fes und der Kolpak, eine runde Pelzmütze, im Gebrauch.

Infanteristen und Kavallerist Bulgariens Die bulgarischen Truppen waren ganz nach russischem Muster uniformiert. Die 1877 aus Freiwilligen errichtete Bulgarenlegion wurde noch von russischen Offizieren geführt. Auch 1890 trug die Infanterie dunkelgrüne Uniformen, wobei der Waffenrock einen eigentümlichen Schnitt aufwies. Im Sommer wurden weißleinene Uniformen angezogen und ebensolche Schirmmützen aufgesetzt. Die Kavallerie und die Artillerie besaßen kurze Uniformröcke mit roten bzw. schwarzen Kragen und Aufschlägen. Die der Form nach russische Pelzmütze schmückte vorn das Bulgarenkreuz.

Bulgarien, Bulgarenlegion, Infanterist, 1877; Infanteristen und Kavallerist, 1890

Rumänien, Fürst Carol I. als General, 1877

Fürst Carol I. als General Carol I. (1839–1914), aus dem Hause Hohenzollern-Sigmaringen, führte seine Armee im Russisch-Türkischen Krieg 1877/78, in dem sich auch Rumänien seine endgültige staatliche Unabhängigkeit vom Osmanischen Reich erkämpfte. 1881 wurde Carol König. Die rumänische Generaluniform bestand damals aus dem dunkelblauen Käppi, einem einreihigen dunkelblauen Uniformrock mit rotem Kragen und reicher goldener Eichenlaubstickerei, einer dunkelblauen bzw. im Dienst dunkelgrauen Hose mit roten Lampassen sowie einem dunkelgrauen zweireihigen Mantel mit roten Vorstößen. Vor der Kälte schützte sich Carol I. mit dem Baschlik, einem kapuzenartigen Wollstück.

Rumänien,
Kronprinzessin
Marie von Rumä-
nien als Chefin
des 4. Kavallerie-
Regiments,
um 1900

Kronprinzessin Marie, Herzogin von Sachsen-Coburg und Gotha als Chefin des 4. Kavallerie-Regiments

Es handelte sich um einen der bis 1912 errichteten zehn aktiven Truppenteile, die sogenannten Rosiori. Ihre An- gehörigen trugen Husarenuniformen, bestehend aus schwarzen Pelzmützen mit königlichem Namenszug, rot- gelb blauer Kokarde, weißem Federstutz und gelbem Behang, roten Dolmans und weißen Hosen. Die Regimen- ter unterschieden sich in der Farbe ihrer Abzeichen wie dem Beutel der Pelzmütze: 1. Regiment Gelb, 2. Weiß, 3. Grün, 4. Hellblau, 5. Hellgrün, 6. Dunkelblau, 7. Hell- braun, 8. Lila, 9. Rosa und 10. Hellgrau.

Oberst und Unteroffizier der Infanterie Rumäniens

Schon seit 1861 trug die rumänische Infanterie dunkel- blaue einreihige Waffenröcke mit gelben Knöpfen und roten Abzeichen. Als Kopfbedeckung löste 1868 ein dun- kelblaues Käppi den Tschako ab; 1891 kamen zur Parade eine weiche, oben nach rechts abgeklappte Pelzmütze mit dem königlichen Namenszug und Krone vorn sowie Kokar- de und Adlerfeder links hinzu.

Rumänien,
Infanterie,
Stabsoffizier
(Oberst) und
Unteroffizier,
um 1900

Rumänien,
Territorialkavallerie,
Offizier, Unteroffi-
zier und Reiter,
um 1900

Offizier, Unteroffizier und Reiter der rumänischen Territorialkavallerie

Die rumänische Territorialkavallerie (Calarasi) trug seit 1868 dunkelblaue, rot verschnürte Dolmans, ebenfalls dunkelblaue Hosen und schwarze Pelz- mützen mit rotem Beutel. Der Rang des die Patrouille anführenden Offiziers ist nicht näher zu bestimmen. Außer den Sternen auf den Achselklappen gab es ein System von Rangtressen auf den Unterärmeln.

Russland,
Generaladjutanten
und Generalmajor
à la suite
des Zaren,
1882

Generaladjutanten und Generalmajor à la suite des Zaren in Dienst- bzw. Paradeuniformen Diese höchsten Offiziere der zaristischen Armee Russlands geben die dort vorherrschende Uniformentwicklung wieder. 1882 war für alle Truppen eine Bekleidung nach russischem Schnitt eingeführt worden. Der Waffenrock wurde ohne Taille mit zwei übereinandergehenden Klappen angefertigt und an die Stelle der Knöpfe traten Haken. Nur die Generale und Adjutanten des Zaren setzten weiße statt der sonst schwarzen Pelzmützen auf.

Russland,
Generale à la suite
der Linientruppen
und der Garde-
Artillerie, Dienst-
uniform; General
in Paradeuniform,
1882

Generale à la suite der Linientruppen und der Garde-Artillerie Grundsätzlich richtete sich die Uniform der Generalität nach dem Schnitt der Offiziersuniform der Infanterie. Die Farben waren Dunkelgrün mit Rot und Gold, bei der Artillerie mit Schwarz und Gold. Hinzu kam eine reiche Kragen- und Aufschlag- bzw. Eichenlaubstickerei. Die blauen Hosen zierten rote Lampassen. Der General der Garde-Artillerie ist vor allem an dem Gardestern an der Pelzmütze rasch zu erkennen.

Russland,
Garde-Kavallerie,
Regiment Grena-
diere zu Pferd und
Dragoner-Regi-
ment, Wachtmeister
und Dragoner,
1882

Wachtmeister und Dragoner des Regiments Grenadiere zu Pferd und des Dragoner-Regiments der Garde-Kavallerie Die zwei Wachtmeister und die beiden Mannschaftsdienstgrade sind in Parade- und Dienstuniformen abgebildet, das heißt in Parade nur der Wachtmeister der Grenadiere zu Pferd, da dieses Regiment dazu immer noch das Kaskett von 1786 aufsetzte. Ansonsten unterschieden sich beide Truppenteile nur in der Farbe der Knöpfe, Tressen und Litzen.

Russland,
68. Infanterie-
Regiment,
Stabsoffizier;
1. Leib-Grenadier-
Regiment und
2. Reserve-Batail-
lon, Offiziere;
16. Schützen-Ba-
taillon, Feldwebel,
1882

Stabsoffizier, Offiziere und Feldwebel russischer Infanterietruppenteile Der Stabsoffizier, zu erkennen an den Epauletten mit Fransen, die beiden anderen Offiziere und auch der Feldwebel tragen die 1882 eingeführten neuen dunkelgrünen Uniformen, die über der Brust zusammengehakt wurden. Die ebenfalls dunkelgrünen Hosen steckten in hohen Stiefeln. Die niedrigen schwarzen Lammfellmützen wurden zur Parade aufgesetzt. Einzelne Regimenter waren durch Gardelitzen ausgezeichnet.

Soldaten des 13. Infanterie-Regiments Das Jahr 1882 brachte nicht nur neue Uniformen, sondern der Infanterie auch ein neues Gepäck. Der Tornister wurde durch Gepäcksack, Zwiebacksack, Stiefelfutteral, hölzerne Feldflasche, kupfernen Kochkessel und Schanzzeug-Futteral sowie Teile eines Feldzelts ersetzt. Schon 1879 war die gesamte Armee mit Berdangewehren bewaffnet. Die Mannschaften trugen keine Seitengewehre.

Russland,
13. Infanterie-
Regiment,
Soldaten,
1882

Russland,
13., 7. und 1.
Dragoner-Regi-
ment, Dragoner,
Wachtmeister
und Offizier,
1881

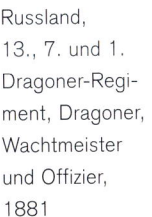

Dragoner, Wachtmeister und Offizier des 13., 7. und 1. Dragoner-Regiments 1882 erhielt die russische Dragonerwaffe eine bedeutende Verstärkung dadurch, dass bis auf die Kosaken alle anderen Kavallerieregimenter zu Dragonern umgewandelt wurden. Bei dem Wachtmeister ist die grüne Tellermütze zu erkennen, die gewöhnlich zum Dienst aufgesetzt wurde. Die Pelzmütze kam erst bei Paraden zur Anwendung.

Russland,
Garde-Dragoner-
Regiment,
Unteroffizier;
3. Dragoner-Regi-
ment, Dragoner;
Reitende Artillerie,
1. Batterie,
Unteroffizier,
1884

Unteroffizier und Dragoner des Garde- und des 3. Dragoner-Regiments sowie Unteroffizier der 1. Batterie der Reitenden Artillerie Das Garde-Drago-ner-Regiment führte auf seinen Schabracken die Chiffre des Zaren Alexanders III. Des Weiteren zeigt sich, dass wie schon in der Vergangenheit in allen Armeen die Ange-hörigen der reitenden Artillerietruppenteile wie Kavalleris-ten uniformiert waren. Die spezifischen Rangabzeichen der Unteroffiziere (allgemein Tressen an Kragen und Ärmel-aufschlägen) fanden sich auf den Achselklappen.

Offizier des Ural-Kosaken und Unteroffizier des Leib-Garde-Kosaken-Regiments Prächtig erscheinen die Uniformen der russischen Kosaken, wenngleich von der ursprünglichen Tracht Ende des 19. Jahrhunderts kaum noch etwas zu sehen ist. Als Kopfbedeckung diente den Kosaken eine kegelförmige Pelzmütze, auf der sich bei der Garde der entsprechende Stern befand.

Russland,
Ural-Kosaken-Re-
giment, Offizier;
Leib-Garde-Kosa-
ken-Regiment,
Unteroffizier,
Paradeuniformen,
1881

Russland,
71. Festungsartil-
lerie und Mineur-
Kompanie,
Soldaten,
1885

Soldaten der Festungsartillerie und der Mineur-Kom-panie Warum diese Soldaten in matrosenähnlichen Uni-formen dargestellt wurden, konnte nicht eindeutig fest-gestellt werden. Es gab Einheiten dieser speziellen Truppengattungen in Kronstadt und Sweaborg für das Baltische und in Odessa und Sevastopol für das Schwarze Meer, die die Küstenverteidigung sichern sollten.

Frankreich,
Republikanische
Garde zu Pferd,
Gardist; Sappeurs-
Pompiers,
1887

Gardist der Republikanischen Garde zu Pferd und Sappeurs-Pompiers Beide Truppen sind bis heute aus dem Stadtbild von Paris nicht wegzudenken. Die Sappeurs-Pompiers gehen auf das Jahr 1810 zurück, in dem sie als Feuerwehr der Stadt eingerichtet wurden. Die Republikanische Garde paradiert noch heute in der Uniform des Jahres 1870 mit dem repräsentativen Helm der Kürassiere. Sogar bei Eskorte-Diensten auf dem Motorrad tragen diese Gardisten ihre historische Uniform.

Französischer Dragoneroffizier Der Offizier eines der französischen Dragonerregimenter ist in der Manöveruniform dargestellt. Er trägt den Mitte der 1880er Jahre eingeführten Dolman, während die Dragoner im Hintergrund noch im einreihigen Waffenrock reiten. Bei der Kopfbedeckung handelt es sich um einen Helm des 1874er Modells, den auch die Kürassiere aufsetzten. Es verwundert auf diesem Bild die grüne Farbe der Uniformen, da die Dragoner ja dunkelblau uniformiert waren.

Frankreich,
Dragoneroffizier,
1886

Frankreich,
Kürassiere,
1886

Französische Kürassiere Die dargestellten Kürassiere eines der 13 Regimenter tragen stählerne Kürassierhelme des 1874 geschaffenen Typs mit besonders kräftiger Ausbildung des Nackenschirms, dunkelblaue kurze Waffenröcke und rote Hosen, die unten stiefelartig mit Leder besetzt waren. Zu sehen ist der Hufschmied des Regiments bei seiner Tätigkeit.

Frankreich,
Militärschule
Saint-Cyr,
Offiziersschüler,
1885

Offiziersschüler der Militärschule Saint-Cyr Der Offiziersschüler (Élève) der 1802 errichteten Militärschule Saint-Cyr (L'École spéciale militaire de Saint-Cyr) gehört der Kavallerie an, wie die roten, unten lederbesetzten Hosen zeigen. Ansonsten wiesen die geprägten Knöpfe (platzende Bombe und die Inschrift „École spéciale militaire") und je eine platzende Bombe an jeder Kragenseite die künftigen französischen Offiziere aus.

Infanterist des 14. Infanterie-Regiments Gelassen wartet dieser französische Linieninfanterist auf die Parade. Er ist mit dem blauen Waffenrock und roten Hosen, dazu weiße Gamaschen, und dem Paradekäppi bekleidet. 1899 wurde der Waffenrock der Mannschaften einreihig und die gelben Abzeichen durch rote ersetzt. Das Marschgepäck und das Tragegerüst ähnelten nunmehr dem der deutschen Armeen.

Frankreich,
14. Infanterie-
Regiment,
Infanterist,
1885

Frankreich,
Linien-Infanterie,
Offiziere,
Unteroffiziere und
Soldaten,
1886

Offiziere, Unteroffiziere und Soldaten der Linien-Infanterie Eine immer wiederkehrende Szene in allen Armeen: Offiziere und Unteroffiziere inspizieren eine Stube der Mannschaften, die neben ihren Betten angetreten sind. Von 1880 bis etwa 1900 trugen alle französischen Offiziere Dolmans. Ihre Rangabzeichen fanden sich als Schulterschnüre und als Schnüre in Form eines ungarischen Knotens an den Unterärmeln sowie als Tressen am Tschako.

Frankreich,
Alpenjäger
(Hornist)
1896

Alpenjäger Die französischen Alpenjäger wurden 1888 aus den Jägerbataillonen errichtet. Dabei behielten sie zunächst ihre alte Uniform bei, bekamen jedoch schon rasch eine Baskenmütze. Schließlich wurde 1891 der alte Rock durch eine einreihige blaue Bluse mit großem Umschlagkragen ersetzt. Zu den Alpenjägern gehörten der Bergstock sowie festes Schuhwerk und Gamaschen.

Frankreich,
Marine, Matrosen-
Füsiliere, Vize-
admiral und
Kapitänleutnant,
1885

Matrosen-Füsiliere, Vizeadmiral und Kapitänleutnant der Marine Die zur Bedienung der Schiffsartillerie verwendeten Matrosen-Füsiliere (Fusiliers Marins) waren wie die Seeleute mit hellblauen Matrosenuniformen bekleidet. Charakteristisch für ihre Mütze waren das weiße, quer laufende Band und vor allem der rote Puschel. Die Uniform der Seeoffiziere blieb in der Farbe deutlich dunkler. Admiral, Kapitänleutnant und Mannschaften sind in der Dienstuniform dargestellt.

Frankreich,
Marine-Infanterie,
Offiziere, Sergeant
und Mannschaften,
1887

Offiziere, Sergeant und Mannschaften der Marine-Infanterie Die Angehörigen der französischen Marine-Infanterie waren damals in zwei Divisionen zusammengefasst und trugen die gleichen dunkelblauen Uniformen wie die Infanterie der Armee, also die Offiziere auch verschnürte Dolmans. Auf den gelbmetallenen Knöpfen war jedoch ein Anker geprägt. Der Sergeant führt am linken Oberärmel die Schießauszeichnung in Gestalt eines Jagdhorns.

Großbritannien/
Indien,
König Edward VII.
als Feldmarschall
mit Stab und dem
Wolseley-Helm,
um 1910

König Edward VII. als Feldmarschall Edward VII. (1841–1910), König von Großbritannien und Irland, Kaiser von Indien, ist hier als Feldmarschall der indischen Armee zu Pferd abgebildet. Er trägt die große Uniform mit seinen Orden und Ehrenzeichen sowie in der Hand den Marschallstab. Die gewaltigen Stiefel erinnern durchaus an die Zeit Anfang des 18. Jahrhunderts. Als Kopfbedeckung dient ihm ein khakifarbener Tropenhelm (zur Parade mit weiß-rotem Federbusch geschmückt), der nach Feldmarschall Garnet J. Wolseley (1833–1913) benannt worden war.

Großbritannien/
Indien,
27th Light Cavalry,
Offizier; 26th King
George's Own
Light Cavalry,
Sergeant,
um 1910

Offizier der 27th Light Cavalry und Sergeant der 26th King George's Own Light Cavalry Die beiden hier gezeigten Kavallerieregimenter gehören zur Army of India. Diese bestand von 1903 bis 1947 aus Truppen einheimischer Soldaten mit britischen Offizieren, der Indian Army, und Truppen der britischen Armee, die nach Indien kommandiert waren, der British Army in India. Die Grundfarbe beider Regimenter war Französischgrau. Der Offizier trägt den Tropenhelm, der Unteroffizier einen Turban. Diese Turbane waren für jedes Regiment nach Stammeszugehörigkeit in Form und Farbe verschieden.

Großbritannien/
Indien,
Leibwache des
Gouverneurs
von Madras,
um 1910

Angehöriger der Leibwache des Gouverneurs von Madras Bei dem Angehörigen der Leibwache des Gouverneurs von Madras (Governor's Bodyguard) handelt es sich um einen Unteroffizier, wie die Rangabzeichen nach britischer Art am rechten Oberärmel ausweisen. Er trägt einen roten langen Rock, Alkalak oder Kurtha genannt, auf dessen Schultern metallene Schulterstücke gegen Säbelhiebe befestigt waren. Da der Turban um eine spitze Mütze (Kulla) gebunden ist, ist klar, dass es sich bei seinem Träger um einen Mohammedaner handelt.

Großbritannien/
Indien,
No. 31 Mountain
Battery, Kanonier,
um 1910

Kanonier der 31. Gebirgsbatterie In jener Zeit gab es für den Einsatz im Gebirge, zum Beispiel in Afghanistan, zwölf Artilleriebatterien der Indischen Armee. Ihre Angehörigen trugen dunkelblaue Waffenröcke, Hosen und Turbane. Der Bewegung in den Bergen angepasst, vervollständigten festes Schuhwerk und Gamaschen die Bekleidung der Artilleristen.

Großbritannien/
Indien,
3rd Sappers and
Miners, Gefreiter
und Offizier,
um 1910

Gefreiter (Lance corporal) und Offizier der 3rd Sappers and Miners Die Angehörigen des Truppenteils Sappeure und Mineure zeigen sich in der khaki-farbenen Feld- und der roten Dienstuniform. Der Soldat im Hintergrund hat zum Arbeiten seine Uniformjacke abgelegt. Zudem trägt er ein Käppi. Die indischen Offiziere trugen die gleiche Uniform wie die britischen, jedoch mit dem landesüblichen Turban, Lungi genannt.

Großbritannien/
Indien,
6th Gurkha Rifles,
Schützen und
Offizier,
um 1910

Schützen und Offizier der 6th Gurkha Rifles Die Schützen und der Offizier gehören der bis heute als Elite geltenden Gurkha-Truppe an. Damals gab es zehn Regimenter aus diesen tapferen Männern, die die besondere schwarz-grüne Uniform englischer Schützenregimenter trugen. Die Kopfbedeckung entsprach nationaler Tracht. Allerdings setzten die Gurkhas bereits im Ersten Weltkrieg einen links aufgeklappten Hut auf.

USA,
Armee, Brigade-
general, Offiziere,
Unteroffiziere und
Mannschaften,
1888

Amerikanischer Brigadegeneral, Offiziere, Unteroffizier und Mannschaften Ein Brigadegeneral (Brigadier-General), Offiziere der Artillerie, Infanterie und Kavallerie, Unteroffiziere und Mannschaften eines Kavallerieregiments zeigen jene Uniformen, in denen die Armee der USA Krieg gegen die Indianer führte. Die Waffenfarben Rot, Weiß und Gelb, an den Rangabzeichen und Streifen der Hosen zu erkennen, bezeichnen die genannten drei Hauptwaffengattungen.

USA,
Armee, Kavallerist,
Kavallerieoffizier
(Captain), Infante-
rieoffizier (Colo-
nel), Generalmajor,
Infanterieoffizier
(Captain), Offiziere
der Artillerie und
des Generalstabs,
1898–1900

Verschiedene Dienstränge der amerikanischen Armee Sowohl der berittene Generalmajor (Majorgeneral) in der Bildmitte als auch alle anderen Militärs sind in der ab 1898 eingeführten khakifarbenen Felduniform dargestellt. Die Uniformjacke besaß praktische Brust- und Schoßtaschen. An den Kragen befanden sich Waffengattungsabzeichen, so zwei gekreuzte Gewehre für die Infanterie oder zwei gekreuzte Säbel für die Kavallerie.

USA,
Armee, Infanterist,
Hufschmied der
Kavallerie, First
Sergeant der Artil-
lerie und Unteroffi-
zier der Infanterie,
1898–1900

Amerikanische Infanteristen und Artilleristen Nach den Offizieren tragen nun auch Unteroffiziere und Mannschaften der Armee der USA khakifarbene Felduniformen. Deren Einführung war durch den Spanisch-Amerikanischen Krieg 1898 notwendig geworden. Da nicht rechtzeitig komplett umgestellt werden konnte, wurden auch dunkelblaue Flanellhemden angezogen. Zur Felduniform gehörten auch Tropenhelme sowie Gamaschen und festes Schuhwerk.

Argentinien,
Infanterist,
um 1865;
Grenadier zu Pferd
und Infanterist,
um 1910

Infanteristen und Grenadier zu Pferd Den Uniformen der beiden Infanteristen ist seit Mitte des 19. Jahrhunderts die Grundfarbe Türkisblau gemein. Beim Schnitt der Uniformen und vor allem bei der Kopfbedeckung zeigen sie einen bedeutsamen Wechsel vom französischen zum deutschen Vorbild am Anfang des 20. Jahrhunderts. Auch die Kavallerie trug eigentlich türkisblaue Uniformen (Dolmans mit schwarzer Verschnürung), nur das Regiment Grenadiere zu Pferd trägt zur Parade bis heute die Uniform von 1821.

Japan,
Garde-Infanterie
und Linien-Kavallerie, Soldaten,
1880–1904

Garde-Infanteristen 1880 und 1904 sowie Linien-Kavallerist 1900 Von einer Uniform im üblichen Sinne kann im japanischen Heer erst ab den 1860er Jahren gesprochen werden. Dabei machten sich europäische und amerikanische Einflüsse bemerkbar. Die Grundfarbe für alle Mannschaftsuniformen wurde Dunkelblau. Für die Garde-Infanterie gab es zunächst weiße Brustlitzen, dann die rote Waffenfarbe, die nach dem Russisch-Japanischen Krieg 1904/05 für die gesamte Infanterie galt. In der Kavallerie waren die Attilas der Linie weiß verschnürt, bei der Garde rot.

China,
Armee,
Soldaten,
1894–1900

Chinesische Soldaten Im chinesischen Militär gab es zu dieser Zeit kaum Uniformen, wenn man von ersten Ansätzen bei einzelnen kleineren Truppenteilen (2. Figur von links) nach amerikanischem Vorbild absieht. Ansonsten trugen die Krieger Landeskleidung mit verschiedenartigen Seidenüberröcken, Schriftzeichen und Emblemen auf Brust und Rücken. Erst nach dem sogenannten Boxeraufstand 1900/01 wirkten europäische und amerikanische Instrukteure auf Organisation und Uniformierung ein.

Offiziere des braunschweigischen Infanterie-Regiments Nr. 92 sowie Stabsoffizier des Leib-Bataillons
Die Infanterie Braunschweigs hatte 1848 Waffenröcke erhalten. Sie waren weiter schwarz und im Stil des „Schwarzen Korps" von 1809 verschnürt. Erst 1886 wurde diese traditionelle Montur durch blaue Uniformen nach preußischem Muster ersetzt, aber noch lange aufgetragen. Am 10. April 1892 war die Wache des Regiments zum letzten Mal in den schwarzen Uniformen aufgezogen. Das Leib-Bataillon führte am Tschako den Totenkopf statt des Sterns. Die grünen Handschuhe wurden erst 1884 gegen weiße getauscht.

Leibgendarmen des Ersten Zugs der preußischen Leibgendarmerie Sie standen – nur von 1850 bis 1854 unterbrochen – seit 1820 zur unmittelbaren Verfügung der preußischen Könige. Durch Wilhelm II. (1859–1941; König von Preußen und Deutscher Kaiser 1888–1918) wurde die bisherige Uniform ein wenig geändert. So bekam 1889 der Helm zur Parade statt des weißen Haarbusches einen Adler. Auch wurde ein zweiter Zug mit einer völlig abweichenden Uniform errichtet. Als 1898 eine Eskorte der Leibgendarmerie das Kaiserpaar nach Palästina zu begleiten hatte, erhielt sie die dargestellte Tropenuniform.

Sekondeleutnant und Spielmann sowie Details der Galawache der Leibkompanie des Grenadier-Regiments Nr. 89 Die Bärenfellmütze geht auf das Jahr 1810 zurück, als die Uniformierung noch französischem Beispiel folgte. Die Behänge an den Mützen der Unteroffiziere und Mannschaften waren weiß statt golden wie bei den Offizieren. Offiziere, Unteroffiziere und Grenadiere führten einen roten Stutz (Unteroffiziere mit schwarzer Spitze), die Spielleute einen gelben. Auf der Rückseite aller Pelzmützen befand sich eine weiße Granate auf rotem Stoffteil. Die weiße Beinbekleidung verlieh der Galawache zusätzliche Ausstrahlung, die der Offiziere war außerdem mit einer roten Schnur an den Seiten paspelliert.

Unteroffiziere der Garde-Unteroffizier- und Schloss-garde-Kompanie Die beiden Unteroffiziere in ihren prächtigen und altertümlich wirkenden Uniformen gehören ein und derselben Einheit an. Vor allem für die Bewachung der königlichen Schlösser war 1829 aus verdienten Unter-offizieren die Garde-Unteroffizier-Kompanie errichtet und 1861 in Schlossgarde-Kompanie umbenannt worden.

Feldwebelunteroffizier, Feldwebelsergeant und Feld-webel der Schlossgarde-Kompanie Die alten und ver-dienten Unteroffiziersdienstgrade bildeten die Schlossgarde-Kompanie. Diese Truppe erhielt von Kaiser Wilhelm II. an seinem 50. Geburtstag (27. Januar 1909) eine neue his-torisierende Galauniform, die fast genau der des I. Batail-lons der Leib-Garde König Friedrich des Großen nachge-bildet war. Das schloss auch die gepuderten Perücken ein.

Kommandeur der Schlossgarde-Kompanie Bei dem Kommandeur der Schlossgarde-Kompanie handelt es sich um den Flügeladjutanten des Kaisers und Königs Wilhelm II., Oberstleutnant Friedrich Emil Ludwig Leopold Ferdinand von Friedeburg. Er trägt die von Wilhelm II. der Kompanie verliehene Galauniform, zu der auch noch ein sehr pracht-voller Ringkragen gehörte.

Deutsches Reich,
Kaiserlich Deutsche Marine,
Fähnrich zur See, Seekadetten im Ausgeh- und Exerzieranzug, Konteradmiral im Jackett, Marine-Ingenieur im Tagesanzug, Oberleutnant zur See im Dienstanzug, Korvettenkapitän im Tropenanzug, Oberleutnant der Marine-Infanterie und Kapitänleutnant im Messeanzug, Seeoffizier in Ölzeug,
um 1900

Verschiedene Dienstränge der Kaiserlich Deutschen Marine Der Fähnrich und die Seekadetten sowie die Offiziere vermitteln nicht nur einen Eindruck von den deutschen Marineuniformen an sich, sondern präsentieren auch die vielen speziellen Bekleidungen für die unterschiedlichen Dienste an Bord und an Land. Bestimmend sind ein dunkles Blau und Weiß.

Deutsches Reich,
Kaiserlich Deutsche Marine,
Heizer im Arbeitsanzug, Matrose in Bluse und weißer Mütze, Seesoldat in Tropenausrüstung, Bootsmannsmaat in Ölzeug, Obermatrose einer Torpedo-Abteilung, Obermatrose im Tropenlandungsanzug, Feldwebel in Parade, Matrose im Taucheranzug, Oberbootsmann (Deckoffizier) im Dienstanzug und Torpedomaschinist im Jackett,
um 1900

Mannschaften und Unteroffiziere der Kaiserlich Deutschen Marine Sie unterstreichen die Vielfalt der Marineuniformen und speziellen Bekleidungen bis hin zur Taucherausrüstung, die oben schon bei den Offizieren zu erkennen war. Neben den Farben Dunkelblau und Weiß tauchte Ende des 19. Jahrhunderts Khaki als weitere bestimmende Uniformfarbe auf.

Deutsches Reich, Marine-Infanterie, Leutnant im Überrock, Stabsoffizier in Paradeuniform, Soldat, feldmarschmäßig, Soldat, Fahnenträger und Spielmann in Paradeuniform, Soldat und Sergeant im Tropenanzug, um 1900

Leutnant, Stabsoffizier, Soldaten, Fahnenträger und Spielmann der Marine-Infanterie Die deutsche Marine-Infanterie war wie die Infanterie der preußischen Armee uniformiert. Allerdings wurden Ankerknöpfe verwendet und auf den Epauletten bzw. Achselstücken der Offiziere sowie Achselklappen der Unteroffiziere und Mannschaften befanden sich zwei gekreuzte klare Anker, darüber die Kaiserkrone mit Bändern. Die Kopfbedeckung zierte die schwarz-weiß-rote Reichskokarde. Links im Bild ist noch ein Matrose feldmarschmäßig im Tropenanzug abgebildet.

Reiter, Trompeter, Offiziere und Sergeant der deutschen Schutztruppe für Südwest-Afrika Der feldmarschmäßig uniformierte Reiter, der Trompeter, ein Offizier in Parade sowie ein Offizier und der Sergeant posieren in ihren Uniformen. In der Heimat wurde eine graue Uniform getragen, im Einsatz in Afrika jedoch der sogenannte Braundrell-Anzug, der khakifarben und vom Material her dem Klima angepasst war.

Deutsches Reich, Schutztruppe für Südwest-Afrika, Reiter, Trompeter, Offiziere und Sergeant, um 1900

Deutsches Reich, Schutztruppe für Ost-Afrika, Soldat, Offiziere und Unteroffizier, um 1900

Soldat, Offiziere und Unteroffiziere der Schutztruppe für Ost-Afrika Der Askari, so die Bezeichnung für den eingeborenen Soldaten, die Offiziere im Garnisonanzug, im Heimatanzug und feldmarschmäßig bekleidet, sowie der Unteroffizier im Garnisonanzug vermitteln einen Eindruck von den Uniformen, die von den Deutschen in Ost-Afrika getragen wurden.

Deutsches
Reich/Preußen,
Wilhelm II.,
Deutscher Kaiser
und König von
Preußen,
um 1910

Kaiser Wilhelm II., König von Preußen Das Interesse
Wilhelms II. (1859–1941) für Uniformen ist bekannt. Er
selbst besaß offenbar für jeden Truppenteil und jede Gele-
genheit die passende Uniform. Hier zeigt er sich in der
Paradeuniform des Regiments Garde du Corps, dessen
Chef er auch war. Den Helm zierte ein Adler, der Kürass
war geschwärzt und von der linken Schulter zur rechten
Seite fiel das orangefarbene Band mit dem Orden vom
Schwarzen Adler.

**Preußische, badische, bayerische und sächsische
Infanteristen** Die sieben Soldaten und Offiziere, einschließlich des Generals, zeigen die deutschen Infanterieuniformen, die um 1900 getragen wurden. Außer bei
den hellblau gekleideten Bayern ist Dunkelblau die in allen
Kontingenten bestimmende Farbe. Zur Parade wurden von
den Truppenteilen weiße Hosen angezogen, bei manchen
Regimentern der weiße oder schwarze Haarbusch auf den
Helm gesteckt.

Deutsches Reich,
Infanterie,
preußischer Garde-
Grenadier und
Fahnenträger
sowie General,
badischer Haupt-
mann, bayerischer
Infanterist, preußi-
scher Grenadier
und sächsischer
Infanterist (ganz
rechts, halb ver-
deckt),
um 1900

Deutsches Reich,
Jäger und Schüt-
zen, bayerischer
Jäger zu Pferd,
sächsischer Unter-
offizier der Schüt-
zen, preußischer
Jäger zu Pferd,
bayerischer Jäger,
preußischer Rei-
tender Feldjäger,
mecklenburgi-
scher, sächsischer
und preußischer
Jäger sowie
Hauptmann der
preußischen
Gardeschützen,
um 1900

**Bayerische, preußische, mecklenburgische und
sächsische Jäger, Schützen und Gardeschützen**
Neben den erst 1905 aufgestellten preußischen Jäger-
Regimentern zu Pferd mit ihren graugrünen Uniformen
setzten sich wiederum die Bayern mit dunkel- bzw. hellblauen von den dunkelgrünen Uniformen der anderen
Jäger und Schützen ab.

Deutsches Reich, Kürassier-Regiment Nr. 7, Wachtmeister; Erster Zug Leibgendarmerie, Leibgendarm; Regiment Garde du Corps, Garde du Corps; Kürassier-Regimenter Nr. 6 und 2, Kürassiere; Leib-Kürassier-Regiment Nr. 1, Major, um 1900

Kürassier-Wachtmeister, Leibgendarm, Garde du Corps, Kürassiere und Major Dargestellt sind verschiedene Uniformen der preußischen Kürassierregimenter einschließlich eines Leibgendarmen. Eindeutig bestimmt das Weiß das Erscheinungsbild dieser ältesten Reiterwaffe. Außer den Standartenträgern besaßen nur bei den Kürassier-Regimentern Nr. 1 und Nr. 2 sowie ab 1912 auch beim Regiment Garde du Corps alle Angehörigen Ringkragen.

Dragoner und Ulanen verschiedener Regimenter

Während bei den Dragonern – abgesehen von den beiden hessischen Regimentern, die dunkelgrüne Waffenröcke trugen – eher hellblaue Röcke (die Bezeichnung war Kornblumenblau) angezogen wurden, waren es bei den preußischen und württembergischen Ulanen dunkelblaue, bei den sächsischen kornblumenblaue Ulankas (anderer Schnitt als die Waffenröcke, dazu kürzere Schöße). Bei den Bayern war dieses Uniformstück ebenso wie die Hosen von stahlgrüner Farbe.

Deutsches Reich, 2. Hessisches Dragoner-Regiment Nr. 24, Dragoner; 1. Garde-Dragoner-Regiment, Unteroffizier; 2. Bayerisches Ulanen-Regiment, Ulan; Schleswig-Holsteinisches Ulanen-Regiment Nr. 15, Ulan; Grenadier-Regiment zu Pferd Nr. 3, Grenadier zu Pferd; 1. Sächsisches Ulanen-Regiment Nr. 17, Ulan; Württembergisches Dragoner-Regiment Nr. 25, Dragoner, um 1900

Deutsches Reich, 2. Schlesisches Husaren-Regiment Nr. 8, Leutnant; Westfälisches Husaren-Regiment Nr. 8 Kaiser Nikolaus II., Husar; 1. Sächsisches Husaren-Regiment Nr. 18, Husar; 2. Leib-Husaren-Regiment, Husar; Braunschweigisches Husaren-Regiment Nr. 17, Husar; Brandenburgisches Husaren-Regiment Nr. 3, Standartenträger, um 1900

Offizier, Husaren und Standartenträger verschiedener Husarenregimenter Die schon mehrmals angesprochene Vielfarbigkeit der Husarenuniformen – jedes Regiment hatte seine eigene Farbe – hielt sich bis zum Ausbruch des Ersten Weltkriegs 1914. Einzig das 1910 errichtete sächsische 3. Husaren-Regiment Nr. 20 war von Anfang an feldgrau uniformiert. Bemerkenswert ist der Standartenträger, der den Ringkragen angelegt hat.

Deutsches Reich, 4. und 3. Bayerisches Cheveaulegers-Regiment, Cheveauleger und Offizier; Sächsisches Garde-Reiter-Regiment, Unteroffizier; Sächsisches Karabinier-Regiment, Karabinier; Bayerisches 1. Schweres Reiter-Regiment, Reiter, um 1900

Bayerische Cheveaulegers und Reiter sowie sächsische Garde-Reiter und Karabiniers Diese bayerischen und sächsischen Kavalleristen unterschieden sich nicht nur in den Bezeichnungen Cheveaulegers, Reiter und Karabiniers, sondern wichen auch in den Uniformen durch das Dunkelgrün bzw. Kornblumenblau von ihren Kameraden in den anderen deutschen Kontingenten ab.

Kanoniere, Unteroffizier und Offizier der bayerischen, sächsischen, preußischen und badischen Artillerie Das augenfälligste Merkmal der Uniformen dieser Artilleristen war neben den dunkelblauen Waffenröcken bzw. den dunkelgrünen der Sachsen der von allen aufgesetzte Helm, den nicht eine Spitze, sondern eine Kugel krönte. Ansonsten bildeten schwarze Kragen und Ärmelaufschläge (bei den Sachsen passend zum Dunkelgrün das Rot) das gemeinsame Kennzeichen dieser Artilleristen, bei denen der Garde noch mit Litzen geschmückt.

Deutsches Reich, Bayerische Feld-Artillerie, Kanoniere; Preußische Feld-Artillerie, Unteroffizier; Sächsische Feld-Artillerie, Kanonier; Preußische Garde-Feld-Artillerie, Major; Badische Fuß-Artillerie, Kanonier; Bayerische Feld-Artillerie, Fahrer, um 1900

Deutsches Reich, Preußischer Trainsoldat und Luftschiffer; Preußisches Eisenbahn-Regiment, Unteroffizier; Sächsischer Pionier und Unteroffizier des Trains; Preußischer Pionier, um 1900

Preußischer Trainsoldat und Luftschiffer, Unteroffizier des Eisenbahn-Regiments, sächsischer Pionier und Unteroffizier des Trains sowie preußischer Pionier Ähnlich schlicht wie die nebenstehend abgebildeten Artilleristen waren die Angehörigen der anderen technischen Truppengattungen uniformiert. Zu den Pionieren und zum Train waren Luftschiffer und Militäreisenbahner hinzugekommen, dabei hatten diese in der preußischen Armee sogar Litzen an Kragen und Ärmelaufschlägen erhalten.

Deutsches Reich,
Ulanen-Regiment Nr. 13, Kesselpauker;
preußischer Tambour; Sächsisches Feld-
Artillerie-Regiment Nr. 12, Reitende
Batterie, Trompeter; Preußisches Garde-
Füsilier-Regiment, Hornist; Preußisches
4. Garde-Regiment zu Fuß, Bataillonstambour; Badisches Dragoner-Regiment Nr.
22, Stabstrompeter; bayerischer Hoboist,
um 1900

Preußischer Kesselpauker und Tambour, sächsischer Trompeter, preußischer Hornist und Bataillonstambour, badischer Stabstrompeter und bayerischer Hoboist Die verschiedenen Militärmusiker entfalten vor dem Ersten Weltkrieg noch ein letztes Mal die ganze Pracht ihrer Uniformen. Zumeist sind sie an ihren Schwalbennestern an den Oberärmeln zu erkennen. Bei den Regimentern, denen Haarbüsche für die Helme zur Parade zugewiesen waren, wurden solche in leuchtendem Rot getragen.

Angehörige verschiedener medizinischer und verwaltender Funktions-träger Neben den eigentlichen Soldaten wie dem Sanitäts-Sergeanten gab es die Militärärzte, die den Offizieren noch nicht vollständig gleichgestellt waren, und Militärbeamte in Militärverwaltung und -justiz. Sie trugen ebenfalls Uniformen mit ihren besonderen Abzeichen wie dem Äskulapstab der Militärärzte auf den Epauletten oder Achselstücken. Die sich um die Pflege von Kranken und Verwundeten bemühenden Johanniter (am Kreuz zu erkennen) waren auch uniformiert bzw. trugen wie die Schwestern ihre Ordenstracht.

Deutsches Reich,
freiwilliger Kran-
kenträger, Sani-
täts-Sergeant,
sächsischer Inten-
danturbeamter,
Johanniter,
katholische
Ordensschwester,
bayerischer Unter-
arzt, evangelische
Diakonissin,
Justizbeamter und
Oberstabsarzt,
um 1900

Deutsches Reich,
MG-Abteilung Nr. 7, Schütze; Sächsi-
sches 3. Husaren-Regiment Nr. 20,
Husar; Bayerisches 8. Cheveaulegers-
Regiment, Cheveauleger; Preußische In-
fanterie und Kraftfahr-Bataillon, Offiziere;
Preußischer Infanterist; Jäger-Regiment
zu Pferd Nr. 9, Reitender Jäger; Feld-
Artillerie, Kanonier; Mecklenburgisches
Feld-Artillerie-Regiment Nr. 60, Trompeter,
1914

MG-Schütze, Husar, Cheveau-legers, Offiziere, Infanterist, Jäger, Kanonier und Trompeter Diese Auswahl von Soldaten und Offizieren steht bereits für das Ende der farbenprächtigen Uniformen auch in den Armeen des Deutschen Reichs. Mit Order vom 25. Februar 1907 wurde für die preußische Armee Graugrün für eine neue Felduniform festgelegt. Die bayerische, sächsische und württembergische Armee schlossen sich dieser Änderung rasch an. Damit trat nach fast 250 Jahren farbenprächtiger Uniformen die Aufgabe der Tarnung in den Vordergrund.

Von der Felduniform zum Kampfanzug – 1914 bis 1945

Die Kampfbedingungen des Ersten Weltkriegs (1914–1918), namentlich die gesteigerte Waffenwirkung und die Notwendigkeit der Tarnung, beeinflussten tief greifend die Uniformierung. Im deutschen Heer wurden 1915 durchgängig die feldgraue Uniform und 1916 der Stahlhelm eingeführt. Auch in den Heeren der anderen Krieg führenden Staaten vollzog sich eine ähnliche Entwicklung. Damit verschwand endgültig der „bunte Rock", der lange Zeit die Uniformierung der Soldaten geprägt hatte.

Wenigstens drei Merkmale der internationalen Uniformentwicklung lassen sich nach Ende des Ersten Weltkriegs feststellen:

Erstens setzte sich bis zum Ausbruch des Zweiten Weltkriegs 1939 in nahezu allen Ländern Khaki als Grundfarbe der Uniformen durch, nur wenige Staaten wie Deutschland, Italien und Österreich gaben dem Graugrün den Vorzug. Das Heer der 1919 geschaffenen Reichswehr übernahm die graue Tarnfarbe, modernisierte jedoch wesentlich den Uniformschnitt. Von 1919 bis 1921 wurden die Dienstgradabzeichen auf den Ärmeln angebracht, danach kam es zur Einführung von Abzeichen, die abgesehen von wenigen Änderungen und Ergänzungen bis 1945 beibehalten wurden. Der Aufbau der deutschen Wehrmacht brachte erneut Veränderungen in der Uniformierung. Die Symbole des nationalsozialistischen Staats wurden an der Uniform angebracht.

Zweitens verfügten die Soldaten aller Armeen eigentlich nur noch über eine Uniform, die Dienst- und Feldanzug zugleich war. Farbige Paradeuniformen bildeten entweder die Ausnahme wie in Monarchien oder Staaten mit starkem Geltungsbedürfnis oder kamen als Gesellschaftsuniformen der Offiziere daher.

Drittens begann sich abzuzeichnen, dass die moderne Militärtechnik und neue Waffengattungen wie Luftwaffe, Panzertruppen und Fallschirmjäger nach speziellen Uniformen und Bekleidungen verlangten. Kriegsschauplätze mit extremen Witterungsbedingungen bedurften ebenfalls besonderer Kleidung. So erhielten in Deutschland die Luftwaffe eine Uniform aus graublauem Grundtuch und von

speziellem Schnitt und die Panzertruppen eine schwarze Uniform. Spezielle Kampfanzüge und Tarnmäntel wurden im Verlauf des Kriegs Bestandteil der Bekleidung mehrerer Armeen. So hatte die britische Armee bereits 1937 ihren Kampfanzug erprobt, der von vielen Ländern übernommen wurde. Als noch wirksamer erwies sich der Kampfanzug der US-Armee von 1943. Dieser bestand aus einem olivfarbenen Baumwollanzug, der sich nach Notwendigkeit mit verschiedenen anderen Kleidungsstücken nach dem Schalenprinzip kombinieren ließ. Der überaus harte Winter 1941/42 hatte die deutschen Truppen an der Ostfront die Unzulänglichkeit der bislang getragenen Tuchmäntel spüren lassen und es wurden rasch neuartige, stark wattierte Anzüge entwickelt und hergestellt. Diese glichen weniger Uniformen als vielmehr Anoraks. In der Winterzeit waren sie weiß gehalten. Für die anderen Jahreszeiten kamen Tarndrucke auf, die damals mehr noch von der Waffen-SS als vom Heer genutzt wurde und heute das Bild vieler Armeen in den Kriegen Ende des 20./Anfang des 21. Jahrhunderts bestimmen.

Die deutschen Felduniformen um 1910: hintere Reihe Husar, Ulan, Train-Soldat, Kürassier, Infanterist und Dragoner sowie Unteroffizier der Feld-Artillerie; vordere Reihe Husaren-Offizier, Pionier, Fuß-Artillerist, General, Stabsoffizier der Garde-Infanterie, Leutnant der Linien-Infanterie, Jägeroffizier und Jäger zu Pferd.

Preußen,
Vortragender
General-Adjutant
(Generaloberst),
General der Infan-
terie, Majore als
Flügel-Adjutant
des Kaisers, im
Großen General-
stab und im
Kriegsministerium,
1916

Generale und Offiziere höherer Stäbe und Behörden

Sie eröffnen den Reigen der neuen, am 21. September 1915 festgelegten Kriegs- und Friedensuniformen der preußischen, bayerischen, württembergischen und sächsischen Armee sowie der anderen deutschen Kontingente. Dargestellt sind als Oberbekleidungen der Waffenrock beim Generalobersten und beim Major im Kriegsministerium sowie bei den drei mittleren Figurinen die Feldbluse. Feldgrau wurde somit anstelle des bisherigen Blaus als Grundfarbe auch für die Friedensuniformen verwendet.

Offiziere einiger Garderegimenter

Gerade bei den Offizieren fielen die Unterschiede zwischen der Paradeuniform und der Dienstuniform sowie vor allem gegenüber der im Feld getragenen Uniform immer noch deutlich aus. So war außer den farbigen Kragen und Ärmelaufschlägen des Waffenrocks auch der zur Parade auf den Helm gesteckte Haarbusch geblieben. Insbesondere der rechts dargestellte Leutnant in der Bluse hob sich hier deutlich ab.

Preußen,
4. Garde-Regiment
zu Fuß, Major;
Kaiser-Alexander-
Grenadier-Regi-
ment Nr. 1,
Hauptmann;
Kaiser-Franz-Gre-
nadier-Regiment
Nr. 2, Oberleut-
nant; Königin-
Elisabeth-Grena-
dier-Regiment
Nr. 3, Leutnant,
1916

Preußen,
Infanterie-Regiment
Nr. 17, Leutnant
(Adjutant); Eisen-
bahn-Regiment
Nr. 1, Hauptmann;
Flieger-Bataillon
Nr. 2, Leutnant,
1916

Offiziere verschiedener Truppengattungen

Die Adjutanten, die Dienst in von der Front entfernten Stäben taten, legten noch immer ihre Schärpe von der rechten Schulter fallend an. Der Leutnant der 1912 errichteten Fliegertruppe ist vor allem durch das am 27. Januar 1913 geschaffene Abzeichen für Flugzeugführer in Form eines silbernen Brustschilds zu erkennen.

Preußen,
5. Garde-Regiment
zu Fuß, Feldwebel;
Garde-Grenadier-
Regiment Nr. 5,
Unteroffizier;
Unteroffizierschule
in Potsdam,
Soldat, Garde
Schützen-Bataillon,
Schütze,
1916

Feldwebel, Unteroffizier, Soldat und Schütze Die
Uniformänderungen des Jahrs 1915 bei den Kriegs- und
Friedensuniformen erstreckten sich auch auf die Unteroffiziere und Mannschaften, wie an den Waffenröcken,
dem Mantel und der Feldbluse zu sehen ist. Bei dem
Mantel des Infanteristen und bei der Bluse des Schützen
kam das ebenfalls eingeführte System von Waffenfarben –
so das Weiß bei der Infanterie und das Grün bei den
Jägern und Schützen – in der Paspelierung der Schulterklappen und in den Kragenlitzen zum Ausdruck.

Soldaten verschiedener technischer Truppenteile Bis
auf den Soldaten des Eisenbahn-Regiments Nr. 1 sind alle
anderen in der Feldbluse wiedergegeben. Sie alle führen
ihrem Truppenteil entsprechende Buchstabenchiffren auf
den Achselklappen. Die Angehörigen des Luftschiffer-
Bataillons Nr. 1 versahen im Feld die Tschakos wie auch
die Pickelhelme mit einem tarnenden Überzug. Bei den
Pickelhelmen wurde außerdem die Spitze abgeschraubt.

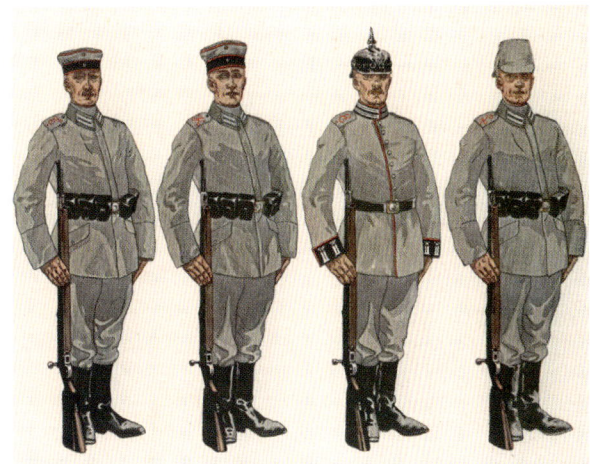

Preußen,
Telegraphen-
Bataillon Nr. 1,
Kraftfahr-Bataillon,
Eisenbahn-Regi-
ment Nr. 1, Luft-
schiffer-Bataillon
Nr. 1, Soldaten,
1916

Württemberg,
Infanterie-Regiment
Nr. 125, Unter-
offizier; Dragoner-
Regiment Nr. 25,
Dragoner;
Ulanen-Regiment
Nr. 20, Ulan,
1916

Unteroffizier, Dragoner und Ulan Zwei Unteroffiziere
und ein Mannschaftsdienstgrad der württembergischen
Armee im Waffenrock und in der entsprechenden Ulanka
belegen, dass die Bestimmungen bezüglich der Kriegs-
und Friedensuniformen der preußischen Armee von 1915
exakt übernommen worden waren.

Preußen,
2. Garde-Dragoner-
Regiment, Leut-
nant (Adjutant),
1916

Leutnant des preußischen 2. Garde-Dragoner-Regiments Dass der im Waffenrock dargestellte Leutnant der 2. Garde-Dragoner, der zugleich – wie die Schärpe ausweist – die Aufgaben eines Adjutanten erfüllte, im dritten Kriegsjahr ungeachtet der feldgrauen Uniform noch derartig prächtig bekleidet und hoch zu Ross auftrat, erscheint unwahrscheinlich. Gleichwohl war es die vorgeschriebene Uniform.

Preußen,
Regiment Jäger
zu Pferd Nr. 1,
Leutnant,
1916

Leutnant des Regiments Jäger zu Pferd Nr. 1 Dieser Kavallerieoffizier der Jäger zu Pferd veranschaulicht besonders prägnant die im Ersten Weltkrieg getragenen Uniformen: Ihr Hauptbekleidungsstück war die Feldbluse, bis auf die Achselstücke waren alle farbigen Abzeichen weggefallen, die Helmspitze war entfernt und der Helm mit einem tarnenden Überzug versehen.

Bayern,
1. Schweres
Reiter-Regiment
Prinz Karl von
Bayern, Reiter,
1916

Reiter des 1. Schweren Reiter-Regiments Als mit den neuen Kriegs- und Friedensuniformen für Bayern die bisherige charakteristische blaue Uniformfarbe verschwand, kam als anderes bayerisches Kennzeichen eine weiß-blaue Borte im Rautenmuster zur Anwendung. Sie verlief am Kragen beider Uniformen. Ansonsten waren die Uniformen den anderen deutschen Armeen und Kontingenten angeglichen. Die Lanze wurde 1916 sicher nicht mehr mitgeführt.

Frankreich,
Infanteristen,
1915 bzw.
1916–1918

Infanteristen der französischen Armee Während der links stehende Infanterist noch in der bis etwa 1915 getragenen Übergangsuniform dargestellt ist, kommt sein Kamerad für 1916 bis 1918 in der den Kriegsbedingungen angepassten Feldausrüstung daher. Für die erste Zeit des Kriegs waren vor allem die roten Hosen typisch, die dann durch graublaue Hosen und Wickelgamaschen ersetzt wurden. Allerdings wurden schon sehr früh blaue Leinenüberzüge über die roten Hosen angezogen.

Alpenjäger und marokkanischer Schütze Zwei recht unterschiedliche französische Soldaten zeigen sich in ihren charakteristischen Uniformen. Die der Alpenjäger hatte sich gegenüber früheren Jahrzehnten kaum verändert. Sie entsprach den Bedingungen des Gebirgskriegs. Dagegen war der marokkanische Schütze (Tirailleur marocain) khakifarben uniformiert, ansonsten wie alle anderen französischen Soldaten feldmäßig ausgerüstet.

Frankreich,
Alpenjäger,
1914–1916;
Marokkanischer
Schütze,
1916–1918

Frankreich,
Kavallerist,
1916–1918;
Schwere Artillerie,
Kanonier,
1915/16

Kavallerist und Kanonier der Schweren Artillerie Der Kavallerist, ein Dragoner oder Kürassier, war mit der Feldausrüstung aus der zweiten Hälfte des Ersten Weltkriegs versehen. Dagegen trug der Kanonier noch die Übergangsuniform, wie es besonders die dunkelblauen Hosen belegen. Beide Soldaten schützen ihren Kopf mit dem ab Juli 1914 eingeführten Stahlhelm, der nach seinem Erfinder, dem französischen General August-Louis Adrian, auch als Adrian-Helm bezeichnet wurde.

Verschiedene Dienstgrade der britischen Marine-Infanterie und -Artillerie Die hier dargestellten verschiedenen Dienstgrade der englischen Marine, der Royal Navy, geben deren Erscheinungsbild kurz vor Ausbruch des Ersten Weltkriegs wieder. Sie tragen (von links nach rechte) den Ausgehanzug, den Gefechtsanzug, die Sommeruniform, den Tagesanzug, die große Uniform (Full Dress), die Dienstuniform, die Paradeuniform, den Gefechtsanzug, den weißen Tagesanzug und die Paradeuniform.

Großbritannien, Marine, Matrose, Unteroffizier, Matrose, Kapitän zur See, Commander, Leutnant zur See, Offizier der Marine-Infanterie, Matrose, Leutnant zur See und Offizier der Marine-Artillerie, um 1914

Verschiedene Dienstgrade der britischen Armee Die verschiedenen Dienstgrade der Armee sind in ihren überwiegend khakifarbenen Uniformen vor Ausbruch des Ersten Weltkriegs wiedergegeben. Bis auf den Oberst vom Generalstab tragen sie alle die Felduniform, dabei einige mit dem Mantel und andere mit dem Tropenhelm.

Großbritannien, Armee, Leutnant der Cameron-Highlanders, Infanterist, Oberst vom Generalstab, Hauptmann der Royal Inniskilling Fusiliers, Infanterie-Offizier, Seaforth-Highlander, Kavallerist, Infanteristen, Berittener Infanterist, um 1914

Großbritannien,
Feldartillerie,
Hauptmann,
1914–1916;
Kavallerie,
Sergeant,
1916–1918

Hauptmann der Feldartillerie und Sergeant der Kavallerie Die beiden berittenen Männer in ihren khaki-farbenen Uniformen unterschieden sich dadurch, dass der Kavallerist mit dem ab November 1915 hergestell-ten Stahlhelm ausgestattet war. Er war aus Manganstahl und wog etwa 980 Gramm; bis Juli 1916 kamen ungefähr eine Million Helme zu den Truppen.

Australischer Infanterist und indischer Gurkha Zu den Truppen Großbritanniens konnten damals noch die Australier und die Inder gerechnet werden. Ihre Uniformen blieben britisch geprägt, wenn auch der indische Gurkha für den eigentlich guten Schutz bietenden Stahlhelm nicht auf seinen Turban verzichten mochte. An seinem linken Ärmel ist das immer häufiger verwendete Verbandsabzei-chen zu sehen.

Großbritannien,
australischer
Infanterist,
1916–1918;
indischer Gurkha,
1914/15

Großbritannien,
Irish Rifles,
Gefreiter,
1916–1918;
kanadischer
Infanterist,
1916–1918

Gefreiter der Irish Rifles und kanadischer Infanterist Der Gefreite (Lance-Corporal), zu erkennen am einfachen Winkel auf dem linken Oberärmel, der das blaue Verbands-abzeichen einrahmte, und der kanadi-sche Infanterist, ebenfalls mit dem britischen Stahlhelm versehen, ver-mitteln einen Eindruck von den schweren Bedingungen des Stellungs-kampfs unter allen Wetterbedingungen. So ist der Kanadier mit Gasmaske, Pelzweste und Überziehhosen aus Gummi ausgerüstet.

Italien,
General und Gene-
ralstabsoffizier;
Korporal der
Feldartillerie,
1915/16

General, Generalstabsoffizier und Korporal Für die italienische Armee waren bereits 1909 graugrüne Uniformen eingeführt worden, die auch getragen wurden, als Italien im Mai 1915 in den Krieg eintrat. Der General und der Generalstabsoffizier wie auch der Korporal sind im Waffenrock abgebildet. Erstere führten ihre Rangabzeichen auf den Schulterklappen und an der Mütze, Unteroffiziere und Mannschaften auf beiden Ärmelaufschlägen.

Korporal der Bersaglieri und Alpini Beide Männer gehörten ausgewählten Truppen der italienischen Armee an. Die Bersaglieri waren 1836 als leichte Infanterie entstanden und hoben sich mit ihrem Hut Modell 1871 und der angesteckten schwarzgrünen Hahnenfeder von anderen Infanteristen ab. Auch als der Stahlhelm notwendig wurde, kam diese Feder hinzu. Bei den Alpini handelte es sich um Gebirgsjäger, die für den Kampf in den Alpen uniformiert und ausgerüstet waren. In der Mitte ihres auch heute noch aufgesetzten Filzhuts befand sich ihr schwarz gesticktes Abzeichen aus Jagdhorn, Regimentsnummer, gekreuzten Gewehren und Adler.

Italien,
Lancieri,
Kavallerist,
1915/16,
Infanterist,
1916–1918

Lancieri und Infanterist Die Lancieri, ein leichter Kavallerist und ein Infanterist, verdeutlichen die Felduniformen und -ausrüstung ihrer Waffengattungen jeweils für die erste und die zweite Hälfte des Weltkriegs. Ihr Waffenrock unterschied sich voneinander: Der der Infanterie war weiter geschnitten, der der Kavallerie besaß Schulterklappen. Die Infanteristen erhielten nach eigenen Versuchen ab 1916 schließlich den französischen Adrian-Helm, der jedoch in eigener Produktion verbessert gefertigt wurde.

Österreich-Ungarn,
Infanterie,
Leutnant und
Zugsführer,
1914

**Leutnant und Zugsführer der
Infanterie** Nach wie vor unterschied
sich die ungarische von der deutschen
Infanterie vor allem durch die Gestaltung der Hosen. Generell war ab
1909 die hechtgraue Uniform an die
Infanterie und einige andere Truppengattungen ausgegeben worden. Die
Rangabzeichen in Gestalt von Sternen
befanden sich auf den Kragenspiegeln. Der Leutnant besaß zum Beispiel einen goldenen Stern, der Zugsführer – ein Unteroffiziersdienstgrad –
drei weiße sechseckige Sterne.

Pionier und Kavallerist Auch diese beiden Soldaten
kämpfen im Ersten Weltkrieg in den hechtgrauen Uniformen von 1909. Für den Pionier war es die sogenannte
Sommer-Marschadjustierung mit tragbarer Ausrüstung für
Erdarbeiter. Bemerkenswerterweise zogen auch die österreichisch-ungarischen Kavalleristen mit krapproten Hosen
und einem ebensolchen Schiffchen als Kopfbedeckung in
den Kampf. Ab 1915 erhielten auch sie feldgraue Uniformen.

Österreich-Ungarn,
Pionier und
Kavallerist,
1914/15

Österreich-Ungarn,
Infanterist und
Tiroler Stand-
schütze,
1917/18

**Infanterist und Tiroler Stand-
schütze** Während der Tiroler Stand-
schütze, einer der Freiwilligen, die
Tirol gegen Italien verteidigten, für
den Kampf im Gebirge ausgerüstet
war (Gebirgsadjustierung), wurde der
Infanterist (dem weißen Stern am
Kragen nach ein Gefreiter) in der
Marschadjustierung dargestellt. Der
österreichische Stahlhelm Modell
1916 ähnelte sehr dem deutschen.

Russland,
Garde-Infanterist
und Infanterie-
Offizier,
1914–1917

Garde-Infanterist und Infanterie-Offizier Die russische Armee hatte nach den schmerzlichen Erfahrungen des Kriegs mit Japan 1904/05 auch Veränderungen an der Uniformierung vorgenommen. Ab 1908 wurden khakifarbene Uniformen eingeführt. Für die Sommerzeit setzte sie sich aus der baumwollenen Schirmmütze, der Gymnastiorka, der militärischen Version des Bauernhemds, breeches-artig geschnittenen Hosen und weichen kniehohen Lederstiefeln zusammen. Zeltbahn und Mantel wurden zusammengerollt getragen.

Infanterist und sibirischer Schütze Beide Infanteristen unterstreichen das charakteristische Erscheinungsbild der russischen Armee. Naturgemäß waren die sibirischen Schützen sehr gut für den Krieg im Winter ausgestattet. Neben dem Mantel erwies sich die hohe Pelzmütze (Papacha) als ebenso nützlich wie typisch. Sie wurde aus graubeigem Fell mit erdbraunem Stoffdeckel gefertigt. Um Ohren und Nacken vor Kälte zu schützen, konnten die Seiten heruntergeschlagen werden.

Russland,
Infanterist und
sibirischer Schütze,
1914–1917

Russland,
Kavallerist und
Unteroffizier
der Reitenden
Feldartillerie,
1914–1917

Kavallerist und Unteroffizier der Reitenden Feldartillerie Die berittenen russischen Truppen trugen wie die Fußtruppen khakifarbene Uniformen, jedoch blieben die Hosen blau mit farbigem Vorstoß an der Seite. Bei dem Kavalleristen ist zu sehen, dass sich auf den graugrünen Schulterklappen der Linie in hellblauer Farbe die Regimentsnummer und der russische Anfangsbuchstabe der Truppengattung befand.

USA,
Armee, Major der
Kavallerie, Haupt-
mann der Infanterie,
Generalmajor,
Oberstleutnants
des Quartiermeis-
ter-Departements
und der Artillerie
sowie Offiziere
des Medizinal-
Departements,
1902–1907

**Verschiedene Dienstgrade der amerikanischen
Armee** Der Generalmajor und die verschiedenen Offiziere
der Linie und aus Stäben sind bei einem gesellschaftli-
chen Treffen am Abend in der für solche Anlässe vorgesehenen speziellen Uniform dargestellt, deren Herzstück die
Messejacke (Mess jacket) bildete. Eingerahmt von den
Rangabzeichen an den Unterärmeln finden sich die Waffengattungsabzeichen.

**Infanteristen, Sergeanten, Oberleutnant der Infanterie und Major der
Kavallerie sowie Brigadegeneral** Im Unterschied zu den Gesellschaftsuniformen gibt diese Abbildung die im Feld getragenen khakifarbenen (auch als olivgrün bezeichnet) Uniformen der Armee wieder, wie sie bei Kriegseintritt der
USA 1917 in den Ersten Weltkrieg verwendet wurden. Es ist die Standarduniform von 1902, die nur wenigen Veränderungen unterzogen wurde. So ersetzte
der Stahlhelm an der Front die anderen Kopfbedeckungen. Bei den Unteroffizieren und Mannschaften traten Wickel- anstelle der Segeltuchgamaschen.

USA,
Armee, Infanteris-
ten, Sergeanten,
Oberleutnant der
Infanterie und
Major der Kavallerie
sowie Brigade-
general,
1902–1907

USA,
Armee, Trompeter
der Kavallerie,
Oberleutnant der
Infanterie, General-
leutnant, Major der
Kavallerie und
Hauptmann des
Quartiermeister-
Departements,
1902–1907

**Trompeter der Kavallerie, Oberleutnant der Infante-
rie, Generalleutnant, Major der Kavallerie und Hauptmann des Quartiermeister-Departements** Natürlich
kamen von Seiten der USA keine geschlossenen Kavallerietruppenteile an der Westfront in Europa zum Einsatz,
doch gab es diese Waffengattung damals noch. Bemerkenswert ist unter anderem, dass der Generalleutnant
seine drei Rangsterne nicht nur auf den Schulterklappen
führte, sondern auch auf der Satteldecke.

231

Sergeanten der Infanterie, Feldartillerie, Kavallerie und des Signal-Corps Verschiedene höhere Unteroffiziersdienstgrade, darunter ein Fahnenträger und mit dem Sergeant Major der Infanterie (rechts) der ranghöchste Soldat dieser Gruppe, sind in ihren khakifarbenen Dienstuniformen wiedergegeben. Neben den Abzeichen am Kragen und an der Schirmmütze zeigt die Farbe der Kordel am Hut die betreffende Waffengattung an, besonders gut zu erkennen das Blau des Sergeant Majors.

Sergeant, Oberst der Infanterie, Hauptmann des Verwaltungs-Departements, Sergeant der Kavallerie und Soldat des Ingenieur-Korps Der Soldat, die Sergeanten und die Offiziere tragen die Sommeruniformen. Während diese für die Generale und Offiziere einschließlich der Schuhe weiß waren, gab es für die Unteroffiziere und Mannschaften Uniformen aus leichterem Stoff und von hellerer Grundfarbe.

Major der Infanterie, Leutnant der Kavallerie, Korporal, Soldaten und Sergeant der Infanterie Sowohl die beiden Offiziere links im Hintergrund als auch vorn rechts die Soldaten und Unteroffiziere sind in den für sie vorgeschriebenen Winteruniformen dargestellt. Die Palette der Kopfbedeckungen reicht von der Schirmmütze über eine für kaltes Wetter bestimmte Kappe bis zur Pelzmütze.

Mecklenburg-
Schwerin, Feld-
Artillerie-Regiment
Nr. 60, Trompeter;
Feldprediger;
Mecklenburgischer
Marien-Frauen-
verein, Hilfs-
schwester,
1914–1918

Trompeter, Feldprediger und Hilfsschwester Neben dem feldgrau uniformierten Trompeter sind ein Feldprediger und eine Krankenschwester abgebildet. Jeder Truppenteil hatte damals seinen Feldprediger. Diese waren uniform-artig und ebenfalls in Feldgrau bekleidet. Zudem trugen sie oft einen breitkrempigen Hut mit der Landeskokarde und ein silbernes Kreuz sowie den Gehrock. Um den Hals hing ein etwas größeres, ebenfalls silbernes Kreuz. Die weiße Armbinde mit dem roten Kreuz am linken Oberärmel deutete den Nichtkämpferstatus und eine Nähe zum Kran-kenpersonal an. Frauen, hier eine Hilfsschwester des Mecklenburgischen Marien-Frauenvereins in der Dienst-tracht, wurden während des Ersten Weltkriegs mehr als zuvor einbezogen, unter anderem für die Pflege von Ver-letzten und Kranken in den Lazaretten.

Unteroffizier und Dragoner Der Strelitzer Unteroffizier ist mit der Truppenfahne dargestellt. Am Landwehrkreuz in den Tuchecken ist zu erkennen, dass es sich um die Land-wehr handelt. Die Fahne war diesem II. Bataillon 1876 verliehen worden. Während sie noch die Herrlichkeit frü-herer Zeiten versinnbildlicht, drückt der Stahlhelm des Dragoners die Schrecken des modernen Kriegs aus. Der Stahlhelm wurde nahezu parallel von mehreren Krieg füh-renden Staaten entwickelt, um den hohen Anteil an Kopf-verletzung zu senken. Bei den deutschen Truppen kam der Stahlhelm Modell 16, hier abgebildet, erstmals im Februar 1916 zum Einsatz. Das Modell aus Chromnickelstahl hatte einen Augen- und Nackenschutz und wog je nach Kopf-größe bis zu 1350 Gramm.

Mecklenburg-
Strelitz,
Landwehr-Infante-
rie-Regiment
Nr. 89, II. Bataillon,
Unteroffizier
(Fahnenträger),
1914;
Mecklenburg-
Schwerin,
Dragoner-Regi-
ment Nr. 17,
Dragoner,
1917/18

Preußen,
Fliegeroffizier;
1. Masurisches
Infanterie-Regi-
ment Nr. 146,
Musketier

Fliegeroffizier und Infanterist Für beide Männer brachte es der Verlauf des Ersten Weltkriegs mit sich, dass sie 1918 an der Palästinafront im Nahen Osten eingesetzt waren. Der Fliegeroffizier, der aus einem Husarenregiment kam, trug unter seiner Sonderbekleidung noch die alte Attila und als Kopfbedeckung einen Schutzhelm. Die Infanteristen waren mit khakifarbenen Uniformen ausge-stattet. Den Nacken schützte ein zusätzlich an der Schirm-mütze befestigtes Tuch.

Sowjetrussland,
Rotgardist,
Oktober 1917

Rotgardist Mit der Roten Garde hatten die russischen
Kommunisten schon vor ihrem Putsch im Oktober 1917
eine zuverlässige Truppe formiert und ausgebildet. Als
militärische Bekleidung trugen ihre Angehörigen zivile
Kleidung oder noch die Uniformen der zaristischen Armee.
Erste Symbole waren ein schräg an der Stirnseite der
Kopfbedeckung angebrachtes schmales rotes Band und
eine über den Oberarm gestreifte rote Armbinde, zum
Teil mit der Aufschrift „Rote Garde".

Sowjetrussland,
Revolutionärer
Matrose,
1917/18

Revolutionärer Matrose Die Inschrift des Mützenbands
weist den Matrosen als Angehörigen des Kreuzers „Aurora"
aus. Von diesem Kriegsschiff ging mit einem Blindschuss
das Signal für den Sturm revolutionärer Truppen auf das
Winterpalais in Petrograd (vorher St. Petersburg wie
heute, zwischenzeitlich Leningrad) aus. Die russische
Marine trug zunächst dunkelgrüne Uniformen, die immer
dunkler und schließlich Anfang des 20. Jahrhunderts
schwarz wurden.

Sowjetrussland,
Kavallerieabteilung
der Roten Garde,
Kommandeur,
1917/18

**Kommandeur einer Kavallerieabteilung der Roten
Garde** Mit Dekret vom 15. Dezember 1917 verbot die
Sowjetregierung das Anlegen von Dienstgradabzeichen,
Symbolen, Orden und Medaillen der zaristischen Armee.
Die Uniform der Roten Garde war aber weiter überwiegend khakifarben. Während eine rote Kragen- und Ärmel-
paspelierung die Kommandeure der Infanterie kennzeichnete, blieben die der Kavallerie ohne. An der Schirmmütze
war die zaristische Kokarde durch den roten Stern ersetzt
worden.

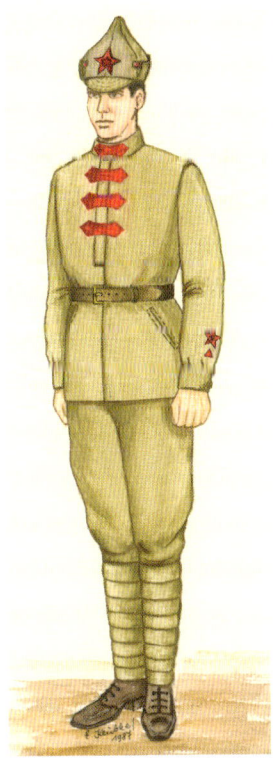

Sowjetrussland,
Rote Armee,
Infanterie,
Gruppenführer,
1918–1922

Gruppenführer der Infanterie Anfang 1918 wurde die Rote Armee geschaffen und ihr Gründungstag 1919 auf den 23. Februar festgelegt. Eine Uniformierung jener Armee setzte ein, als am 16. Januar 1919 Dienstränge und dazugehörende Ärmelabzeichen eingeführt wurden. Diese Ränge entsprachen – und das war neu – der jeweiligen Dienststellung vom Gruppenführer über den Regimentskommandeur bis zum Armee- und Frontbefehlshaber. Auch erste Waffenfarben tauchten auf: Infanterie Rot, Artillerie Orange, Kavallerie Blau, technische Truppen Schwarz und Fliegerkräfte Hellblau.

UdSSR,
Rote Armee,
Kavallerie, Gehilfe
des Zugführers,
1922

Gehilfe des Zugführers in der Kavallerie Nach der Gründung der UdSSR (Union der Sozialistischen Sowjetrepubliken) im Dezember 1922 wurde die Uniformierung der Roten Armee differenzierter. So setzten sich mit der Einführung farbiger Kragenspiegel und Tuchklappen Waffengattungsabzeichen durch und Hammer und Sichel lösten als Symbole im Sowjetstern Hammer und Pflug ab.

UdSSR,
Luftstreitkräfte,
Regiments-
kommandeur,
1924

Regimentskommandeur der Luftstreitkräfte Mit Befehl vom 8. August 1924 waren für die Luftstreitkräfte eigenständige dunkelblaue Uniformen eingeführt worden. Die Landstreitkräfte behielten ihre khakifarbenen Uniformen. Generell waren die Uniformen mit aufgesetzten Taschen und hochgeschlossenen Kragen gearbeitet. Auch Schirmmützen waren hinzugekommen. Der abgebildete Regimentskommandeur trägt am Oberärmel das Abzeichen für Rote Militärflieger.

Albanien,
Stabsoffizier des
Generalstabs und
Landwehrmann,
1913;
Artillerie, Stabs-
offizier und
Unteroffizier,
1930 und 1936

Stabsoffizier des Generalstabs und Landwehrmann sowie Stabsoffizier und Unteroffizier der albanischen Artillerie Von 1912 bis 1914 trug das Heer hellgraue Uniformen nach Art der Nationaltracht mit schwarzen Abzeichen und Verschnürung. Die Mannschaften traten den Felddienst in reiner National- tracht an. Nach dem Ersten Weltkrieg erhielt die Armee graugrüne Uniformen, ab 1929 mit aufgesetzten Taschen, spitzen Achselklappen mit farbigem Vor- stoß und Stehkragen ganz in der Waffenfarbe. Die Waffenfarben waren für Generale und Generalstab Scharlachrot, Königliche Garde Dunkelkarminrot, Infanterie Grün, Artillerie Dunkelblau und Genie Violett. 1936 erfolgte die Ein- führung eines Uniformjacketts im zivilen Schnitt.

Montenegro,
Infanterie, Soldat
und Offizier,
um 1910

Soldat und Offizier der Infanterie Erst nach der Er- hebung Montenegros zum Königreich im Jahr 1910 wurde für seine Milizarmee eine einheitliche, eher feldgraue Uniform eingeführt. Sie glich bei den Offizieren sehr dem russischen Muster. Zur Parade legten die Offiziere Epau- letten an. Die Unteroffiziere und Mannschaften behielten ihre kleine runde Mütze und den Schnitt der Uniformhosen bei. Die Geschichte der Armee endete bereits im Januar 1916, als sie vor den Österreichern kapitulieren musste. Das Land selbst fiel Ende November 1918 an Jugoslawien.

Serbien,
Infanteristen und
Stabsoffizier der
Kavallerie,
1912–1917

Infanteristen und Stabsoffizier der serbischen Kaval- lerie Die serbische Armee hatte ab 1912 khakifarbene Uniformen erhalten. Der Stabsoffizier der Kavallerie ist noch im zweireihigen hellblauen Waffenrock mit krapproter Hose und zur Parade schwarzer Lammfellmütze bekleidet. Auch im Krieg trugen die Infanteristen meist ihr nationales Schuhwerk, die sogenannten Opanken. Zum Schutz des Kopfs kam der französische Stahlhelm in Gebrauch.

Jugoslawien,
Infanterist, Garde-
Kavallerie, Reiter
und Stabsoffizier
sowie Infanterie-
Offizier,
1936

Jugoslawischer Infanterist, Reiter und Stabsoffizier sowie Infanterie-Offizier Die Armee des seit 1. Dezember 1918 vereinigten Königreichs der Serben, Kroaten und Slowenen, das sich am 3. Oktober 1929 in Jugoslawien umbenannt hatte, beließ es weitgehend bei ihren schon im Ersten Weltkrieg getragenen Uniformen. Der Infanterist belegt es. Nationale Merkmale traten bei den Paradeuniformen und insbesondere dann bei der Kavallerie hervor.

Bulgarien,
Infanterist und
Kavallerist,
1914;
Leibgardist,
Infanterie-Offizier
und Infanterist,
1936

Bulgarische Infanteristen und Kavallerist, Leibgardist, Infanterie-Offizier Die bulgarischen Uniformen folgten vor 1914 weitgehend dem russischen Beispiel. Im Ersten Weltkrieg wurden überwiegend deutsche feldgraue Uniformstücke mit bulgarischen Abzeichen angezogen. Nach dem Ersten Weltkrieg kam es auch hier zur Einführung khakifarbener Uniformen, aber unverändert mit Rangabzeichen nach altrussischem Muster. Allerdings gehörte der deutsche Stahlhelm weiterhin zur Felduniform. Bemerkenswert ist, dass die Uniform der Leibgarde auch heute noch verwendet wird.

Ungarn,
Offizier der
Panzertruppe,
Major und Soldat
der Infanterie
sowie Krongardist,
1936

Offizier der ungarischen Panzertruppe, Major und Soldat der Infanterie sowie Krongardist Mit dem 1. Januar 1922 war in der ungarischen Armee eine neue, für alle Waffengattungen und Ränge im Schnitt gleiche Felduniform eingeführt worden. Die Gesellschaftsuniform der Offiziere hob sich von ihr jedoch ebenso ab wie die traditionellem Vorbild folgende Bekleidung der Krongarde. Zur Felduniform gehörte der deutsche Stahlhelm. Die Farben der Waffengattungen, hier das Dunkelblau der Panzertruppe und das Grasgrün der Infanterie, fanden sich an den Kragenpatten und auf den Achselklappen der Unteroffiziere und Mannschaften.

Türkei,
Soldat und Offizier
der Infanterie,
1916

Soldat und Offizier der türkischen Infanterie Die zwei
Infanteristen sind in der khakifarbenen Felduniform dargestellt, die ab 1909 in der türkischen Armee eingeführt
worden war. Sie bestand aus dem einreihigen Feldrock mit
Stehumlegekragen, Hosen mit Wickelgamaschen und
braunem Leder- und Schuhzeug. Die Kopfbedeckung
erinnert an einen Tropenhelm. Vor allem Offiziere und berittene Truppen setzten aber meist die graue Pelzmütze,
den Kolpak, auf.

Türkei,
Infanterist,
Kavallerist und
Stabsoffizier,
1930

Türkischer Infanterist, Kavallerist und Stabsoffizier

Nach dem Ersten Weltkrieg gab es zwar einige Wandlun-
gen in der Uniformierung der türkischen Armee, doch um
1930 war die Uniform nach wie vor khakifarben. Als Kopfbedeckung wurde nun eine Mütze mit Stoffschirm aufgesetzt, von Offizieren eine Schirmmütze englischen Typs.
Farbige Kragenpatten ließen die Waffengattungen erkennen.
Auch die Rangabzeichen fanden sich darauf, außerdem
auf dem Mützenbesatzstreifen.

Griechenland,
Infanterie, Soldaten
und Offizier,
1916–1936

Soldaten und Offizier der griechischen Infanterie

Auch die Uniformierung der griechischen Armee hatte
mehrfach gewechselt. Aber seit ab 1912 Khakiuniformen
eingeführt worden waren, gab es nur noch geringfügige
Änderungen. Unverkennbar ist das englische Vorbild für
die von da an getragenen Uniformen. Erst kurz vor Beginn
des Zweiten Weltkriegs wurde der britische Stahlhelm
durch einen Helm griechischen Typs ersetzt.

Dänemark,
Soldaten und Offi-
zier der Infanterie
sowie Kavallerist,
1912–1935

Soldaten und Offizier der dänischen Infanterie sowie Kavallerist Uneinheitlich stellt sich die Entwicklung der dänischen Uniformen seit Beginn des 20. Jahrhunderts dar. Nach der Einführung graugrüner Uniformen 1903 folgte ab 1911 wieder das historische Dunkelblau und ab 1915 hellgraue Wolle. Seit 1923 wurden khakifarbene Uniformen, zunächst nur für Offiziere und Unteroffiziere, eingeführt. Die Kavallerie hatte ab 1911 hellblaue Waffenröcke erhalten.

Soldaten und Offizier der schwedischen Infanterie Während der links abgebildete Infanterist für 1914 die blaue Paradeuniform trägt, die noch viele Jahre weiter in Gebrauch blieb, ist bei seinem Nebenmann die neue erste Felduniform mit den Änderungen von 1916 (Fortfall der Ärmelrangabzeichen, Hinzufügen von Achselklappen und Achselstücken) zu sehen. Sie war ab 1910 eingeführt worden war. Neben dem Khaki als Grundfarbe der Uniform ist als Kopfbedeckung ein Dreispitz bemerkenswert, der als „Karl-XII.–Hut" bezeichnet wurde. Von 1923 an wurde nochmals eine neue, aber dieses Mal für längere Zeit gültige Felduniform ausgegeben.

Schweden,
Infanterie, Soldaten
und Offizier,
1914–1937

Finnland,
Infanteristen, Dra-
goner und Oberst
des Generalstabs,
1918–1936

Infanteristen, Dragoner und Oberst des finnischen Generalstabs Mit deutscher Unterstützung war es Finnland 1918 gelungen, sich von Sowjetrussland zu befreien. Die erste Uniformierung hatte noch einen recht provisorischen Charakter. Erst ab 1922 erhielten die Uniformen ihre endgültige Form, wobei sich die Kavallerie mit ihrer besonderen Bekleidung von den anderen Waffengattungen sehr unterschied.

Estland,
Infanterist,
Kavallerist und
General,
1919–1930

Estnischer Infanterist, Kavallerist und General Die
Uniformierung der Armee Estlands zeigte zwar alle Anzei-
chen jener Behelfsmäßigkeiten, die neuen Truppenforma-
tionen eigen waren, doch setzte sich auch hier letztlich ein
Grundzug durch, nämlich das Khaki als Grundfarbe aller
Uniformen. Die Ausnahme bildete wiederum die Kavallerie,
die zur Parade die dargestellte besondere Uniform trug.
Im Feld wurde der deutsche Stahlhelm aufgesetzt. Etwa
ab 1925 trugen Generale und Stabsoffiziere eine Schirmmütze nach englischer Art.

Lettland,
Infanterie, Solda-
ten und Leutnant,
1925–1932

Soldaten und Leutnant der lettischen Infanterie Die
Grundfarbe der Armee Lettlands war ein leicht ins Grünliche spielendes Khaki. Als Kopfbedeckung diente ein
besonderes Käppi. Im Felddienst löste Anfang der 1920er
Jahre der französische den deutschen Stahlhelm ab. 1929
erhielt der Uniformrock einen anderen Schnitt, auch das
Käppi eine neue Form. Die Rangabzeichen befanden sich
auf den Kragenpatten.

Litauen,
Offizier der
Artillerie
und General,
1926–1943

Offizier der litauischen Artillerie und General Für die Armee Litauens wurden khakifarbene Uniformen gewählt, deren Schnitt französischem Vorbild folgte. Die Farbe der Waffengattungen – Rot für Generale und Genie, Orange für
Infanterie, Weiß für Kavallerie, Schwarz für Artillerie und Generalstab – fand
sich auf den Kragen, Aufschlägen und Mützen. Ein System von Sternen auf
den Achselklappen stellte die Rangabzeichen der Generale und Offiziere, kleine
Winkeltressen um Oberarm die der Unteroffiziere und Mannschaften dar.

Brasilien,
Infanterie, Soldat
und Offizier,
1917 bzw. 1933

Soldat und Offizier der brasilianischen Infanterie Es verwundert nicht, dass auch in Brasilien ab 1908 khakifarbene Uniformen Einzug hielten. 1917 kamen Koppel, Patronentasche und Trageriemen aus graugrünem Webstoff ebenso wie eine khakifarbene Tellermütze amerikanischer Form hinzu. Zwischen 1931 und 1933 gab es eine vollständige Neuuniformierung durch die Einführung olivgrüner Waffenröcke mit aufgesetzten Taschen, von Hosen mit graugrünen Gamaschen und eines Stahlhelms nach französischem Modell.

Chile,
Infanteristen,
1908 und 1920

Chilenische Infanteristen Etwa ab dem Jahr 1890 und bis in den Ersten Weltkrieg hinein war der deutsche Einfluss auf die Uniformierung der chilenischen Armee unverkennbar. Dieser reichte von der Farbe der Uniformen über deren Schnitt bis zu den Pickelhelmen. Dann wurde eine grüngraue Felduniform eingeführt und lange Zeit beibehalten.

Mexiko,
Soldat der Infanterie und Offizier
der Kavallerie,
1920–1935

Soldat der Infanterie und Offizier der mexikanischen Kavallerie Noch 1910 war zu den farbigen Uniformen der Pickelhelm preußischen Musters eingeführt worden. Nach dem Ersten Weltkrieg wurde die Uniformierung der Armee Mexikos zunehmend vom Vorbild der US-Armee beeinflusst. Man trug eine khakifarbene Uniform. Die Waffengattungsabzeichen befanden sich am Kragen und die Rangabzeichen auf den Achselklappen.

Portugiesische Infanteristen und Offizier Noch während des Ersten Weltkriegs, an dem Portugal ab 1916 beteiligt war, erfolgte die Einführung graublauer Felduniformen in englischem Schnitt. Ebenso wurde der englische Stahlhelm verwendet. Ab 1920 gab es braunes Lederzeug und 1935 einen neuen Stahlhelm mit Waffengattungsabzeichen vorn am Helm. Bemerkenswert ist aber, dass Anfang der 1920er Jahre eine blaue Parade- und Gesellschaftsuniform für Offiziere eingeführt wurde, die es etwas vereinfacht auch für Unteroffiziere gab.

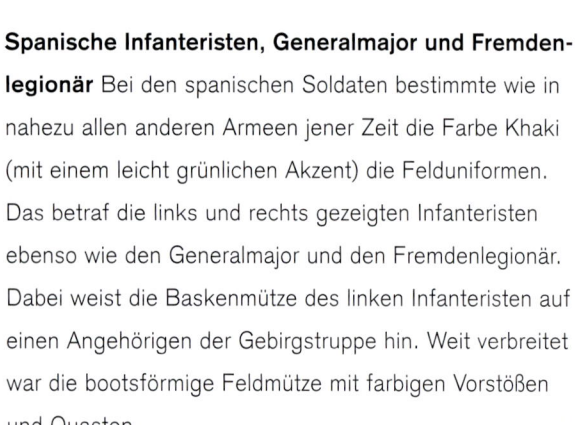

Spanische Infanteristen, Generalmajor und Fremdenlegionär Bei den spanischen Soldaten bestimmte wie in nahezu allen anderen Armeen jener Zeit die Farbe Khaki (mit einem leicht grünlichen Akzent) die Felduniformen. Das betraf die links und rechts gezeigten Infanteristen ebenso wie den Generalmajor und den Fremdenlegionär. Dabei weist die Baskenmütze des linken Infanteristen auf einen Angehörigen der Gebirgstruppe hin. Weit verbreitet war die bootsförmige Feldmütze mit farbigen Vorstößen und Quasten.

Feldwebel, Leutnant und Soldat der Schweizer Infanterie 1917 führte die Schweizer Armee eine grünlich-graue Felduniform ein, die im Schnitt für alle Waffengattungen und Dienstränge gleich war. Die Waffengattungen unterschieden sich durch die entsprechenden Farben, so bei der Infanterie Dunkelgrün. Der Stahlhelm hatte bis 1935 die deutsche Form, dann gab es ein eigenes Modell.

Belgien,
Infanterist und
Jäger zu Pferd,
1914;
Infanterist,
1918;
Offiziere,
1930

Belgische Infanteristen, Jäger zu Pferd und Offiziere

Zu Beginn des Ersten Weltkriegs war die belgische Armee noch in ihren farbigen Friedensuniformen zu sehen. Dann wurden langsam khakifarbene Uniformen nach englischem Vorbild sowie der französische Stahlhelm eingeführt. Auch in den 1930er Jahren blieb die belgische Armeeuniform khakifarben. Allerdings trugen die Offiziere ab 1930 eine dunkelblaue Gesellschaftsuniform aus Tellermütze, Waffenrock und langen Hosen.

Irland,
Infanterist und
Hauptmann
der Artillerie,
1933

Infanterist und Hauptmann der irischen Artillerie

Letztlich verwundert es nicht, dass die Armee Irlands von der Kopfbedeckung bis zum Schuhwerk britischem Beispiel folgte. Ihre Angehörigen trugen khakifarbene Felduniformen mit einem grünlichen Einschlag. Allerdings war der Stahlhelm deutsch.

Italien,
Offizier der Alpini
und Infanteristen,
1925–1936

Italienischer Offizier der Alpini und Infanteristen

Schon 1909 waren graugrüne Uniformen für die italienische Armee eingeführt worden. Sie blieben lange Zeit unverändert, abgesehen von Details wie schwarzen Kragen und ebensolchen Doppelstreifen an den Hosen. Allerdings hatten 1923 die Waffenröcke der Unteroffiziere und Mannschaften vier Taschen erhalten. Gleichzeitig bekamen diese recht merkwürdig aussehende Pumphosen. 1935 wurde noch ein neuer Stahlhelm ohne Rand mit Abzeichen der Waffengattungen eingeführt.

243

Italien,
Offizier der Infan-
terie, Generalmajor
und Unteroffizier
der Askaris,
1936

Italienischer Offizier der Infanterie, Generalmajor und Unteroffizier der Askaris Aber 1934 kam es zu einer völligen Neugestaltung des Schnitts der Uniformen. Den bislang geschlossenen Feldrock ersetzte ein offenes Jackett nach englischem Muster. Darunter wurden Hemden mit Krawatte getragen. Außerdem erhielten alle Soldaten Schirmmützen und eine Feldmütze (bustina). Italien verfügte außerdem über eingeborene Kolonialtruppen, deren besondere Uniformkennzeichen der hohe rote Fez mit dem Aktivitätsstern am oberen Rand und dunkelblauer Quaste, roter Leibbinde und Unteroffiziersrangabzeichen in Winkelform an beiden Oberärmeln waren.

Chinesischer Garde-Kavallerist, Hauptmann der Infanterie, Garde-Infanterist und Infanterist Diese Soldaten tragen bis auf den berittenen Offizier in der für den Winter bestimmten blauen Uniform, die nach dem Ersten Weltkrieg eingeführte grüngraue Bekleidung mit farbigen Kragenpatten. Diese waren für Infanterie rot, Kavallerie gelb, Artillerie blau, Genie weiß und Train schwarz.

China,
Garde-Kavallerist,
Hauptmann der
Infanterie, Garde-
Infanterist und
Infanterist,
1931

Japan,
Infanterie, Soldat
und Offiziere,
1920–1935

Soldat und Offiziere der japanischen Infanterie Während in der Armee Japans seit dem Russisch-Japanischen Krieg 1904/05 im Feld khakifarbene Uniformen getragen wurden, die zwar bis Ende der 1930er Jahre einigen Veränderungen unterworfen waren, blieb die Galauniform der Offiziere weiterhin altertümlich, ebenso farbig wie prächtig. Manche Offiziere trugen den alte japanische Schwert sogar zur Felduniform.

Tschechoslowakei,
Korporal der Artil-
lerie, Offizier der
Kavallerie und Sol-
dat der Infanterie,
um 1935

Korporal der Artillerie, Offizier der Kavallerie und Soldat der tschechoslowakischen Infanterie Schon während des Ersten Weltkriegs hatten sich verschiedene Legionen auch im Gebiet anderer Staaten, vor allem in Russland, gebildet, die deren Uniformen trugen. Seit den 1920er Jahren gab es die eigenständige, khakifarbene Uniformierung der Armee. Als Kopfbedeckungen dienten Schiffchen für Unteroffiziere und Mannschaften und eine Schirmmütze nach englischem Beispiel für Offiziere sowie im Feld zunächst der deutsche, dann seit 1934 ein Stahlhelm eigener Entwicklung.

Österreichischer Unteroffizier-Anwärter und Infanterie-Sappeur (Gefreiter) Bereits bei der Errichtung des österreichischen Bundesheers 1920/21 erfolgte hinsichtlich der Uniformierung eine starke Angleichung an die deutsche Reichswehr. Bei den Rangabzeichen stimmten sie 1923 völlig überein. 1933 fand eine Neuuniformierung des Bundesheers statt, bei der jeder Truppenteil die feldgraue wie auch die farbige Uniform seines Stammtruppenteils von 1914 erhielt, aber die alte schwarz-gelbe Kokarde durch die rot-weiß-rote ersetzt wurde. Der Unteroffizier-Anwärter ist in der Exerzieradjustierung und der Infanterie-Sappeur (Gefreiter) in der Marschadjustierung dargestellt.

Österreich, Bundesheer, Unteroffizier-Anwärter einer Infanterie-Maschinengewehr-Kompanie und Infanterie-Sappeur (Gefreiter), 1932

Österreich, Bundesheer, Offiziere der Infanterie und der Kavallerie, 1932

Österreichischer Offiziere der Infanterie und der Kavallerie Die zwei Offiziere des österreichischen Bundesheers sind in der Paradeadjustierung und im Pelzrock abgebildet. Getragen wurde weiterhin der Stahlhelm deutschen Modells. Die Kavallerie behielt den zweireihigen Pelzrock. Im Hintergrund des präsentierenden Infanterieoffiziers ist die Armeefahne des Bundesheers zu sehen.

Deutschland,
Reichswehr, Oberst und Major der Infante-
rie, Wachtmeister des Husaren-Regiments
Nr. 14, Gefreiter einer Jäger-Kompanie,
Kavallerist eines Reiter-Regiments,
Sergeant der Kraftfahrtruppen, Leutnant
der Fahrtruppen und Infanterist,
um 1919

Verschiedene Dienstgrade unterschiedlicher deutscher Regimenter Diese
Offiziere, Unteroffiziere und Soldaten vermitteln einen Eindruck von den provisorischen Uniformen, wie sie in der Reichswehr unmittelbar nach dem Ende des
Ersten Weltkriegs getragen wurden. Es handelte sich zumeist um Übergangs-
uniformen wie beim Wachtmeister des noch nicht aufgelösten Husaren-Regiments Nr. 14. Besonders sei auf das nur kurz bestehende System der Rangabzeichen in Form von Streifen auf den Unter- und Oberärmeln hingewiesen.

Deutschland,
Reichswehr, General im Dienstanzug,
Infanterieoffizier in Felduniform, Artillerie-
offizier im Gesellschaftsanzug, Reiter und
Infanterist feldmarschmäßig, Unterfeldwebel
der Pioniere im Mantel (Ausgehanzug),
Funker der Nachrichtentruppe im Drillich-
rock und Oberschütze der Infanterie mit
Schießauszeichnung feldmarschmäßig,
um 1929

**Verschiedene Dienstgrade in feldmarschmäßiger Ausstattung sowie im
Gesellschaftsanzug** Ende der 1920er Jahre hatten sich die Uniformen der
Reichswehr gefestigt, insbesondere die Rangabzeichen der Offiziere und jetzt
auch der Unteroffiziere hatten wieder die Gestalt von Achselstücken und Achselklappen angenommen. Auch die Uniformarten waren vielgestaltiger geworden.

Deutsches Reich, Wehrmacht, General der Flieger, Konteradmiral und Ministerialdirektor im Reichsluftfahrtministerium, 1936

General der Flieger, Konteradmiral und Ministerialdirektor im Reichsluftfahrtministerium Am 16. März 1935 wurde in Deutschland mit dem „Gesetz für den Aufbau der Wehrmacht" die allgemeine Wehrpflicht eingeführt und die Reichswehr in Wehrmacht umbenannt. Schon seit dem 15. März 1933 wurde an den militärischen Uniformen das Hoheitsabzeichen aus Adler, Eichenkranz und Hakenkreuz getragen. Der General der Flieger, der Konteradmiral und der Ministerialdirektor (ein Beamter im Generalsrang) sind im Paradeanzug, in der großen Uniform und im Ausgehanzug dargestellt. Die beiden Ersteren haben das Ordensband des bulgarischen St.-Alexander-Ordens I. Klasse und das des ungarischen Verdienstordens I. Klasse angelegt.

Oberleutnant des Marineingenieurwesens und Major der Luftnachrichtentruppe Nach 1935 gliederte sich die Wehrmacht in das Heer, die Kriegsmarine und die Luftwaffe. Sie wurden jeweils von den Oberkommandos des Heers bzw. der Kriegsmarine sowie vom Reichsluftfahrtministerium geführt. Obwohl der Oberleutnant des Marineingenieurwesens zu seinem Dienstanzug nur eine Auszeichnung trägt, war das die sogenannte große Ordensschnalle. Der Major der Luftnachrichtentruppe ist im Paradeanzug abgebildet.

Deutsches Reich, Wehrmacht, Oberleutnant des Marineingenieurwesens und Major der Luftnachrichtentruppe, 1936

Deutsches Reich, Wehrmacht, Oberst der Infanterie, Leutnant der Panzertruppen und Hauptmann des Truppengeneralstabs, 1936

Oberst der Infanterie, Leutnant der Panzertruppen und Hauptmann des Truppengeneralstabs Die beiden zuerst aufgeführten Offiziere tragen den Paradeanzug, der Hauptmann des Truppengeneralstabs den Meldeanzug. Bemerkenswert ist jedoch die völlig neue, ganz und gar schwarze Uniform der Panzertruppe, für die es kein Vorbild gab, einschließlich der Waffenfarbe Rosa. Zum Paradeanzug und zum großen Gesellschaftsanzug legten Generale, Offiziere und Wehrmachtbeamte ein Achselband an.

247

Deutsches Reich, Wehrmacht, Hauptwachtmeister der Kavallerie, Pionier und Stabshornist vom Regiment General Göring, 1936

Hauptwachtmeister der Kavallerie, Pionier und Stabshornist vom Regiment General Göring Die drei Soldaten, das heißt der Hauptwachtmeister, der Pionier und der Stabshornist, sind im Paradeanzug dargestellt. Dazu gehörte auch der aufgesetzte Stahlhelm mit dem schwarz-weiß-roten Wappenschild und dem Hoheitsabzeichen. Die beiden Unteroffiziere haben ihre Schützenschnur für ausgezeichnete Schießleistungen angelegt. Der Hauptwachtmeister, der wie der Hauptfeldwebel der Infanterie für den inneren Dienst seiner Einheit zuständig war, ist ohne sein Dienstbuch zwischen dem 2. und 3. Knopf des Waffenrocks nicht vorstellbar.

Deutsches Reich, Wehrmacht, Matrosengefreiter und Obermaschinistenmaat, 1936

Matrosengefreiter und Obermaschinistenmaat Die beiden Angehörigen der Kriegsmarine veranschaulichen den Unterschied zwischen der Sommer- und der Winteruniform. Der Matrosengefreite im Paradeanzug für Paraden an Land trägt für die Sommerzeit (20. April bis 30. September) weiße Mütze und ebensolches Hemd, der Obermaschinenmaat den Dienstanzug mit blauer Mütze und dem Überzieher für die Winterzeit (1. Oktober bis 19. April).

Deutsches Reich, Wehrmacht, Hauptmann der Artillerie und Leutnant zur See einer Marineartillerieabteilung, 1936

Hauptmann der Artillerie und Leutnant zur See einer Marineartillerieabteilung Die zwei Artillerieoffiziere unterschieden sich auf den ersten Blick durch die silberne Ausführung der Hoheitsabzeichen des Heers von der goldmetallenen der Kriegsmarine. Der Heeresoffizier ist im Feldanzug dargestellt, der der Kriegsmarine im Dienstanzug, zu dem damals auch der Säbel mitgeführt wurde.

Deutsches Reich,
Wehrmacht,
Hauptwachtmeister
der Nachrichten-
truppe und
Leutnant der
Fliegertruppe,
1936

Hauptwachtmeister der Nachrichtentruppe und Leutnant der Fliegertruppe Hauptwachtmeister und Leutnant der Fliegertruppe tragen zum Dienstanzug bzw. kleinen Dienstanzug die Feldmütze, die bei dem Leutnant der Fliegertruppe als Fliegermütze bezeichnet wurde. Außer dem führte der Hauptwachtmeister das Seitengewehr am schwarzledernen Überschnallkoppel und der Fliegerleutnant den Offizierdolch mit sich.

Obermaat der Marine-Artillerie, Signalobergefreiter und Unteroffizier der Flakartillerie Die Angehörigen der Marineartillerie der Kriegsmarine trugen feldgraue Uniformen mit den goldmetallenen Abzeichen ihres Wehrmachtteils. Der Obermaat ist im Feldanzug und der Signalobergefreite im Landungsanzug dargestellt. Zum neu geschaffenen dritten Wehrmachtteil Luftwaffe, dessen Uniformgrundfarbe das Graublau war, gehörte auch die Flakartillerie mit ihrer hochroten Waffenfarbe. Der Unteroffizier trägt den Feldanzug mit Fliegermütze und Fliegerbluse.

Deutsches Reich,
Wehrmacht,
Obermaat der
Marine-Artillerie,
Signalobergefreiter
und Unteroffizier
der Flakartillerie,
1936

Deutsches Reich,
Wehrmacht,
Oberst der Flieger-
truppe, Oberleut-
nant zur See und
Leutnant der
Flakartillerie,
1936

Oberst der Fliegertruppe, Oberleutnant zur See und Leutnant der Flakartillerie Das gesellschaftliche Leben spielte damals wie heute im Leben der Offiziere eine bedeutende Rolle, nur dass in jener Zeit immer noch bei entsprechenden Anlässen die passenden Uniformen angezogen wurden. Das waren hier der große Abendgesellschaftsanzug beim Oberst der Fliegertruppe, der große Gesellschaftsanzug mit Messejacke beim Oberleutnant zur See und der kleine Abendgesellschaftsanzug beim Leutnant der Flakartillerie.

Deutsches Reich,
Reichspost,
Postbote und
Postsekretär,
1933

Postbote und Postsekretär der Reichspost Auch in
der ersten Hälfte des 20. Jahrhunderts waren die männlichen Angehörigen der Deutschen Reichspost, zu der
Post, Telegrafie- und Telefondienst gehörten, nach
militärischem Muster uniformiert. Diese voll ausgebildeten
Beamten trugen dunkelblaue Jacken und schwarze
Hosen. Ihre Rangabzeichen befanden sich auf den Kragenspiegeln und diese wiederum waren orange paspeliert.

Deutsches Reich,
Reichsbahn,
Beamter der Be-
soldungsgruppe VII
und Beamter
der Besoldungs-
gruppe V,
1933

Beamte der Reichsbahn Da es sich bei der Deutschen
Reichsbahn um eine nicht militärische, aber uniformierte
Organisation handelte, gab es zwar kein Dienstgradsystem
im militärischen Sinn, jedoch eine Unterteilung in Besol-
dungsgruppen. Die Uniformen waren blau und schwarz
geblieben. Hinzu kamen graublaue Mäntel. Die Rangabzeichen befanden sich auf den Kragenspiegeln. Nur der
Aufsichtsdienst auf den Bahnhöfen war an seiner roten
Mütze und dem Befehlsstab sofort zu erkennen.

Deutsches Reich,
Landespolizei
Preußen, General;
Landespolizei
Preußen z. b. V.
Wecke, Wacht-
meister,
1933

**General und Wachtmeister der Landespolizei Preu-
ßens** Gleich nach 1933 erfuhr die Polizei des Reichs und
der Länder verschiedene Änderungen ihrer Organisation
und Uniformen. Ab 17. August jenes Jahres begann eine
Uniform aus hellgrünem Tuch die blaue abzulösen. Wie
der Polizeigeneral (bisher als Kommandeur bezeichnet)
und auch der Wachtmeister der Ende Februar 1933 vom
damaligen preußischen Innenminister Hermann Göring
(1893–1946) geschaffenen Polizeitruppe belegen, wurde
die Uniformierung noch militärischer. Die genannte Polizei-
abteilung wurde ständig verstärkt und schließlich 1935 in
die Luftwaffe eingegliedert.

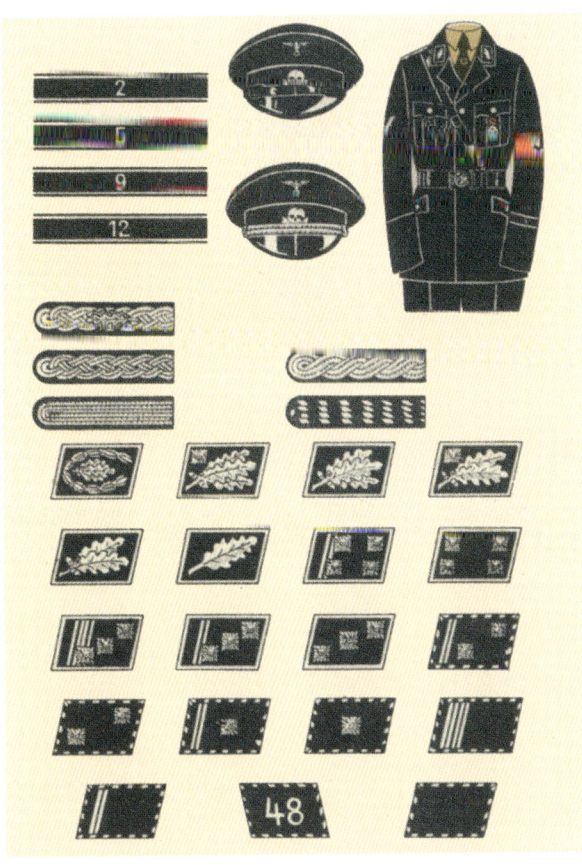

Deutsches Reich,
Schutzstaffel (SS),
Uniformdetails und
Rangabzeichen,
um 1940

Uniformdetails und Rangabzeichen der SS Dargestellt sind von oben und von links nach rechts: Ärmelstreifen am linken Unterärmel mit Einheitsbezeichnung; Schirmmützen für SS-Mann bis Hauptscharführer und Untersturmführer bis Reichsführer; Dienstanzug; Achselstücke Reichsführer, Obergruppenführer bis Gruppenführer, Standartenführer bis Sturmbannführer, Hauptsturmführer bis Sturmführer und Hauptscharführer bis SS-Mann; linker Kragenspiegel Reichsführer, Obergruppenführer, Gruppenführer, Brigadeführer, Oberführer, Standartenführer, Obersturmbannführer, Sturmbannführer, Hauptsturmführer, Obersturmführer, Sturmführer, Untersturmführer, Hauptscharführer, Oberscharführer, Scharführer, Unterscharführer, Rottenführer, Sturmmann und SS-Mann (zwischen Letzteren der rechte Spiegel bis Obersturmbannführer mit Standartennummer).

Deutsches Reich,
Schutzstaffel (SS),
Gruppenführer
und Obersturm-
bannführer,
1933

Gruppenführer und Obersturmbannführer der SS Die beiden SS-Führer stehen in einem Rang, der mit dem des Generalmajors und des Oberstleutnants des Heers vergleichbar war. In ihrer Anfangszeit bildete die Allgemeine SS noch einen Teil der SA (Sturmabteilung). Ihre Angehörigen trugen allerdings bis auf das ebenfalls khakifarbene Hemd schwarze Schirmmützen, Mäntel, Jacken und Hosen.

Deutsches Reich,
Schutzstaffel (SS),
Sturmmann (Spiel-
mann) und
SS-Mann,
1933

Sturmmann und SS-Mann der SS Auch die beiden unteren Dienstgrade der Allgemeinen SS, der Spielmann im Rang eines SS-Sturmmanns und der SS-Mann, besaßen ihre Entsprechungen im Heer mit dem Soldaten und dem Oberschützen. Das auffälligste Merkmal außer ihren schwarzen Uniformen war wie bei den Führern das Totenkopfabzeichen aus Weißblech an der Kopfbedeckung. Auf dem Band am linken Unterarm befand sich die Nummer des jeweiligen Abschnitts.

Deutsches Reich,
Waffen-SS,
Leibstandarte
Adolf Hitler,
Sturmbannführer,
1944

Sturmbannführer der Leibstandarte Adolf Hitler Das Porträt gibt die im Krieg getragene feldgraue Uniform der Waffen-SS wieder. Der Mann trägt außer verschiedenen Auszeichnungen vom Panzervernichtungsabzeichen am rechten Oberarm über das Deutsche Kreuz in Gold bis zum Ritterkreuz weitere Kennzeichnungen wie die ineinander verschlungenen Buchstaben LAH (Leibstandarte Adolf Hitler) auf den Achselstücken und den Schriftzug „Adolf Hitler" auf dem linken Unterarm.

Untersturmführer der Waffen-SS Der einem Leutnant im Dienstgrad entsprechende Untersturmführer trägt die SS-Version der schwarzen Sonderuniform der Panzertruppen des Heers. Sie wurde von beiden Truppen letztlich nicht nur während des Einsatzes in den gepanzerten Fahrzeugen angezogen, sondern bei allen anderen Gelegenheiten auch. Die Unterschiede zwischen dieser Uniformart bei Heer und Waffen-SS waren gering, vor allem die rosarote Paspelierung entfiel bei Letzterer.

Deutsches Reich,
Waffen-SS,
Untersturmführer,
1944

Deutsches Reich,
Waffen-SS,
Division Charle-
magne, Unter-
scharführer,
1945

Unterscharführer der Division Charlemagne Bei dem Unterscharführer (vergleichbar dem Unteroffizier) handelte es sich um einen Angehörigen der 33. Division der Waffen-SS Charlemagne (Ärmelband), die sich überwiegend aus Franzosen zusammensetzte und in Berlin bis zum Ende kämpfte. Generell wurden von der Waffen-SS Tarnuniformen – hier ist vor allem die Hose mit für den Herbst bestimmtem Muster dargestellt – in größerem Maß als im Heer verwendet. Oft wurden die Uniformen nicht vollständig, sondern entweder Jacke oder Hose getragen.

Deutsches Reich,
Wehrmacht, Heer,
Nachrichtensoldat,
1940

Nachrichtensoldat des Heers Die Uniformierung und
Ausrüstung der Heeressoldaten können für die Feld-
zugsbedingungen der damaligen Zeit sicher als zweck-
mäßig bezeichnet werden. Die Ausnahme bildete aber
die fehlende Winterbekleidung ab 1941. Hauptmerkmal
der Uniform war das grünliche Feldgrau von Uniformjacke, Uniformhose und Uniformmantel sowie Feldmütze.
Der Nachrichtensoldat ist an seiner gelben Waffenfarbe
zu erkennen.

Deutsches Reich,
Wehrmacht, Heer,
Generalmajor,
1942

Generalmajor des Heers Abgebildet ist der Kommandeur der (Schweriner) 12. Infanterie-Division Generalmajor
Kurt Jürgen Freiherr von Lützow (1892–1961; 1943
Generalleutnant) in der im Russlandfeldzug verwendeten
Winterbekleidung. Allerdings trägt er hier noch die Feldmütze. Der General erhielt am 21. Oktober 1941 als
erster Soldat des Heers das Eichenlaub zum Ritterkreuz.

Deutsches Reich,
Wehrmacht, Heer,
Unteroffizier,
1945

Unteroffizier des Heers Bekleidet mit der grünlichen
feldgrauen Uniform suchte sich dieser Unteroffizier – bewaffnet mit einer Panzerfaust und dem Karabiner 98 k –
mit Kopfschützer gegen die Kälte des Winters 1944/45
zu behaupten. Das bereits am 15. März 1933 eingeführte
Hoheitsabzeichen wurde auf der rechten Brustseite getragen. Im Knopfloch ist das Band des Eisernen Kreuzes zu
sehen. Typisch war die 1943 eingeführte Einheitsfeldmütze.

253

Deutsches Reich,
Kriegsmarine,
Großadmiral,
1943

Großadmiral der Kriegsmarine Eigentlich ist der dunkelblaue Mantel eher schlicht. Doch die aufgeklappten Brustteile, die das kornblumenblaue Futter zeigen, führen zu einem prächtigen Erscheinungsbild der Admirale. Großadmiral Karl Dönitz (1891–1980; seit 30. Januar 1943 Oberbefehlshaber der Kriegsmarine; 1. bis 23. Mai 1945 Staatsoberhaupt und Oberbefehlshaber der Wehrmacht) umfasst mit der rechten Hand seinen Großadmiralstab.

Deutsches Reich,
Kriegsmarine,
Fregattenkapitän,
1940

Fregattenkapitän der Kriegsmarine Die Uniformierung der Angehörigen der Kriegsmarine entsprach bis 1945 dem weitgehend von der britischen Marine geprägten internationalen Standard. Als besondere Kennzeichen sind die am 15. März 1933 neu festgelegten Hoheitsabzeichen für Uniformjacken und Uniformblusen sowie Kopfbedeckungen anzumerken. Außer bei der „großen Uniform" wurden dunkelblaue oder weiße Schirmmützen getragen. Für den Mützenschirm war 1936 eine je nach Dienstgradgruppe spezielle Stickerei eingeführt worden.

Deutsches Reich,
Luftwaffe,
Feldwebel,
1944

Feldwebel der Luftwaffe Um die von der Führung der Luftwaffe angestrebte Selbstständigkeit vom Heer zu betonen, erhielten ihre Angehörigen Uniformen in einer besonderen Grundfarbe – einem dunklen Mausgrau. Der Feldwebel des fliegenden Personals ist mit der ab 1944 eingeführten zweiteiligen Kombination aus graublauer gefütterter Jacke und gleichfarbigen Hosen dargestellt. Das waren sogenannte Kanalhosen, deren große Taschen eine Notausrüstung aufnehmen konnten. Eigenwillig und nicht ungefährlich war die Art und Weise, wie zusätzlich Leuchtmunition um die Waden mitgeführt wurde. Bemerkenswert war auch der leuchtend gelbe Schal.

Polen,
Armee, Divisions-
general und
Oberstleutnant,
1935

Divisionsgeneral und Oberstleutnant der polnischen

Armee Die Uniformierung der Angehörigen der polnischen
Armee Ende der 1930er Jahre entsprach den damaligen
Anforderungen. Traditionelle Elemente polnischer Uniform-
entwicklungen waren erhalten geblieben und gaben den
Uniformen ihre charakteristische Prägung. Das zeigte sich
ganz deutlich an der Kopfbedeckung mit dem viereckigen
Oberteil, der Rogatywka, und der Gestaltung der Rangabzeichen dieser beiden hohen Offiziere in der Abend- und
in der Dienstuniform.

Hauptmann der Infanterie und Oberleutnant der

Gebirgstruppen Der Hauptmann ist in der Felduniform
und der Oberleutnant in der Dienstuniform dargestellt.
Ersterer setzte natürlich zu seiner Uniform den Stahlhelm
auf. Dabei handelte es sich um den französischen Typ,
der ab 1936 durch ein eigenes Modell ersetzt wurde. Die
22. Gebirgsdivision ist aus heutiger Sicht dadurch interessant, dass ihre Angehörigen auf den Kragenpatten durch
ein Hakenkreuz auf Tannenzweigen sowie am runden
Filzhut mit Adlerfeder links und demselben Abzeichen zu
erkennen waren.

Polen,
Armee, Haupt-
mann der Infanterie;
22. Gebirgsdivi-
sion, Oberleutnant,
1935

Polen,
Marine, Konter-
admiral und
Korvettenkapitän,
1935

Konteradmiral und Korvettenkapitän der Kriegsmarine

Die beiden Seeoffiziere der polnischen Marine tragen die
Galauniform und die Tagesuniform, das heißt bei Letzterer
die Uniform zum täglichen Dienst. Oberbefehlshaber der
polnischen Kriegsmarine war Józef Unrug (auch Josef von
Unruh, 1884–1973), der aus einer polnischstämmigen
preußischen Offiziersfamilie stammte, im Ersten Weltkrieg
Kommandant deutscher U-Boote und schließlich von 1925
bis 1939 Oberbefehlshaber der polnischen Kriegsmarine
(1933 Konteradmiral) war.

255

Polen,
Armee, Infanterie,
Feldwebel und
Unterfeldwebel,
1935

Feldwebel und Unterfeldwebel der polnischen Infanterie Der Feldwebel erscheint in der Ausgehuniform, der Unterfeldwebel in der Felduniform jener Zeit – beide khakifarben. Als der Erste Weltkrieg beendet war, wurde die polnische Armee aus Truppen gebildet, die für verschiedene Staaten gekämpft und deren Uniformen sie getragen hatten. Ab 1919 wurden erste polnische Bekleidungsvorschriften erlassen.

Stabsfeldwebel des Panzerkorps, Unterfeldwebel der Gendarmerie und Gefreiter des Sanitätsbataillons
Der Stabsfeldwebel und der Gefreite sind in der Felduniform dargestellt, der Gendarmerie-Unterfeldwebel in der Dienstuniform. Bemerkenswert ist vor allem, dass die Offiziere und Unteroffiziere des Panzerkorps kurze schwarze Ledermäntel anziehen durften, der Stabsfeldwebel sogar einen Dolch angelegt hatte. Internationalen Gepflogenheiten folgend führten die Sanitäter am Oberarm die weiße Armbinde mit dem roten Kreuz.

Polen,
Armee, Panzer-
korps, Stabsfeld-
webel;
Gendarmerie,
Unterfeldwebel;
Sanitätsbataillon,
Gefreiter,
1935

Polen,
Kriegsmarine,
Offizierstellvertreter
und Bootsmann,
1935

Offizierstellvertreter und Bootsmann der Kriegsmarine
Die beiden höheren Unteroffiziere, auch der Offizierstellvertreter (Chorazy) war ein solcher, tragen die Tagesuniform und eine solche, die bei Einsätzen an Land angezogen wurde. Dann kamen Gamaschen oder Marschstiefel zur Anwendung. Der Offizierstellvertreter ist mit dem zweireihig zu knöpfenden Mantel der Offiziere bekleidet. Wie in anderen Marinen wurden auch bei den Polen in der Sommerzeit weiße Schirmmützen aufgesetzt.

Polen,
Kriegsmarine,
Maat,
1939

Maat der Kriegsmarine Die Zeichnung gibt die Dienstuniform der polnischen Matrosen und Maate wieder. Bei
kaltem Wetter wurde noch ein zweireihig geknöpfter Mantel übergezogen. Auf dem Mützenband stand in den
1930er Jahren der Schriftzug „O.R.P." (Schiff der Republik Polen) und dahinter der Schiffsname. Kurz vor Kriegs-
beginn wurde die Inschrift „Marynarka Wojenna" (Kriegsmarine) eingeführt.

Polen,
Armee,
Infanterie,
Soldat,
1939

Soldat der Infanterie Dieser Infanterist trägt
die khakifarbene Standarduniform für den
Felddienst des Jahres 1935 mit dem dazuge-
hörenden Stahlhelm Modell 1935 sowie seiner
persönlichen Ausrüstung. Diese Uniform setzte
sich aus einem einreihigen Waffenrock, einer
langen Hose, kurzen Wickelgamaschen und
Halbstiefeln zusammen. Die Infanteristen führten dunkelblaue Mützenbänder und Kragenspiegel sowie gelbe Paspeln.

Polen,
Armee,
Infanterie,
Unteroffizier,
1945

Unteroffizier der Infanterie Der Verlauf des Zweiten Weltkriegs
brachte es mit sich, dass polnische Soldaten wieder in vielen
Armeen kämpften. Dabei wurden sie mit den unterschiedlichsten
Uniformen ausgestattet. Ihre Befehlshaber suchten jedoch stets,
nationale polnische Uniformmerkmale einzufügen. Bei diesem auf
sowjetischer Seite kämpfenden Infanterieunteroffizier waren es die
Kopfbedeckung (Rogatywka) mit dem Adlersymbol, die Rangabzeichen und die Waffenfarben aus der Zeit vor dem Krieg.

Italien,
Infanterie,
Soldat,
1941

Soldat der italienischen Infanterie Der Infanterist trägt eine graugrüne Uniform, die auf den Anfang der 1930er Jahre erlassenen Bekleidungsbestimmungen beruht. Sein Stahlhelm – zunächst mit einem kleinen Kamm hergestellt – hatte 1935 das französische Modell abgelöst. Auf der Helmvorderseite befand sich das Waffengattungsabzeichen. Zur Infanterieausrüstung gehörten auch zwei Munitionstaschen, die mit einem um den Hals laufenden Riemen in Bauchhöhe getragen wurden.

Italien,
Artillerie,
Soldat,
1940

Soldat der italienischen Artillerie Der Artillerist ist in der vollständigen Felduniform dargestellt. Die Uniform bestand aus dem Schiffchen (bustina) als Kopfbedeckung, dem graugrünen einreihigen Waffenrock, der so geschnitten war, dass unter ihm Hemd und Krawatte getragen werden konnten, einer gleichfarbigen Hose sowie Wickelgamaschen und Schnürstiefeln. Zwar wurde ab Juni 1940 der schwarze Kragen am Waffenrock abgeschafft, doch wie auch hier zu sehen ist, oft weiter verwendet.

Italien,
I. Bataillon
Carabinieri,
Fallschirmjäger,
1942

Fallschirmjäger der italienischen Carabinieri Der Fallschirmjäger der Carabinieri ist für das Jahr 1942 beim Einsatz in Nordafrika und somit in der damaligen Tropenuniform abgebildet. Diese Uniform war aus leichtem Khakidrillich gearbeitet. Charakteristisch war jedoch der Tropenhelm. Auf ihm befand sich vorn die Kokarde in den Landesfarben sowie das Waffengattungsabzeichen aus Messing, hier durch die Schutzbrille – eine unbedingte Notwendigkeit in der Wüste – verdeckt.

Niederlande,
Marine,
Korporal,
1940

Korporal der niederländischen Marine Zur Uniform der Unteroffiziere und Mannschaften der niederländischen Marine gehörten Teller-
mützen mit der Aufschrift „Koninklijke Marine", das dunkel , fast
schwarzblaue Matrosenhemd mit hellblauem Kragen und schwarz
seidenem Halstuch, das blau-weiß gestreifte Unterhemd, die lange,
weite dunkelblaue Hose und schwarzes Schuhwerk. Bei schlechter
und kalter Witterung konnte ein zweireihiger Wettermantel übergezogen werden.

Niederlande,
Artillerie,
Major,
1940

Major der niederländischen Artillerie Dieser Offizier trägt
ein steifes, graugrünes Käppi mit einem gleichfarbigen Schirm,
braunem Kinnriemen und ovaler orangefarbener, gold eingefasster Kokarde. Als Stabsoffizier ist es bei ihm mit zwei
Goldpaspelierungen unten und einer oben versehen. Außerdem ist er mit dem zweireihigen, am Kragen offen gehaltenen
Mantel, einem einreihigen Waffenrock mit Stehkragen sowie
Reithosen und schwarzen Stiefeln bekleidet.

Dänemark,
Infanterie,
Soldat,
1940

Soldat der dänischen Infanterie Die hier abgebildete khakifarbene
Uniform entsprach den Bestimmungen aus dem Jahre 1923, es
waren aber nur unzureichende Mengen geliefert worden. In Wirklich-
keit waren 1940 viele dänische Infanteristen mit dem Stahlhelm
Modell 1923 (hier abgebildet), der Schirm- oder Feldmütze, dem
einreihigen dunkelblauen Waffenrock, dem zweireihigen schwarzen
Mantel, der langen hellblauen Hose und den schwarzen wadenhohen
Schnürstiefeln ausgestattet.

Korvettenkapitän der dänischen Marine Auch die dänische Marine hatte sich in der Uniformierung am Beispiel Großbritanniens orientiert. Dementsprechend trugen ihre Offiziere die blaue Schirmmütze (im Sommer mit weißem Bezug) mit Nationalkokarde, goldenem Ankersymbol und Eichenlaubkranz, eine zweireihige schwarzblaue Jacke, darunter weißes Hemd und schwarzer Binder, lange, ebenfalls schwarzblaue Hosen und schwarze Lederschuhe sowie darüber bei schlechtem Wetter den zweireihigen schwarzblauen Mantel.

Korporal der norwegischen Infanterie Die norwegischen Soldaten waren entsprechend den rauen klimatischen Bedingungen ausgestattet. Als Hauptbekleidung diente seit 1912 eine graugrüne Dienstuniform. Bei der Kopfbedeckung handelte es sich um eine weiche Feldmütze mit Schirm und Ohrenklappen, der Finnmarkkappe. Der Winterwaffenrock war der auch für den Sommer gebräuchliche, aber weit geschnitten, um das Anziehen zusätzlicher Unterbekleidung zu ermöglichen. Hinzu kamen ein Wasser abweisender Anorak bzw. zwei Arten von Uniformmänteln. Die langen graugrünen, rot paspelierten Hosen steckten oft in Wollsocken, es wurden Halbstiefel getragen.

Leutnant der norwegischen Luftwaffe Die Angehörigen der norwegischen Luftwaffe trugen graugrüne Heeresuniformen mit hellgrüner Paspelierung an der Feldmütze, am Kragen und an den Ärmelaufschlägen der Uniformjacke. Vorn auf der Feldmütze befand sich die weiß-blaurote norwegische Kokarde und auf der rechten Brustseite des Waffenrocks eine Pilotenschwinge als Laufbahnabzeichen, das von Piloten, Funkern und Bordschützen angelegt wurde.

Japan,
Infanterie,
Soldat,
1941

Soldat der japanischen Infanterie Wie in anderen Armeen erfuhr
auch die khakifarbene Uniform der Japaner einige Male Veränderungen, so ersetzte 1938 bei der neuen Uniform M98 ein weicherer
Umlegekragen den steifen Stehkragen des Waffenrocks. Auf den
Kragenspiegeln befanden sich die Waffenfarben: Infanterie und
Panzer Rot, Kavallerie Grün, Artillerie Gelb, Pioniere Dunkelbraun
und Nachschub Blau. Als Kopfbedeckung wurde eine Feldmütze
mit Schirm aufgesetzt.

Matrose der japanischen Marine Auch die seit Ende
des 19. Jahrhunderts bestehende japanische Marine hatte
sich in der Uniformierung den internationalen Gepflogenheiten angepasst und die bis in den Zweiten Weltkrieg
hinein beibehalten. Bemerkenswert bei der Bekleidung
dieses Rekruten mögen die Socken und Sandalen sein,
doch war eine Vielzahl von Bekleidungen in der Marine
stets üblich.

Japan,
Marine,
Matrose,
1941

Japan,
Luftwaffe,
Pilot,
1945

Pilot der japanischen Luftwaffe Da
die Luftwaffe einen Teil des Heers
bildete, trugen ihre Angehörigen auch
die entsprechenden Uniformen und
Rangabzeichen. Für ihre Einsätze
zogen die Piloten natürlich die dafür
entwickelten Fliegerkombinationen an.
Dieser Pilot trug auf den Oberärmeln
die japanische Flagge mit dem Auf-
druck „Kamikaze" sowie seinen Namen
auf dem Gurtzeug seines Fallschirms.

UdSSR,
Kavallerie, Batail-
lonskommissar,
1935

Bataillonskommissar der Kavallerie Anfang Dezember 1935 gab es
in der Roten Armee Uniformänderungen. Während Feldbluse, Hose
und Schuhwerk für den täglichen Truppendienst beibehalten wurden,
kamen neue Schirmmützen aus Stoff mit Mützenband und Rand in der
Waffenfarbe hinzu. Wichtiger war jedoch, dass es gleichzeitig analog
zu den militärischen neue Dienststellungsabzeichen für die militär-
politischen Führungskader (ausgewiesen durch den roten Stern mit
Hammer und Sichel auf beiden Unterärmeln) von Armeekommissar
bis Politleiter in Gestalt von Rhomben, Rechtecken und Quadraten gab.

Hauptmann der Kraftfahr- und Panzertruppen Anfang
Dezember 1935 waren für die Angehörigen der Kraftfahr- und
Panzertruppen der Roten Armee stahlgraue Uniformen festgelegt worden. Der hier dargestellte Hauptmann trägt die Winteruniform. Als Kopfbedeckung diente ihm der Winterhelm aus
Stoff in der 1927 bestimmten Form. Die Dienstgradabzeichen
wurden an den Kragenecken des Mantels und an den Unterärmeln befestigt.

UdSSR,
Kraftfahr- und
Panzertruppen,
Hauptmann,
1935

UdSSR,
Seekriegsflotte,
Kapitän 3. Rangs,
1935

Kapitän 3. Rangs der Seekriegsflotte Seit Beginn der 1930er
Jahre baute die UdSSR ihre Seestreitkräfte erheblich aus. Ende
September 1935 wurden neue Dienstgrade eingeführt. Es gab danach
für die Kommandeurslaufbahn die des Leutnants, Oberleutnants,
Kapitänleutnants, Kapitäns 3., 2. und 1. Rangs (entspricht Korvetten-
und Fregattenkapitän sowie Kapitän zur See), Flaggoffizier 2. und
1. Rangs (Konter- und Vizeadmiral) sowie Flottenflaggoffizier 2. und
1. Rangs (Admiral und Flottenadmiral), die sich durch ein System
von Ärmelstreifen unterschieden.

UdSSR,
Luftstreitkräfte,
Unterleutnant,
1937

Unterleutnant der Luftstreitkräfte Der Dienstgrad eines Unterleutnants bzw. eines Unterpolitleiters war bei den Land- und Luftstreitkräften der Roten Armee Ende August 1937 eingeführt worden. Schon Anfang Dezember 1935 hatten die Angehörigen der Luftstreitkräfte neue Dienstuniformen mit offen geschnittener blauer Uniformjacke, weißem Oberhemd und dunkler Krawatte sowie Schirmmütze erhalten.

UdSSR,
Rote Armee,
Artillerie,
Leutnant,
1940

Leutnant der Artillerie Er ist in der Felduniform der Roten Armee dargestellt, wie sie auf vielen Fotos aus der Zeit des Zweiten Weltkriegs zu sehen ist. Typisch dafür waren die Feldmütze (Schiffchen oder Pilotka), die Feldbluse (Gymnastiorka), die Stiefelhose und die Stiefel sowie ein ledernes Koppel mit Schulterriemen. Artilleristen kennzeichneten die rote Waffenfarbe und das Symbol gekreuzter Kanonenrohre auf den Kragenspiegeln.

UdSSR,
Rote Armee,
Armeegeneral,
1940

Armeegeneral der Roten Armee Ab Juli des Jahrs 1940 änderten sich die Dienstgradbezeichnungen in der Roten Armee. Für die höheren Führer wurden wieder Generalsdienstgrade eingeführt und die bisherigen Rhomben durch goldene Sterne ersetzt: Generalmajor zwei, Generalleutnant drei, Generaloberst vier und Armeegeneral fünf Sterne. Zudem besaß der Armeegeneral weiterhin auf den Unterärmeln einen goldfarbenen Stern über einem oben und unten rot eingefassten goldfarbenen Winkel.

UdSSR,
Rote Armee,
Marschall der
Sowjetunion,
1940

Marschall der Sowjetunion Der Dienstgrad des Marschalls der Sowjetunion war am 22. September 1935 geschaffen worden. Zugleich wurden die Offiziersdienstgrade Leutnant, Oberleutnant, Hauptmann, Major, Oberstleutnant und Oberst wieder eingeführt, während es bei den höheren Kommandeuren bei Brigade-, Divisions- und Korpskommandeur bzw. Armeebefehlshaber 2. und 1. Rangs zunächst blieb. Neben den abgebildeten Rangabzeichen erhielten die Marschälle der Sowjetunion 1940 den Marschallstern – ein fünfstrahliger goldener Stern mit fünf Brillanten und einem weiteren Stern aus Platin mit zahlreichen Brillanten im Zentrum. Dieser Marschallstern wurde an einem roten Band um den Hals getragen.

UdSSR,
Rote Armee,
Generalmajor,
1943

Generalmajor der Roten Armee Er trägt die Anfang 1943 geltende neue Dienstuniform aus khakifarbener Schirmmütze und Dienstjacke (steifer Stehkragen und zwei eingeschnittene Brusttaschen), dunkelblauer Stiefelhose mit roten Lampassen an den Seiten sowie schwarze Stiefel. Vor allem trägt der General die neuen Rangabzeichen in Gestalt von Schulterstücken nach zaristischem Vorbild, auf denen Sterne den genauen Rang bestimmten.

UdSSR,
Rote Armee,
Infanterie,
Soldat,
1943

Soldat der Infanterie der Roten Armee Abgebildet ist ein Rotarmist in seiner charakteristischen Uniform während des Zweiten Weltkriegs ab 1943. Zu ihr gehörte der 1939 eingeführte Stahlhelm Modell SSch-40, eine khakifarbene Baumwollbluse (für Soldaten und Unteroffiziere ohne Brusttaschen gearbeitet), ebensolche Hosen und schwarze Stiefel. Vor Wetterunbilden schützte der Umhang. Des Weiteren erhielten die Soldaten und Unteroffiziere ein neues Lederkoppel mit einem rechteckigen Messingschloss, in dessen Mitte sich ein fünfzackiger Stern mit Hammer und Sichel befand. Bei der Waffe handelte es sich um die Maschinenpistole Modell PPSch-41.

UdSSR,
Rote Armee,
Reguliererin,
1943

Reguliererin der Roten Armee Zur Uniform der für die Verkehrsregelung zuständigen Reguliererin gehörten khakifarbene Baskenmütze, Bluse mit aufgesetzten Brusttaschen, dunkelblauer, knielanger Rock und schwarze Stiefel. Die ab 6. Januar 1943 eingeführten Schulterklappen sowie das am linken Oberärmel aufgenähte Tätigkeitsabzeichen der Regulierer sind verdeckt. Es hatte Rhombenform, war aus schwarzem, weiß eingefassten Stoff, auf dem sich ein roter, weiß eingerahmter Kreis mit einem weißen „P", dem „R" des kyrillischen Alphabets, befand.

Panzeroffizier der Roten Armee Für die stets sehr kalten russischen Winter wurden die sowjetischen Panzerbesatzungen mit dreiviertellangen Schafspelzmänteln ausgestattet. Dazu trug der Offizier das Koppel mit Schnalle und den Schulterriemen. Eine schwarzbraune Panzerkopfhaube, gefütterte Lederhandschuhe, khakifarbene Hosen und gefütterte schwarze Stiefel vervollständigen seine Uniform bzw. diese Sonderbekleidung. Ansonsten wurden von den Panzerbesatzungen schwarze, dunkelblaue oder bereits Anfang des Kriegs eingeführte khakifarbene, einteilige Kombinationen angezogen.

UdSSR,
Rote Armee,
Panzertruppen,
Offizier,
1942

UdSSR,
Rote Armee,
Soldat,
1945

Soldat der Roten Armee Für die strengen Wintermonate waren die Soldaten, Unteroffiziere und Offiziere der Roten Armee mit ihren Pelzmützen und wattierten Uniformen sehr gut ausgerüstet.

UdSSR,
Seekriegsflotte,
Vizeadmiral,
1941

Vizeadmiral der Seekriegsflotte Nicht nur von den Admiralen der Seekriegsflotte, auch von den Generalen der Roten Armee (und viele Jahre später von den Generalen und Admiralen der Streitkräfte der DDR) wurde bei entsprechender Witterung sehr gern der dunkelbraune Ledermantel angezogen. Die Admirale führten an beiden Unterärmeln des Mantels ihre Rangabzeichen in Form von Ärmelstreifen, über denen sich der Stern der Admirale befand.

UdSSR,
Seekriegsflotte,
U-Boot-Offizier,
1944

U-Boot-Offizier der Seekriegsflotte Seine Sonderbekleidung setzte sich aus der Pelzmütze mit dem Emblem der Seeoffiziere, einer lederbesetzten Pelzjacke, den schwarzblauen Hosen und schwarzen gefütterten Lederstiefeln zusammen. Damit weist diese Bekleidung auf einen Offizier der Nordflotte oder Baltischen Flotte hin. Dienstgradabzeichen wurden an dieser Bekleidung nicht getragen, ohnehin kannte man sich auf den U-Booten.

UdSSR,
Seekriegsflotte,
Matrose einer
Gardeeinheit,
1945

Matrose einer Gardeeinheit Während des Zweiten Weltkriegs wurde in der UdSSR innerhalb der Streitkräfte der Gardetitel recht häufig verliehen. Der hier gezeigte Matrose einer solchen Gardeeinheit ist an den orangefarbenen Streifen auf dem schwarzen Mützenband zu erkennen. Offiziere und ältere Unteroffiziere von Einheiten der Garde trugen zur Kennzeichnung ein Gardeabzeichen auf der rechten Brustseite der Uniform.

UdSSR,
Suworow-Schüler,
1943

Suworow-Schüler Ab 1943 schuf die UdSSR Lehreinrichtungen der Roten Armee und der Seekriegsflotte, in denen Söhne Gefallener untergebracht und auf den Beruf eines Offiziers vorbereitet wurden. Die Schulen der Roten Armee waren nach dem Feldherrn Alexander Wassiljewitsch Suworow (1729–1800) benannt. Die Uniformen der Schüler entsprachen denen der Soldaten. Auf den Schulterklappen befanden sich die kyrillischen Buchstaben „CBY" für „Suworow-Militär-Schule" und darüber zwei weitere für die Stadt, in der sich die Schule befand – hier zum Beispiel „Op" für Orlow.

UdSSR,
Luftstreitkräfte,
Hauptmann,
1943

Hauptmann der Luftstreitkräfte Er trägt die einfache Felduniform eines Offiziers der Luftstreitkräfte. Diese setzte sich aus der Schirmmütze (es hätten auch Schiff-chen oder Pilotka sein können), Feldbluse (Gymnastiorka), Stiefelhose und Stiefeln zusammen. Außer mit den Anfang 1943 eingeführten Schulterstücken ist der Hauptmann mit der Medaille „Goldener Stern" zum Ehrentitel „Held der Sowjetunion" geschmückt. Ähnlich wie das Ritterkreuz der Wehrmacht wurde auch diese Auszeichnung stets angelegt.

UdSSR,
Luftstreitkräfte,
Oberleutnant,
1945

Oberleutnant der Luftstreitkräfte Dieser Offizier trägt für die Sieges-parade am 24. Juni 1945 auf dem Moskauer Roten Platz die extra angefertigte neue Paradeuniform. Sie war schon Mitte Januar 1943 beschlossen worden. Hervorzuheben sind der eher grüne einreihige Waffenrock mit fünf Messingknöpfen und Stehkragen sowie die Kragenspiegel und Ärmelpatten mit ihrer Stickerei. Der Offizier ist reich mit Auszeichnungen dekoriert, so trägt er auf der linken Brustseite die Medaille „Goldener Stern" zum Ehrentitel „Held der Sowjetunion".

Frankreich,
24. Infanterie-
Regiment,
Hauptmann,
1940

Hauptmann des 24. Infanterie-Regiments Nach wie vor bestimmte Khaki als Grundfarbe die französischen Armeeuniformen. Das betraf nicht nur den Waffenrock, sondern auch die Reithosen (Breeches). Hinzu kamen Ledergamaschen. Als Kopfbedeckung diente das Käppi in Blau oder auch in Khaki. Auf dessen Vorderseite befanden sich Regimentsnummer und Rangabzeichen, Erstere auch auf den Kragenecken, Letztere über den Ärmelaufschlägen.

Frankreich,
24. Infanterie-
Regiment,
Soldat,
1940

Soldat des 24. Infanterie-Regiments Auch dieser Soldat belegt die typische Uniformierung der französischen Infanterie zu Beginn des Zweiten Weltkriegs vom Stahlhelm Modell 1936 bis zu den Wickelgamaschen. Immer wurden die Schöße des Mantels hochgeknöpft. Die farbige Nummer des Regiments (bei der Felduniform blau, bei der Ausgehuniform rot) befand sich auf den Kragenecken; vorn auf dem Stahlhelm war es das Waffengattungsabzeichen.

Frankreich,
Seestreitkräfte,
Vollmatrose,
1940

Vollmatrose der Seestreitkräfte Die Uniformierung der französischen Marine hatte sich seit Mitte des 19. Jahrhunderts kaum verändert. Für die Blusen und Hosen der Mannschaftsdienstgrade blieb ein helles Blau die bestimmende Farbe. Ein bis drei diagonale rote Litzenstreifen an den Unterärmeln gaben Auskunft über die Dienstgrade der Matrosen und Unteroffiziere. Zur Ausstattung der Matrosen kamen noch verschiedene Arbeits- und Wetterschutzbekleidungen hinzu, zum Beispiel ein Schlechtwetteranzug aus schwarzem oder gelbem Ölzeug.

Frankreich,
Freie Französische
Luftwaffe,
Major,
1945

Major der Freien Französischen Luftwaffe Dieser Offizier gehört einem herausragenden Truppenteil an, dem 3. Französischen Jagdgeschwader der Freien Französischen Luftwaffe (Forces Aériennes Françaises Libres, abgekürzt FAFL), das ab November 1943 innerhalb der sowjetischen Luftstreitkräfte kämpfte und den Namen Normandie-Niemen erhielt. Er trägt eine von England gelieferte pelzgefütterte Fliegerjacke, auf deren linker Brustseite das Wappen der Normandie angebracht war.

Großbritannien,
Infanterie,
Soldat,
1939

Soldat der Infanterie Der abgebildete britische Infanterist ist mit der khakifarbenen Dienstuniform bekleidet, die aus dem einreihigen Waffenrock, der langen Hose, Wickelgamaschen und schwarzen Halbstiefeln bestand. Als Kopfbedeckung dienten entweder eine Mütze mit steifem Schirm bzw. das Schiffchen oder der charakteristische flach gearbeitete Stahlhelm Modell 1916.

Großbritannien,
Marine,
Kapitänleutnant,
1939

Kapitänleutnant der Marine Die Uniformierung der britischen Marine, der Royal Navy, hatte sich seit Mitte des 19. Jahrhunderts kaum verändert. Als Grundfarbe dominierte ein sehr dunkles, fast schwarz anmutendes Blau. Die Schirmmützen der Leutnants und Kapitänleutnants waren schlicht gestaltet, bei höheren Dienstgraden kam eine Eichenlaubstickerei hinzu. Die Dienstuniform aller Offiziere bestand aus der zweireihigen Uniformjacke, dem weißen Oberhemd mit schwarzem Binder, der langen Hose und schwarzen Halbschuhen sowie Lederhandschuhen. Die Auszeichnungen wurden in Form von Interimsspangen angelegt.

Großbritannien,
Marine,
Vollmatrose,
1941

Vollmatrose der Marine In allen Flotten der Welt gab und gibt es immer Uniformen bzw. Bekleidungen für warme Jahreszeiten oder für den Aufenthalt in subtropischen oder tropischen Klimazonen. Auch die Royal Navy, hier ein Angehöriger des Flugzeugträgers HMS „Ark Royal", verfügte über Tropenuniformen. Es ist das Modell 1938.

Großbritannien,
Luftwaffe,
Hauptmann,
1944

Hauptmann der Luftwaffe In der ab 1919 eingeführten graublauen Uniform, hier in der typischen Bekleidung der Jagdflieger der britischen Luftwaffe (Royal Air Force), ist ein Pilot im Rang eines Hauptmanns (Flight Lieutenant) dargestellt, wie die streifenförmigen Rangabzeichen auf den Schulterklappen ausweisen. Gegen die Kälte in großen Flughöhen schützten sich die Piloten mit gefütterten Fliegerstiefeln. Zudem legten sie automatisch aufblasbare Schwimmwesten an.

Großbritannien,
Armee,
Oberstleutnant,
1944

Oberstleutnant der Armee Nach längerer Erprobung führte die englische Armee ab 1939 einen khakifarbenen Kampfanzug ein. Dieser setzte sich aus einer kurzen Bluse, einer Uniformhose, Halbstiefeln und Gamaschen zusammen. Die Bluse wurde an die Hose geknöpft. Die zum Kampfanzug gehörenden Rangabzeichen waren eher unauffällig. Außerdem wurde der eigene flache Stahlhelm, hier mit Tarnnetz, aufgesetzt.

Bootsmann 2. Klasse der Marine Dieser Unteroffiziersdienstgrad (Petty Officer Second Class) trägt eine typische Arbeitsbekleidung, wie sie in der US-Marine an Bord ihrer Schiffe verwendet
wurde. Die Rangabzeichen wurden bei den Unteroffizieren und
Mannschaften meist in Rot und bei den Offizieren in Gelb auf die
Vorderseite des „anti-blast-helmet" (Ohrenschutz gegen Detona-
tionslärm) aufgemalt.

USA,
Armee,
Infanterie,
Soldat,
1944

Soldat der Infanterie Dieser Soldat veranschaulicht
durch seine Felduniform und seine Kampfausrüstung,
wie die US-Armee die bisherigen Kriegserfahrungen in
eine eigene praktische Uniformgestaltung umgesetzt
hatte. Zur wollenen Hose kamen die Feldjacke Modell
1943 aus Wasser und Wind abweisendem Stoff sowie
Kampfstiefel. Hervorzuheben ist jedoch, dass ab 1942
der britische Stahlhelm durch den eigenen M1-Stahl-
helm aus äußerer Stahlhülle und innerer Schicht aus
Kunststofffaser-Mischung abgelöst wurde. Viele andere
Armeen setzten ihn später ebenfalls ein.

USA,
Armee,
Luftlandetruppen,
Hauptmann,
1944

Hauptmann der Luftlandetruppen Der Offizier im Rang eines
Hauptmanns (Captain), wie die zwei silberfarbenen Balken auf den
Schulterklappen und sogar auf dem Stahlhelm ausweisen, trägt
die Standarduniform dieser Truppengattung. Sie ähnelte zwar sehr
dem Kampfanzug Modell 1943, doch waren die Taschen anders
geordnet und auch die Hosen zusätzlich mit Taschen versehen.
Das Schuhwerk bestand aus hohen braunen Schnürstiefeln mit
Gummisohlen. Bei den Fallschirmjägern war als Erkennungszeichen
am rechten Oberarm ein Ärmelabzeichen in Form der Nationalflag-
ge angebracht, während sich links das jeweilige Verbandabzeichen
befand.

Die Internationalisierung der Uniform – 1946 bis heute

Nach 1945 beeinflussten die Erfahrungen aus den Kampfhandlungen des Zweiten Weltkriegs sowie die immer rascher fortschreitende Entwicklung der Waffentechnik die Veränderungen der Uniformen, insbesondere die der Felduniformen. Die bis dahin übliche Mehrzweckuniform konnte nicht weiter verwendet werden. Es kam zu einer klaren Trennung von Uniformen für den allgemeinen Dienst und für den Kampf. Der Kampfanzug setzte sich in nahezu allen Armeen der Welt durch und veränderte grundlegend das Erscheinungsbild der Soldaten. Er befriedigte kein repräsentatives oder traditionsbezogenes Bedürfnis mehr, sondern diente allein der Erfüllung der militärischen Aufgaben unter neuen Bedingungen. Auch war es nicht mehr vorrangig notwendig, die kriegführenden Truppen klar zu unterscheiden. Ähnlich verlief diese Entwicklung bei den zahlreichen verschiedenen Tarnmustern dieser Kampfuniformen, bei denen sich letztlich das sogenannte Mischwald(Woodland)-Muster durchsetzte.

Der gleich nach Ende des Zweiten Weltkriegs 1945 einsetzende Kalte Krieg zwischen den entstandenen Machtblöcken, angeführt jeweils von den USA und der UdSSR, brachte die weltweite Verbreitung amerikanischer und sowjetischer Bekleidungs- und Ausrüstungsstücke. Nur bei den Dienst- und Ausgehuniformen konnten nationale Elemente noch beibehalten werden. Aber es setzte sich generell der einreihige, mit Taschen versehene Uniformrock mit offenem Kragen durch. Auch verloren diese Uniformen, der zivilen Mode folgend, immer mehr den militärisch knappen Schnitt, sie wurden passgerechter und bequemer. Die Farben waren generell Khaki, Grün, Sand und Grau, deshalb konnten nur noch Nationalitäts-, Truppen- und Rangabzeichen nationale Merkmale wiedergeben. Im Grunde waren nur noch die Uniformen von Paradetruppen wie die der Garden Großbritanniens, Schwedens und manch anderer Staaten – und das auch nur noch bei Wachdiensten und Zeremonien – klassisch historisch geprägt.

Bei der stets geforderten Zweckmäßigkeit der Uniformen kam es zwangsläufig dazu, dass außer den Kampfanzügen noch vielfältige Einsatzanzüge für Spezialaufgaben entwickelt wurden. Dazu gehörten Panzer- und Fliegerkombinationen, ABC-Schutzanzüge, Schneetarnanzüge usw. ebenso wie Splitterschutzwesten.

Militärisch sicher nicht so bedeutsam, aber doch das Erscheinungsbild des Soldaten der Gegenwart prägend, ist die Tatsache, dass seit den 1970er Jahren die sehr lange bestimmende Schirmmütze an Bedeutung verlor. Sie wurde nahezu vollständig vom Barett, einer bis dahin nur von Spezial- und Elitetruppen getragenen Kopfbedeckung, verdrängt.

Nach wie vor beeinflussen außerdem die führenden Militärmächte die kleineren Bündnispartner bis hin zur Gestaltung der Uniformierung und der damit zusammenhängenden Gestaltung des Dienstgradsystems. Beispielsweise hatte die Nationale Volksarmee der DDR bei den Offizieren und Generalen die in der Sowjetarmee gebräuchlichen Dienstgrade Unterleutnant und Armeegeneral übernommen. Die Bundeswehr übernahm den Dienstgrad des Brigadegenerals von der Armee der USA.

Auch weiterhin bleibt es sicherlich spannend, die Entwicklung von Uniformen und persönlicher Ausrüstung der Streitkräfte weltweit zu beobachten. Dass man aufhören wird, Kriege als Lösung von wirtschaftlichen, politischen und religiösen Problemen zu betrachten, ist eher unwahrscheinlich.

Symbolische Übergabe des Panzerbataillons 403 durch den Kommandeur der Panzer-
grenadierbrigade 40 Mecklenburg an den neuen Kommandeur im Oktober 1994 durch
die Truppenfahne. Der Brigadekommandeur, ein Oberst der Artillerie, und der Bataillons-
kommandeur, ein Oberstleutnant der Panzertruppe, tragen den Feldparka.

USA,
Luftwaffe,
Pilot,
1944

Pilot der Luftwaffe Die Luftstreitkräfte der US-Armee hießen ab 20. Juni 1941 United States Army Air Forces (U.S.A.A.F.), wurden aber erst am 18. September 1947 eigenständige Teilstreitkraft, eigene Uniformen trugen sie ab 1949. Die Piloten im Zweiten Weltkrieg konnten wie in anderen Ländern Unteroffiziere oder Offiziere sein. Dieser Pilot ist in der zweiteiligen, pelzgefütterten Fliegerkombination mit Helm, Modell AN (Army/Navy) – H 16 (geheizt), und Stiefeln Modell A-6 sowie Schwimmweste dargestellt. Auf der Schwimmweste befinden sich der Dienstgrad und der Name des Manns.

Flugdeckoffizier der Marine Gerade im Krieg zwischen den USA und Japan spielten Flugzeugträger eine bedeutende Rolle. Neben den Piloten erfüllten die bei Starts und Landungen einweisenden Flugdeckoffiziere (Flight Deck Officers) wichtige Aufgaben. Ihre Bekleidung mit der speziellen Kennzeichnung ist nahezu unverändert geblieben.

USA,
Marine,
Flugdeckoffizier,
1944

USA,
Marine,
Vizeadmiral,
1945

Vizeadmiral der Marine Auch dieser weiße Dienstanzug eines Vizeadmirals der US-Marine unterstreicht die Zeitlosigkeit und Internationalität der Marineuniformen, die bis heute festzustellen ist. Die Admirale bildeten die Ranggruppe der Flaggoffiziere, die bereits an der reichen Gestaltung der Mützenschirme zu erkennen waren. Hinzu kamen ein breiter und ein bis drei mittelbreite goldene Ärmelstreifen (nur an der blauen Uniform), Schulterstücke aus Goldgespinst mit zwei bis vier silbernen, fünfzackigen Sternen sowie das Symbol des unklaren Ankers.

USA,
Marine Corps,
Oberstleutnant,
1955

Oberstleutnant des Marine Corps In der Vorschrift von 1955 ist der Oberstleutnant dieser eigenständigen Teilstreitkraft der USA als Field Officer mit der Uniformart Blue Undress „B" dargestellt. Die Field Officers umfassen die Stabsoffiziersdienstgrade Major, Oberstleutnant und Oberst. Die „blaue" Uniform ist ein besonders geschnittener und in nahezu historischen Farben gehaltener Gesellschaftsanzug. Bei Staatsempfängen wird diese zeitlose Uniform noch immer getragen.

Major des Marine Corps Dieser ebenfalls als Field Officer bezeichnete Major trägt die Uniform White Undress, also die „weiße" Messeuniform für gesellschaftliche Anlässe. Die „blaue" und die „weiße" Uniform durften von Offizieren und höheren Unteroffizieren angezogen werden. In Bezug auf die Dienstgradabzeichen ist festzuhalten, dass die Majore einen goldmetallenen und die Oberstleutnante einen silbermetallenen Stern führten, dagegen der Oberst einen silbermetallenen stilisierten Adler.

USA,
Marine Corps,
Major,
1955

USA,
Marine Corps,
Hauptmann,
1955

Hauptmann des Marine Corps Bei dem Hauptmann dieses Korps handelt es sich um einen Company Officer, dargestellt in der Utility Uniform, das heißt der im täglichen Dienst bei nahezu allen Gelegenheiten angezogenen Gebrauchsuniform. In den Streitkräften der USA sind die Dienstgrade der Company Officers Leutnant, Oberleutnant und Hauptmann. Die Rangabzeichen, zwei silbermetallene Balken, befanden sich nicht nur auf den Kragen, sondern auch vorn auf der Mütze.

Großbritannien,
Luftlandetruppen,
Hauptmann und
Feldwebel,
1948

Hauptmann und Feldwebel der Luftlandetruppen Die roten Barette, die sich deutlich von der ansonsten khakifarbenen Dienstuniform des Offiziers und dem gleichfarbigen Kampfanzug des Feldwebels abheben, zeichnen die Dargestellten als Angehörige eines Fallschirmjägerregiments aus. Verschiedene Formationsabzeichen, wie sie schon im Ersten Weltkrieg aufkamen und vor allem an den Oberarmen angebracht wurden, verliehen den Uniformen zusätzliche Farbakzente. Hier sind es das hellblaue Fallschirmjägerabzeichen und das Ärmelband mit der Aufschrift „PARACHUTE" sowie das Pegasusabzeichen der 1. und 6. Luftlandedivision.

Soldat und Oberleutnant der 14. Armee Sie gehören jener Armee an, die im Zweiten Weltkrieg vor allem in Birma gegen die Japaner kämpfte. Ihre Uniformen setzten sich aus breitkrempigem, links hochgeschlagenem Hut, Kampfanzug (aus leichterem Stoff wie bei den in Europa verwendeten Kampfanzügen), Gamaschen und Schnürstiefeln zusammen. Das am Hut des Infanteristen sichtbare Abzeichen gekreuzter weißer Schlüssel auf schwarzem Grund weist seine Zugehörigkeit zur 2. Division aus.

Großbritannien,
14. Armee,
Soldat und
Oberleutnant,
1945

Großbritannien,
Militärpolizei,
Unteroffizier
und Soldat,
1948

Unteroffizier und Soldat der Militärpolizei Beide Männer gehören dem Corps of Royal Military Police an – damals nach den Bezügen der Schirmmützen auch als „Blue Caps" bezeichnet. Um sie ganz unmissverständlich als Militärpolizisten auszuweisen, kamen zu dem kleinen roten Ärmelabzeichen mit den blauen Buchstaben „MP" noch eine blaue Armbinde mit roten Buchstaben „MP" sowie ein goldmetallenes Mützenabzeichen hinzu.

Großbritannien,
The Life Guards,
Soldat,
1948

Soldat der Life Guards Der berittene Wachtposten
(Mounted Sentry) dieses Gardekavallerieregiments versieht seinen Dienst im Londoner Regierungsbezirk, der
Whitehall. Kurz nach dem Ende des Zweiten Weltkriegs
hat er nicht in der farbigen Parade-, sondern in der
khakifarbenen Dienstuniform Posten bezogen.

Großbritannien,
Service Corps,
Soldaten und
Feldwebel,
1948

Soldaten und Feldwebel der Armeeverwaltung Diese
khakifarben uniformierten Angehörigen des Royal Army
Service Corps erfüllten ähnlich wie vormals der Train Ver-
sorgungsaufgaben für die kämpfende Truppe. Das metallene Abzeichen befand sich vorn auf der Schirmmütze und
die Abkürzung RASC auf den blauen Streifen auf den
Oberärmeln.

Großbritannien,
Auxiliary Territorial
Service, Oberleut-
nant und Gefreiter,
1946

Oberleutnant und Gefreiter des Auxiliary Territorial Service Bereits im
Ersten, vor allem aber im Zweiten Weltkrieg wurden Frauen für verschiedene
unterstützende Tätigkeiten (zum Beispiel Telefon- oder Sanitätsdienst) herangezogen, um mehr Männer für die Kampfeinheiten zu bekommen. Diese freiwillig
dienenden Frauen, unter ihnen noch als Prinzessin auch Königin Elisabeth II.
(geb. 1926), trugen khakifarbene Uniformen im Kostümschnitt der damaligen
Frauenmode und bekamen ab Juli 1941 einen vollwertigen militärischen
Status mit vergleichbaren Dienstgraden. Bei den weiblichen Offizieren waren
es Second Subaltern (Second Lieutenant; Leutnant), Subaltern (Lieutenant;
Oberleutnant), Junior Commander (Captain; Hauptmann), Senior Commander
(Major) bis Chief Controller (Generalmajor).

Frankreich,
Armee,
Hauptleute,
1956

Hauptleute der Armee Diese vier Offiziere im Dienst-
rang eines Hauptmanns (Capitaine) sind für jene Zeit in
drei verschiedenen khakifarbenen Winteruniformen sowie
im Mantel abgebildet. Diese Uniformarten waren sowohl
nummeriert als auch näher bezeichnet. Es waren die
Große Uniform (Tenue de cérémonie n° 1), die Ausgehuniform (Tenue de sortie n° 2) und die Dienstuniform
(Tenue de travail n° 3). Nach wie vor befanden sich bei
der französischen Armee die Zeichen der Dienstgrade –
hier drei goldene Streifen – auf den Schulterklappen und
um die Kopfbedeckung herum. Die rote Achselschnur weist
darauf hin, dass sie den Orden der Ehrenlegion tragen.

Hauptleute der Armee Noch einmal vier Offiziere des
Dienstgrads Hauptmann, jedoch in ihren Sommerunifor-
men aus leichterem khakifarbenen bzw. weißem Stoff.
Aus Letzterem bestand die Große Uniform, während die
Ausgeh- und die Dienstuniform aus Khakistoff waren.
Zur Dienstuniform konnten auch Käppis aufgesetzt und
kurze Hosen angezogen werden.

Frankreich,
Armee,
Hauptleute,
1956

Frankreich,
Armee,
Soldat und
Unteroffiziere,
1956

Soldat und Unteroffiziere der Armee Auch die Soldaten
und Unteroffiziere der französischen Armee trugen khakifarbene Uniformen. Diese unterschieden sich vor allem
durch anders gestaltete Dienstgradbezeichnungen und
-abzeichen von denen der Offiziere. Neben dem Soldaten
ist ein Adjutant-Chef (vergleichbar dem Oberstabsfeldwebel)
dargestellt. Seine Rangabzeichen ähneln noch denen der
Offiziere. Die beiden folgenden Unteroffiziere im Rang eines
Sergent-Chefs (Oberfeldwebel) führten ihre Abzeichen
zwar auch am Käppi, aber ebenso am linken Oberärmel.

Frankreich,
Armee,
Soldaten,
1956

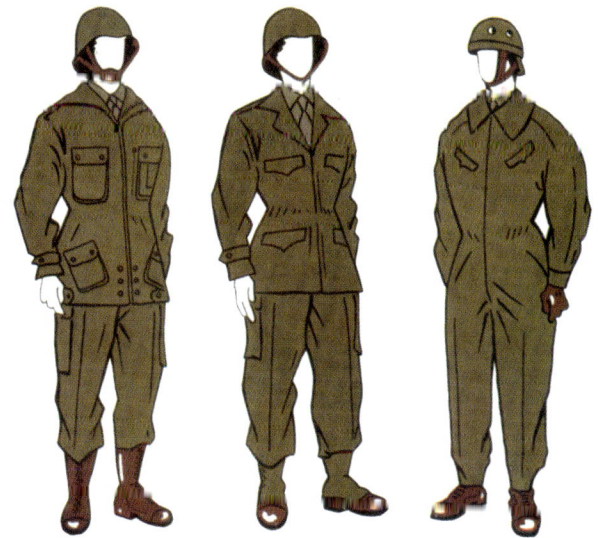

Soldaten der Armee Am Beispiel dreier Soldaten ist das Aussehen von Kampfanzügen dargestellt: der Kampfanzug für Fallschirmjäger, der allgemeine Kampfanzug für Infanteristen und der für Panzerbesatzungen. Unter allen drei Kampfanzügen wurde ein khakifarbenes Hemd mit Binder angezogen. Der Fallschirmjäger trug einen Stahlhelm mit besonderen Halteriemen, einen etwas anders gearbeiteten Kampfanzug (aufgesetzte Taschen) und Sprungstiefel. Panzerbesatzungen setzten einen Schutzhelm auf und trugen eine einteilige Kombination.

Frankreich,
Gebirgstruppe,
Soldaten,
1956

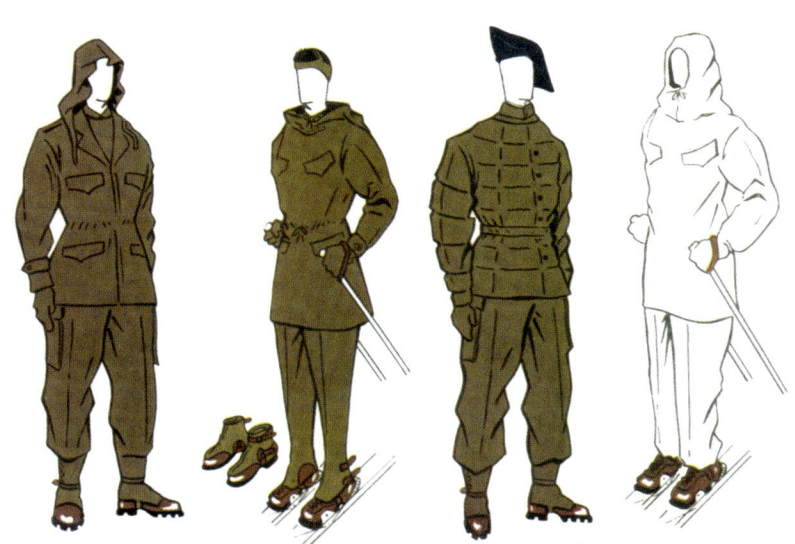

Soldaten der Gebirgstruppe Auch diese französischen Gebirgsjäger sind in ihren spezifischen Kampfanzügen dargestellt. Links ist es der normale Kampfanzug mit Kapuze. Unter ihm wurde ein Pullover angezogen. Die Gebirgsjäger besaßen stets entsprechende Bergschuhe. Daneben ist ein khakifarbener Skianzug zu sehen. Es folgen die Darstellung mit dem für Gebirgsjäger typischen Barett und der oft notwendigen gefütterten Jacke sowie der weiße Tarnanzug.

Frankreich,
Armee, Jäger,
Fremdenlegionär,
Tirailleur und
Spahis,
1956

Jäger, Fremdenlegionär, Tirailleur und Spahis der Armee Jede Armee hat ihre Besonderheiten, die französische ihre blau uniformierten Jägertruppen und die ebenfalls auffallend bekleidete Fremdenlegion. Bei ihr sind es die Epauletten und die Kopfbedeckung, der Képi blanc. Da Frankreich zu jener Zeit noch Kolonialmacht in Afrika war, gab es auch noch die aus dem 19. Jahrhundert bekannten Tirailleurs und Spahis mit Elementen ihrer Nationaltracht an der Uniform.

Frankreich,
École Polytechni-
que und École
Spéciale Militaire,
Offiziersschüler,
1956

Offiziersschüler der École Polytechnique und der École Spéciale Militaire Zur Parade und im Ausgang erschienen die künftigen Offiziere in den der Tradition verpflichteten, fast historischen dunkelblauen Uniformen. Dabei unterschieden sich die an der École Polytechnique zum Ingenieur ausgebildeten Schüler kaum von denen der École Spéciale Militaire in St. Cyr, aus der die Offiziere der Landstreitkräfte und auch einige der Gendarmerie kamen.

Schüler von Militärschulen Die französische Armee unterhielt in jener Zeit verschiedene Bildungseinrichtungen, die Jugendliche, manchmal noch Kinder, auf den Militärdienst vorbereiteten. Das waren das Prytanée Militaire (ein Militärgymnasium) und verschiedene Militärvorbereitungsschulen (Écoles Militaires Préparatoires) sowie eine Knabenschule (École Enfantine Hériot), repräsentiert durch die mittlere Figur. Sie alle trugen dunkelblaue Uniformen, im Sommer auch solche aus kurzen Hemden und Hosen, die für Afrika khakifarben waren.

Frankreich,
Militärschulen,
Schüler,
1956

Frankreich,
Armee,
Frauen,
1956

Frauen in der französischen Armee Wie in allen Armeen jener Zeit wurden Frauen zwar in den Militärdienst einbezogen, jedoch nur für unterstützende Aufgaben, so im Sanitätsdienst oder in der Verwaltung. Die drei Frauen sind hier in der blauen Winter- und in der khakifarbenen Sommeruniform dargestellt, die beide im Kostumschnitt gefertigt waren.

Belgien,
Armee, General
und Oberst-Briga-
dier der Infanterie,
1950

General und Oberst-Brigadier der Infanterie Auf den ersten Blick scheint es sich bei den belgischen Armee-uniformen jener Zeit um britische zu handeln, doch die Rang- und Truppengattungsabzeichen folgten der Tradition Belgiens. Es gab drei Generalsränge, die sich nach der Anzahl der Dienstgradsterne unterschieden. Dabei ist der hier gezeigte General im Großen Dienstanzug im Rang nicht zu bestimmen. Die Generale waren sofort an dem lilafarbenen Mützenband zu erkennen. Der Oberst-Brigadier im Ausgehanzug hat ein scharlachrotes Mützenband und ebensolche, aber königsblau paspelierte Kragenspiegel der Infanterie.

Adjutant der Artillerie und Adjutant-Chef der Infanterie Bei diesen beiden höchsten Unteroffiziersdienstgraden handelt es sich um Offiziersstellvertreter – etwa vergleichbar mit Stabsfeldwebel und Oberstabsfeldwebel. Sie tragen den Ausgehanzug bzw. die Felduniform, einmal mit der Schirmmütze und einmal mit dem Barett. Die Waffengattung war außer an der königsblauen bzw. scharlachroten, königsblau paspelierten Waffenfarbe durch entsprechende Abzeichen an der Kopfbedeckung (gekreuzte Kanonenrohre und eine Krone) zu bestimmen. Das Ärmelabzeichen des Infanteristen weist ihn als Angehörigen der 1. Infanteriedivision aus.

Belgien,
Armee, Artillerie,
Adjutant;
Infanterie,
Adjutant-Chef,
1950

Belgien,
Armee, Pionier-
truppe, Feldwebel;
Infanterie,
Unteroffizier,
1950

Feldwebel der Pioniertruppe und Unteroffizier der Infanterie Die beiden Unteroffiziere sind im Ausgehanzug und in der Felduniform dargestellt. Bei ihnen befinden sich die jeweiligen Rangabzeichen in Gestalt von Streifen an den Unterärmeln. Die schwarzen Kragenspiegel der Pioniere waren scharlachrot paspeliert. Das Metallabzeichen war der traditionelle Helm.

Unteroffizier der Kadettenschule Er trägt die blaugraue Arbeitsuniform, die im Schnitt dem britischen Kampfanzug gleicht. Hinzu kamen Feldmütze bzw. Käppi, hellblaues Hemd mit dunkelblauem Binder. Wie bei der Artillerie und auch der Königlichen Militärschule waren die Kragenspiegel königsblau und scharlachrot paspeliert.

Fallschirmjäger der Armee Der Fallschirmjäger – wie seine Kameraden im Jahr 1950 in Korea eingesetzt – erscheint in der Felduniform für Soldaten und Unteroffiziere (der genaue Rang wurde nicht kenntlich gemacht). Es handelt sich um den britischen Kampfanzug sowie den zur Tarnung mit Laub versehenen Stahlhelm. Die Kragenspiegel der belgischen Fallschirmjäger waren kastanienbraun mit hellblauer Paspelierung. Auf dem Oberärmel befindet sich ein kastanienbraunes Abzeichen, darauf in Hellblau ein mit einem Speer bewaffneter Jüngling auf geflügeltem Pferd.

Tambour der Armee Er ist in der Paradeuniform wiedergegeben. Dazu gehörte der britische Kampfanzug, jedoch versehen mit weißem Lederzeug sowie ebensolchen Stulpenhandschuhe und Gamaschen. Am Barett befindet sich als Truppenabzeichen die Lyra und auf dem linken Oberärmel das Abzeichen der 1. Infanteriedivision. Die Angehörigen der Musikkorps schmückten sich außerdem mit farbigen Kordeln in der Waffenfarbe (hier der Infanterie).

Militärmusiker der Armee Weißes Lederzeug, ebensolche Stulpenhandschuhe und Gamaschen sowie farbige Kordel belegen, dass beide Militärmusiker in Paradeuniform dargestellt sind. Der Trompeter (links) gehört zum Regiment Guides (Aufklärer), dessen Angehörige wie die Panzertruppen schwarze Barette trugen und violettrote, grün paspelierte Kragenspiegel sowie ein Metallabzeichen aus gekreuzten Säbeln unter der Krone führten.

Soldat der Grenadiere und Adjutant der Infanterie

Beide Männer haben den Mantel übergezogen – der Soldat zur Felduniform und der Adjutant (Stabsfeldwebel) zum Großen Dienstanzug. Am Stahlhelm britischer Herkunft befinden sich die belgischen Nationalfarben Schwarz-Gelb-Rot, ebenso in der Kokarde an den Schirmmützen. Die Grenadiere führen die Waffenfarben der Infanterie, aber als Elite und aus historischen Gründen auf dem Kragenspiegel goldmetallene stilisierte Granaten.

Assistentin der Armee und Sergeant der Militärpolizei Auch in der belgischen Armee dienten bereits seit Ende der 1940er Jahre Frauen in den Einrichtungen, die die Kampftruppen unterstützten. Sie wurden als Assistentinnen bezeichnet und waren im Kostümschnitt der Zeit uniformiert. Neben der Regimentspolizei verfügte die Armee vor allem über eine zentrale Militärpolizei. Deren hauptsächliche Uniformkennzeichen waren das weiße Lederzeug und die scharlachroten, weiß paspelierten Kragenspiegel sowie schwarze Armbinden mit den roten Buchstaben „PM" (Police Militaire).

DDR, Hauptverwaltung für Ausbildung, Offiziersschüler, VP-Hauptwachtmeister und VP-Rat, Generalinspekteur der Volkspolizei (VP), um 1950

Offiziersschüler, VP-Hauptwachtmeister, VP-Rat der Hauptverwaltung für Ausbildung sowie Generalinspekteur der Volkspolizei (VP) In der DDR setzte etwa um 1949 der Aufbau von Streitkräften ein. Dazu war die Hauptverwaltung für Ausbildung geschaffen worden. Neben einem Offiziersschüler sind Vertreter aller Dienstgradgruppen in ihren eher polizeiähnlichen Uniformen dargestellt. Bis zum Sommer 1950 wurden blaue Hemden mit roten Bindern getragen, dann kamen khakifarbene Hemden und ebensolche Binder auf. Auch die Dienstgradbezeichnungen entsprachen bis zum VP-Oberrat den Polizeirängen.

Seepolizei-Oberwachtmeister, Seepolizei-Anwärter und Generalinspekteur der Seepolizei Für die Vorbereitung der Errichtung einer Marine bildete die DDR Mitte Juni 1950 die Hauptverwaltung Seepolizei. Ihre Angehörigen waren nicht nur ganz im Stil der früheren deutschen Marinen uniformiert, sondern zunächst auch mit Uniformstücken der Kriegsmarine ausgestattet. Abweichend waren nur die Kokarde und die Mützenbänder. Wie die Beispiele zeigen, gab es von Beginn an die Differenzierung in die Dienst- bzw. Ausbildungsuniform Winter, die Borduniform und die Dienstuniform Sommer (von links nach rechts).

DDR, Hauptverwaltung Seepolizei, Seepolizei-Oberwachtmeister, Seepolizei-Anwärter und Generalinspekteur der Seepolizei 1. Grads, um 1950

DDR, Hauptverwaltung für Ausbildung, Unterwachtmeister und Wachtmeister; Hauptverwaltung Seepolizei, Seepolizei-Wachtmeister, um 1950

Unterwachtmeister und Wachtmeister der Hauptverwaltung für Ausbildung sowie Seepolizei-Wachtmeister Die Angehörigen beider Vorläufer einer wirklichen Armee waren entsprechend ihren Aufgaben mit zweckmäßiger Sonderbekleidung ausgestattet. So trug der als Kradfahrer eingesetzte VP-Unterwachtmeister neben Schutzhelm und Schutzbrille den gummierten Kradmantel, der andere Wachtmeisterdienstgrad als Wachtposten im Winter einen Wachtmantel aus Schaffell und Filzstiefel, der Seepolizei-Wachtmeister war während des Borddienstes im Winter mit Pelzmütze und Watteanzug bekleidet.

DDR,
VP-Luft, Gefreiter;
Kaserniorte Volks-
polizei (KVP),
Artillerie, Major;
KVP, rückwärtige
Dienste, Feldwebel,
1952–1956

Gefreiter der VP-Luft sowie Major der Artillerie und Feldwebel der rückwärtigen Dienste der Kasernierten Volkspolizei (KVP) Mit Wirkung vom 1. Juli 1952 erfolgte die Bildung der KVP, der VP-Luft und der VP-See und damit nicht nur eine Umbenennung der bisherigen Polizeiformationen, sondern auch die Schaffung wirklicher militärischer Strukturen in der DDR. Das zeigte sich auch in der Verwendung militärischer Dienstgrade sowie in neuen Uniformen – khakifarben nach sowjetischem Vorbild – für die KVP und VP-Luft. Die abgebildeten Männer tragen Felddienstuniformen, die Frau die Dienstuniform.

Generalmajor und Leutnant der VP-Luft, Soldat der Infanterie der KVP Ledermäntel erfreuten sich unter den DDR-Militärs noch bis in die 1960er Jahre großer Beliebtheit. Während die KVP als Landstreitkraft oben geschlossene Uniformjacken trug, zogen die Angehörigen der VP-Luft solche offenen Schnitts und darunter Hemden mit Binder an. Frauen, die in der Verwaltung und im medizinischen Dienst wirkten, erschienen zumeist in Dienstuniformen, die nach den Kostümen der damaligen Zeit geschnitten waren. Von den Männern wurde ungeachtet des sowjetischen Uniformstils eine Kopfbedeckung aufgesetzt, die sehr der Einheitsfeldmütze der deutschen Wehrmacht glich.

DDR,
VP-Luft, General-
major und Leutnant;
KVP, Infanterie,
Soldat,
1952–1956

DDR,
KVP, Nachrichten-
truppen, Unter-
offizier und Gene-
ralmajor, VP-Luft,
Hauptmann (Mitte),
1952–1956

Unteroffizier der Nachrichtentruppen der KVP, Hauptmann der VP-Luft und Generalmajor der KVP Vor allem zur Ausgehuniform gehörten Schirmmützen und lange blaue Hosen. Die Rangabzeichen in Form der Schulterklappen und -stücke folgten dem Vorbild deutscher Rangabzeichen vor dem Zweiten Weltkrieg. Allerdings wurde der Dienstgrad eines Unterleutnants nach sowjetischem Muster übernommen. Dagegen führten Generale wieder nach deutschem militärischen Brauch breite rote Streifen an den Uniformhosen.

DDR,
KVP, Panzertruppen, Oberleutnant;
VP-See, Unterleutnant und Obermeister,
1952–1956

Oberleutnant der Panzertruppen der KVP, Unterleutnant und Obermeister der VP-See Auch Waffenfarben spielten eine Rolle. Während es bei der VP-Luft nur das Hellblau war, gab es in der KVP Rot für Generale, Malinorot für Infanterie, Kobaltblau für Panzer, Schwarz für Chemische Truppen, Artillerie (rot eingefasst), Nachrichten (gelb eingefasst), Pioniere (blau eingefasst), Kraftfahrzeugtruppen (dunkelrot eingefasst), Eisenbahntruppen (grün eingefasst) sowie Grün für Intendantur, administrativen, medizinischen und juristischen Dienst. Der weibliche Unterleutnant der VP-See trägt die weiße Ausgehuniform der Sommerzeit und der Obermeister des Maschinenpersonals (vergleichbar dem Obermaschinisten) die Borduniform.

Matrose, weiblicher Meister und Matrose der VP-See
Auch innerhalb der VP-See existierten Waffenfarben, nämlich als dunkelblaue, silbergraue und weinrote Paspelierung der Schulterklappen und -stücke für den Flotten-, den Verwaltungs- und den Küstendienst. Eine weitere Kennzeichnung geschah durch ein ausgeklügeltes System von Laufbahnabzeichen. Abgebildet sind ein Matrose (Seemännische Laufbahn, Signaldienst) in der Dienst- bzw. Ausgehuniform Sommer, ein weiblicher Meister der Küstendienstlaufbahn in Sommerborduniform und ein weiterer Matrose in der weißen Borduniform.

DDR,
VP-See, Matrose, weiblicher Meister und Matrose,
1952–1956

DDR,
VP-See, Obermaat, Unterleutnant und Korvettenkapitän,
1952–1956

Obermaat, Unterleutnant und Korvettenkapitän der VP-See Alle drei Dienstgrade der VP-See sind in den für den Winter bestimmten Dienstuniformen dargestellt. Das augenfälligste Merkmal besteht darin, dass keine weißen, sondern blaue Kopfbedeckungen aufgesetzt wurden. Der Obermaat, der den sogenannten Überzieher trägt, und der Korvettenkapitän gehören dem Flottendienst an, der weibliche Unterleutnant natürlich der Verwaltungslaufbahn.

Argentinien,
Heer,
General,
1947

General des Heers Das argentinische Heer pflegt wie nahezu alle
Armeen intensiv seine historischen Überlieferungen, die hier auf die
Freiwilligenformationen zur Abwehr englischer Invasionstruppen
1806/07 zurückgehen. Somit verwundert es nicht, dass die Galauni
formen der Generale und Offiziere dunkelblau gehalten waren und zur
Uniform das Band eines hohen Ordens (Ejército Argentino al Mérito)
angelegt sowie ein Ehrensäbel (Sable Estilizado del General San Mar-
tín) mitgeführt wurden. Diese Uniformart wurde in der Winterzeit vom
1. Mai bis 31. Oktober eines Jahrs getragen. Im Sommer war es eine
weiße Uniformjacke.

Brigadegeneral des Heers Während bei
der vorherigen Darstellung der genaue
Rang des Generals nicht zu bestimmen
war, handelt es sich hier um den untersten
Generalsdienstgrad eines Brigadegenerals
(ein Stern). Er trägt die Dienstuniform. Die
Waffenfarbe der argentinischen Generalität
war Rot.

Argentinien,
Heer,
Brigadegeneral,
1947

Argentinien,
Heer,
Militärgeistlicher,
1947

Militärgeistlicher des Heers In vielen Armeen gehörten und gehören
Geistliche zum alltäglichen Erscheinungsbild. Sie zogen entweder ihre
Amtstracht an oder eine solche, die wie hier deutlich mit Elementen
einer Uniform verbunden war. Sie wurde ganzjährig getragen. Die
„Waffenfarbe" der Geistlichkeit des ebenfalls katholisch geprägten
Militärs war Violett. Sie fand sich am Kragen (hier gab es noch ein
besonderes Abzeichen, Religion genannt) Ärmelaufschlägen sowie als
Paspelierung dieser Galabekleidung.

Argentinien,
Heer, Offizier
im Umhang,
1947

Offizier des Heers im Umhang Dieser perlgraue, mit
einer goldmetallenen Spange zu schließende Umhang
konnte von Generalen und Offizieren ganzjährig zur
Gesellschaftsuniform umgelegt werden. Den Kragenabzeichen nach gehörte er zu den Stabsoffizieren.

Stabsoffizier des Heers Dieser höhere Offizier
trägt die für die Winterzeit bestimmte Ausgehuniform jener Zeit. Im Sommer wurde die in dunklem Khaki gehaltene Uniformjacke durch eine
wesentlich hellere, fast weiße ersetzt. Den am
offenen Kragen befindlichen metallenen Abzeichen (gekreuzte Gewehre) ist zu entnehmen,
dass er der Infanterie angehört.

Argentinien,
Heer,
Stabsoffizier,
1947

Argentinien,
Heer,
Stabsoffizier,
1947

Stabsoffizier des Heers In der argentinischen Sommerzeit wurden von den Offizieren sehr helle, nahezu weiße
Uniformjacken getragen. Dieser Stabsoffizier zeigt sich
zudem in Reithosen und mit angezogenen Handschuhen.
Reitstiefel mit Sporen und die rote Waffenfarbe weisen
auf seine Zugehörigkeit zur Kavallerie hin, die es damals
durchaus noch gab.

Argentinien,
Heer,
Offizier,
1947

Offizier des Heers Dieser Major (ein Stern auf den Schulterklappen) ist in der vollständigen Felduniform dargestellt. Die Uniformfarbe ist eine Mischung aus Grau und Khaki. Neben den angedeuteten Ausrüstungsgegenständen ist vor allem der aufgesetzte Stahlhelm Bestandteil der Felduniform. Dieser Helm folgt im Aussehen dem deutschen Modell von 1935. An seiner rechten Seite befinden sich die argentinischen hellblau-weißen Nationalfarben.

Argentinien,
Heer,
Soldat,
1947

Soldat des Heers Da sich die Anden auch durch Argentinien ziehen, verfügte die Armee über Gebirgstruppen. Deren Angehörige waren entsprechend den Erfordernissen des Gebirgskampfs bekleidet und ausgerüstet. Dazu gehörten neben den wetterfesten Uniformen auch Schutzbrillen, gefütterte Handschuhe und feste Bergschuhe.

Argentinien,
Heer,
Unteroffizier,
1947

Unteroffizier des Heers Die Unteroffiziere des argentinischen Heers teilten sich in zwei Gruppen: die der höheren Unteroffiziere war die „mit Säbel" (con sable) und die der unteren die „ohne Säbel" (sin sable), ähnlich den Unteroffizieren mit und ohne Portepee in Deutschland. In Argentinien führten Letztere zur Uniform, hier die Dienstuniform, ihr Seitengewehr mit sich. Die Rangabzeichen befanden sich auf beiden Oberärmeln, oben auf der Schirmmütze die Nationalkokarde.

USA,
Marine Corps,
Schütze,
1950

Schütze des Marine Corps In dieser Uniformierung und persönlichen Ausrüstung rückte das Marine Corps der USA in den Koreakrieg (1950–1953) ein. Der dargestellte Schütze (Private) trägt noch den baumwollenen zweiteiligen Arbeits- und Feldanzug des Zweiten Weltkriegs. Hinzu kam der Stahlhelm, der bei den Marineinfanteristen kein Tarnnetz, sondern einen Überzug mit gedrucktem Flecktarnmuster hatte. Die zu den Schnürschuhen gehörenden Segeltuchgamaschen erwiesen sich nun endgültig als unzweckmäßig, da sie sich rasch voll Wasser sogen und an den Waden scheuerten.

Oberleutnant der Panzertruppe Im 6-Tage-Krieg 1967 errang Israel durch das erfolgreiche enge Zusammenwirken von Luftstreitkräften und Panzertruppen rasch den Sieg über die Armeen Ägyptens und Syriens. Der abgebildete Oberleutnant der Panzertruppe ist mit dem olivgrünen Feldanzug bekleidet, bei dem die Dienstgradabzeichen auf die Schulterklappen des Uniformhemds aufgeschoben worden waren. Bei seinem Schutzhelm handelt es sich um ein amerikanisches Modell.

Israel,
Panzertruppe,
Oberleutnant,
1967

Ägypten,
Panzertruppe,
Soldat,
1973

Soldat der Panzertruppe Die ägyptischen Panzersoldaten waren mit Panzern der sowjetischen Typen T-34 und T-55 ausgerüstet, auch die gepolsterte Panzerkopfhaube stammte aus der UdSSR. Syrien und Ägypten verloren letztlich auch den Krieg gegen Israel im Oktober 1973.

Major der Landstreitkräfte In der Vietnamesischen Volksarmee wurde Sommer- und Winteruniform getragen. Zur Ersteren gehörten der Tropenhelm, ein hellolivgrünes Hemd und eine dunkelolivgrüne Hose sowie Plastiksandalen. Die Zugehörigkeit zu den Landstreitkräften wurde durch rote Kragenspiegel und ein entsprechendes Abzeichen vorn am Helm ausgewiesen. Die Rangabzeichen befanden sich nur auf den Kragenspiegeln. Schulterklappen wurden nur zur Parade angelegt.

Sozialistische
Republik Vietnam,
Volksarmee,
Volksmarine,
Leutnant,
1981

Leutnant der Volksmarine Er ist in der Winteruniform der Vietnamesischen Volksarmee abgebildet, die aus der Schirmmütze, der einreihigen Jacke mit geschlossenem Kragen und vier Taschen, einer langen Hose und halbhohen Schnürschuhen bestand. Vorn auf der Mütze saß das Abzeichen der Volksmarine, ein kreisrunder goldfarbener Ährenkranz, unten ein halbes goldfarbenes Zahnrad, in der Mitte ein fünfzackiger goldener Stern über rotem Anker und dunkelblauen Strahlen.

Nicaragua,
Sandinistische
Volksarmee,
Landstreitkräfte,
Soldat,
1983

Soldat der Landstreitkräfte Diese Kampfuniform war dem subtropischen Klima angepasst. Zu Hemd und Hose aus leichtem graugrünem Baumwollgewebe gehörten ein gleichfarbenes Unterziehhemd sowie eine graugrüne Schirmmütze oder, wie hier dargestellt, ein schwarzes Barett. Auf ihm befand sich das rot-schwarze Emblem der FSLN (Frente Sandinista de Liberación Nacional). Ausrüstung und Munition wurden am grauen Gurtkoppel getragen. Als Waffen wurden erbeutete Gewehre des Modells M 16 A1 der USA verwendet.

Republik Kuba,
Revolutionäre
Streitkräfte,
Landstreitkräfte,
Major,
1984

Major der Landstreitkräfte Er trägt eine dunkle khakifarbene Stabsdienstuniform, also die Bekleidung für den allgemeinen Dienst in den Stäben und Kasernen. Zu dieser Uniformart gehören ein hellgrünes Uniformhemd mit Binder und schwarze Halbschuhe. Die olivgrünen Schulterstücke der Stabsoffiziere sind von zwei roten Streifen durchzogen. Die unteren Offiziersdienstgrade führen nur einen derartigen Streifen. Der genaue Rang ist durch die Anzahl der Dienstgradsterne bestimmt. Die Schirmmütze ziert ein silbermetallenes Emblem – das Staatswappen.

Gefreiter der Landstreitkräfte Die gezeigte Felddienstuniform dieses Gefreiten aus leichtem, strapazierfähigem olivgrünen Baumwoll-Synthetik-Stoff ist dem feuchten tropischen Klima angepasst. Am braunen Lederkoppel können Ausrüstungsgegenstände wie Magazintaschen, Handgranaten und Feldspaten getragen werden. Der Saum der langen Uniformhosen wurde in die hohen schwarzen Schnürschuhe geschoben.

Republik Kuba,
Revolutionäre
Streitkräfte,
Landstreitkräfte,
Gefreiter,
1984

Volksrepublik
Angola,
Volksbefreiungs-
streitkräfte,
Landstreitkräfte,
Unteroffizier,
1983

Unteroffizier der Landstreitkräfte Der 1975 gegründete Staat schuf rasch aus Guerillatruppen reguläre Streitkräfte, die auch Uniformen erhielten. Die Farben der gezeigten Dienstuniform aus leichtem Stoff, die zugleich als Gefechtsbekleidung diente, waren der Umwelt angepasst. Braunrot stand für die Erde und Grüngelb für die Savannen und Steppen. Das dunkelgrüne Barett schmückten hinten angebrachte Bänder in den Landesfarben Schwarz, Rot und Gelb.

UdSSR,
Streitkräfte,
Marine-Infanterie,
Obermatrose,
Landstreitkräfte,
Soldat und
Leutnant,
1989

Obermatrose der Marine-Infanterie, Soldat und Leutnant der Landstreitkräfte Paraden spielen bis heute im Militär eine wichtige Rolle, auch für das eigene Selbstverständnis. Somit traten die Soldaten aller Dienstgrade zu diesen Anlässen immer in besonderen Uniformen, den Paradeuniformen auf. Stets wurden zu militärischen Zeremonien Truppenfahnen mitgeführt. Der Fahnenträger (kenntlich gemacht durch das Bandelier) führt eine Fahne der Sowjetunion mit sich. Bei dem Leutnant handelt es sich um einen Offizier der Gruppe der Sowjetischen Streitkräfte in Deutschland, die unter wechselndem Namen bis 1994 in der DDR bzw. in den neuen Bundesländern stationiert war.

Unteroffizier der Luftlandetruppen Spezial- bzw. Elitetruppen zeichneten sich in allen Armeen, so auch in der Sowjetarmee, durch besondere Uniformteile aus. Bei den Angehörigen der sowjetischen Luftlandetruppen war es wie bei der Marineinfanterie schon das Barett, als sonst noch Schirmmützen und Käppis allgemein üblich waren. Hinzu kam das untergezogene Matrosenhemd – bei den Luftlandetruppen hellblau-weiß und bei der Marineinfanterie dunkelblau-weiß gestreift.

UdSSR,
Sowjetarmee,
Luftlandetruppen,
Unteroffizier,
1982

UdSSR,
Sowjetarmee,
Landstreitkräfte,
Soldat,
1982

Soldat der Landstreitkräfte Die damalige Sowjetunion erstreckte sich über elf Zeitzonen. Das Klima reichte von den kalten Polarregionen bis zu den heißen Wüsten Innerasiens. Demzufolge suchte die Sowjetarmee sich in der Uniformierung auf derartige Bedingungen einzustellen. Charakteristisch für die Dienstuniform in den heißen Militärbezirken war der Tropenhelm aus leichtem Stoff und mit breiter Krempe. An der Spitze befanden sich kleine Luftlöcher. Auf den roten Sowjetstern vorn am Hut wurde allerdings nicht verzichtet.

Volksrepublik
Bulgarien,
Bulgarische Volks-
armee, Seestreit-
kräfte, Obermeister;
Ehrenformation,
Hauptmann
und Soldat,
1989

Obermeister der Seestreitkräfte, Hauptmann und Soldat der Ehrenformation Ungeachtet der etwa vier Jahrzehnte währenden kommunistischen Herrschaft in Bulgarien, die mit nahezu allen Traditionen der Geschichte brach, traten zu militärischen Zeremonien, die meist Staatsakte begleiteten, Ehrenformationen in Paradeuniformen oder sogar wie hier historisch geprägten Uniformen mit der Truppenfahne auf.

Feldwebel der Landstreitkräfte Rotbraun war traditionell die Grundfarbe der Uniformen der bulgarischen Soldaten. Sie wurde in der Bulgarischen Volksarmee weiter für die Winteruniformen der Soldaten und Unteroffiziere im Grundwehrdienst verwendet, während Berufsunteroffiziere und Offiziere khakifarbene Uniformen trugen. Auffällig waren die hohen Schnürschuhe und die Feldmützen, deren Ohrenklappen hochgeschlagen und zusammengeknöpft werden konnten. Es gab zwei unterschiedliche Mützenembleme: für Offiziere das Staatsemblem, für Soldaten einen roten fünfzackigen Metallstern.

Volksrepublik
Bulgarien,
Bulgarische Volks-
armee, Landstreit-
kräfte, Feldwebel,
1983

Volksrepublik
Bulgarien,
Bulgarische Volks-
armee, Landstreit-
kräfte, Hauptmann,
1983

Hauptmann der Landstreitkräfte Erst Anfang der 1970er Jahre konnten die seit 1936 gültigen Uniformen abgelöst werden. Als Grundfarbe der Sommeruniform wurde ein Moosgrün gewählt. Der Löwe auf dem Staatswappen im Mützenband symbolisierte den Kampf des bulgarischen Volks gegen das 500 Jahre währende osmanische Joch. Die Rangabzeichen folgten im Aussehen dem sowjetischen bzw. russischen Vorbild

DDR,
Nationale Volks-
armee (NVA),
Volksmarine, Ober-
matrose; Luft-
streitkräfte, Major;
Wachregiment
Friedrich Engels,
Feldwebel,
1989

**Obermatrose der Volksmarine, Major der Luftstreit-
kräfte und Feldwebel des Wachregiments Friedrich
Engels** Die Paradeuniformen der drei dargestellten An-
gehörigen der NVA, darunter der Feldwebel des Wach-
regiments Friedrich Engels (kenntlich gemacht durch das
Ärmelband) mit der Truppenfahne, sind zusätzlich mit
Schmuckelementen versehen: Der Obermatrose und der
Feldwebel tragen die Repräsentations- und der Major die
Achselschnur der Offiziere. Generale besaßen sogar gold-
metallene Achselschnüre. Hinzu kam als Besonderheit,
dass die Offiziere, die die Truppenfahne begleiteten, mit
Paradesäbeln ausgestattet waren.

Schellenbaumträger des Wachregiments Friedrich Engels Der Stolz
nahezu aller deutschen Militärmusikkorps ist der Schellenbaum. Sein Träger
hier gehört dem Wachregiment Friedrich Engels an, dessen Soldaten und
Unteroffiziere ebenfalls Uniformen im Schnitt der Offiziersuniformen trugen.
Zusätzlich abgebildet sind weitere Flaggen zu Schellenbäumen der Landstreitkräfte, der Luftstreitkräfte/Luftverteidigung und der Volksmarine (in der Mitte
von oben nach unten; ganz oben die Rückseite der Flagge der Landstreitkräfte)
sowie der Behang einer Kesselpauke der Landstreitkräfte.

DDR,
NVA, Wachregi-
ment Friedrich
Engels, Schellen-
baumträger,
1989

DDR,
NVA, Landstreit-
kräfte, Motorisierte
Schützen,
1989

Motorisierte Schützen der Landstreitkräfte Eigentlich
wurden die Soldaten der Landstreitkräfte der NVA, die
eine Truppengattung der Infanterie darstellten, einfach nur
als „mot. Schützen" bezeichnet. Sie veranschaulichen sehr
gut den Unterschied zwischen der Kampf- und der Paradeuniform. Seit Mitte der 1960er Jahre hatte die NVA
Kampfanzüge im sogenannten Stricheldruck. Zuvor wiesen
die Stoffe den Flächendruck auf. Zur persönlichen Ausrüstung des motorisierten Schützen gehörten Magazin-
tasche, Seitengewehr, Schutzmaske, Feldflasche und
Feldspaten sowie Schutzumhang.

Ungarische Volksrepublik, Ungarische Volksarmee, Landstreitkräfte, Stabsfeldwebel und Oberleutnant sowie Soldat der Ehrenformation, 1989

Stabsfeldwebel und Oberleutnant der Landstreitkräfte sowie Soldat der Ehrenformation Zwischen der Felddienstuniform des Stabsfeldwebels, der die Truppenfahne trägt, und den Paradeuniformen des Oberleutnants sowie des Soldaten der Ehrenformation gibt es ob ihrer Schlichtheit kaum Unterschiede. Die olivgrüne Grundfarbe bestimmte den Eindruck. Rote Abzeichen an der Schirmmütze und auf den Kragenspiegeln, das Rot der Schulterklappen sowie die mit grün und rot durchzogene Leibbinde hoben die Uniform der Ehreneinheit heraus.

Soldat der Landstreitkräfte Das Olivgrün bestimmte alle Bestandteile der ungarischen Felddienstuniform. Untrennbar war die Feldmütze mit den Traditionen ungarischer Militärgeschichte verbunden. Vorn aufgerichtet, glitt sie nach hinten flach und spitz ab. Hinzu kam die breite Ohrenklappe, ringsherum eingeschlagen und an der Mützenvorderseite zusammengeknöpft. Über den Knöpfen befand sich die Kokarde.

Ungarische Volksrepublik, Ungarische Volksarmee, Landstreitkräfte, Soldat, 1983

Ungarische Volksrepublik, Ungarische Volksarmee, Landstreitkräfte, Feldwebel, 1983

Feldwebel der Landstreitkräfte Das typische Merkmal der Winteruniform der Ungarischen Volksarmee war die wattierte und mit einem dunkelgrauen Webpelz versehene Winterjoppe, die anstelle eines Mantels getragen wurde. Natürlich gehörten zur Winteruniform braune Stoffhandschuhe und grobledere Stiefel. Vervollständigt wurde diese Uniform durch eine Synthetikpelzmütze mit herunterklappbaren Ohrenteilen.

Sozialistische
Republik Rumänien,
Rumänische
Armee, Landstreit-
kräfte, Unteroffizier;
Seestreitkräfte,
Stabsmatrose;
Ehrenformation,
Leutnant,
1989

Unteroffizier der Landstreitkräfte, Stabsmatrose der Seestreitkräfte und Leutnant der Ehrenformation

Bei den Landstreitkräften bestimmte das Olivgrün die Uniformen. Truppenfahnen konnten – zum Beispiel nach Manövern – durchaus auch wie hier von Soldaten in Felddienstuniformen präsentiert werden. Der Stabsmatrose in seiner Paradeuniform belegt, dass auch die Uniformen der rumänischen Seestreitkräfte internationalen Maßstäben folgten. Für die repräsentierenden Ehreneinheiten gab es eine besondere Uniform. Die goldfarbene Leibbinde des Offiziers war rot und blau durchzogen, sodass sich die Landesfarben ergaben.

Gefreiter der Gebirgsjäger Als Elitetruppe hatten auch die Uniformen der Gebirgsjäger ihre Besonderheiten. Zwar glichen sie grundsätzlich denen der Landstreitkräfte, doch kamen das Barett und die weißen, über den Rand der Bergstiefel (Schnürschuhe) geschlagenen Wollstrümpfe hinzu. Die dunkelgrüne Waffenfarbe dieser Gebirgsjäger fand sich auf den Kragen.

Sozialistische
Republik Rumänien,
Rumänische
Armee, Gebirgs-
jäger, Gefreiter
1983

Sozialistische
Republik Rumänien,
Rumänische
Armee, Artillerie,
Leutnant,
1983

Leutnant der Artillerie Dieser Offizier ist in der Gefechtsuniform dargestellt, die in der damaligen Rumänischen Armee der Dienst- und Paradeuniform glich. Genau genommen kam nur der Stahlhelm hinzu. Das Lederkoppel mit dem Schulterriemen – beides war seit Ende des 19. Jahrhunderts in vielen Armeen in Gebrauch – verlieh dem Offizier eine straffere Haltung. Die rumänischen Offiziere führten auf den Kragenspiegeln im Unterschied zu den Soldaten und Unteroffizieren zwei sich kreuzende goldene Eichenlaubzweige. Das jeweilige Waffengattungsabzeichen, bei der Artillerie natürlich gekreuzte Kanonenrohre, saß auf den breiten goldenen Schulterstücken.

Volksrepublik
Polen,
Polnische Armee,
Landstreitkräfte,
Leutnant und
Stabsfeldwebel;
Seekriegsflotte,
Obermatrose,
1989

Leutnant und Stabsfeldwebel der Landstreitkräfte und Obermatrose der Seekriegsflotte Die ersten beiden Soldaten gehören zwar den Landstreitkräften an, doch innerhalb dieser Teilstreitkraft wird der Stabsfeldwebel den Panzertruppen zugeordnet. Daher trägt er die schwarze Kombination als Bekleidung und nicht die olivgrüne Parade-uniform. Dazu präsentiert er die Truppenfahne. Nahezu unverändert gegenüber den 1930er Jahren zeigt sich der „Seite pfeifende" Obermatrose in seiner Paradeuniform. Mit dem Zeremoniell des Seitepfeifens wurden unter anderem Admirale an Bord von Kriegsschiffen geleitet.

Leutnant der Infanterie Er trägt die Dienstuniform in der olivgrünen Grundfarbe der polnischen Uniformen jener Zeit. Zwar war die charakteristische viereckige Mütze (Rogatywka) ab 1949 von dieser Schirmmütze ersetzt worden, doch wurden das Adlersymbol und die Dienstgradabzeichen weiterhin vorn angebracht. Ab 1960 ersetzten metallene Embleme der Waffengattungen als Kragenabzeichen die bisherigen Kragenspiegel mit den Waffenfarben. Zum Schuhwerk gehörten neben den braunen Gamaschenschuhen wahlweise auch schwarze Stiefel.

Volksrepublik
Polen,
Polnische Armee,
Infanterie,
Leutnant,
1980

Yeoman Warders Genau genommen handelt es sich bei den über die Jahrhunderte unverändert uniformierten bzw. bekleideten Wachen des Towers in London um „The Yeoman Warders of Her Majesty's Royal Palace and Fortress the Tower of London", die jeder Besucher der Weltstadt so auch heute noch bestaunen kann. Die Truppe aus ehemaligen langgedienten Unteroffizieren (Sergeant Majors und Mindestdienstzeit von 22 Jahren) gibt es seit 1485. Im täglichen Dienst tragen die Yeoman Warders eine dunkelblau-rote Uniform und zu Staatsakten die gezeigte rot-goldene Tracht.

ČSSR,
Tschechoslowaki-
sche Volksarmee,
Soldat und
Fähnrich der
Burgwache und
Militärmusiker,
1989

Soldat und Fähnrich der Burgwache und Militär-musiker Alle drei Soldaten präsentieren sich in ihren grünlich khakifarbenen Paradeuniformen. Der Träger der Präsidentenstandarte wurde nicht nur ob seiner momentanen Aufgabe als Fähnrich bezeichnet, auch sein Dienstgrad lautete so. Nach sowjetischem Beispiel hatten einige Armeen der Teilnehmerstaaten des Warschauer Pakts die Fähnrichdienstgrade übernommen. Sie waren keine Offiziersanwärter, sondern bildeten eine Dienstgradgruppe zwischen den Unteroffizieren und Offizieren.

Soldat der Landstreitkräfte Die Angehörigen der Landstreitkräfte der Tschechoslowakischen Volksarmee trugen khakifarbene Uniformen. Ab 1950, als die Armee eine Neuuniformierung erfuhr, erhielten auch die Soldaten einreihige Jacken für ihre Dienstuniformen, die mit offenem Revers gearbeitet waren. Hinzu kam ein graues Hemd mit dunkelgrauem Binder. Geblieben war die Feldmütze (Käppi), an der links das metallene Staatsemblem angebracht war.

ČSSR,
Tschechoslowaki-
sche Volksarmee,
Landstreitkräfte,
Soldat,
1980

ČSSR,
Tschechoslowaki-
sche Volksarmee,
Landstreitkräfte,
Unterleutnant,
1980

Unterleutnant der Landstreitkräfte Wie auch in den anderen Armeen der Teilnehmerstaaten des Warschauer Pakts gab es für die Winterperiode eine spezielle Felddienstuniform aus robustem Gewebe – hier dunkelgraugrün – mit einer Strichelmusterung, um einen Tarneffekt zu erzielen. Hinzu kamen eine Pelzmütze und für Offiziere ein Pelzkragen. Beide waren aus synthetischem Material gearbeitet. Der Dienstgrad war auf der Stoffschleife an der rechten Brustseite ersichtlich.

Tschechien,
Militärkanzlei des
Präsidenten,
Unterleutnant;
Burgwache,
Soldat,
1997

Unterleutnant der Militärkanzlei des Präsidenten und Soldat der Burgwache Nach 1989 wurden die tschechischen Uniformen grundlegend verändert, alle kommunistischen Symbole wurden entfernt. Nunmehr gelten die USA und andere NATO-Staaten als Vorbild auch für die Uniformierung. Bei den Frauen im Militärdienst fällt vor allem der Uniformhut auf. Der Soldat der Burgwache des Präsidenten trägt die neue dunkelblaue Dienstuniform, die sehr der des Marine Corps der USA ähnelt, mit den entsprechenden Abzeichen dieser Truppe auf Schirmmütze, Kragen und Oberarm.

Unteroffiziere des Heers Bei den beiden Unteroffizieren, die in der Felduniform, also im Kampfanzug, auftreten, handelt es sich dem weinroten Barett und dem auf dem Oberärmel angebrachten Ärmelabzeichen zufolge um Fallschirmjäger. Die Rangabzeichen befinden sich sowohl am Barett als auch auf der rechten Brustseite der Kampfanzugsjacke oberhalb des Namenszugs. Die Felduniform ist den klimatischen Bedingungen Zentraleuropas angepasst.

Tschechien,
Heer,
Unteroffiziere,
2000

Tschechien,
Heer,
Hauptmann und
Oberleutnant,
2000

Hauptmann und Oberleutnant des Heers Beide Offiziere tragen für die Winterzeit bestimmte Felduniformen, wobei die des rechts abgebildeten Oberleutnants für extreme Wetterbedingungen bzw. große Kälte erweitert worden ist. Dazu gehören zum Beispiel der Gesichtsschutz und die besonderen Handschuhe. Der Hauptmann (links) ist zwar mit dem Standardanzug ausgestattet, kann aber als Berufssoldat eben jene rechts gezeigten Lederhandschuhe wählen.

Tschechien,
Heer,
Major,
2000

Major des Heers Seit vielen Jahren stellen Mitgliedsstaaten der Vereinten Nationen (UN) ihr Militär für verschiedene Missionen zur Verfügung – so auch Tschechien. Außer den nationalen Uniformen werden die Symbole der UN verwendet: hellblaue Helme, ebensolche Barette und Halstücher sowie Armbinden. Auf Helm und Armbinde finden sich zusätzlich das Zeichen der UNO und die Buchstaben „UN".

Tschechien,
Heer,
Unteroffiziere,
2000

Unteroffiziere des Heers Die neueren politischen Entwicklungen bringen es mit sich, dass auch europäische Armeen wie die Tschechiens, das seit 1999 der NATO angehört, in Wüstenregionen eingesetzt werden. Entsprechend sind sie auszurüsten und zu bekleiden. Die beiden tschechischen Unteroffiziere (Stabsfeldwebel, zu erkennen an den drei Dienstgradsternen auf der rechten Brustseite), stellen derartige beige bedruckte Uniformen vor.

Tschechien,
Militärpolizei,
Leutnant und
Feldwebel,
1997

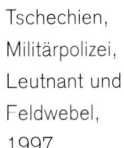

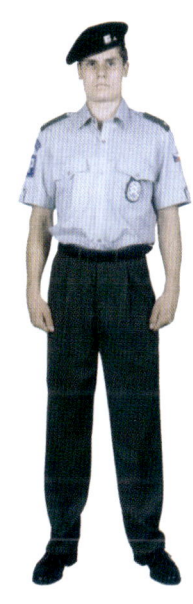

Leutnant und Feldwebel der Militärpolizei Beide Angehörige tragen die Dienstuniform der 1989 geschaffenen tschechischen Militärpolizei. Die Frau im Rang eines Leutnants hat dazu den Mantel und der Feldwebel das kurzärmlige Hemd an. Neben anderen Kennzeichen ist ihre Zugehörigkeit zur Militärpolizei vor allem durch das große Ärmelschild mit den Buchstaben „VP" (Vojenské policie) schnell zu identifizieren.

Tschechien,
Heer, Major und
Generalleutnant,
1997

Major und Generalleutnant des Heers Im eleganten Abend- oder auch Gesellschaftsanzug präsentieren sich eine Frau als Berufsoffizier mit dem Dienstgrad Major (an der Kopfbedeckung und unten am Ärmelaufschlag erkennbar) und ein Generalleutnant. Seine Dienstgradabzeichen befinden sich am Kragen und an den Ärmelaufschlägen. Bemerkenswert sind bei den tschechischen Generalen die goldgestickten Lindenblätter auf dem Mützenschirm und am Kragen.

Unterleutnant des Heers Die junge Frau steht mit dem Dienstgrad eines Unterleutnants am Beginn ihrer Karriere als Berufssoldatin. Das Käppi ist in einem dunklen Grünton gehalten, das metallene Staatswappen und die Rangabzeichen sind aufgesetzt. Den militärischen Charakter des Uniformkleids weisen die Schulterklappen und das kleine Schild mit den Nationalfarben aus. Zu dieser Uniform für den Stabsdienst gehören dunkle Halbschuhe.

Tschechien,
Heer,
Unterleutnant,
1997

Tschechien,
Luftwaffe,
Oberfeldwebel,
1997

Oberfeldwebel der Luftwaffe Während grüne Farbtöne die Uniformen des Heers bestimmen, sind es bei der tschechischen Luftwaffe blaue. Der Oberfeldwebel trägt die bequeme Dienstuniform für den Sommer: Käppi, Hemd mit Binder, lange Hose sowie Halbschuhe. Da es auch im Sommer durchaus kühl sein kann, hat er eine wollene Weste mit Schulterklappen übergezogen.

Fahnengruppe des Gardebataillons Innerhalb des österreichischen Bundesheers stellt das in Wien (Maria-Theresien-Kaserne) liegende Gardebataillon einen eigenständigen Truppenteil dar, der vor allem aufgrund der Wahrnehmung repräsentativer Aufgaben bekannt ist. Deshalb gehört auch die Gardemusik zum Bataillon. Zu sehen sind neben dem Fahnenträger ein Trompeter sowie zwei Offiziere. Sie alle tragen die Paradeuniform mit dem Paradehelm (darauf der Bundesadler) und der angelegten Fangschnur, die bei den Offizieren golden, sonst silbern ist, ebenso wie die am Kragen befindlichen Dienstgradabzeichen. Offiziere führen den Säbel mit sich.

Militärmusiker des Gardebataillons Auch diese Militärmusiker des österreichischen Gardebataillons sind in ihrer Paradeuniform angetreten. Zu ihr gehören: Paradehelm mit Bundesadler und schwarzem Kinnriemen, hellgraues Hemd mit Schulterklappen, Uniformrock mit Schulterklappen, Wollbinder, Uniformhose mit grauem Hosengurt, Paradeschuhe mit weißen Hosenspangen, weiße Stretch- oder Wollhandschuhe, braune Leibriemen, braune Notentaschen und Fangschnur. Je nach Dienst oder Witterung kommen der Kammgarnmantel für Offiziere bzw. der Uniformmantel mit Schulterklappen für die anderen Soldaten hinzu.

Major des Bundesheers Der Offizier stellt den Kleinen Ausgangsanzug (so der österreichische Ausdruck für Ausgehanzug) der Herren vor. Diese bis heute unveränderte Ausgangsuniform wurde schon 1965 eingeführt. Nur die Farbe der Hosen wechselte von Eisengrau auf Hellgrau. Abgesehen von den Dienstgradabzeichen auf dem Kragen unterscheiden sich die Ranggruppen dadurch, dass die Schirmmütze (offiziell als „Tellerkappe" bezeichnet) einen schwarzen Kopfstreifen hat, der für Offiziere aus Samt und für Unteroffiziere, Chargen und Rekruten aus Halbkammgarn besteht. Das Mützenemblem mit stilisiertem Bundesadler und Eichenlaubkranz ist für Offiziere goldfarben, für Unteroffiziere silberfarben (jeweils gestickt oder aus Metall) und für Chargen und Rekruten nur altsilberfarben aus Metall.

Major des Bundesheers Auch die Dame im Rang eines Majors ist im Kleinen Ausgangsanzug abgebildet. Sie trägt zu dieser Uniformart einen hellgrauen Rock. Außerdem gibt es für die Frauen einen eigenen Uniformrock, der nur zwei eingearbeitete Seitentaschen aufweist. Hinzuweisen ist auf die unterschiedlichen Knopfarten der Dienstgradgruppen. Die Uniformknöpfe sind für Offiziere goldfarben mit geprägtem stilisiertem Bundesadler. Die gleichen Knöpfe, jedoch silberfarben, gibt es für Unteroffiziere. Für die Chargen und Rekruten ist der Knopf grau mit glattem Rand und fein gekörnter Innenfläche.

Major des Bundesheers Die bereits gezeigte Dame im Majorsrang im Großen Ausgangsanzug. Dazu werden die Auszeichnungen in der sogenannten Volldekoration angelegt. Während beim Kleinen Ausgangsanzug als Kopfbedeckung von den Männern auch das Barett und von den Frauen auch die Fliegermütze (Käppi) getragen werden kann, ist hier nur die Tellermütze gestattet.

Major des Bundesheers Der weiße Uniformrock der Gesellschaftsuniform ist auf eigene Kosten zu beschaffen. Er ist aus einem Trevira-Kammgarn-Gemisch oder reiner Baumwolle gearbeitet. Erst seit 1977 darf er ganzjährig getragen werden, vorher nur im Sommerhalbjahr. Die schwarzblaue Uniformhose ist 1986 eingeführt worden. Seit November 1980 dürfen auch Unteroffiziere die Gesellschaftsuniform anziehen. Die angelegte Volldekoration weist auf die Große Gesellschaftsuniform hin.

Hauptmann des Bundesheers Auch die Frauen des österreichischen Bundesheers verfügen über die Gesellschaftsuniform, zu der sie statt des Uniformrocks eine weiße Spencerjacke über das lange schwarzblaue Abendkleid ziehen. Die abgebildete Dame hat nur die Ordensspange angelegt, trägt also die Kleine Gesellschaftsuniform. Je nach Witterung kann der Regen- oder der Uniformmantel übergezogen werden.

Österreich,
Bundesheer,
Soldat,
2002

Soldat des Bundesheers Dieser in seinem Dienstgrad nicht näher bestimmbare Soldat ist im Allgemeinen Dienstanzug, dem Anzug 75, dargestellt. Er konnte zum Felddienst oder wie hier zum alltäglichen Dienst (die angelegte Ordensspange weist darauf hin) in der Kaserne angezogen werden. Die braungraue Uniform war universell für Männer und Frauen bestimmt. Sie konnte auch zum Arbeitsdienst oder als Kampfanzug, ergänzt durch die Kampfausrüstung, verwendet werden.

Österreich,
Bundesheer,
Stabswachtmeister,
2003

Stabswachtmeister des Bundesheers Der Anzug 75 war immer wieder verbessert worden, ab 2003 kam es zur Einführung des Anzugs 03, bei dem die Brusttaschen anders eingearbeitet und mit Reißverschluss versehen sind. Das Rangabzeichen wird vorn an einer Schlaufe getragen. Es bleibt aber insgesamt beim zweckmäßigen Schalenprinzip, wonach dieser Anzug um verschiedene Teile ergänzt werden kann.

Österreich,
Bundesheer,
Soldat,
2003

Soldat des Bundesheers Für den Kampfeinsatz verfügte das österreichische Bundesheer bislang schon über einen leichten und einen schweren Kampfanzug. Letzteres Modell ist mit dem Kampfanzug 03 weiterentwickelt worden. Die Kampfanzüge waren und sind für Männer und Frauen gleichermaßen verwendbar. Auch hier ist wie in nahezu allen Armeen der Welt der Trend festzustellen, dass Stahl als Material für den Kampfhelm immer mehr durch Kunststoffe abgelöst wird, daher auch die Bezeichnung „ballistischer Kunststoffverbundhelm".

Norwegen,
Armee,
Hauptleute,
2007

Hauptleute der Armee In ihren Felddienstuniformen, fast ausschließlich mit Tarndrucken versehen, lassen sich heutzutage die einzelnen Armeen der Welt kaum noch voneinander unterscheiden. Meistens gibt nur das in der Regel auf den Oberärmeln angebrachte Nationalitäten-abzeichen Aufschluss über die Herkunft der Soldalen.

Norwegen,
Armee,
Hauptleute,
2007

Hauptleute der Armee Khakifarbene Dienstuniformen wie bei diesen beiden Hauptleuten bestimmen nach wie vor das Erscheinungsbild des norwegischen Heers, das zusammen mit Luftwaffe und Marine die aktive norwegische Armee bildet. Diese Dienstuniformen folgen noch immer sehr dem englischen Bei-spiel. So wird weiterhin das Koppel mit dem Schulterriemen getragen. Beides wird auch als „Sam Brown Belt" bezeichnet, nach dem General (1849–1898) der britischen Armee in Indien. Der Schulterriemen soll das Gewicht der am Gürtel getragenen Waffen (Pistole, Degen) verteilen.

Norwegen,
Armee,
Oberleutnant und
Oberstleutnant,
2007

Oberleutnant und Oberstleutnant der Armee Sehr traditionell erscheint die norwegische Armee, wenn ihre Soldaten in den historisch geprägten dunkelblauen Gala-uniformen mit angelegten Orden und die Offiziere mit Degen auftreten. Die Uniformröcke sind zusätzlich rot paspeliert und die Uniformhosen mit ebensolchen breiten Streifen versehen.

Angehörige der schwedischen Leibgarde und des Stabsmusikkorps Wachablösungen vor königlichen Schlössern in Europa, so wie hier vor dem Königsschloss in Stockholm, sind immer ein Erlebnis durch die prächtigen Uniformen, die exakten Abläufe des militärischen Zeremoniells und die dargebotene Militärmusik. Die von der Leibgarde gestellte Wache zieht hier mit dem Stabsmusikkorps des Heers – an der Spitze der Musikantführer (Tambourmajor) – zur Wachablösung auf.

Soldat der Leibgarde Vor einem der historischen Schildwachhäuser, die um das schwedische Königsschloss gruppiert sind, versieht ein Soldat der Leibgarde seinen Dienst. Dieser Truppe obliegt über das ganze Jahr hinweg, bei Tag und Nacht, der Schutz der Paläste in Stockholm und von Schloss Drottningholm. Der Wachtposten trägt eine dunkelblaue Uniform mit weißem Lederzeug und ebensolchen Gamaschen.

Unteroffizier und Soldaten der Leibgarde Die Wachtruppe am schwedischen Königsschloss in Stockholm ist in ihren Felddienstuniformen im großflächigen Tarndruck aufgezogen. Das Besondere ihres Dienstes zeigt sich jedoch im weißen Lederzeug und den weißen Gamaschen.

Schweden,
Leibgarde, Fähn-
rich und Soldaten,
2007

Fähnrich und Soldaten der Leibgarde Unter den schwedischen Leibgardisten finden sich selbstverständlich auch Frauen, die ihren Dienst freiwillig versehen. Bei dem Fähnrich (unterster Offiziersdienstgrad), der die kleine Truppe befehligt, handelt es sich jedoch um einen männlichen Kameraden. Wie einst marschiert er mit gezogenem Degen und angelegtem Ringkragen. Seine Rangabzeichen befinden sich auf dem Kragen des Kampfanzugs.

Trommler und Pfeifer des Heimwehr-Musikkorps Västmanland Neben der aktiven schwedischen Armee gibt es die Heimwehr mit etwa 40 000 freiwillig dienenden Männern und Frauen. Sie verfügt über mehr als 30 regionale Militärkapellen. Das entsprechende Musikkorps aus der Provinz Västmanland begleitet den Wachwechsel der Leibgarde am Schloss in Stockholm. Wenn auch nicht in historischen Uniformen, treten diese Militärmusiker doch prächtig gekleidet auf.

Schweden,
Heimwehr, Musik-
korps Västman-
land, Trommler
und Pfeifer,
2007

Schweden,
Stabsmusikkorps
des Heers, Musi-
kantführer und
Musiksoldaten,
2007

Musikantführer und Musiksoldaten des Stabsmusikkorps Bei diesem Musikkorps handelt es sich um eine der vier bestehenden Formationen. Es gibt außerdem das Heeresmusikkorps Nord, das Korps der Trommler und Pfeifer und das Trompeterkorps der Leibgarde-Dragoner. An der Spitze marschiert der Musikantführer, der Tambourmajor, der wie der Musikdirektor (Dirigent) die Uniform Modell 1993 für zivile Beamte der Streitkräfte trägt. Sie wurde erst Anfang der 1990er Jahre kreiert, orientiert sich aber an einem Modell aus den 1880er Jahren. Das Tuch ist dunkelblau und mit Goldstickerei und Goldknöpfen verziert, wodurch es sich von der Uniform der Musiksoldaten unterscheidet.

Schweden,
Stabsmusikkorps
des Heers,
Musiksoldaten,
2007

Musiksoldaten des Stabsmusikkorps Das Stabsmusik-korps zählt etwa 70 Musiksoldaten, darunter auch einige Frauen. Die Truppe trägt die dunkelblaue Musikeruniform Modell 1991. Bei ihr handelt es sich um eine moderne Version der Uniform Modell 1886 in dunkelblau mit rotem Kragen, Schulterklappen und Ärmelpatten sowie weißen bzw. silbernen Litzen. Das deutsche Vorbild dieser Uniform ist unverkennbar und wird durch den Pickelhelm, der mit einem weißen Büffelhaarschweif versehen werden kann, noch betont.

Schweden,
Stabsmusikkorps
des Heers,
Musiksoldaten,
2007

Musiksoldaten des Stabsmusikkorps Der Parademarsch des schwedischen Heers, der bei jeder Wachablösung am Stockholmer Schloss zu hören ist, wurde von dem Deutschen Carl Braun komponiert, der ab 1815 in Schweden tätig war. Noch immer wird in den schwedischen Streitkräften eine stattliche Anzahl deutscher Armeemärsche gespielt. Die vielen Besucher interessieren sich vor allem für die Große Trommel mit ihrem Träger. Diese Trommel ist an den Rändern mit den schwedischen Nationalfarben Blau und Gelb geschmückt und führt in der Mitte das Wappen.

Schweden,
Stabsmusikkorps
des Heers,
Musiksoldaten,
2007

Musiksoldaten des Stabsmusikkorps Um die Große Trommel tragen und auch spielen zu können, ist ein besonderes Tragegerüst notwendig. Das Instrument – fälschlicherweise gelegentlich als Pauke bezeichnet – dient zur Markierung einzelner rhythmischer Schläge. Bei Konzerten wird die Große Trommel auf einen Ständer gesetzt. Für viele Menschen bleibt die Militärmusik, die eng mit der Geschichte der Uniformierung verbunden ist, immer ein besonderes Erlebnis. Das gilt auch und besonders für die schwedische Militärmusik. Das Stabsmusikkorps trat bereits mehrfach in Deutschland auf.

Deutschland,
Bundeswehr,
Feldjäger,
Oberfeldwebel,
1996*

Oberfeldwebel der Feldjäger Die Uniformen der Bundeswehr,
auch die Feldanzüge, machten in ihrer mehr als 50-jährigen Geschichte viele Entwicklungsschritte durch. Heute bestimmen die
Feldanzüge im Tarndruck zum größten Teil das Bild dieser Armee.
Der abgebildete Feldjäger im Rang eines Oberfeldwebels trägt
den Feldanzug mit weißem Mützenbezug, Koppelzeug und Pistolen-
tasche sowie der Armbinde „FELDJÄGER".

* Auf Wunsch der Deutschen Bundeswehr und aus Gründen des Persönlichkeitsschutzes
wurden die Gesichter in dieser und den folgenden Abbildungen unkenntlich gemacht.

Stabsärztin der Marine In der Bundeswehr dienen seit
1975 auch Frauen. Zunächst konnten sich Ärztinnen,
Zahn- und Tierärztinnen sowie Apothekerinnen zum Dienst
als Sanitätsoffiziere verpflichten, dann wurde für Frauen
der freiwillige Dienst in allen Laufbahnen des Sanitäts-
und Musikdienstes möglich und schließlich seit 2001 der
in allen Tätigkeitsbereichen der Bundeswehr. Die Stabsärztin (Hauptmann) ist noch im olivfarbenen Feldanzug
dargestellt. Auf die Zugehörigkeit zur Marine weisen das
dunkelblaue Schiffchen und die Rangabzeichen hin.

Deutschland,
Bundeswehr,
Marine,
Stabsärztin,
1996

Deutschland,
Bundeswehr,
Marine,
Kapitänleutnant,
1996

Kapitänleutnant der Marine In der Bundeswehr verfügen auch das
Heer und die Marine über Fliegerkräfte. Am Beispiel eines Kapitänleutnants ist die Grundform des Flugdienstanzugs wiedergegeben.
Generell gehören das Feldschiffchen (Heer), das blaue (Luftwaffe)
und das dunkelblaue Schiffchen (Marine), die olivfarbene (Heer),
blaugraue (Luftwaffe) und dunkelblaue (Marine) Fliegerkombination
sowie Fliegerstiefel und Wollsocken dazu. Der Fliegerhelm darf „auf
dem Weg zum bzw. vom Luftfahrzeug nicht aufgesetzt werden" – so
die Vorschrift.

Deutschland,
Bundeswehr,
Marine,
Gefreiter,
996

Gefreiter der Marine Dargestellt ist die Grundform des dunkelblauen Dienstanzugs der Deutschen Marine für die männlichen Mannschaften bis Vollendung des 30. Lebensjahrs. Hier sind außerdem die Ergänzungen der Uniform für die Winterzeit zu sehen: dunkelblauer Überzieher und Wollschal sowie Fingerhandschuhe. Noch bis Ende der 1960er Jahre wurden im Winter von allen Dienstgradgruppen dunkelblaue Mützenbezüge getragen, dann nur noch weiße. Einzig Kommandanten eines Schiffs erschienen schon immer mit weißem Mützenbezug.

Stabsärztin der Marine Sie ist mit dem dunkelblauen Dienstanzug in der Grundform für Frauen bekleidet. Die hutähnliche Kopfbedeckung nach kanadischem Vorbild ist mittlerweile von der Schirmmütze abgelöst worden. Diese Uniform darf statt mit dem Rock auch mit langer Hose getragen und bei entsprechend kühler Witterung auch durch Mantel, Wollschal und Fingerhandschuhe ergänzt werden.

Deutschland,
Bundeswehr,
Marine,
Stabsärztin,
1996

Deutschland,
Bundeswehr,
Marine,
Hauptbootsmann,
1996

Hauptbootsmann der Marine Er zeigt eine bequeme und darum häufig getragene Version des dunkelblauen Dienstanzugs mit der Ergänzung durch den blauen Pullover und – nur mit Erlaubnis des Disziplinarvorgesetzten – ohne Kopfbedeckung. Diese Uniformart ist nach der Vorschrift für männliche Offiziere, Unteroffiziere, Mannschaften nach Vollendung des 30. Lebensjahrs und weibliche Offiziere, Unteroffiziere, Mannschaften gestattet.

Deutschland,
Bundeswehr,
Marine,
Bootsmann,
1990

Bootsmann der Marine Er trägt die Grundform des seit den 1980er Jahren üblichen Bord- und Gefechtsanzugs der Marine, bestehend aus Bordmütze, pastellblauem Bordhemd, das im Schnitt dem steingrau-olivfarbenen im Heer entsprach, schwarzblauer Bordhose, schwarzem Gürtel, schwarzen Socken und Bordschuhen. Das Rangabzeichen befindet sich auf den Schultern und das Nationalitätenabzeichen auf beiden Oberärmeln.

Oberleutnant zur See der Marine Eine mögliche Abwandlung des Bord- und Gefechtsanzugs der Marine ist an diesem Oberleutnant zur See dargestellt. Er hat das dunkelblaue Schiffchen aufgesetzt und den blauen Pullover übergezogen. Dieser Pullover ist mit den Schulterklappen, auf denen sich die Rangabzeichen befinden, versehen. Unter dem Namensschild ist das Stoffabzeichen des 2. Schnellbootgeschwaders zu sehen. Das sogenannte Patch oder Bordabzeichen ist vergleichbar mit den internen Verbandsabzeichen.

Deutschland,
Bundeswehr,
Marine, Oberleutnant zur See,
1996

Deutschland,
Bundeswehr,
Marine,
Bootsmann,
1996

Bootsmann der Marine Bei dem für die Winterzeit bestimmten Bord- und Gefechtsanzug kommen als Abwandlung die mit Ohrenklappen versehene Bordmütze, Kampfschuhe und Wollsocken sowie als Ergänzung Bordparka und Fingerhandschuhe hinzu. Das Abzeichen des 2. Schnellbootgeschwaders ist hier auf dem linken Oberärmel des Parkas angebracht.

Hauptgefreiter der Marine Die Auslandseinsätze der Deutschen Marine bringen es mit sich, dass es für andere klimatische Bedingungen nunmehr als Bord- und Gefechtsuniform auch einen sandfarbenen Sommeranzug gibt, hier abgewandelt durch das kurzärmlige Diensthemd und Shorts. Diese sandfarbenen Uniformen besitzen auch Heer und Luftwaffe, die Shorts jedoch nur die Marine.

Korvettenkapitän der Marine Die hier vorgestellte Grundform des weißen Sommeranzugs für Offiziere und Unteroffiziere sowie männliche Mannschaften nach Vollendung des 30. Lebensjahrs belegt die zeitlose Eleganz der Marineuniformen.

Deutschland,
Bundeswehr,
Heer, Grenadier,
1996

Grenadier des Heers Bei diesem Grenadier ist weniger der heute nicht mehr genutzte olivfarbene Feldanzug mit dem (außerhalb der Bundeswehr weiterhin beliebten) Feldparka von Interesse, sondern der Gefechtshelm. Der „Gefechtshelm, Bodentruppen" ist nicht mehr der „knitterfreie" Stahlhelm, sondern aus Kunststoff (Aramid) hergestellt. In seiner Form ähnelt er sehr dem Wehrmachtshelm Modell 1935. Diese Form wurde auch vorher schon von den Streitkräften der USA verwendet, deshalb gab es keine politischen Vorbehalte gegen seine Einführung.

Major der Gebirgsjäger des Heers Auch diesem Major der Gebirgsjäger sind einige Abweichungen vom allgemeinen Feldanzug erlaubt. Selbstverständlich ist er mit Bergschuhen ausgestattet. Im gegebenen Fall kommen auch Bergskischuhe infrage. Eher den Traditionen geschuldet ist die Verwendung der grauen Bergmütze, an deren linke Seite sich seit 1957 – gegenüber der Wehrmacht nur leicht verändert – das Edelweißabzeichen befindet.

Deutschland,
Bundeswehr,
Heer, Gebirgs-
jäger, Major,
1996

Deutschland,
Bundeswehr,
Heer,
Hauptmann,
1996

Hauptmann des Heers Hier ist eine Variante des in der Bundeswehr getragenen Dienstanzugs zu sehen, grau ist die abgewandelte Trageweise mit dem anthrazitfarbenen Blouson. Im Unterschied zur für die Luftwaffe bestimmten Ausführung sind beim Heeresblouson die Taschen blind gearbeitet. Bei traditionell denkenden Soldaten stößt das als „Schaffnerjacke" verspottete Uniformstück, das derzeit ausläuft, auf wenig Gegenliebe.

Deutschland,
Bundeswehr,
Luftwaffe,
Stabsunteroffizier,
1996

Stabsunteroffizier der Luftwaffe Auch dieser Luftwaffenange-
hörige ist im Feldzug mit Tarndruck dargestellt. Auf der Feldmütze befindet sich vorn die schwarz-rot-goldene Kokarde, das
Dienstgradabzeichen auf dem linken Oberärmel der Nässeschutz-
jacke. Diese, ebenfalls im Tarndruck, kann ergänzend zum allgemeinen Feldanzug getragen werden.

Hauptmann der Luftwaffe Die Fliegerlederjacke ist
sozusagen der Höhepunkt der klassischen Fliegerbe-
kleidung, dem Flugdienstanzug der Luftwaffe. Sie wird
auch von den Fliegerkräften des Heers und der Marine
getragen. An beiden Seiten der Oberärmel sitzt das
Nationalitätenabzeichen und auf der linken Brustseite
aus Stoff das inoffizielle Geschwaderabzeichen.

Deutschland,
Bundeswehr,
Luftwaffe,
Hauptmann,
1996

Deutschland,
Bundeswehr,
Luftwaffe,
Gefreiter,
1996

Gefreiter der Luftwaffe In Abwandlung und Ergänzung zum olivfarbenen Feldanzug hat dieser Gefreite der Luftwaffe das Schiffchen
aufgesetzt und den blauen Pullover übergezogen. Bei der Luftwaffe
war das Schiffchen der Mannschaften und Unteroffiziere goldgelb
paspeliert, bei den Offizieren silberfarben. Vorn auf der Brusttasche
des Pullovers saß das Namensschild seines Trägers.

Deutschland,
Bundeswehr,
Luftwaffe,
Gefreiter,
1990

Gefreiter der Luftwaffe Zu militärischen Zeremonien wird in der Bundeswehr von den Angehörigen des Heers und der Luftwaffe der Große Dienstanzug getragen. Bemerkenswert ist dabei der Brauch, die Hose als Überfallhose nach innen umgeschlagen anzuziehen. Als Kopfbedeckung kann auch der Gefechtshelm befohlen werden. Bei diesem Gefreiten kommen der Mantel und die Fingerhandschuhe hinzu.

Stabsärztin der Luftwaffe Eine Stabsärztin der Luftwaffe zeigt sich im blauen Dienstanzug. Die Grundform ist durch das blaue Schiffchen und die lange blaue Uniformhose abgewandelt. Normalerweise tragen die Frauen blaues Barett, blaue Dienstjacke und blauen Rock. Unter der Jacke wurde die langärmlige Dienstbluse mit blauem Langbinder getragen. Je nach Witterung kamen Mantel oder Wettermantel, Wolloder Seidenschal und Fingerhandschuhe hinzu.

Deutschland,
Bundeswehr,
Luftwaffe,
Stabsärztin,
1996

Deutschland,
Bundeswehr,
Luftwaffe,
Gefreiter,
1996

Gefreiter der Luftwaffe In dieser Variante des blauen Dienstanzugs tritt ein Gefreiter der Luftwaffe mit Schiffchen und langärmligem Diensthemd mit Langbinder auf. Je nach Temperatur kann auch ein kurzärmliges Hemd angezogen und auf den Binder verzichtet werden. Entsprechende Versionen dieser Form des Dienstanzugs gibt es auch beim Heer und in der Marine.

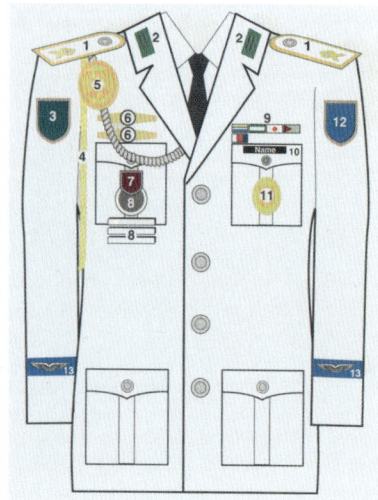

Deutschland, Bundeswehr, Heer/Luftwaffe, Trageweise von Aus- und Kennzeichnungen

Trageweise von Aus- und Kennzeichnungen in Heer und Luftwaffe Das Anbringen von Orden, Ehrenzeichen, Abzeichen und Kennzeichnungen an der Uniform ist eine Wissenschaft für sich. Wie in diesen gezeigten Fällen bei der Bundeswehr leistet die Uniformvorschrift von 1996 Hilfe – hier für Heer und Luftwaffe: 1 = Schulterklappe mit Dienstgradabzeichen, 2 = Kragenspiegel, 3 = ausländisches, binationales oder multinationales Verbandsabzeichen als Ärmelabzeichen (Heer), 4 = Kompaniefeldwebel-Schnur, 5 = Schützenschnur (nur Unteroffiziere und Mannschaften), 6 = bis zu 2 Tätigkeitsabzeichen, davon ein ausländisches, 7 = internes Verbandsabzeichen, 8 = bis zu 2 Sonderabzeichen, davon 1 ausländisches, 9 = Bandschnalle, 10 = Namensschild, 11 = Leistungsabzeichen, 12 = Verbandsabzeichen (Heer), 13 = Ärmelband

Trageweise von Aus- und Kennzeichnungen in der Marine Bei der Marine gibt es Unterschiede in der Art der Uniformen und damit auch in der Trageweise der Orden, Ehrenzeichen, Abzeichen und Kennzeichnungen. Für männliche Offiziere, Unteroffiziere, Mannschaften nach Vollendung des 30. Lebensjahrs und weibliche Offiziere, Unteroffiziere, Mannschaften gilt: 1 = Dienstgradabzeichen auf beiden Ärmeln, 1a = Offiziere, 1b = Unteroffiziere mit Portepee, 1c = Unteroffiziere ohne Portepee, 2 = Laufbahnabzeichen, 2a = Offiziere, 2b = Unteroffiziere mit Portepee, 2c = Unteroffiziere ohne Portepee, 3 = Wachabzeichen, 4 = internes Verbandsabzeichen (nur im Bereich Zentrale Militärische Dienststellen der Bundeswehr/integrierte Verwendung), 5 = Schützenschnur, 6 = bis zu 2 Sonderabzeichen, davon 1 ausländisches, 7 = bis zu 2 Tätigkeitsabzeichen, davon ein ausländisches, 8 = Bandschnalle, 9 = Namensschild, 10 = Leistungsabzeichen

Deutschland, Bundeswehr, Marine, Trageweise von Aus- und Kennzeichnungen

Deutschland, Bundeswehr, Marine, Trageweise von Aus- und Kennzeichnungen

Trageweise von Aus- und Kennzeichnungen in der Marine Die Trageweise der Orden, Ehrenzeichen, Abzeichen und Kennzeichnungen bei den männlichen Mannschaften bis Vollendung des 30. Lebensjahrs ist so festgelegt: 1 = Dienstgradabzeichen, 2 = Verwendungsabzeichen, 3 = internes Verbandsabzeichen (nur im Bereich Zentrale Militärische Dienststellen der Bundeswehr/integrierte Verwendung), 4 = Schützenschnur, 5 = Bandschnalle, 6 = Namensschild, 7 = Leistungsabzeichen

Trommler und Pfeifer des Musikzugs des Heeresmusikkorps 14 in Felduniformen Marschiert ein Musikkorps der Bundeswehr zu einer militärischen Zeremonie auf, dann bildet der Musikzug der Trommler und Pfeifer die Spitze. Hier tragen sie den Feldanzug. An dem grünen Barett befindet sich das Abzeichen des Militärmusikdienstes mit der Lyra. Die Trommeln sind mit gelben Behängen, auf ihnen der Bundesadler, geschmückt.

Heeresmusikkorps 14 des Musikdienstes der Bundeswehr Das am 1. April 1991 aufgestellte Heeresmusikkorps 14 der noch bis 2008 bestehenden 14. Panzergrenadierdivision Hanse marschiert auf: links sein Chef Oberstleutnant Karl Kriner und neben ihm der Militärmusikführer Oberstabsfeldwebel Bernd Schley (mit Tambourstab). Unverzichtbar für ein Musikkorps ist nach wie vor der Schellenbaum. Die Musikkorps der Bundeswehr mit ihren hochqualifizierten Musikern nehmen vielfältige Aufgaben wahr. Sie begleiten militärische Zeremonien wie feierliche Gelöbnisse, geben Konzerte und spielen auf Wohltätigkeitsveranstaltungen. Das Heeresmusikkorps 14, das beispielsweise Anfang Oktober 2006 die Soldaten in den Feldlagern Kunduz und Mazar-e-Sharif in Afghanistan musikalisch betreute, wird nach 2008 als Wehrbereichsmusikkorps in Norddeutschland wirken.

Anhang

Wichtige uniformkundliche Begriffe

Achselband:
meist aus Metallgespinst gefertigtes Geflecht, das als Abzeichen an der rechten Schulter der Uniform angelegt wurde.

Achselklappe:
auch Schulterklappe; spezifische Form der Dienstgradabzeichen meist der Soldaten/Unteroffiziere, auf den Schulterpartien der Uniform befestigte Stoffklappen.

Achselstück:
auch Schulterstück; spezifische Form der Dienstgradabzeichen der Offiziere, auf den Schulterpartien der Uniform befestigter Tressenbesatz bzw. Schnurgeflecht.

Ärmelaufschlag:
ursprünglich am unteren Teil des Ärmels umgeschlagener Teil, der das andersfarbige Futter sehen ließ; dann farbiger Besatz der Ärmel in verschiedener Form.

Attila:
verschnürter Waffenrock der Husaren.

Bandelier:
breiter Schulterriemen zum Mitführen von Karabiner, Kartusche, Seitenwaffe.

Barett:
aus dem Mittelalter stammender Begriff (lat. biretum für randlose Priesterkappe) für die damals getragene flache, runde oder eckige Kopfbedeckung mit gerader oder aufgeschlagener, reich dekorierter Krempe, getragen von Geistlichen und Ratsherren sowie später auch von Studenten, fand ab 1940 Eingang in das Militär.

Behang:
auch Kordon; schmückendes Garngeflecht an militärischen Kopfbedeckungen.

Chiffre:
stilisierter Namenszug von Landesfürsten auf den Achselklappen und -stücken.

Dolman:
schoßlose bzw. kurzschößige eng anliegende und mit Knebeln oder Knöpfen zu verschließende Schnürjacke der Husaren und ähnlich uniformierter Truppen.

Epaulett:
spezifisches Achselstück aus Tuch oder Metall, an seinem runden Ende oft mit Fransen versehen, diente vor allem als Dienstgradabzeichen der Offiziere.

Fangschnur:
Geflecht oder Schnur, die das Herunterfallen der Kopfbedeckung beim Reiten verhindern sollte.

Faustriemen:
auch Troddel; ledernes oder wollenes farbiges Band oder Riemen an Hieb- und Stichwaffen berittener Truppen.

Feldbinde:
breites Leibband, Ranggruppenabzeichen der Offiziere.

Gamasche:
Stiefelette; aus Tuch, Leinen oder Leder gefertigter Überstrumpf.

Gymnastiorka:
militärische Version des russischen Bauernhemds.

Harnisch:
vollständiger Körperschutz aus miteinander verbundenen Stahl- und Eisenplatten für Krieg und Turnier, Ende des 14. bis zum 17. Jahrhundert.

Kamisol:
Ärmelweste als Teil der Unterbekleidung.

Kartusche:
auch Kartuschkasten; Ledertasche vor allem der Kavalleristen zur Aufnahme von Patronen.

Kasake:
mantelartiges Kleidungsstück.

Kaskett:
- zu einem Kreuz verbundene, nach unten gebogene Eisenbänder, die als Hutkreuz unter- oder oberhalb des Huts als Schutz vor Hieben getragen wurden;
- Bezeichnung für Helme berittener Truppen, vor allem im 18. Jahrhundert;
- zweiklappige Hüte preußischer Fußtruppen am Übergang vom 18. zum 19. Jahrhundert.

Kiwer:
niedriger, oben ausladender Tschako mit geschweiftem Deckel russischer Herkunft.

Kokarde:
rundes Nationalitätenabzeichen in den Landesfarben an der Kopfbedeckung, auch als Nationale bezeichnet.

Koller:
ursprünglich lederner, meist ärmelloser westenartiger Rock.

Kollett:
eng anliegender, bis zur Taille geschlossener, kurzschößiger Uniformrock.

Kolpak:
Tuchbeutel, der bei berittenen Truppen an der Pelzmütze herabhing; manchmal auch Bezeichnung für die gesamte Beutelmütze.

Kürass:
metallener Brustpanzer der schweren Kavallerie, meist aus Brust- und Rückenpanzer bestehend.

Kurzgewehr:
Stangenwaffe, zugleich Rangabzeichen der Unteroffiziere im
18. Jahrhundert.

Lampassen:
breite Tuchstreifen an den Uniformhosen besonders der Offiziere.

Litewka:
bequemer knielanger, blusenartiger Uniformrock.

Mantelsack:
hinter den Sattel geschnallter Stoffbeutel zur Unterbringung der
Ersatzbekleidung.

Paspel, Paspelierung:
in die Nähte der Uniform eingesetzte schmale, andersfarbige Stoff-
streifen, oftmals als „Biesen" bezeichnet.

Patte:
aufgesetztes, meist andersfarbiges Stoffteil auf Kragen und Ärmelaufschlag.

Pompon:
farbiger Wollknauf am Tschako.

Portepee:
Ranggruppenabzeichen der Offiziere und höheren Unteroffiziere,
um den Griff und den Bügel der Seitenwaffe geschlungen.

Rabatte:
farbige Umschlagklappe an der Vorderseite des Uniformrocks.

Raupenhelm:
auch Kammhelm; Lederhelm mit dicker Wollraupe,
die über die Helmglocke gezogen war.

Redingote:
weiter Mantel mit großem Kragen.

Ringkragen:
halbmondförmiges Metallschild verschiedener Ausführung, vorn am
Hals getragen, diente als Ranggruppenabzeichen der Offiziere.

Schabracke:
farbige, oft verzierte Satteldecke.

Schabrunke:
farbige, oft verzierte Decke über den Pistolenhalftern vorn am Sattel.

Schaller:
schalenförmiger Helm.

Scharawaden:
Überziehhosen von der Art langer Strümpfe.

Schärpe:
von Offizieren als Ranggruppenabzeichen um den Leib geschlungene Schmuckbinde aus Seide oder Metallgespinst.

Schwalbennest:
mit Tressen oder Borten besetztes Stoffteil am Oberärmel der Uniform von Spielleuten.

Seitengewehr:
ursprünglich jede an der Körperseite getragene Griffwaffe, dann
meist nur noch das Bajonett.

Spenzer:
bis zur Taille geschlossener, vorn gerade geschnittener frackartiger
Uniformrock.

Sponton:
Stangenwaffe, zugleich Rangabzeichen der Offiziere im 18. Jahrhundert.

Stutz:
aus Federn, Filz, Wolle oder Rosshaar hergestelltes Schmuckelement
an der Kopfbedeckung.

Supraweste:
wie ein Kürass geschnittene, oft reich verzierte Tuchweste, die vor
allem von berittenen Leibgarden angezogen wurde.

Surtout:
ein Überrock.

Tschako:
dem zivilen Zylinder nachempfundene militärische Kopfbedeckung
aus Leder oder Filz.

Tschapka:
der polnischen Nationaltracht entlehnte militärische Kopfbedeckung
mit hohem, meist viereckigen Deckel.

Zischägge:
leichter, offener Reiterhelm des 17. Jahrhunderts mit Augenschirm,
verstellbarem Naseneisen und Nackenschutz.

Literaturverzeichnis

Armata Romana, o. O. o. J. (um 1905).

Armee und Marine. Ein Ratgeber für alle Wehrpflichtigen. Bearbeitet von Joseph Kürschner, Braunschweig 1902.

Army of the Czech Republic. Uniforms, Praha 1998.

Beckmann, Gerhard/Keubke, Klaus-Ulrich (Hg.): Alltag in der Kaiserlichen Marine um 1890. Die Bildmappe „Unsere Marine" von Christian Wilhelm Allers, Berlin 1993.

Beckmann, Gerhard/Keubke, Klaus-Ulrich/Mumm, Ralf J. (Hg.): „Unser Heer". Soldatenalltag in Deutschland um 1890. Die Bildmappe „Unser Heer" von Carl Röchling, Hamburg und Schwerin 2001.

Beckmann, Walther (Hg.): „Wohlauf Kameraden ...". Uniformen des 20. Jahrhunderts. Bilder von Erich R. Döbrich, Dresden o. J.

Carman, William Y.: A Dictionary of Military Uniforms, London 1977.

Chronik des Ersten Garde-Regiments zu Fuß und dessen Stamm-Truppen 1675–1900. Im Auftrage des Regiments herausgegeben. Mit 12 farbigen Tafelbildern nach Originalen von C. Röchling und R. Knötel, Berlin 1902.

Costumi della Corte Militare Pontificia, o. O. o. J.

Davis, Brian L.: Uniformen und Abzeichen der NATO. Geschichte und Organisation, Stuttgart 1991.

Davis, Brian L./Turner, Pierre: Deutsche Uniformen im Dritten Reich 1933–1945, München 1983.

Detaille, Édouard: Le Panorama. Types et Uniformes de l'Armée Française, Paris 1900.

Förster, Gerhard/Hoch, Peter/Müller, Reinhold: Uniformen europäischer Armeen, Berlin 1978.

Friedrich, Wolfgang: Die Uniformen der Kurfürstlich Sächsischen Armee 1683–1763, Dresden 1998.

Friedrich, Wolfgang: Die Uniformen der Kurfürstlich/Königlich Sächsischen Armee 1763–1810, Dresden 1997.

Friedrich, Wolfgang: Die Uniformen der Königlich Sächsischen Armee 1810–1867, Dresden 1997.

Friedrich, Wolfgang: Die Uniformen der Königlich Sächsischen Armee 1867–1918, Dresden 1996.

Handbuch der Uniformkunde. Die militärische Tracht in ihrer Entwicklung bis zur Gegenwart. Begründet von Prof. Richard Knötel. Grundlegend überarbeitet, fortgeführt und erweitert von Herbert Knötel d. J. und Herbert Sieg, Hamburg 1937.

Hettler, Eberhard: Uniformen der deutschen Wehrmacht, mit dem Nachtrag 1939/1940, Berlin 1940.

Hoffmann, Anton: Das Heer des Blauen Königs. Die Soldaten des Kurfürsten Max II. Emanuel von Bayern 1682–1726, München 1909.

Hottenroth, Friedrich: Deutsche Volkstrachten vom XVI. bis zum XIX. Jahrhundert, Frankfurt am Main 1923.

Kannik, Preben: Uniformen in Farben, Berlin 1967.

Keubke, Erna und Klaus-Ulrich/Mumm, Ralf: Das Mecklenburger Militär und seine Uniformen 1701–1918, Schwerin 2005.

Keubke, Klaus-Ulrich: Uniformen der preußischen Armee 1858/59, Berlin 1989.

Keubke, Klaus-Ulrich/Kunz, Manfred: Militärische Uniformen in der DDR 1949–1990, Schwerin 2003.

Keubke, Klaus-Ulrich/Schnitter, Helmut: Adolph Menzel und das Heer Friedrichs II. von Preußen, Berlin 1991.

Knötel, Herbert d. J.: Uniformfibel, Berlin 1933.

Knötel, Richard: Uniformenkunde. Lose Blätter zur Geschichte der Entwicklung der militärischen Tracht, 18 Bände, Rathenow 1890ff.

Koenig, Otto: Kultur und Verhaltensforschung. Einführung in die Kulturethologie. Mit einem Vorwort von Konrad Lorenz, München 1970.

Königlich Preußisches Kriegsministerium (Hg.): Deutsche Heeres-Uniformen auf der Weltausstellung in Paris 1900, Berlin 1900.

Kraus, Jürgen: Vom bunten Rock zum Kampfanzug. Uniformentwicklung vom Dreißigjährigen Krieg bis zur Gegenwart, Veröffentlichungen des Bayerischen Armeemuseums Band 9, Ingolstadt 1987.

Kunstwadl, Walter: Von der Affenjacke zum Tropentarnanzug. Die Geschichte der Bundeswehr im Spiegel ihrer Uniformen und Abzeichen, Bonn 2006.

Lange, Eduard: Die Soldaten Friedrichs des Großen, Leipzig 1850–1852.

Lezius, Martin: Das Ehrenkleid des Soldaten. Eine Kulturgeschichte der Uniform von ihren Anfängen bis zur Gegenwart, Berlin 1936.

Lezius, Martin: Die Entwicklung des deutschen Heeres – Uniformtafeln des Geschichtsmalers Herbert Knötel d. J., o.O. o.J.

Lorch, Carlos: Im bunten Rock. Militärisches Zeremoniell in 16 Nationen, Stuttgart 1997.

MacMunn, George: The Armies of India, London 1911.

Martin, Paul: Der bunte Rock. Uniformen im Wandel der Zeit, Stuttgart 1963.

McNab, Chris: Militärische Uniformen seit 1945 in Farbe, Stuttgart 2002.

Military Information and Service Agency: Field Equipment of the Army of the Czech Republic, Praha 2000.

Ministère de la Défense Nationale: Uniformes et Insignes de l'Armée Française, Paris 1954.

Ministerie van Landsverdediging: Onderrichtingen betreffende de Tenuen van het Leger (Landstrijdkrachten), Brüssel 1950.

Mollo, Andrew/McGregor, Malcolm: Armee-Uniformen des 2. Weltkriegs in Farbe, München 1974.

Mollo, Andrew/McGregor, Malcolm: Marine- und Luftwaffenuniformen des 2. Weltkriegs in Farbe, München 1975.

Mollo, Andrew/Turner, Pierre: Armee-Uniformen des Ersten Weltkriegs, München 1975.

Mollo, John: Die bunte Welt der Uniform. 250 Jahre militärischer Tracht 17.–20. Jahrhundert, Stuttgart 1972.

Müller, Gustav: Die Post in Bildern, Dresden 1100–1802

Münchener Bilderbogen, München 1848–1898.

Nicholson, J. B. R.: Alte Uniformen 18. bis 20. Jahrhundert, München 1974.

Ogden, Henry Alexander: Uniforms of the United States Army. First Series (1779–1888). Text Henry Loomis Nelson, New York 1960.

Ogden, Henry Alexander: Uniforms of the United States Army. Second Series (1896–1907). Text Marvin H. Pakula, New York 1960.

von der Osten-Sacken und vom Rhein, Ottomar: Deutschlands Armee in feldgrauer Kriegs- und Friedens-Uniform, Berlin 1916.

Ottenfeld, Rudolf von/Teuber, Oscar: Die Österreichische Armee von 1700 bis 1867, Wien 1895.

Pfannenberg, Leo v.: Geschichte der Schloß-Garde-Kompanie Seiner Majestät des Kaisers und des Königs 1829–1909, Berlin 1909.

Pflugk-Harttung, Julius v. (Hg.): Die Heere und Flotten der Gegenwart. Deutschland, Berlin 1896.

Pietsch, Paul: Die Formations- und Uniformierungsgeschichte des preußischen Heers 1808–1914, 2 Bände, Hamburg 1963/66.

Rankin, Robert H.: Uniforms of the Sea Services. A pictorial history, Annapolis 1962.

Reglamento de Uniformes, Buenos Aires 1947.

Rocznik Woyskowy Krolestwa Polskiego Na Rok, Warszawa 1826.

Röchling, Carl/Knötel, Richard: Das Grossherzoglich Hessische Leibgarde-regiment in Aquarellen von C. Röchling und R. Knötel nebst einer Regiments-chronik von Phaland, Darmstadt 1897.

Rosignoli, Guido: Rang- und Ehrenabzeichen der Armeen seit 1945, München 1975.

Ruhl, Moritz: Die Englischen Armee- und Marine-Uniformen im Kriege, sowie die Abzeichen an denselben, Leipzig o. J. (1913).

Saxtorph, Niels M.: Kriegstrachten in Farben. Von den Anfängen der Ge-schichte bis zum 17. Jahrhundert, Berlin o. J.

Schick, Ingrid T./Halem, Wilhelm von (Hg.): Das Bilderlexikon der Uniformen. Von 1700 bis zur Gegenwart, München 1978.

Schmidt, Paul: Die ersten 50 Jahre der Königlichen Schutzmannschaft zu Berlin, Berlin 1898.

Soviet military uniforms and insignia 1918–1958, St. Petersburg 1993.

(von Thümen): Die Uniformen der Preußischen Garde von ihrem Entstehen bis auf die neueste Zeit nebst einer kurzen geschichtlichen Darstellung ihrer verschiedenen Formationen. 1704–1836, Berlin 1840.

Umundurowanie Wojska, Marynarki Wojennej i Przysposobienia Wojskowego W Polsche, Warszawa 1935.

United States Marine Corps Uniform Regulations, Chapter 49, MCM, Washington 1955.

Urkundliche Beiträge und Forschungen zur Geschichte des Preußischen Heeres. Herausgegeben vom Großen Generalstabe, Kriegsgeschichtliche Abteilung II. Das Preußische Heer der Befreiungskriege, 3 Bände, Berlin 1912–1914.

Visier. Zeitschrift der GST [Gesellschaft für Sport und Technik] für Sport-schießen und Waffenkunde, Berlin 1980ff.

Wehrtechnische Studiensammlung des Bundesamtes für Wehrtechnik und Beschaffung (Hg.): Uniformen in den NATO-Staaten 1900 bis heute. Bear-beitet und zusammengestellt von Rolf Wirtgen, Herford und Bonn 1989.

Windrow, Martin/Embleton, Gerry: Die Uniformen in Nordamerika von 1665 bis heute, Stuttgart 1973.

Wörterbuch zur deutschen Militärgeschichte, 2 Bände, Berlin 1985.

Zeitschrift für Heereskunde. Wissenschaftliches Organ für die Kulturge-schichte der Streitkräfte, ihre Bekleidung, Bewaffnung und Ausrüstung, für heeresmuseale Nachrichten und Sammler-Mitteilungen, 1929ff.

Zienert, Josef: Unsere Marineuniform. Ihre geschichtliche Entstehung seit den ersten Anfängen und ihre zeitgemäße Weiterentwicklung, Hamburg 1970.

Verzeichnis der Bildquellen

Die Vorlagen der Abbildungen stammen aus privaten und öffentlichen Archiven sowie aus diversen Publikationen. Die aufgeführten Ziffern geben die Seitenzahlen in diesem Buch an, die Buchstaben den Platz auf der Seite: o = oben, m = Mitte und u = unten.

Archiv des Autors (diverse Lithografien, Ansichtskarten und sonstiges): 23, 55 u, 71 o, 92 m und u, 93–94, 96 u, 100 o und m, 154 u, 161, 168–169, 171, 178 o, 179 o und m, 188, 197, 199, 202–204, 210, 215, 216 o, 221, 231–232, 253 m, 276–277, 298 u, 308–310.

Armata Romana: o. O. o. J. (um 1905): 200 u, 201.

Armee Norwegens: 307.

Armee und Marine. Ein Ratgeber für alle Wehrpflichtigen. Bearbeitet von Joseph Kürschner, Braunschweig 1902: 214, 216 m und u, 217–218, 219 o und m.

Army of the Czech Republic. Uniforms, Praha 1998: 300 o, 301 u, 302.

Beckmann, Walter (Hg.) „Wohlauf Kameraden ...". Uniformen des 20. Jahrhunderts. Bilder von Erich R. Döbrich, Dresden o. J.: 225, 227–230, 245.

Bundesministerium der Verteidigung der Bundesrepublik Deutschland, Führungsstab der Streitkräfte: 311-318.

Bundesministerium für Landesverteidigung der Republik Österreich: 304-306.

Bundeswehr, Heeresmusikkorps 14: 319.

Chronik des Ersten Garde-Regiments zu Fuß und dessen Stamm-Truppen 1675–1900. Im Auftrage des Regiments herausgegeben. Mit 12 farbigen Tafelbildern nach Originalen von C. Röchling und R. Knötel, Berlin 1902: 47, 49 o.

Costumi della Corte Militare Pontificia, o. O., o. J.: 181, 182 o und m.

Detaille, Édouard : Le Panorama. Types et Uniformes de l'Armée Française, Paris 1900: 205–207.

Field Equipment of the Army of the Czech Republic. Published by Military Information and Service Agency, Praha 2000: 300 m und u, 301 o und m.

Die Heere und Flotten der Gegenwart. Deutschland, Berlin 1896: 215 m und u.

Hentschel, Axel, Magdeburg: 14 u, 15, 45, 53 u, 54, 76 u, 150 o und u, 151 o.

Hettler, Eberhard: Uniformen der deutschen Wehrmacht, mit dem Nachtrag 1939/1940, Berlin 1940: 247–249.

Hoffmann, Anton: Das Heer des Blauen Königs. Die Soldaten des Kurfürsten Max II. Emanuel von Bayern 1682–1726, München 1909: 32, 33, 34 m und u, 35 o, 55 o und m, 81 u.

Hottenroth, Friedrich: Deutsche Volkstrachten vom XVI. bis zum XIX. Jahrhundert, Frankfurt am Main 1923: 14 o und m.

Italienische Botschaft in der Bundesrepublik Deutschland, Der Marineattaché: 258 m und u.

Keubke, Erna, Schwerin: 9, 24, 25 o, 29 o, 31, 34 o, 35 m, 36 m, 44 o, 48 u, 49 m, 51 m, 58 o, 64, 72 o, 80 m und u, 97, 112, 137, 163, 173 u, 174 m, 189 u, 195, 198 u, 200 o und m, 211, 212 u, 233 o und m, 234–244, 252, 253 o und u, 254, 257, 258 o, 259–271, 273–275, 284–286, 290, 293 o, 294 o, 295, 296 o, 297 o, 298 o, 299 o.

Knötel, Herbert d. J.: Uniformfibel, Berlin 1933: 250, 251 m und u.

Knötel, Richard: Uniformenkunde. Lose Blätter zur Geschichte der Entwicklung der militärischen Tracht, 18 Bände, Rathenow 1890 ff.: 19, 21 o, 22, 25 m und u, 26, 27 o, 29 m und u, 30, 35 u, 36 u, 37–40, 42 o und m, 43, 44 m und u, 48 m, 49 u, 50, 51 o und u, 52, 53 o, 56–57, 58 m und u, 59–62, 67 o und m, 68–70, 71 m und u, 72 m und u, 73, 74 m und u, 75, 76 o und m, 77, 78 o und m, 79, 80 o, 81 o und m, 82–83, 83 o und m, 85 o und m, 86–87, 88 m und u, 89, 90 o, 92 o, 95, 96 o und m, 98, 99, 100 u, 103, 106, 111, 113, 120, 124 u, 133–135, 138, 146,

148–149, 150 m, 151 m und u, 152, 155, 157, 159–160, 162, 164, 172, 173 o und m, 174 o und u, 175 u, 176–177, 180, 182 u, 183, 187, 189 o und m, 190–194, 196, 198 o und m, 212 o und m.

Langbein, Liselott, Berlin: 291–292, 293 m und u, 294 m und u, 296 m und u, 297 m und u, 298 m und u, 299 m und u.

Lange, Eduard: Die Soldaten Friedrichs des Großen, Leipzig 1850–1852: 48 o, 63, 65–66, 67 u.

Lezius, Martin: Das Ehrenkleid des Soldaten. Eine Kulturgeschichte der Uniform von ihren Anfängen bis zur Gegenwart, Berlin 1936: 17 o, 20, 27 m und u, 36 u, 175 o und m, 179 u, 219, 233 u.

Lezius, Martin: Die Entwicklung des deutschen Heeres – Uniformtafeln des Geschichtsmalers Herbert Knötel d. J., o. O. o. J.: 18 u, 88 o, 246.

MacMunn, George: The Armies of India, London 1911: 208–209.

Ministère de la Défense Nationale: Uniformes et Insignes de l'Armée Française, Paris 1954: 278–280.

Ministerie van Landsverdediging: Onderrichtingen betreffende de Tenuen van het Leger (Landstrijdkrachten), Brüssel 1950: 281–283.

Müller, Gustav: Die Post in Bildern, Dresden 1890–1892: 84 u, 85 u, 154 o und m, 178 u.

Münchener Bilderbogen, München 1848–1898: 10–13, 16, 17 u, 21 m und u, 101–102, 153.

von der Osten-Sacken und vom Rhein, Ottomar: Deutschlands Armee in feldgrauer Kriegs- und Friedens-Uniform, Berlin 1916: 222–224.

Ottenfeld, Rudolf von/Teuber, Oscar: Die Österreichische Armee von 1700 bis 1867, Wien 1895: 28 o und m, 41, 42 u, 53 m, 74 o, 90 m und u, 91, 147, 156, 184–186.

Pfannenberg, Leo v.: Geschichte der Schloß-Garde-Kompanie Seiner Majestät des Kaisers und des Königs 1829–1909, Berlin 1909: 17 m, 213.

Reglamento de Uniformes, Buenos Aires 1947: 287–289.

Rocznik Woyskowy Krolestwa Polskiego Na Rok, Warszawa 1826: 158.

Röchling, Carl/Knötel, Richard: Das Grossherzoglich Hessische Leibgarderegiment in Aquarellen von C. Röchling und R. Knötel nebst einer Regimentschronik von Phaland, Darmstadt 1897: 18 o, 28 u, 78 u.

Röchling Carl/Knötel, Richard/Friedrich, Wolfgang: Die Königin Luise in 50 Bildern für Jung und Alt, Berlin 1896: 105.

Ruhl, Moritz (Hg.): Deutsche Uniformen, Leipzig o. J. (um 1940): 251 o.

Ruhl, Moritz: Die Englischen Armee- und Marine-Uniformen im Kriege, sowie die Abzeichen an denselben, Leipzig o. J. (1913): 226.

Schmidt, Paul: Die ersten 50 Jahre der Königlichen Schutzmannschaft zu Berlin, Berlin 1898: 178 m.

Stadler, Hans, Tuttlingen: 303.

(von Thümen): Die Uniformen der Preußischen Garde von ihrem Entstehen bis auf die neueste Zeit nebst einer kurzen geschichtlichen Darstellung ihrer verschiedenen Formationen. 1704–1836, Berlin 1840: 165–167.

Umundurowanie Wojska, Marynarki Wojennej i Przysposobienia Wojskowego W Polsche, Warszawa 1935: 255–256.

Urkundliche Beiträge und Forschungen zur Geschichte des Preußischen Heeres. Herausgegeben vom Großen Generalstabe, Kriegsgeschichtliche Abteilung II. Das Preußische Heer der Befreiungskriege, 3 Bände, Berlin 1912–1914: 129–133, 134 o und m.

Verzeichnis der abgebildeten Uniformen nach Ländern

Die aufgeführten Ziffern geben die Seitenzahlen in diesem Buch an, die Buchstaben den Platz auf der Seite; o = oben, m = Mitte und u = unten.

1696–1701 Schweizer Garde, Offizier und Schweizer 39 o

1698 Infanterie-Regiment Fürst Leopold von Anhalt-Dessau, Grenadier-Unteroffizier, Grenadier und Grenadier-Offizier 37 m

um 1700 Leib-Dragoner-Regiment, Dragoner 38 m

um 1700 Regiment zu Pferd Markgraf Philipp von Brandenburg, Reiter 38 u

Brasilien
1917 Infanterie, Soldat 241 o
1933 Offizier 241 o

Braunschweig-Lüneburg-Celle
um 1670 Reiter, Musketier und Offizier 30 o
um 1700 Artillerie, Kanoniere 30 m

Braunschweig
1776 Bataillon Leichte Infanterie, Gemeiner und Jäger 95 u
1776 Dragoner-Regiment Prinz Ludwig, Dragoner 95 u
1776 Infanterie-Regiment Prinz Friedrich, Offizier, Musketier und Grenadier 95 m
1776 Infanterie-Regiment v. Specht, Musketier 95 u
1776 Infanterie-Regimenter v. Rhetz und v. Riedesel, Musketiere 95 m
1809 Korps des Herzogs von Braunschweig-Oels, Infanteristen und Offizier sowie Scharfschütze und Offizier 128 m
1809 Korps des Herzogs von Braunschweig-Oels, Ulanenoffizier und Ulan sowie Husar 128 u
1815 Fuß-Artillerie, Kanonier 138 u
1815 Leichte Infanterie, Offizier und Infanterist 138 m
1815 Linien-Infanterie, Spielleute und Infanteristen 138 m
1815 Reitende Artillerie, Offizier 138 u
1880 Infanterie-Regiment Nr. 92, I. bzw. II. Bataillon, Offiziere 212 o
1880 Infanterie-Regiment Nr. 92, Leib-Bataillon, Stabsoffizier 212 o

Bremen
1814 Eskadron Freiwilliger Reiter, Reiter 143 o

Breslau
1741 Stadtmiliz und Bürgerwache, Gemeine 56 o

Bulgarien
1877 Bulgarenlegion, Infanterist 200 m
1890 Infanteristen und Kavallerist 200 m
1914 Infanterist und Kavallerist 237 m
1936 Leibgardist, Infanterie-Offizier und Infanterist 237 m
1983 Bulgarische Volksarmee, Landstreitkräfte, Feldwebel 294 m
1983 Bulgarische Volksarmee, Landstreitkräfte, Hauptmann 294 u
1989 Bulgarische Volksarmee, Seestreitkräfte, Obermeister; Ehrenformation, Hauptmann und Soldat 294 o

Bundesrepublik Deutschland
1994 Oberst der Artillerie und Oberstleutnant der Panzertruppe 273
1996 Feldjäger, Oberfeldwebel 311 o
1996 Heer, Gebirgsjäger, Major 315 m
1996 Heer, Grenadier 315 o
1996 Heer, Hauptmann 315 u
1996 Heer/Luftwaffe, Trageweise von Aus- und Kennzeichnungen 318 o
1996 Luftwaffe, Gefreiter 316 u, 317 o und u
1996 Luftwaffe, Hauptmann 316 m
1996 Luftwaffe, Stabsärztin 317 m
1996 Luftwaffe, Stabsunteroffizier 316 o
1996 Marine, Bootsmann 313 o und u
1996 Marine, Gefreiter 312 o
1996 Marine, Hauptbootsmann 312 u
1996 Marine, Hauptgefreiter 314 o
1996 Marine, Kapitänleutnant 311 u
1996 Marine, Korvettenkapitän 314 u
1996 Marine, Oberleutnant zur See 313 m
1996 Marine, Stabsärztinnen 311 m und 312 m
1996 Marine, Trageweise von Aus- und Kennzeichnungen 318 m und u
2006 Musikdienst, Heeresmusikkorps 14, Spielleute 319 u
2006 Musikdienst, Heeresmusikkorps 14 319 u

Burgund
um 1470 Ritter und Büchsenmeister 13 o

Byzantinisches Reich
5.–10. Jh. Krieger 12 o

Chile
1908 und 1920 Infanteristen 241 m

China
1894–1900 Armee, Soldaten 211 u
1931 Garde-Kavallerist, Hauptmann der Infanterie, Garde-Infanterist und Infanterist 244 m

Dänemark
um 1703 Leibgarde zu Fuß, Grenadierkorps, National-Infanterie, Infanteristen 26 u
1750 Ingenieurtruppe, Artillerie und Kürassiere, Offiziere; Dragoner und Infanteristen 57 u
1842 Ingenieur-Korps, Hauptmann und Premierleutnant 175 o
1848 Artillerie, Kanonier 175 m
1864 3. und 18. Infanterie-Regiment, Soldat und Korporal 188 m
1864 Infanterie, Offiziere 188 o
1912–1935 Soldaten und Offizier der Infanterie sowie Kavallerist 239 o
1940 Infanterie, Soldat 259 u
1940 Marine, Korvettenkapitän 260 o

Danzig
1740 Bürgermilitär, Bürger 56 m

Deutsche Demokratische Republik
um 1950 Hauptverwaltung für Ausbildung, Offiziersschüler, VP-Hauptwachtmeister und VP-Rat, Generalinspekteur der VP 284 o
um 1950 Hauptverwaltung für Ausbildung, Unterwachtmeister und Wachtmeister 284 u
um 1950 Hauptverwaltung Seepolizei, Seepolizei-Oberwachtmeister, Seepolizei-Anwärter und Generalinspekteur der Seepolizei 1. Grads 284 m
um 1950 Hauptverwaltung Seepolizei, Seepolizei-Wachtmeister 284 u
1952–1956 Generalmajor 285 u
1952–1956 KVP, Artillerie, Major 285 o
1952–1956 KVP, Infanterie, Soldat 285 m
1952–1956 KVP, Nachrichtentruppen, Unteroffizier 285 u
1952–1956 KVP, Panzertruppen, Oberleutnant 286 o
1952–1956 KVP, rückwärtige Dienste, Feldwebel 285 o
1952–1956 VP-Luft, Gefreiter 285 o
1952–1956 VP-Luft, Generalmajor und Leutnant 285 m
1952–1956 VP-Luft, Hauptmann 285 u
1952–1956 VP-See, Matrose, Meister und Matrose 286 m
1952–1956 VP-See, Obermaat, Unterleutnant und Korvettenkapitän 286 u
1952–1956 VP-See, Unterleutnant und Obermeister der VP-See 286 o
1989 NVA, Landstreitkräfte, Motorisierte Schützen 295 u
1989 NVA, Luftstreitkräfte, Major 295 o
1989 NVA, Volksmarine, Obermatrose 295 o
1989 NVA, Wachregiment Friedrich Engels, Schellenbaumträger 295 m
1989 NVA, Wachregiment Friedrich Engels, Feldwebel 295 u

Deutschland
12./13. Jh. Hochmeister des Deutschen Ordens und Ritter des Schwertbrüderordens 12 m
1. Hälfte 16. Jh. Trommler und Fahnenträger 13 m
1. Hälfte 16. Jh. Landsknechte (Büchsenschützen) 13 u
16. Jh., Landsknechte 9
1618–1648 Fahnenträger und Kürassier 16 u
1618–1648 Musketier und Pikenier 16 o
1618–1648 Pfeifer und Offizier 16 m
1871 Reichspost, Landbriefträger, Briefträger und Packmeister 178 u
1900 Marine, Offiziere, Unteroffiziere und Matrosen 171
um 1900 Marine, Heizer, Matrose, Seesoldat, Bootsmannsmaat, Obermatrose einer Torpedo-Abteilung, Obermatrose, Feldwebel, Matrose, Oberbootsmann (Deckoffizier) und Torpedomaschinist 214 u
um 1900 Marine, Fähnrich zur See, Seekadett, Konteradmiral, Marine-Ingenieur, Oberleutnant zur See, Korvettenkapitän, Oberleutnant der Marine-Infanterie und Kapitänleutnant, Seeoffizier 214 o

Germanische Stämme

Griechenland

Großbritannien

Großbritannien/Indien

Hamburg

Hannover

Hessen-Darmstadt

1895 Sekondeleutnant und Oberjäger 195 o

um 1895 Grenadier-Regiment Nr. 89, Galawache der Leibkompanie, Sekondeleutnant, Pelzmütze eines Unteroffiziers, Pfeifenfutteral, Pelzmütze eines Grenadiers und Spielmann 212 u

um 1896 Grenadier-Regiment Nr. 89, I. und III. Bataillon, Grenadier und Sekondeleutnant 195 u

um 1900 Dragoner-Regiment Nr. 18, Unteroffizier 195 m

um 1900 Jäger-Bataillon Nr. 14, Jäger 216 u

um 1912 Großherzogin Alexandra als Chefin des Dragoner-Regiments Nr. 18 195 m

1914 Feld-Artillerie-Regiment Nr. 60, Trompeter 219 u

1914–1918 Feld-Artillerie-Regiment Nr. 60, Trompeter 233 o

1914–1918 Feldprediger 233 o

1914–1918 Mecklenburgischer Marien-Frauenverein, Hilfsschwester 233 o

1917/1918 Dragoner-Regiment Nr. 17, Dragoner 233 m

Mecklenburg-Strelitz

1780 Leib-Kompanie, Grenadier 58 o

1813 Landsturmmann 137 o

1815 Husaren-Regiment, Offizier und Unteroffizier in Felduniform 137 m

1815 Husaren-Regiment, Standarte 137 u

1820 Postillione 154 m

um 1850 Infanterie-Bataillon, Gemeiner 174 m

um 1895 Grenadier-Regiment Nr. 89, II. Bataillon, Etatmäßiger Feldwebel 195 u

1914 Landwehr-Infanterie-Regiment Nr. 89, II. Bataillon, Unteroffizier (Fahnenträger) 233 m

Mexiko

1867 3. Jäger-Bataillon, Jäger 187 u

1867 8. Kavallerie-Regiment, Reitender Jäger 187 u

1867 Artillerie, Unteroffizier 187 u

1867 General und Husarenoffizier 187 m

1867 Guardia rural von Queretaro, Gendarm 187 u

1867 National-Armee, Regiment der Kaiserin, Lancero 187 u

1867 National-Armee, Stadtgarde Mexikos und 18. Linien-Bataillon, Infanteristen 187 m

1867 Österreichisch-Mexikanische Freiwilligen-Brigade, Ulan, Offiziere und Jäger 187 o

1920–1935 Soldat der Infanterie und Offizier der Kavallerie 241 u

Montenegro

um 1910 Infanterie, Soldat und Offizier 236 m

Münster

1800 Infanterie, Offizier 84 o

Nassau

1810 2. Infanterie-Regiment, Offizier, Voltigeur, Grenadier und Füsilier 123 m

Neapel

1812 1. und 2. Linien-Infanterie-Regiment, Grenadier-Trommler sowie Offizier und Füsiliere 115 m

1812 Dragoner-Regiment, Dragoner, Trompeter und Offizier 115 u

1812 Ordonnanz-Offizier des Königs und Adjutant 115 o

1820 Garde-Infanterie, Offizier der Jäger und der Grenadiere sowie Grenadier, Jäger und Zimmermann 157 o

1821 2. Dragoner-Regiment, Dragoner 157 m

1821 Marine-Korps, Soldat und Kapitän 157 u

1821 Nationalgarde, Ulanen-Offizier, Dragoner-Offizier und Ulanen-Pauker 157 m

1821 Pioniere und Pontoniere, Kapitän 157 u

1859 Garde-Grenadier, Garde du Corps zu Fuß, Offizier der Karabiniers zu Fuß, Schweizer Infanterist, Jäger und Jägeroffizier 180 o

1859 Reitende Garde du Corps, Ehrengardist, Gardehusar und Dragoner 180 m

Nicaragua

1983 Sandinistische Volksarmee, Landstreitkräfte, Soldat 291 u

Niederlande

um 1668 Artillerie, Offizier 26 o

1672 Marinierkorps, Offizier 24 m

1680 Artillerie, Offizier, Konstabler und Kanonier 26 o

um 1680–1690 Infanterie, Musketiere 26 m

um 1700 Garde du Corps, Offizier 99 o

1785 Legion des Rheingrafen von Salm, Husarenoffizier und Kürassieroffizier 99 u

1785 Legion des Rheingrafen von Salm, Kürassier, Ulan, Husarenunteroffizier 99 m

1806 2. Kürassier-Regiment, Kürassier 113 m

1806 3. und 2. Husaren-Regiment, Husaren 113 m

1806 Fuß-Artillerie, Kanonier 113 u

1806 Regiment Garde-Grenadiere zu Pferd, Grenadier 113 m

1806 Reitende Artillerie, Trompeter und Kanonier 113 u

1807 Regiment Garde zu Fuß, Grenadier und Jäger 113 o

1815 1. Karabinier-Regiment, Karabinier 146 m

1815 16. Jäger-Regiment, Jäger 146 o

1815 4. Leichtes Dragoner-Regiment, Dragoner 146 m

1815 6. Husaren-Regiment, Husar 146 m

1815 Linien-Infanterie, Offizier, Füsilier und Spielmann 146 o

1815 National-Miliz, Soldat und Korporal-Sappeur 146 o

1815 Train und Reitende Artillerie, Soldaten und Kanoniere sowie Offiziere 146 u

1940 Artillerie, Major 259 m

1940 Marine, Korporal 259 o

Norwegen

1940 Infanterie, Korporal 260 m

1940 Luftwaffe, Leutnant 260 u

2007 Armee, Hauptleute 307 o und m

2007 Armee, Oberleutnant und Oberstleutnant 307 u

Österreich-Ungarn

1682 Dragoner-Regiment Prinz Julius von Savoyen, Dragoner 42 o

1690 Dragoner-Regiment Prinz Eugen von Savoyen, Offizier 42 o

1690 Infanterie-Regiment Sachsen-Coburg, Musketier 40 o

um 1700 Koller der Kürassiere 28 o

um 1700 Röcke der Infanterie 28 m

1700 Regiment Toldi Pálffy, Pikenier 40 o

1701 Regiment Bayreuth, Grenadier 40 u

1701 Regiment Bischof von Osnabrück, Offizier 40 o

1703 Regiment Württemberg, Feldwebel 40 u

1704–1720 Artillerie, Oberbüchsenmeister und Stückgeselle 40 m

1704–1720 Haiducken-Infanterie-Regiment Andrassy, Offizier 40 m

1704–1720 Haiducken-Infanterie-Regiment Bagosy und niederländisches (wallonisches) Infanterie-Regiment Los Rios, Musketiere 40 m

1705 Kavallerie, Kürassier 41 m

1708 Regiment Thürheim, Musketier 40 u

1710 Kavallerie, Husar 41 u

um 1710 Artillerie, Kanoniere und Fuhrknecht 42 u

1712 Reiter-Regimenter spanischer Nation 42 m

Anfang 18. Jh., Dragoner-Regiment Schönborn, Trommler 43 m

Anfang 18. Jh., Infanterie-Regimenter Deutschmeister und Nigrelli, Pfeifer und Trommler 43 o

Anfang 18. Jh., Kürassiere, Regimentstambour und Regimentspauker 43 m

1720 General 41 o

1724 Infanterie-Regiment Prinz Ludwig von Württemberg, Korporal, Fourier, Trommler, Oberst und Leutnant 51 o

1724 Infanterie-Regiment Prinz Ludwig von Württemberg, Zimmermann, Grenadier, Grenadierfeldwebel, Musketier und Musketierfeldwebel 51 u

1742 Karlstädter, Ochsenknecht, Soldaten, Trommler und Soldatenfrau 52 o

1742 Kroatische Panduren, Pandur, Fähnrich, Pandur und Offizier 52 u

1742 Slavonier, Soldaten, Fähnrich und Trommler 52 m

1760 General der Infanterie und General der Kavallerie 53 m

1762 Artillerie, Spielleute 74 u

1762 Artillerie-Korps, Büchsenmeister 74 o, 74 m

1762 Artillerie-Regiment, Füsilier 74 o, 74 m

1762 Deutsche Infanterie, Musketiere 73 o

1762 Dragoner-Regimenter Bathiani, Hessen-Darmstadt, Sachsen-Gotha, St. Ignon, Althannover und Aspremont, Dragoner 75 m

1762 Grenz-Infanterie, Gemeine 73 u

1762 Husaren-Regimenter Spleny, Kaiser, Baranyay, Bethlen, Esterhazy und Haddik, Husaren 75 u

1762 Ingenieur-Korps, Ingenieuroffizier 74 m

1762 Kürassier-Regimenter de Ville, Anhalt-Zerbst, Trautmannsdorf, Brettlack und Stampach, Kürassiere 75 o

1762 Ungarische Infanterie, Musketiere 73 m

Römisches Reich

Rumänien

Sachsen-Coburg-Saalfeld

1813 Landsturm, Offiziere und Landsturmmänner 138 o

Sachsen-Meiningen und Hildburghausen

1866 Infanterie-Regiment, Füsilier, Unteroffizier und Offiziere 192 m

Sachsen-Weimar

1806 Scharfschützenbataillon, Schütze 119 m

Sächsische Herzogtümer

1812 4. Rheinbund-Infanterie-Regiment, Weimar, Jäger und Offizier; Gotha, Infanterist und Offizier; Coburg, Offizier und Grenadier 152 u

Sardinien

1744 Infanterie-Regimenter della Marina, Savoia, Piemonte, Sardegna und Saluzzo, Grenadier und Musketiere 61 o

1744 Kavallerie-Regiment Piemont, Reiter; Dragoner-Regiment Piemont, Dragoner 61 m

Schaumburg-Lippe

1753 Karabinier 69 u

1765 Infanterie, Jäger, Grenadier und Musketier; Artillerie, Bombardier und Ingenieur 69 m

Schleswig-Holstein

1849 Jäger, Dragoner, Infanterist, Artillerist und Ingenieur 175 u

Schwäbischer Kreis

1683 Regiment v. Höhnstedt, Reiter 18 u

1735 Landgräflich Fürstenbergisches Kreis-Regiment, Grenadiere 61 u

1781 Dragoner-Regiment Württemberg, Dragoner 82 m

1781 Infanterie-Regiment Württemberg, Baden-Durlach, Wolfegg und Fugger, Grenadier und Musketiere 82 m

1781 Kürassier-Regiment Hohenzollern, Kürassier 82 m

1793 Dragoner-Regiment Württemberg, Dragoner 82 u

1793 Kürassier-Regiment Hohenzollern, Kürassier 82 u

Schweden

um 1630 Schottische Söldner 17 o

1682–1718 König Karl XII. von Schweden 25 m

1685 Infanterie-Regiment Jonköping, Musketier 25 o

um 1700 Artillerist, Grenadier und Dragoner 25 u

1756–1763 Infanterie, Musketier 72 u

1756–1763 Kavallerie, Husaren und Dragoner 72 u

1779 Dragoner-Regiment Bohuslän, Jämtländische Kavallerie-Kompanie, Nord-Schonen's sches Kavallerie-Regiment, Reiter 86 m

1779 Infanterie-Regimenter Elfsborg, Westerbotten und Kronoberg, Gemeine 86 o

1807 Husaren-Regiment Mörner, Offizier 127 m

1807 Infanterie-Regimenter Kronoberg, Elfsborg, Kalmar und Södermanland, Offizier und Infanteristen 127 o

1807 Leichtes Dragoner-Regiment Småland und Dragoner-Regiment Westgötha, Offiziere und Dragoner 127 m

1807 Schwedisches Artillerie-Regiment, Offizier 126 u

1807 Wendisches Artillerie-Regiment, Kanonier und Offizier 126 u

1813 Königliche Leibgarde, Offizier und Soldat 127 u

1845 Infanteristen 174 o

1914–1937 Infanterie, Soldaten und Offizier 239 m

2007 Heimwehr-Musikkorps Västmanland, Trommler und Pfeifer 309 m

2007 Leibgarde, Fähnrich und Soldaten 309 o

2007 Leibgarde, Offiziere, Unteroffiziere und Soldaten 308 o

2007 Leibgarde, Unteroffiziere und Soldaten 308 u

2007 Stabsmusikkorps des Heers, Musikantführer und Musiksoldaten 309 u

2007 Stabsmusikkorps des Heers, Musiksoldaten 310, o, m und u

Schweiz

1792 Kontingent Bern, Regiment Wattewill, Grenadier-Zimmermann; Artillerie, Offizier; Grenadiere, Feldwebel 100 u

1862 Artillerie, Trompeter, Offizier und Kanonier 183 u

1862 Infanterie, Offizier, Grenadier und Jäger 183 o

1862 Kavallerie, Guiden-Offizier, Guide und Dragoner 183 m

1916–1936 Infanterie, Feldwebel, Leutnant und Soldat 242 u

Serbien

1912–1917 Infanteristen und Stabsoffizier der Kavallerie 236 m

Spanien

1805 Marine, Offizier 112 m

1807/08 Division de la Romana, Mineure und Sappeure 125 u

1807/08 Fuß-Artillerie, Kanonier 125 m

1807/08 Infanterie-Regiment Princesa, Grenadier und Sappeur 124 o

1807/08 Infanterie-Regiment Zamora, Grenadiere und Offizier 124 m

1807/08 Infanterie-Regiment Zamora, Hautboist, Trommler, Tambourmajor, Sappeur und Grenadier 124 u

1807/08 Leichtes Infanterie-Regiment Katalonien, Offizier und Mannschaften 124 o

1807/08 Regiment Jäger zu Pferd Almansa, Jäger und Offizier 125 o

1807/08 Reitende Artillerie, Offizier 125 m

1808 National-Heer, Infanterie-Regimenter Fernando VII., Patria, Santa Fe, Muerte und Victoria, Infanteristen 126 m

1811 7. Kavallerie-Regiment Lanciers von La Mancha, Lancier, Trompeter und Offizier 126 o

1930–1936 Infanteristen, Generalmajor und Fremdenlegionär 242 m

Toskana

1859 Infanterist, Trommler, Zimmermann und Musiker sowie Jäger und Jägeroffizier 180 u

Tschechien

1997 Burgwache, Soldat 300 o

1997 Heer, Major und Generalleutnant 302 o

1997 Heer, Unterleutnant 302 m

1997 Luftwaffe, Oberfeldwebel 302 u

1997 Militärkanzlei des Präsidenten, Unterleutnant 300 o

1997 Militärpolizei, Leutnant und Feldwebel 301 u

2000 Heer, Hauptmann und Oberleutnant 300 u

2000 Heer, Major 301 u

2000 Heer, Unteroffiziere 300 m, 301 m

Tschechoslowakei

um 1935 Korporal der Artillerie, Offizier der Kavallerie und Soldat der Infanterie 245 o

1980 Volksarmee, Landstreitkräfte, Soldat 299 m

1980 Volksarmee, Landstreitkräfte, Unterleutnant 299 u

1989 Volksarmee, Soldat und Fähnrich der Burgwache und Militärmusiker 299 o

Türkei (Osmanisches Reich)

16./17. Jh. Dellis 19 u

16./17. Jh. Solaks 19 o

16./17. Jh. Spahis 19 m

1877 und 1890 Infanteristen 200 o

1890 Kavallerist, Artillerist und General 200 o

1916 Soldat und Offizier der Infanterie 238 o

Türkei

1930 Infanterist, Kavallerist und Stabsoffizier 238 m

Ungarn

1848/49 Artillerie, Hauptmann, Kanonier und Unteroffizier 176 u

1848/49 Attila-Husaren Nr. 18, Unteroffizier 177 m

1848/49 Generalstabs-Offizier und General 176 u

1848/49 Grenadier-Bataillon Weissel, Fahnenträger 177 o

1848/49 Honved-Infanterie, Unteroffizier und Offiziere 177 o

1848/49 Polnische, Italienische und Deutsche Legion, Legionäre 177 u

1848/49 Regimenter Hunyady-Husaren Nr. 13, Stabsoffizier 177 m

1848/49 Ulanen-Korps Poninski, Ulan 177 m

1936 Offizier der Panzertruppe, Major und Soldat der Infanterie sowie Krongardist 237 u

1983 Ungarische Volksarmee, Landstreitkräfte, Feldwebel 296 u

1983 Ungarische Volksarmee, Landstreitkräfte, Soldat 296 m

1989 Ungarische Volksarmee, Landstreitkräfte, Stabsfeldwebel und Oberleutnant sowie Soldat der Ehrenformation 296 o

USA

1774/75 Kolonien in Nordamerika, Garde zu Fuß des Gouverneurs von Connecticut, Grenadier 93 o

Danksagung

Für die Unterstützung bei der Arbeit an diesem Buch – sei es durch wertvolle Ratschläge oder durch die uneigennützige Bereitstellung von Illustrationen – danke ich:

Herrn Oberstleutnant i. G. Vladimir Cech in der Botschaft der Tschechischen Republik, Frau Anja Grov, Referentin in der Militärabteilung der Königlich Norwegischen Botschaft, Herrn Kapitän zur See Fabio Ricciardelli, Marineattaché bei der Italienischen Botschaft, Herrn Brigadier Vadeu Safranmüller, Verteidigungsattaché bei der Botschaft der Republik Österreich, Herrn Peter Wolf, Bundesverteidigungsministerium, Fü S I 3, Herrn Dr. Rolf Wirtgen, Wehrtechnische Studiensammlung in Koblenz, Frau Gesine Elste, Fachinformationsstelle des Marineamts in Rostock, Herrn Oberstleutnant Karl Kriner, Heeresmusikkorps 14 in Neubrandenburg und Herrn Hauptfeldwebel Uwe Poblenz, Landeskommando Mecklenburg-Vorpommern in Schwerin, sowie den Herren Gerhard Beckmann, Dr. Torsten Diedrich, Dr. Axel Hentschel und Hans Stadler. Ganz besonders danke ich den Grafikerinnen und Malerinnen Frau Liselott Langbein, Berlin, und Frau Erna Keubke, Schwerin, die mir gestatteten, ihre uniformkundlichen Darstellungen zu verwenden.

Klaus-Ulrich Keubke